U0608397

四川省社会科学重点研究基地
四川省教育厅人文社会科学重点研究基地　主办
西华大学地方文化资源保护与开发研究中心

地方文化研究辑刊

DIFANG WENHUA YANJIU JIKAN

·第十四辑·

西华大学地方文化资源保护与开发研究中心　编

四川大学出版社

项目策划：谢正强
责任编辑：谢正强
责任校对：王　静
封面设计：墨创文化
责任印制：王　炜

图书在版编目（CIP）数据

地方文化研究辑刊．第十四辑 / 西华大学地方文化资源保护与开发研究中心编．— 成都 ：四川大学出版社，2019.1

ISBN 978-7-5690-2740-2

Ⅰ．①地… Ⅱ．①西… Ⅲ．①地方文化－文化研究－中国 Ⅳ．①G127

中国版本图书馆CIP数据核字（2019）第016108号

书名　地方文化研究辑刊（第十四辑）

编　者	西华大学地方文化资源保护与开发研究中心
出　版	四川大学出版社
地　址	成都市一环路南一段24号（610065）
发　行	四川大学出版社
书　号	ISBN 978-7-5690-2740-2
印前制作	四川胜翔数码印务设计有限公司
印　刷	郫县犀浦印刷厂
成品尺寸	185mm×260mm
插　页	2
印　张	21.5
字　数	528千字
版　次	2019年10月第1版
印　次	2019年10月第1次印刷
定　价	68.00元

版权所有 ◆ 侵权必究

◆ 读者邮购本书，请与本社发行科联系。
电话：(028)85408408/(028)85401670/
(028)86408023　邮政编码：610065
◆ 本社图书如有印装质量问题，请寄回出版社调换。
◆ 网址：http://press.scu.edu.cn

四川大学出版社
微信公众号

《地方文化研究辑刊》编辑委员会

顾　问：边慧敏

主　任：曹顺庆　王政书　郑　铉

副主任：彭邦本　潘殊闲

编　委：（按音序排列）

蔡东洲　曹顺庆　邓经武　范　佳　高大伦　胡昭曦
黄剑华　黄尚军　江玉祥　纪国泰　李　钊　林　向
刘复生　潘殊闲　祁和晖　谭继和　王　川　王　方
王学东　王燕飞　吴会蓉　武小军　鲜乔蓥　谢应光
谢元鲁　徐学书　徐元彬　杨嘉铭　杨胜宽　杨振之
袁庭栋　张　力　张在德　张志烈　祝尚书　邹礼洪

主　编：潘殊闲

副主编：谢应光　王　方　王燕飞

编　务：张婷婷

目　　录

巴文化研究

巴文化的发生与发展

谭继和

内容提要：巴文化与蜀文化是巴蜀地域文化命运共同体的两大主干。本文专题论述从旧石器时代、新石器时代到青铜时代、铁器时代，巴文化的发生，巴文明的起源、形成和发展；论述巴文化的基本轨迹、发展规律及其主要特征；阐述巴物质文化景观遗产与口述史精神文化遗产的价值，以及巴文化在陇蜀龙头文化中的历史方位。

关键词：巴文化；发生发展；巴蜀文化；陇蜀

中国区域文化丰富多彩，各具特色。如燕赵文化、齐鲁文化、吴越文化、荆楚文化、湖湘文化、巴蜀文化，皆各具地域特色。这些地域文化的名称，一般是双音连语，这是因为中华地域文化，多由相邻两个地域的文化组合在一起，而且多由刚与柔、阴与阳两种对立因素的文化性格、文化基因互补互融而形成一个同风同俗的文化共同体。

巴蜀文化就是巴与蜀两个相邻地域的两种文化性格、文化基因组合在一起，长期交汇融合组成的刚柔相济、阴阳和合的具有自身文化特色的地域文化共同体。它是中华文明广域文化共同体的一个组成部分。中华文明广域共同体是由中华大大小小各个地域文化共同体构成的。这些地域文化共同体都有数千年起源、发展、演变、互汇、互融、互学、互联的历史进程。巴与蜀连称在一起，也经历了复杂的变化过程。

在战国以前的文献里，巴和蜀一直都是分开称呼的。在殷商甲骨文里有巴方，在周原甲骨文里有伐蜀的记载，当时蜀国是巢国邻近的一小国，但甲骨文里没有将巴蜀连称。历史文献里，《左传》有巴子、巴国，是姬姓，但没有蜀国，有个“蜀”字，是山东的一个地名，这是很奇怪的。这一情况至少表明巴蜀在战国以前的中原文献里，还没有形成一个共同地域的概念，更不是一个文化区域的概念。直到战国时代，巴和蜀这两个区域才连称在一起，最早的记载是《战国策·秦一》合称“巴蜀”。[①] 这个“巴蜀”合称过程透露了这样的信息：

巴与蜀两个地域分别是巴文化和蜀文化的生长点。在战国以前是分称的，不论是在地域范围、人类群体、族群迁移，还是在古国、古族等方面，都有着清楚的分野。到战国时代出现巴蜀合称的记载，至少说明在春秋战国时代，巴蜀已成为这一特殊地域人类群体的一种具有共同集体性格的文化。巴与蜀在远古是两支各自起源与发展、性格相反相成的文化，经过长时期的历史发展，两支文化才互补交融与认同，统一为一个区域文明，直到战国时代才取得整体的“巴蜀文化共同体”的共识，故《史记》《汉书》中才把巴蜀与汉中、关中列为同风同俗的文化区域。这样一个文化共同体一直延续发展到今天，几千年里从来没有中断过。

一、巴文化的发生

巴字的本义，按照东汉学者许慎《说文解字》的解释，原为“食象它（蛇）”，小篆巴字，其形尤似吞食大象的巨蛇，其腹膨高之形。[②] 通俗地说，弯弯曲曲的大蟒蛇，的确像一个巴字。《山海经：海内南经》记有巴蛇吞象三岁而出其骨的故事，这条大蟒蛇吞掉这头大象，消化了三年，才把它的骨头吐出来。[③] 这种解释历来为大多数人所接受，因其符合巴字字形所象的事物以及文献有关巴的各种传说。

其他有关巴字的含义，现代学者还有几种说法：一是吾师徐中舒先生的研究，“巴”指山区的“坝”，巴、坝二字同音。巴的区域多高山丘陵，巴人多居于大巴山间小平坝区域，特别是江河畔的二级台地上，考古遗址多在这类区域。故以小牛坝为稀贵，“坝”，也就是“巴”音，成为巴人的通称。“平地才应一顷余，阁栏都大似巢居”[④]，这就是巴人的特点。

二是认为巴字来源于“巴贯”，指石板。

三是认为“巴”字形曲折三回，指嘉陵江多曲流。“阆水曲折三回如‘巴’字”。阆水即嘉陵江，嘉陵江有一个很大的特点，就是多曲流。河岸弯曲，形成美丽风景，以山水取胜，今天已成为嘉陵江的旅游品牌。嘉陵江围绕阆中古城绕了三个弯，像个“巴”字，而被曲水围绕的古城形状又似太极图。今天阆中这个巴字形太极风水城镇格局都还在，已成为阆中古城的旅游品牌。像这样的巴字形曲流形成的大大小小太极形古城古镇还较多，是嘉陵江文化一大特点。

从广泛的意义上说，巴作为地域名称，它的涵盖面相当广阔，不但拥有包括长江三峡在内的川东鄂西地区，还北达陕南汉中之地，包有嘉陵江和汉水上游大部分地区，又南及黔涪之地，包有黔中和湘西地区，同夜郎文化交融。由于这一大片地域通称为巴，所以世代居住繁衍在这块土地上的各个古族也被通称为“巴”，并由此派生出巴人、巴国、巴文化等概念。从这个意义上看，巴这个名称包含有地、族、人、国、文化等多层复杂的内涵，是一个复合型概念。

---

① 缪文远：《战国策新校注》卷三《秦一》，巴蜀书社，1987年版。
② （汉）许慎：《说文解字》第十四下，中华书局，1963年版。
③ 袁珂：《山海经校注·海内南经》，巴蜀书社，1993年版。
④ （唐）元稹：《酬乐天得微之诗知通州事因成四首》，《元氏长庆集》卷二十一，上海古籍出版社，1994年版。

巴作为地域、部族和古国的名称，早在夏商时代就已著称于世。在《山海经》这部“古之巫书”里，《海内南经》记载有夏代开国君主大禹之子夏后启的臣子孟涂“司神于巴”，在丹山（巫山）主管巴人诉讼的事，表明夏王朝已统治了巴人。《海内经》又记载有“西南有巴国，太皞生咸鸟，咸鸟生乘厘，乘厘生后照，后照是始为巴人”。说的是清江流域的廪君蛮，巴姓，是太皞伏羲氏之后，其裔后照是巴人始祖，可见巴人族群源脉可追溯至远古。古巴人分为两支，一支是清江流域的廪君蛮，另一支是嘉陵江、渠江流域的板楯蛮，这是巴人两支不同的来源。廪君蛮的习俗是崇拜白虎，从“廪君死，魂魄世为白虎”的传说发展出尊白虎为祖先的习俗（《后汉书·巴郡南郡蛮》）。而板楯蛮的习俗是“专以射白虎为事”，又号“白虎复夷”，“弜头虎子”①，实质是敬畏白虎。不过，不管是拜还是畏，对白虎“敬”的本质是一致的，白虎是巴人的文化标志。今天的土家族就是从廪君蛮和板楯蛮发展而来的，他们至今还保留着巴人这样两种习俗。在神龛上供着的白虎，叫“坐堂白虎”，来源于廪君蛮敬重白虎的习俗。在大门上刻着白虎，希望白虎不要进他的家，把白虎当作门神供起来，这叫“过堂白虎”，来源于板楯蛮射杀白虎的习俗。② 巴人的中心活动区域是嘉陵江，古称渝水。巴人逐渐南迁，曾在宣汉罗家坝遗址、阆中、江州涪（涪陵）等地建都。巴人曾帮助周武王伐纣，“歌舞以凌敌”，唱着巴渝曲，跳着巴渝舞去打仗，这是当时巴人的风俗。到汉初，巴人仍然以巴渝舞凌敌，帮助汉高祖夺天下，立了大功。汉高祖刘邦就减轻了他们的赋税，每户每个男丁每年“岁出賨钱口四十”③，出賨钱的人就被称为“賨人”。所以从那以后，巴人又改称为賨人，今天从阆中到渠县还有不少賨人文化遗存，故今达州、巴中、广安、南充地区，又称为賨人文化区域。巴渝舞与巴渝曲，流传时间很长，杜甫有“万里巴渝曲，三年食饱闻”的诗句，以后演变成竹枝词。竹枝词来源于巴人，通行于巴蜀地区，之后风行全国其他地域。川剧的高腔也有竹枝词融入。④ 今天土家族的摆手舞，就是从古巴人、古賨人舞姿发展而来。

从这里可以知道，巴是一个包括广阔地域范围和众多古代族群的称谓。它的活动中心区域是渝水，即今之嘉陵江。如果以文明古国作为巴的地域和族群主体的标准来衡量，那么殷墟甲骨文中的“巴方”就是它的代表。巴方就是巴国，殷商时代称国为“方”。巴方人最初活动在汉水一带，西周、春秋时沿大巴山北缘向东发展，向南进入长江流域，溯江而上，进入川东。

二、新石器时代三峡文化与古巴文化的形成

古巴人文化活动区域范围很广，又常和蜀人区域交错在一起。他们的主要活动区域则是四川盆地东部，包括川中丘陵和川东平行峡谷，属于广义的“大三峡”，即从宜宾到宜昌

---

① （晋）常璩撰、任乃强校注：《华阳国志校补图注》，上海古籍出版社，1987年版，第14页。

② 李绍明先生考证。

③ （晋）常璩撰、任乃强校注：《华阳国志校补图注》，上海古籍出版社，1987年版，第14页。

④ 杨晓主编：《蜀中琴人口述史》，谭继和：《序：蜀琴——本土文化的经典记忆》，生活·读书·新知三联书店，2013年版，第1～6页。

1044公里长的长江及其支流所经的川江流域。长江进入重庆后，由西向东横切东北—西南向的平行山脉：巫山、七曜山、方斗山、黄草山岭谷间的大中小河流，呈向心状汇入长江，形成以长江为主干的叶脉状峡江区域，这是古巴人活动的中心地区。因距今204万年前巫山人化石的发现，这里被认为是人类的发源地之一。按照苏秉琦先生文明起源新探的理论演绎，这就是巴文化这棵大树两百万年的文化根系。

在峡江区域内，陆续有旧石器时代和新石器时代的遗址和遗存发现，但很难系统地构筑起文化发展的序列和谱系。直到20世纪90年代三峡库区考古开展以后，才掀起了考古发现和研究的高潮。但峡江的旧石器时代文化面貌因考古发现零星仍然无法形成清晰的描述。到新石器时代，随着考古发现越来越多，全国不少高校考古单位参与了库区发掘，对巴人新石器时代文化的发现和研究才得到广泛的重视。孙华、江章华、赵殿增、邹后曦、袁东山、陈德安、白久江等学者提出了不少分期见解。以重庆市考古研究所、重庆市文化遗产研究院为代表的一批学者尤其致力于峡江地区古巴文化谱系的建立和研究工作，取得了一批可喜的成果。不过，这些发现和研究还只能说是初步的，与成都平原古蜀文化谱系研究的成熟性比较，还不够，这主要是因为考古材料不足，也因为巴人文明进化的特征与蜀人不同，我们还认识不清楚，勾勒出的序列还有好些缺环，尚期待更多的考古发现。这里根据重庆市考古所的成果做一些初步的描述。

峡江旧石器时代遗址主要有丰都高家镇和井水湾遗址，多在旷野中发现，从距今10万年前到距今1万年前新旧石器时代之交，打制石器已出现由以砾石核为主向以石片石器为主的转变。遗址点也呈星罗棋布状态。

新石器时代古巴文化的考古发现，大体可分为早、中、晚三期，有学者又特别从晚期中分出末期，这里放在“晚期”内一起阐述。

新石器时代早期，峡江区域主要以三沱遗址、横路遗存为旧石器时代末期向新石器时代早期过渡的代表，鱼腹浦遗存、藕塘遗存为新石器时代早期的代表。“这类遗存与鄂西和洞庭湖西北缘的考古文化有极为紧密的关系”①，同属于以环洞庭湖与四川盆地为中心的西南部原始文化区系。

新石器时代中期巴文化主要以三峡西部的玉溪下层文化的诸遗址为代表。② 它与三峡东部鄂西的城背溪文化、楠木园遗存，湘西的皂市下层文化以及秦巴山区的川北广元中子铺遗址、陕南李家村遗址，大体同时或接近。③

新石器时代晚期巴文化遍布长江两岸谷地，遗址数量较多，特征也很明显，是新石器时代巴文化发展的兴盛时期。以瞿塘峡为界，东部为大溪文化，西部为玉溪文化。这里先说玉溪文化。它的早、晚两段分别被命名为玉溪上层文化和玉溪坪文化，主要遗存有丰都县玉溪遗址、玉溪坪遗址、忠县哨棚嘴遗址、江津鼎锅浩遗址、合川河嘴屋基遗址、涪陵陈家嘴遗址、万州溶溪口遗址、云阳大地坪遗址、巫山魏家梁子遗址等。紧接玉溪坪文化的是新石器时代末期的中坝文化，主要遗址为中坝遗址、瓦渣地遗址、奉节老关庙遗址、武隆盐店嘴遗

① 白九江：《重庆地区的新石器文化》，巴蜀书社，2010年版，第45页。
② 同上，第47～53页。
③ 同上，第62页。

址等。玉溪上层文化与玉溪坪文化以及中坝文化是以泥质灰陶、夹砂褐陶为重要特征的新石器文化。① 这个特征同成都平原的宝墩文化是类似的。这是分别以川东重庆峡江区域和川西成都平原为中心的并行发展又互相影响的两支考古学文化。换句话说，是巴文化与蜀文化并行发展、相互交错的考古学文化。② 与上述川东峡江流域大致相当的新石器晚期的巴文化也在川北嘉陵江、渠江的秦巴区域普遍分布，主要有通江擂鼓寨，宣汉罗家坝，广元张家坡、邓家坡和卢家坟，巴中月亮岩，阆中蓝家坝，南充淄佛寺等遗址，故可称为“秦巴文化”。

至于大溪文化，因为在整个巴地区域，从峡江到秦巴山区，新石器时代的文化性质并不单一，而是比较复杂，因此大溪文化的整体面目还不清晰。其中影响最强大的是以巫山大溪遗址命名的大溪文化，它与其东的宜都红花套、枝江关庙山一起组合成为江汉平原三大文化区之一——以大溪文化为基础的原始文化区，先属巴，后属楚。它对鄂西影响更大，也与京山屈家岭文化有交流联系。它向西发展则与玉溪上层文化和玉溪坪文化交错，又各有雄长。我们一时很难理清这些复杂的关系，但可以发现上述旧石器时代到新石器时代的巴文化，其文化演变到文明的进程，由氏族制度发展到国家文明的路径，与成都平原的蜀文化是不相同的，学者们一时还难于清晰把握古巴文化发展到文明的基本轨迹和走向。这里仅从生业形态、聚落特征和礼仪信仰三方面来观察古巴文明发展达到的程度。

1. 生业形态上，古巴文化始终以渔猎采集经济为主，与蜀文化比较，要产生农业文明自然就困难得多。三峡新石器时代的巫山大溪遗址文化层包含大量鱼骨和兽骨堆积，出土渔猎工具占出土所有工具总数的50%③，还发现为数众多的鱼骨坑和部分以鱼随葬的习俗，“可见大溪人对于鱼的依赖程度是很深的”，“说明当时捕鱼业十分发达，渔业在渔猎采集活动中所占分量较重”④，而农业得不到发展的机遇，这是巴文化一个重要的特征。到新石器时代晚期，巴文化区的台地旱作农业虽然开始占到主要地位，但巴地一般台地面积小，农业发展规模不大，主要生计还是靠渔猎采集和家畜饲养，原始种植和旱作农业要想向高级耒耜锄耕农业转变就很不容易。罗家坝遗址位于宣汉县普光镇进化村，距今5300—3000年，是目前发现最大的巴文化遗址。该遗址的新石器时代早期到晚期，发现了稻、粟、黍等农作物，但数量很少。出现最多的是本地工艺生产的细石器，这表明渔猎采集经济超过了农耕生业，是巴人的主要生业模式。锄耕农业在巴地是较晚才出现的。直到新石器时代晚期，云阳大地坪遗址才发现栽培水稻的遗迹。因此，锄耕农业在巴生业经济中始终处于弱势，我们也就很难看出像蜀一样的农业文明出现的特征。从中坝遗址看，主要盛行旱作黍粟栽培，这里位于盐泉，制盐业在新石器时代晚期兴盛起来，这是巴文化的一个重要特征。制盐与渔猎的兴盛，颇便于巴人东与江汉平原、西与成都平原发生商品交换，获得农产品，但却缺乏积极发展农业的内生动力，农业很难成为推动巴文明产生的力量。总起来看，巴文明的起源，主要不在农业，或者较晚才出现农业，而主要是在渔猎采集经济方面。直到巴人也在杜宇的影响下，以务农为主时，巴文明才以农业为主要生业形态展现出来。

① 白九江：《重庆地区的新石器文化》，巴蜀书社，2010年版，第71页。
② 同上，第243页。
③ 四川省博物馆：《巫山大溪遗址第三次发掘》，《考古学报》1981年第4期。
④ 白九江：《重庆地区的新石器文化》，巴蜀书社，2010年版，第250页。

2. 聚落形态和初期城镇发展，古巴文化区域也是滞后的。这里至今没有发现像成都平原宝墩文化那样大规模的农业中心聚落。只是在忠县㽏井沟、丰都高家镇、万州武隆等地的河湾、曲流或河边二级台地上发现了一些相互间密切联系，但又相对独立的遗址群。甚至武陵镇遗址群交叉分布，沿江集中，自成体系，长达8公里。我们可以把这些遗址群视作若干小单位组成的“聚落群”，但却没有发现中心聚落，单个聚落则比较多。因此，聚落之间没有出现大的等级分比，也缺乏聚合活动与向心凝力的大中心，聚落之间的层级关系和分工情况不明晰，很可能只是因渔猎流动而发生的不断迁徙、游走往来的村落游居遗址，所以这些遗址一般没有发现城墙，很难说已经形成城镇网络体系，这也是古巴人文化与古蜀人文化的不同之处，因此，巴地也较难产生以中心聚落为基础的邦国文明。它的聚落文明采取了与蜀文化不一样的发生模式，至今我们还说不清楚，掌握不住它的内在规模。

值得注意的是，宣汉罗家坝遗址是个例外。有学者认为它是巴国的王都遗址，是目前发现的巴人最大的中心聚落，这也很有可能。但在这个遗址上出现这个王都的时代，恰恰是在其后的青铜时代，而不是在这之前的新石器时代。在罗家坝4500年以前的新石器时代晚期遗存中，出土了以折沿深腹罐为代表的陶器，这是巴文化，包括整个嘉陵江流域，北连陕南地区、南达重庆三峡境内，直到鄂西地区的代表性器物，应是巴人于新石器时代在这个广域范围内活动和创造文化的标志。该遗址为我们研究巴文化的新石器时代和青铜时代特征指明了方向。

3. 从精神信仰和礼仪中心看，在巴地也还没发现像蜀文化郫都区古城那样的500平方米规模的祭房遗址和卵石祭祀台，没有出现数百平方米的可供部族祭祀使用的公共威仪性建筑遗存。巴地精神信仰的表达方式和祭拜礼仪场所，很可能采取了不同的形态，例如廪君蛮对白虎的崇拜，板楯蛮对白虎的畏惧，二者皆出于一个“敬”字，但至今没发现对白虎表示敬意（或敬仰或敬畏）的祭坛或祭祀场所，这就很难从文明信仰的角度来对古巴考古文明做出评判，只能据历史文献作出判断。

从上述三个方面看，古巴文明的起源及其模式还说不清楚，有待深入探析。不过，随着历史的发展，由石器时代过渡到青铜时代，巴文明也终于形成和发展起来了。

以上我们重点从种植农业与定居文化的产生与发展、古城时代中心聚落“邦国”文明的产生与发展、城镇精神信仰与聚合崇拜中心的起源标志等三个方面论述了巴文明的起源与形成情况。这里，牵涉到文明起源和形成的标准问题，国内外学者一直争论不休。为了说明我们选择上述农业、聚落和信仰三方面标准的理由，特别在此说明我们的理论思考和理论依据。

文明形成的标准一般公认是有城市、文字、青铜冶炼术等的出现，但这是西方文明概念下的标准，现在已引起不少争论。刘易斯·芒德福的主张是，一定人群聚集的中心聚落，有威仪性信仰和祭祀中心，这是文明起源的标志，是城市起源的胚胎。根据我们中国人关于文明的理解，我想用《易经》的观念来做说明。《易经》里面把“文化”和“文明”这两个概念分得很清楚。《易经》讲文化，认为是“观乎人文，以化成天下”的意思①，“人文”与

① （唐）李鼎祚著、陈德述整理：《周易集解》卷五，巴蜀书社，1991年版，第101页。

“天文”两方面结合，就是“文化”，这是“文化”一词的最早来源。《易经》乾卦讲到“文明”概念则是：“见龙在田，天下文明。”按唐李鼎祚的看法，“百草萌芽孵甲，故曰‘文明’”①。“文明”是指百草萌芽、百虫孵甲的状态，也就是比喻农业种植作物生长成功的标志。《易经》乾卦将文明形象地比喻成“龙”，认为通过“君子乾乾”“自强不息”的修养和努力，越过了隐而不见的“潜龙勿用”和水浅渊小的“龙潜于渊”这两个阶段，到了“萌芽孵甲”的种植作物蓬勃生长的“见（现）龙在田”阶段，这里的“田”指“人事之功”，指“耕作”，指龙已具备事功本领，这个时候就是“天下文明”了。换句话说，人类由发现食物、采集食物阶段，发展到“见（现）龙在田”的种植作物，“萌芽孵甲”的农业阶段，文明就出现于天下了。这符合农业文明起源的观念。种植农业中的锄耕农业是世界上一切农业民族通向文明的共同起点。从起点到形成，经过了长时期的文化因素积累与文明元素的萌生过程。直到农业发明，定居耕作，才进入文明时代。文明就是这样起源的。再往下发展，到了“飞龙在天”的阶段，那就是文明繁盛耀眼夺目的阶段了，例如青铜文明就是辉煌阶段。这是我们中华祖先作为农业民族对从文化发生到文明形成的认识，这种认识又以龙形象位置的变换作为文化文明行进的地标。因此中华龙的观念起源很早，龙的形象，如卵石摆龙、玉猪龙，早在六七千年前红山文化、良渚文化就已出现。人类是从自然选择到智力进化的产物，其“龙”的观念的发展变化应该是人类智力进化的标志，这也是我们中国文化特殊的地方，所以我们中国人自古以来就认为自己是龙的传人。用这个标准来看从“资阳人”到宝墩人，再到三星堆人的发展过程，应该就是古蜀人从潜龙“渔猎采集”的石器时代发展到见龙“田耕种芽”，再到“飞龙在天”的辉煌青铜文明的过程，这就是为什么龙的形象出现在三星堆神树上，并且与神树上的飞鸟一同上天的文化解读。总之，龙的“萌芽孵甲”（这是“文明”一词的最早含义）以积累物质和精神营养的过程，就是我们农业民族随着农耕进步而产生精神飞跃的过程，农业文明是在渔猎和农耕文化的很多物质和精神因素积累起来以后而突变为天下文明的。《易经》提出的文明是用龙的信仰和形象变化作为标准的，“见龙在田，天下文明”就是中国古人所理解的文明起源，是中国人有关“文明”而发生的思维趋势的起点。我们就是用这个观点来解读古巴文化的。

三、青铜时代古巴文明的发展

（一）青铜时代古巴文明的性质

前已述及，古巴人与古蜀人在经济生活、社会组织和文化习性上，既有共同点，相辅相成；又有不同点，相反相成。二者比较，古巴人多在方山丘陵区活动，游团迁徙性强，未能形成以中心聚落为凝聚核心的农耕定居社会生活共同体，故至今未发现大规模的中心聚落；渔猎经济，尤其是捕鱼生活与逐盐泉而迁居的方式，是古巴人的生活方式特点。而蜀人于岷山下迁平原的迁徙过程中不断寻找和建立农业定居点，这些定居点往往变成大规模的高级耒耜农业中心聚落，即“古城”。古城是古国的前期阶段，是农耕文明出现的起点。蜀人的农

① （唐）李鼎祚著、陈德述整理：《周易集解》卷五，巴蜀书社，1991年版，第14页。

耕定居社会共同体出现得很早，4000 多年前就已经形成了。蜀人很早就由产牧经济过渡到农业定居，农耕经济生活是蜀人的主要特点，这是蜀人与巴人不同的地方。

在新石器时代和夏商西周时代，巴人还没有进入四川盆地，其迁徙活动的地域主要集中于汉水流域（江汉平原）地带和峡江地带两大区域。这一时期巴部族活动的中心应是在峡东丹山丹阳境内。丹阳，一说在秭归县丹阳城[①]，另一说在巫山县之南的巫山下[②]，要之，均未出峡江以东大巫山直至江汉平原的范围。《山海经·海内南经》和《今本竹书纪年》卷三都有大禹儿子夏后启派其臣孟涂“司神于巴”[③] 和“入巴莅讼”[④] 的记载，这说明早在夏代初始，夏后启作为夏朝宗主，已将其中原国家司法诉讼和祭祀仪轨制度推行到四裔夷邦。当时的巴还没有发展到古国阶段，甚至连古城阶段也还没达到，只不过是流徙性很强的众多小部落，它们以“巴”的通称臣服于夏国家的治理，初步纳入了夏朝的国家治理体系。直到西周时，周王朝才用“封宗姬于巴”的宗法统治办法把众多分散的巴人小部族统一管理起来。当时的巴国只不过是西周分封制下，封藩建卫的七十一国之一，是周的“南土”之一，但相比其他属国，巴国的性质颇为特殊。《左传》记载周武王时，第一次分封“其兄弟之国者十有五人，姬姓之国者四十人”[⑤]，发展到周公摄政时，分封国增加到“兼制天下，立七十一国”，其中姬姓之国达到五十三个。[⑥] 巴国是宗周下嫁其宗姬于巴部族首领。它既不是周王室的王族“兄弟之国”，又不是周王室同姓系统的“姬姓之国”，而只是“武王克殷，以其宗姬封于巴”，通过王室婚姻关系分封“宗姬”，将西周宗法分封制植入巴族酋长体系，把异姓巴王纳入西周王室家族系统，以亲缘关系为纽带使巴与周联结起来。巴是在这种意义上被认同为“姬姓之国”的，这是西周“封建亲戚，以藩宗周”的统治格局中的一种新方式。这种宗法国家关系是西周王室外加给巴部族的，巴部族本身仍然保留着其社会组织，而与西周王室保持着宗姬结盟关系，其社会状况显然还没有发展到古国阶段的国家文明程度。直到战国中后期“秦惠王并巴中，以巴氏为蛮夷君长”，仍然实行“世尚秦女，其民爵比不更”的制度。秦与巴是妻以秦女、盟以要约的关系，是秦王君主与夷邦附属的关系，这仍然是西周王室以血缘为纽带，用婚姻关系联合异姓蛮夷君长政策的延续，是秦在西周丰镐故地传承西周文化，将巴“染秦化”的具体方式的体现。至于秦对蜀国的“染秦化”则有所不同，是直接“封王置守”。秦统治巴与蜀的治理方法迥然不同，是巴人和蜀人社会组织发展到不同阶段的反映。吾师徐中舒先生曾据涪陵小田溪出土钲上的二“王”字考证，这里的巴王“仅是一个小部落的王”，“这样的小部族不在少数”[⑦]，就是在秦统一巴蜀后“巴部族内称王的人数”仍然很多，特别是罗家坝 M33 遗址出土了数粒红色玛瑙珠，这正是王族使用的特征，是众小巴王存在的一个标志，也证实了徐中舒先生的论断。因为“王”作为蛮夷君长的通称，早

---

① 黄中模、管维良主编：《中国三峡文化史》，西南师范大学出版社，2003 年版，第 45 页。
② 四川省巫山县志编纂委员会：《巫山县志》卷十七，四川人民出版社，1991 年版。
③ 袁柯校注：《山海经校注》，上海古籍出版社，1980 年版，第 277 页。
④ 王国维著、黄永年校：《今本竹书记年疏注》，辽宁教育出版社，1997 年版。
⑤ （春秋）左丘明：《左传·昭公二十八年》，中华书局，2012 年版。
⑥ （战国）荀况：《荀子·儒效》，上海古籍出版社，1989 年版。
⑦ 徐中舒：《四川涪陵小田溪出土的虎钮錞于》，载《徐中舒历史论文选辑》（下），中华书局，1998 年版，第 1209～1212 页。

于中原王朝，其含义也与中原王朝的“王”不同，只不过是首领的称呼，故巴人的众多小部族多王称[①]，多刻印于巴铜钲或巴印章上，数量颇多。直到秦汉时期，“当时的巴族大姓和部族酋长都不止一人。”[②] 三国时代魏武王曹操还把巴部族的三个部落首领“巴夷王”分别封为三个巴郡的太守。可见巴人、巴部族的国家治理文明始终没有发展起来，带有分散游团的性质，这是巴地没有发现大规模中心聚落的一个重要原因。考古遗址的发现情况也说明了这一点。例如，小三峡中的巫山县双堰塘西周遗址，是巴人较进步的以农业定居为主的遗址，但这种遗址发现甚少，只分布于河间小平坝区域。绝大多数遗址是水居渔猎经济类型，多分布于山谷河畔旷野中。它说明古巴人在西周及西周以前居于峡东山地时期还没有发展成有规模的“古国”即中心聚落。他们在春秋战国时期才进入四川盆地，才迎来了自己的青铜时代，故林向先生有一个著名论点：“四川盆地在夏商周时代‘有蜀无巴’。”[③] 他认为：“四川盆地在夏商、西周时代只有蜀国而无巴国”[④]，所以，“三峡西部考古至今没有发现大家期待的夏商西周时期的‘巴文化’和‘巴墟’”，“‘巴文化’至今没有找到如三星堆遗存群这样高级别的中心遗存，没有找到巨大的文化辐射中心”[⑤]。他认为四川盆地的巴国文化是巴人西进蜀地后与土著结合形成的产物：“夏商周时期的四川盆地和邻近地区是以‘蜀人’为核心的‘古蜀文明’的范围。东周时在江汉平原的‘巴人’受楚逼迫，向西进入四川盆地东部，与原是蜀地的一些土著民族结合形成巴文化。”[⑥]

古巴青铜文明遗存主要发现于春秋战国时期盆东平行岭谷区域、盆中丘陵区域。盆东平行岭谷区主要遗址有涪陵小田溪战国墓群、武隆土坎遗址、忠县㽏井沟遗址群、云阳李家坝遗址、巫山双堰塘遗址等古巴青铜器时代遗存。盆中丘陵区主要遗址有阆中坪上遗址、渠县城厢遗址、广元宝轮院船棺葬墓群、巴县冬笋坝（今重庆九龙坡区）船棺葬墓群、荥经县南罗坝同心村墓地、犍为战国墓群和宣汉后河罗家坝遗址等。[⑦]

需要说明的是，这两大区域的文化遗址地层遗存时代不少是连续相接的，从新石器时代起，直到西周、商、春秋、战国时期，有的地区遗物地层还到了秦汉时期。要准确认定和理清这些遗址都属于“古巴文化”发展系列，现在还有困难，但大体上可以看出一些脉络和特点，特别是东周时期与巴文化有关，或已可明显看到巴文化从东向西传播并已立足发展。

（二）盆东平行峡谷区古巴青铜文化

盆东平行岭谷区即今渝东区域，包括从渝东北至东南两大块地域。属于渝东北峡江区域的遗址有涪陵小田溪和云阳李家坝战国墓地、忠县㽏井沟遗址群（含哨棚嘴、中坝、瓦渣地遗址）、万县中坝子遗址等。属于渝东南乌江水系和酉水水系流域的遗存，三峡考古也发现了一批遗址。

---

① 徐中舒：《四川涪陵小田溪出土的虎钮錞于》，载《徐中舒历史论文选辑》（下），中华书局，1998年版，第1209～1212页。

② 同上。

③ 林向：《四川盆地巴文化的探索》，载黎小龙主编：《巴蜀文化暨三峡考古学术探讨会文集》，西南师范大学出版社，2006年版，第29页。

④ 同上，第27页。

⑤ 同上，第31页。

⑥ 同上，第33页。

⑦ 同上。

其中“东周时期遗存主要集中在乌江下游，文化面貌主要是以晚期巴文化墓葬为主”①，其重点遗址有武隆土坎战国至汉代墓葬群，酉阳清源商周遗址和邹家坝西周至战国遗址。这些遗址“代表了该地区商周时期的文化面貌”②。渝东（包括渝东北和渝东南）的青铜文化，特别是春秋战国时期的青铜文化，主要是在当地峡西新石器时代大溪文化—玉溪坪文化—中坝文化基础上发展起来的。但是，总的看来，渝东这些遗址“普遍具有文化堆积较薄，遗迹现象简单，遗迹不甚丰富等特点”③。这说明活动在江汉平原和清江流域的古巴人在东周时期通过峡江向渝东区域发展时的社会文化生活状况。这些遗存多属于成都平原十二桥文化类型，更说明了这一区域蜀文化影响大于巴文化影响，是以蜀青铜文化为主的。不过从其复杂的文化内涵看，其中巴文化的特点，特别是兵器、錞于、编钟的巴特色已经显露出来。其中还有些特色显出巴文化与楚文化混交的情况，这说明渝东南巴、蜀、楚三支文化是复杂交汇的。这些情况说明巴文化是来源多样，特点鲜明的地方文化，同时又具有兼容性、开放性，擅于吸收其他地方文化的包容开放体系。

这里以代表性的遗存涪陵小田溪墓群为例。其出土的代表性遗物有错金编钟14件（套）、错银铜壶铜钲、虎钮錞于、“二十六年蜀守武造”铜戈、带王字徽记的铜器、各种巴式剑矛、玉具剑、龙行玉佩等珍稀文物。从这些遗物可以看出它是以青铜礼器、兵器和生活用具为主，同时出土有玉器、金银器、但数量很少。这个遗址“代表了该地区战国晚期巴文化的面貌”④，但又确实深深受到成都平原十二桥文化的影响，“属于四川盆地十二桥文化的峡江地方类型——石地坝文化的分布范围”⑤。与涪陵小田溪战国墓地类似的还有云阳李家坝战国墓地和忠县㽏井沟遗址群。它们的文化面貌既有十二桥文化的特点，又在兵器和錞于上显出巴文化独到的特色。这一文化现象说明，巴人由江汉平原向西迁入四川盆地东部时就已与蜀人的三星堆文化—十二桥文化相遇，彼此融会。同时它自身在兼容蜀青铜的文化基础上，又创造出了古巴青铜时代的以巴式剑、虎錞为主导面貌的巴特色文化。

（三）盆中丘陵区古巴青铜文化

盆中丘陵区，即今重庆以西部分至四川省以东部分，以嘉陵江、渠江、涪江为中心的区域，大体可分为渝西和川东两大地块的考古文化。

一是在今渝西地块，通过三峡考古主要有下列重要发现，如重庆江津区花圃村王爷庙遗址、重庆合川沙梁子遗址，其文化遗存从新石器时代晚期起就有，但主要是商周时期的，属于十二桥文化石地坝文化类型。⑥ 重庆江津荔枝下坝遗址则是东周遗存，属于麻柳沱文化忠县中坝遗址东周遗存，这是渝西地区首次发现。⑦ 其他如合川的猴青庙遗址、唐家坝遗址、菜蔬排遗址，这三处遗址均发现于新石器时代地层上商周直至战国的文化层，属于十二桥文

① 李大地、白九江、袁东山、方刚：《渝东南地区先秦时期的考古发现》，载重庆市文物考古研究所、重庆文化遗产保护中心：《“早期中国的文化交流与互动——以长江三峡库区为中心”学术研讨会论文集》，科学出版社，2012年版。

② 同上。

③ 同上。

④ 同上。

⑤ 同上。

⑥ 白九江、邹后曦：《渝西地区先秦考古发现与考古学文化》，载《“早期中国的文化交流与互动——以长江三峡库区为中心”学术研讨会论文集》。

⑦ 同上。

化石地坝类型。但总的来看，这些文化层，主要还属于三星堆文化和十二桥文化，林向先生将其命名为“峡江类型”，说明这个地区主要是成都平原古蜀文化影响传播的区域，而古巴人西进发展的影响在这一地域还不鲜明。直到战国时期，这一区域才逐渐显出巴人西进文化的特色。

二是在今川东地块，包括川东北和川东南，则主要有阆中坝上遗址、渠县城厢遗址、广元宝轮院船棺葬墓群、巴县（今重庆市九龙坡区）冬笋坝船棺葬墓群、荥经县南罗坝同心村墓地、犍为战国墓群、宣汉后河罗家坝遗址等，主要分布在嘉陵江和渠江流域。这一区域在春秋战国时期已属于巴人和蜀人交错地带，又加上楚文化的影响，故其文化面貌已显出以巴文化为主体，楚蜀文化交汇的特色，也反映出巴与蜀紧密结合为文化共同体的统一进程的快速化。所以，四川省内发现的巴文化遗存，主要是在战国时期，而战国时期以前的巴文化遗存则主要发现于湖北省西部和重庆市。①

川东区域巴文化发掘最有代表性的遗址是宣汉县罗家坝遗址。该遗址从 1999 年至今，经过了 4 次发掘，取得了重要收获，厘清了罗家坝遗址新石器时代遗存的演变序列，初步摸清了该遗址距今 5300—3000 年前新石器时代和青铜时代的文化内涵，确认该遗址是巴文化的中心遗址之一。该遗址是古巴人东兴西进历程，由古文化发展到古城古国，再到文明形成和繁盛时期最重要的文化地标，不仅对长江上游地区新石器文化的演进序列和格局提供了丰富的材料，而且对长江上游直至中国西南和南方地区的青铜时代文明也提供了值得探索的特异因素，对长江中上游区域与中原文化的融合交流与族群迁移问题的探索与研究，也有重要的地位和特殊的价值。

罗家坝遗址位于大巴山南麓渠江流域，其文化堆积从新石器时代直到商周、春秋战国和西汉，地层关系明确，堆积得最多的遗存是战国时期，总面积约 50 万平方米，包括罗家坝内、外坝和张家坝。该遗址共清理墓葬 39 座，灰坑 50 个，柱洞 31 个，房屋遗址 1 处，灶坑 3 处，出土铜、陶、玉、石、骨、铁器近 700 件，残器 1000 多件，同时还勘明了 2 万多平方米的遗址墓葬区。出土文物大致分为四期：一期为新石器时代晚期，出土陶、石、骨器。二期为商周时期，以生活用陶器为主，典型器物有卷沿罐、釜、尖底盏、圜底豆。三期为春秋战国时期，主要为巴人墓葬区，出土铜器、陶器、玉石骨器以及铁器。其中以铜器和陶器为主。陶器以夹细砂和泥质陶为主，陶色以灰色为主，红褐色次之。典型器形以侈口圜底罐、矮圈足豆为主，甑、盘、钵、釜、纺轮也较多。出土的铜器主要出自墓葬，包括兵器、生产工具、生活用具等，其中以兵器为主。

39 座墓葬中，以 M33 大型墓最有价值，可能属于王侯级别的墓葬，出土有青铜兵器、礼器、彩绘陶器和印章等珍贵文物 200 余件。由此可见，此墓器物有中原和楚地风格，又有巴蜀文化器物，既反映战国巴人与楚人密切交往的影响，又反映巴人和蜀人亲缘交往融会的关系。此期墓葬多为竖穴土坑葬，仰身直肢葬，人骨有被青铜器砍伤的现象。四期为汉代及汉代以后的遗存，出土器物主要为汉代筒瓦、板瓦花纹砖等。②

---

① 《中国文物地图集・四川分册》（上），文物出版社，2009 年版，第 7 页。
② 《中国文物地图集・四川分册》（下），文物出版社，2009 年版，第 861 页。

该遗址出土如此高规格的青铜器，在年代上与其相近的涪陵小田溪巴王墓、成都羊子山172蜀侯墓、新都马家蜀王大墓等王侯级贵族墓葬出土的青铜器组合类似①，证明渝东峡江区域、渝西和川东渠江和嘉陵江流域直至成都平原岷江流域，同属一个文化区域。这充分说明战国时期这个区域已经成为以巴文化为主导，又与蜀文化为亲缘关系的文化，同时又与相邻的东楚、北秦互相影响。这种复杂的关系，正好说明巴文化是以巴人为主体，巴蜀结为亲缘，形态多样，立体多样，巴、蜀、秦、楚多种文化在这里交汇的特色，它是巴蜀文化具有兼容性、开放性特色的系统体系的重要组成部分。

（四）古巴青铜时代文化的总特征

上述两个巴文化区域，即盆东平行岭谷区和盆中方山丘陵区有关遗址和墓葬的发现和发掘，使我们可以大致勾勒出古巴青铜时代这一大片区域的巴、蜀、秦、楚多种地域文化元素立体交叉的形态多样化的完整图景。巴文化的个性特点及其与蜀文化的亲缘共同体关系，就是在巴人东兴西进的复杂流迁过程和地域文化多元复合的背景下形成和发展起来的。早在新石器时代晚期，这一大片区域内即已出现了如漫天星斗一般具有巴文化特点的遗存，但这些遗存比较分散、单薄而不成体系。直到夏、商、周时期，巴人的主要活动区域还不在四川盆地东部这块区域，而是在陕南汉水到鄂西江汉平原再到湘西清江流域、武落钟离山五溪蛮这条沿盆地东缘的弧形地带上，这是巴人部落的起源区。其部族主系有两支，一支廪君蛮，“廪君之先，故出巫诞”，“皆出于武落钟离山”，“从夷水至盐阳”，“君乎夷城”。② 这些地方正是廪君蛮起源和活动的区域，即清江流域、武陵山区域，古称“黔中”，最早叫“巴黔中”，即巴人活动的腹心地带称“中”。后来受楚逼迫，逐步西迁至四川盆地东部，此地被楚统治，就叫“楚黔中”。以白虎为魂，崇拜白虎是这个部族的主要特征，这个信仰在巴人后裔土家族那里变成“坐堂白虎”的习俗。大约在春秋时代廪君已分为巴、樊、瞫、相、郑五姓，即巴人已集合为五个大部族，而以巴姓作为统治部族。也许“巴人”的称呼即首先从这里开始。这支主系从清江流域逐步发展到四川盆地东部，曾在春秋时期，公元前611年与秦楚联合灭掉渝东的庸部，即峡江区域的巴人，这一支“直到战国晚期秦汉初期还强大”。③

另一支是板楯蛮，有“七姓”，即七个小邦国部族，在其发展初期为次于廪君蛮的支系，以射白虎为业——这个习俗在巴人后裔土家族那里演变为“过堂白虎”的习俗。板楯蛮因而被称为“白虎复夷”或“弜头虎子”，曾参与汉高祖伐项羽之战，保留着随武王伐纣前歌后舞的巴渝舞习俗，后受到汉廷的优待，被称为“賨人”。賨人在秦汉之际崛起，逐步占据今川东区域，其势力强过廪君蛮，占到巴地的主导地位④，所以今川东北区域又被称为賨人文化区域。巴人先后在这一区域内建有“五都”：江州、垫江（今合川）、平都（今丰都）、阆中（今阆中）、枳（今涪陵），枳又是巴王祖先陵寝区，这是巴文化进入中心聚落阶段即古城阶段的标志。但巴人跟蜀人不一样，始终没有形成统一的成体系的文明，没有形成文明凝聚

① 林向：《四川盆地巴文化的探索》，载黎小龙主编：《巴蜀文化暨三峡考古学术研讨会论文集》，西南师范大学出版社，2006年版。

② （汉）宋衷注、（清）秦嘉谟等辑：《世本八种》，商务印书馆，1957年版，第16页。

③ 徐中舒：《四川涪陵小田溪出土的虎钮錞于》，载《徐中舒历史论文选辑》（下），中华书局，1998年，第1209页。

④ 同上。

和辐射的中心，更没有形成统一的“古国”。所以，直到战国时代巴人活动的区域内还有四个“巴国”：廪君之巴、宗姬之巴、賨人之巴和枳巴，实际上就是四个大部落“族邦”[①]，还处于古文化到古城阶段，到战国时期才发展到古国，但始终未形成巴人单独的大方国，而是被蜀统一为一个大方国。战国后期，秦国灭蜀颇费了一番离间巴与蜀兄弟关系的战略谋划，而灭巴只是灭蜀后顺道的动作而已，没费多大的军事行动，这与巴人始终没有形成统一的国家实力有关。而蜀国不仅是统一的，且已形成大方国。

总起来看，古巴青铜时代的文明有下列特征。

1. 青铜时代的巴人始终处于分散部族时代，没有形成统一的稳固的部族联盟。分散的众多部族酋长各自称王，巴氏作为“蛮夷君长”是竞比出来的，也是周秦外封的。换句话说，从国家文明形成的“三部曲”看，巴人比蜀人滞后，长时期处于“古文化”到“古城”阶段，直到战国时期进入四川盆地后才进入“古国”阶段，但没能达到统一的“大方国”阶段。从巴部族的社会生产方式看，直到秦汉时代，“还停留在水居射猎阶段，农业并不发达”[②]。川东山区丘陵的农业发展原本就比川西成都平原滞后，蜀王杜宇先教蜀人农耕，然后才教巴人农耕，巴人的锄耕农业是晚于蜀人的。正因为在社会生活长于渔猎，部族为适应环境而迁徙于险峭山区峡谷之间，故其民性尚武，刚直勇悍，重鬼尚巫，这也是巴人的集体文化特征。

2. 巴人是逐盐泉迁徙水居的部族，这是巴文化独到的特色。有廪君射盐神的传说，说的就是廪君乘土船从夷水迁到盐阳。盐水边的女神对廪君说：“此地广大，鱼盐所出，愿留共居。”廪君不愿意，晚上盐神就来与廪君共眠，天亮后即化为飞虫，与诸虫群飞，掩蔽日光，天地为之晦暗，长达十几天之久。廪君用计将挽好的一束青丝使人送给盐神，答应执此物共生子就留在这里。盐神中计，接受青丝束。廪君站在露天的阳石上，看清青丝束所在，即用箭射中盐神。盐神死，“天乃开明”，于是廪君在夷城即位为君长。这个盐水女神的故事很凄美，将这个故事同巴地的盐泉考古遗址结合起来，正可看出巴人不习惯长居于一地而是逐盐泉而开采的迁居习性。巴又是喜水居的部族，故巴地多鱼复、盐阳之称。[③]

3. 居干栏、吊脚楼，是巴人巢居文化的产物。直到唐代杜甫看到巴人巢居建筑还称赞其“殊俗状巢居”。[④] 由此可见，巢居文化是巴人特殊的建筑习俗。

4. 巴人青铜器遗存中以兵器为最多，柳叶形剑和戈、矛、戟、镞、弩机，是巴人墓葬中的常见之物，体现巴人的尚武习性。这种习性与蜀人的重文习性正相反，也正好形成相辅相成的巴蜀文化的集体性格。

5. 以虎为祖先信仰物，因虎崇拜而多虎钮錞于与兵器上的虎纹形象，巴印章上的虎形纹和“王”字纹（虎额上的王字纹）也来自虎崇拜。錞于本是中原兵器，巴人的青铜錞于是从中原传入的，但中原錞于无虎钮，唯巴人的錞于才有虎钮。涪陵小田溪、开州区、万州市直到湖北西部以及湘西地区均有虎钮錞于出土。虎钮錞于应是巴文化尚虎特性的象征，文献

① 蒙默：《试论古代巴蜀民族及其与西南民族的关系》，载《贵州民族研究》1988年第4期。
② 徐中舒：《四川涪陵小田溪出土的虎钮錞于》，载《徐中舒历史论文选辑》（下），中华书局，1998年版。
③ （汉）宋衷注、（清）秦嘉谟等辑：《世本八种》，商务印书馆，1957年版，第16页。
④ （唐）杜甫诗：《成都府》，《杜甫诗歌选读》，中州古籍出版社，2014年版，第373页。

上又称为“虎镎”，这种说法更为明确和形象。

6. 鱼崇拜。从云阳李家坝遗址的墓葬中，发现墓主人遗骨旁有鱼陪同殉葬，这是巴人尚鱼的象征。巴地多以“鱼”为名，如鱼复、鱼妇等，蜀人有祖先名鱼凫，看来巴、蜀都曾有过渔猎时代，故留下了对鱼和渔的尊崇习俗。那么，是巴习俗影响于蜀，还是蜀习俗影响于巴，尚待研究，学者意见也甚有分歧。

7. 从考古发现看，制漆、炼丹砂与巴乡清酒工艺，是巴人非物质文化遗产的特点。《史记》记载巴寡妇清，秦始皇为其筑怀清台，以表彰其炼丹砂致富有助于国的成就。

除上述七个特征外，最重要的特征是巴人心向中原文化，很早同中原炎黄族发生了关系，和蜀人一样。从文献记载看，传说巴人为人皇九囿之一，相当于万年以前的新石器时代。人皇之后是伏羲，生后照，始为巴人。在黄帝族的降居若水的高阳氏颛顼集团和降居江水的高辛氏帝喾集团两大系统中，巴人是属于高辛氏帝喾系，而蜀人是属于高阳氏颛顼系，这相当于五千年前五帝时代。这可以说明，巴文化从一开始出现，就在江水区域同中原文明发生了关系，以后服从于中原夏代的国家治理，参加武王伐纣，参加汉高祖统一全国的战争，秦汉时代“染秦化”，促使秦巴文化向心于中原文化，可以说每个历史时期巴人都认同以中原文化为正统核心所凝聚的中华大一统文明。

四、古巴青铜时代向铁器时代的过渡

古巴青铜时代再向前发展，即进入铁制生产工具为主的铁器时代。这是一个渐进过渡和长期发展的过程。长江流域铁器的出现，主要是在长江中游春秋时期的楚地。巴蜀地域铁器的发现，要晚于长江中流的楚地，最早可追溯到春秋中期，主要发现在瞿塘峡以东的峡东地区。“从出土的这些春秋战国时期铁器看，主要以生产工具为主，器形主要有凹凸锸、锛刀、削刀、铁斧、铁锄。”① 铁锄和铁锸用作种植农业生产工具，代表着向养殖农业发展的生产力的潜在可能性的出现，是田野农业跨时代的巨大进步。如宜昌的前坪战国墓葬，以及朱家沱、朱家台、上磨垴、和前坪（王家沟）等遗址和墓葬均发现战国时代铁器或铁矿渣冶炼遗迹。② 在秭归的柳林溪、白水河、张家坪、台山等遗址发现了春秋晚期到战国时期的铁器，特别是张家坪遗址出土有铁凹口锄和铜柄铁剑。③ 铁锄是锄耕工具，铁剑是作战兵器，体现了巴人的耕战特色。在峡东巫山县龙溪遗址则发现铁矿渣，属于春秋时期。巫山已近峡西区域，说明峡东区域铁器已逐步传播和影响到峡西地区直至四川盆地。不过，峡东区域的铁器的使用者，看来主要是楚人，楚沮沃原湿农田区域的开垦，应该是楚人开始掌握铁器生产工具的结果。瞿塘峡以东，“尤其是在西陵峡地区发现有相当数量的春秋中期铁器，暗示着这里（楚国）曾有可能是古代中国最早冶炼钢铁和使用铁器的诸侯国之一”④。

① 杨华：《三峡地区春秋战国时期冶铁业的考古发现与研究》，载黎小龙主编《巴蜀文化暨三峡考古学术研讨会论文集》。

② 同上。

③ 同上。

④ 同上。

峡西巴人区域铁器的使用时代比峡东地区晚，一般均在战国时期，最早也仅在春秋晚期。从峡西考古发现看，由东向西在奉节新浦、云阳李家坝、涪陵小田溪、万州麻柳沱、巴县（今重庆）冬笋坝等地，均发现战国中期以后，峡西地区铁器出土数量开始增多的情形，这说明“峡西地区在春秋至战国早期，冶铁业还没有大规模地进行”①。峡西地区“巴人冶铁业技术当是从峡东地区楚人那里学来的（或是楚人传播）”②。

五、古巴人物质景观遗产与口述史精神遗产

关于巴人物质遗产，简要地说，有以下主要内容：（1）以吊脚楼和竹棚头为特征的巢居文化。（2）方山丘陵的林盘文化。（3）巴江渝水多“巴”字形曲流景观，是古巴人聚落选择的理想定居地，往往形成三面环水，阴阳鱼交汇的天地自然之“太极图”的城镇龙脉格局，体现了巴人选择风水人居的生态智慧，如阆中古城、宣汉罗家坝、蓬安相如故城等，这是其留给后人最美的乡村生态景观遗产，当保护其乡恋乡思文脉。（4）巫盐道与栈道索桥文化，左担道，巴与蜀的荔枝道，等等。（5）梯田文化，此文化优于蜀。（6）以多“沱”为名称的地名，比蜀地多，来源于多洄水沱，即天然湖泊水库。（7）虎錞、柳叶剑与巴地兵器、印章图语。（8）还有神奇的气候特征：“巴山夜雨”，李商隐写达州、通州一带“君问归期未有期，巴山夜雨涨秋池。何当共剪西窗烛，却话巴山夜雨时”，道尽了巴乡的乡愁，这同蜀人的“西蜀天漏”气候感思，相映成趣。

这些特征在今天往往已成为巴地的景观遗产，众所周知。这里只简说一下具有巴人特色的巢居文化的渊源。与蜀人的巢居文化有所不同，它的特色就是依山背岭立或半岸半水立的巴人吊脚楼，分布在丛箐中、小坝里、水岸边、危崖上，依树为层巢而居。今观重庆市夜景，灯楼层层，依天壁而嵯立，星街婉娫，挽危岩而攀行，倏忽动车从楼中穿出，江涛于桥下汹涌，宛然天上街市，动人心魄，犹存巴居古意，蔚为壮观。其巢居习俗发展的历史顺序是：由最古的渝州“俗构屋高树”③，发展到“以竹木为楼居”“悬虚构屋”④，再发展到“人家多住竹棚头”⑤“阁栏都大似巢居”，进一步则发展为江洲巴人“重层累居”的吊脚楼栅居城镇，传承到现代，影响深远，从滇黔直到东南亚。如崩龙族的诸葛冠式竹楼、傈僳族的“千脚落地竹篾房”，直至缅甸的“擖栏舍屋”⑥，所以，杜甫形容巴居是“峡人鸟兽居，其室附层巅”“异俗嗟可怪，殊俗壮巢居”。甚至古僚人的“僚”的得名，也源于巢居，因为僚（嵺）与巢为同音同义语。⑦

下面再说巴人口述史精神遗产。人类历史的原生态，源于祖先记忆（祖先崇拜）和自然

① 杨华：《三峡地区春秋战国时期冶铁业的考古发现与研究》，载黎小龙主编《巴蜀文化暨三峡考古学术研讨会论文集》。
② 同上。
③ （宋）乐史：《太平寰宇记》“渝州风俗”条，中华书局，2007年版。
④ （宋）乐史：《太平寰宇记》卷八十六，中华书局，2007年版。
⑤ （唐）张籍：《张籍诗集》卷六“蛮州”，中华书局，1959年版。
⑥ 拙作：《论古巴蜀巢居文化渊源及其历史发展》，载拙著《巴蜀文化辨思集》，四川人民出版社，2004年版，第117～155页。
⑦ 同上。

映像（自然崇拜），多表现为包括传说、神话在内的口述史。巴人的神话和传说，是巴人祖先记忆和自然映像的口述史，它通过《三巴记》《华阳国志》等文献记录下来，留下了值得重视的巴人祖先口述史料。这些史料所反映的巴人祖先的传说和神话，是古巴人历史活动的文献记录，它根植于巴人考古文化生长和发展的肥沃土壤上。如果说，巴人的考古文化是古巴人历史活动留下的物质遗产。那么，巴人历代口耳相传的神话、传说和文献，则是古巴人历史活动留下的自成一系的精神遗产。古巴人这些精神遗产同物质遗产的关系，考古遗存和传说时代的关系，现在还说不清楚，历史与考古对接为一个框架，也相当困难。尽管如此，但二者相互有关联，这是肯定的。古巴人的口述传说，包裹着真实历史的内核，这也是肯定的。

古巴人自成一系的传说历史，主要有下列内容：

1. “盐水女神”的传说。这个传说透露出两点历史信息：第一点，这个神话故事是在巴人寻找盐巴的迁徙过程中发生的，是巴人选择聚落定居点的反映，这同巴人早期作为游牧部落经济生活的考古遗存的发现是一致的，同巴人寻盐的路线也是一致的，可以相互印证。第二点，巴人祖先与女神的交往与争斗，反映了巴地区母系文明部落活跃的情况，在这点上巴文明同蜀文化一样，都有母系文明的女神崇拜信仰。

2. 巫山神女的神话。它反映了大巴山地区，自古以来就存在着女性祖先的信仰，是母系文明部族与父系文明族群交往的包裹着神话外衣的历史记录。按照吾师徐中舒先生的观点，不仅父系制部族可以由文化过渡到文明，母系制部族一样可以直接由文化过渡到文明。在远古时代，大量母系制部族，如女国、附国，广泛存在于巴蜀地区，尤其是巴蜀山地。

巫山神女的神话，楚襄王的故事，还反映了传说向神话和仙话的演变，反映了巴文化与楚文化交往交流、互鉴互融的历史状况。这个神话还直接影响了洛水女神神话。巫山神女的神话，还反映了巴文化重神重鬼的特征。楚文化重巫，巴文化重鬼，蜀文化重仙，这是三个地域文化在文化想象力方面的不同特色。① “鬼”字形是大头人形状，是代表祖先的形象，脑袋大，表明祖先聪明，值得崇敬。神女、神鬼，正是巴文化的重要特征，是巴文化浪漫主义重梦幻、重游仙的想象思维的源头。

3. 巴人的梦想精神。伏羲之母华胥曾梦见华胥国内，山水秀美，人物俊乂，老百姓安乐富足，故谓之曰“华胥之国”。这个梦想故事，发生在阆中等巴地，是巴人的最早的“中国梦”。这种梦想精神，是巴人文化的灵魂，是新时代需要借鉴传承的优秀传统文化。

4. 廪君蛮与板楯蛮关于白虎的神话与传说。前面有分析，这是巴人祖先自然（动物）崇拜的反映。白虎是大巴山地区特有的产物，因而成为巴人两个不同部族敬爱崇拜或敬畏崇拜的对象。

5. 关于廪君五姓和板楯七姓的传说。“巴有姓”与“蜀无姓”的历史文献两相对比，说明巴尚处于血缘部族联盟的阶段，居于较原始的文明阶段。而蜀已过渡到地缘部族联盟的阶段，两个古方国的性质是不同的。

6. 关于錞于、铜鼓的传说，反映了巴人勇武刚毅的文化性格。

---

① 拙作：《三峡与巴蜀文化》，载拙著《巴蜀文化辨思集》，四川人民出版社，2014 年版，第 104～116 页。

7. 巴渝舞与巴渝曲，“武王伐纣，巴人歌舞以凌敌”的记载，这是古巴人青铜时代考古物质文化背后的巴人精神文化的反映。

8. 巴人僰人的竹郎王子和竹郎庙的传说，这是巴文化与夜郎文化沿牂柯江交流融会的产物。

9. 賨人继承古巴人传统，有歌舞凌敌以助汉高祖的楚汉战争、统一全国的记载，这是巴地区考古文化进入铁器的时代的佐证。

至于巴人非物遗产方面的特色，这是个大问题，只有另文再说了。

六、巴文化在陇蜀龙头文化中的历史方位

陇蜀文化是秦陇文化与巴蜀文化的合称。它是秦陇与巴蜀两个地域文化共同体合在一起的，是比这两个共同体更大的地方广域文化命运共同体，即“陇蜀地域文化联合共同体”的通称。它在古地域文化中具有“龙头”地位，这是司马迁首先提出来的。《史记·天官书》：“自河山以南者中国”，“中国山川东北流，其维首在陇蜀，尾没于勃碣。”在古人看来，陇山和蜀山处于中国山川龙脉走势之首的龙头地位，而渤海碣石则是其尾。古人的这个看法，不仅仅是对中华山水龙脉走向的地理认识，更主要的是对中华文化走向和趋势的文化认识。

中华民族的发育、发展与中华山川的基本走向是高度一致的，最早是青藏高原、昆山、陇山的牧羊人“古羌”族群，走向河湟、岷山、蜀山、岷江、长江，顺着山谷河谷，走下高原，走向平原，走向海洋。用今人观点看，就是由游牧文化、草原文化、农耕文化，直到海洋文化，这是中华古文化的发生次第和走向。西部陇蜀是中华文明发源的龙头所在，而向东、向南和向东北，则是它的走向。即中华文明由内陆文明走向海洋文明，而中部中原则是整个中华文明向心力和凝聚力的核心。就陇蜀共同体而言，原始陇文化发展到秦文化，秦文化又融进关中文化，这正是陇文化与中原文化相结合的过程。秦人的土著戎文化是在占据西周丰镐故地——八百里秦川（宝鸡到伊洛之间）后发展演变为周的正统关中文化的，这是僻处西方的秦国能够统一全国、建立秦朝的文化根基。巴蜀文化接受“染秦化”，就是染“关中文化”“中原文化”。因此，秦陇文化就是“关陇文化”，秦地的关中平原、汉中平原与巴蜀的“成都平原”属于同一个文化区域。最古的“天府之国”区域，就是指的这三大平原。直到汉代，成都平原发展到全国第一的“优越秀冠”农耕文化位置，“天府之国”的桂冠才专指成都，后来又扩展为整个巴蜀。“天府之国”的中心由关中走向巴蜀的过程，就是陇文化与蜀文化交融的过程。由此可见，关陇与巴蜀确实具有文化“龙头”的地位。

考古材料也证明了这一点，据苏秉琦先生的看法，不仅关陇“八百里秦川”文化是仰韶文化发生、发展的核心地区，与欧亚大陆桥的联系，也是“龙头”地位。巴蜀与南亚的关系也是如此：“四川的古文化与汉中、关中、江汉以至东南亚次大陆都有关系，就中国与南亚的关系看，四川可以说是‘龙头’。”① 由这些演变过程可知，古陇蜀文化确实是居于“龙头”地位的文化。

---

① 苏秉琦：《中国文明起源新探》，生活·读书·新知三联书店，1999年版，第27页，第85页。

古巴文化在古陇蜀文化体系里有没有重要地位呢？这个问题还没有人提出并研究过。以今天的文化观点解读，肯定这个体系里是有巴的重要位置的。这里仅用杜甫诗中反映他本人由秦陇进入巴蜀的亲身文化体验来说明。杜甫《上后国山脚》诗说："自我登陇首，十年经碧岑。剑门来巫峡，薄倚浩至今。"这首诗说的是杜甫登陇首，自凤翔赴同谷，由同谷入蜀，沿流下峡，走了十年之久。他走的路线正是反映陇蜀文化次第发生的路线。他称的"蜀"是包括巴在内的统称，在汉唐时代口语中，巴蜀就可以简称为"蜀"。而杜甫这条路线，严格地说，正是秦巴山地路线，也就是巴文化发生的路线。

考古发现已经证明巴的三峡文化与蜀的宝墩文化都是以陇山为源而连接的文化：蜀的文化通过茂县营盘山遗址而与陇山西侧的仰韶文化、马家窑文化诸类型、齐家文化接上源头，而巴文化则与甘肃秦安大地湾文化有关系，距今七千年前至五千年前后，属于前仰韶时期到仰韶文化前、后期时期。然后进入四千年来巴石器文化与青铜文明自成一系的时代。在巫山县曾出土三千年前商代铜尊，性质属巴文化，其与三星堆祭祀坑出土铜尊类似，表明巴与蜀虽各有体系，但有密切关系。巴与蜀最初都在陇山、岷山、秦巴这条线和秦川八百里这块地域上，后来分途发展。苏秉琦先生称秦川八百里地域是中华民族和中国国家起源史这座大厦的"擎梁柱"。按此说法，源于陇头河湟的巴与蜀则是这个擎梁柱的不可或缺的两块柱石，二者从史前至各历史时期都交织在这条路上。

因此，杜甫对这条路的文化体验也就有蜀有巴。这里不说蜀，只说巴。他对巴文化的感觉是"皆山水乡"，"山水乡"正是巴文化最大的特征。杜甫写的僚人养虎、穿虎行的习俗，写的夔州"家家养乌鬼（即于菟，指老虎），顿顿食黄鱼"的习俗，秦巴山上"殊俗状巢居"的习俗，都是巴人习俗的典型特征，杜甫对巴文化的观察是很细腻的。杜甫对巴、蜀、荆楚、华山文化的看法，还集中反映在《寄彭州高三十五君适、虢州岑二十七长史参三十韵》中："彭州剑阁外，虢略鼎湖旁。荆玉簪头冷，巴笺染翰光。"这几句把彭州、剑阁、秦巴、虢州鼎湖（黄帝铸首山铜鼎升天之处）、华山、荆山玉都写进来了，这正是巴文化向西北与关陇、向东南与楚文化相联系的证明。接着，该诗还写出"岂异神仙宅，俱兼山水乡"两句，这正是说巴文化的人居特点是"神仙宅"，是仙乡人居，这是巴文化和蜀文化的共同特点，也是杜甫对巴文化最深的体验。"俱兼山水乡"则是杜甫对巴文化"山水乡愁"最深的感受。杜甫诗中对"神仙宅"和"山水乡"的夸赞，正是巴人的文化想象力和梦想精神的本质特征，同时表现出这两句诗背后，巴文化对陇蜀文化共同体精神家园的奉献。

就巴山蜀水而言，秦巴山地还有"宇宙之绝观"的奇险特征，这无疑也是古人称"陇蜀龙头"地位的一个重要原因，是巴文化对陇蜀生态文明共同体的特殊奉献。

初唐诗人王勃"自长安观景物于蜀"，出褒斜，抵岷峨，走的正是由陇入秦巴，再进入成都的路线。他歌颂秦巴山地、剑阁山水"若乃采江山之俊势，观天下之奇作，丹壑争流，青峰杂起，凌涛鼓怒以伏注，天壁嵯峨而横立，亦宇宙之绝观也"。他还认为秦巴山地是"烟霞为朝夕之资，风月得林泉之助"的"灵区"，"山川之感召多矣"。奇瑰山川，钟灵毓秀，天工奇作，宇宙绝观，这正是秦巴山地和剑阁山水的特征，巴文化正是在这样的奇异自然环境中形成尚武、贵奇、崇丽、梦幻的梦想精神和奋斗精神，这正是巴文化作为陇蜀文化共同体的不可或缺的一部分，是它对陇蜀"龙头"文化做出的贡献。陇头、巴山、蜀水正是陇蜀文化的三大地理标志，缺一不可。巴文化在陇蜀文化共同体中是一支有强大生命力、持续力，有独特的尚武奋斗精神和贵奇、贵鬼、贵仙的梦想精神的奇葩，在陇蜀文化中的历史方位是三足鼎立而不可或缺的一大方面。

结　语

总起来看，巴蜀文化共同体是由“三巴”和“三蜀”构成的。“三巴”是指巴郡、巴西郡和巴东郡。如果从江河流域观察，“三巴文化”则分为“巴涪”流域文化、“巴渝”流域文化和“巴渠”流域文化。巴涪文化中心是今绵阳市，巴渝文化中心是今阆中、南充和重庆，巴渠文化中心则是今达州。巴渠文化同时也可称为巴賨文化。

如果用一句话来概括，巴文化是棵文明的常青树，她有距今两百万年以上巫山人为标志的巴文化根系，有万年以上从人皇到伏羲生后照为独特文化标志的巴文明起步，有五千年以上以秦巴、峡江地区为代表的巴文明起源，有两千七百年以上由汉水、峡江、秦巴山区进入四川盆地，由游团走向定居并与蜀文化融会的巴文明东兴西进发展史。

再概而言之，巴文化就是巴人由汉水和秦巴祖源地，向四川盆地进发的东兴西迁的开发史。

巴文化可分为考古物质文化和历史精神文化两大部分。这两大部分是一个不可分割的整体。创造该物质文化的巴人，同时也是使用该物质文化进行创造性精神活动的创意巴人。今天秦巴山地巴人地区创意文化产业的兴起，有赖于对古巴人创意资源的挖掘。这一创意资源，大量存在于古巴人的物质文化和非物质文化中。创意资源，不能仅看考古遗存，更要重视古巴人的精神遗存，而这一点上我们的重视程度是远远不够的。

（作者单位：四川省政府文史研究馆、四川省社科院）

巴人在推动中华历史进程中的重大业绩痕印检索

祁和晖

内容提要：在中华民族发展的历史上，巴人贡献重大，史不绝书。本文摘取大禹娶妻、武王伐纣、秦统天下等几个重大历史事件，对巴人在推动中华历史进程中的业绩进行述扬。

关键词：巴人；中华历史进程；重大业绩

一、巴人与巴域

何谓“巴人”？历史上称生长栖息在巴域境中之聚落族群为巴人，世居巴乡之人民为巴人。巴人从来不是族别称谓，而是区域文化特征之族群称谓。其方言为“西南官话”——俗称之“四川话”。“西南官话”，在汉语方言地图上，面积仅略小于“北方官话”而远大于淮扬官话区域与岭南官话区域。“西南官话”中巴语与蜀语略有差别。一般而言，巴人语调厚重，蜀人语调轻灵。滇乡语近蜀音，黔乡语近巴音。

关于历史上“巴人族属”，向有争论。但主流观点有共识——巴人、蜀人皆为华夏后裔。任乃强氏《四川上古史新探》一书下篇之“巴的兴亡与古老土著”有深入探析，具有代表性。任书在巴人族属、立国、兴亡史事上提出了如下判认：

1. “巴人这个部落，应该是华族的一支……初期以渔业为主要生业，其后华族由神农氏创始经营农业，并向中原移进……遗留在云梦盆地，从事渔业的部分，便是巴族”，[①]“巴族不得与巫载”及“巴氏等同族源”。

2. “巴的境域，主要是在四川东部，长江上游可以行船的地区，它不是羌族的分支，却

① 任乃强：《四川上古史新探》，四川人民出版社，1986年版，第236页。

作羌支民族的大君，主要是凭借巴东盐泉”。[①] 此处所指史事，是指夏朝建国后巴人曾经历一次神农部属与华夏部属的选择：“一条路是屈服于华夏族，另一条路是向巫臷逃去。”[②] 距今四千年时巴人有融入华夏者，亦有西逃至巫山巫溪之羌支民族古国“巫臷”（亦称“巫诞”），成为巫臷的部属。巫臷古国应是炎帝神农氏共主统辖下的一个“行盐”谋生的商事部族古国，逃过了“炎黄争长”之战后，随炎帝系失败而迁逐出原居地。然后在巫山巫溪大溪沟一带天险地区稳定立国。任书说“巫臷王国的诸侯，不止一个巴族部落……沿江一带已经有了鱼国、夔国、荆国和一些不必细考的部族”[③]，“这些氐族部落，都是仰食巫盐的沿江部落，而且都是从大巴山来的羌支民族”[④] ——当然这些羌支民族也先后加入了华夏母体。

3. “巴族是夏代从云梦盆地溯江进入四川盆地的。”[⑤] 巴人聚落都邑——且简称“巴都”，曾不断沿长江、嘉陵江（又名“巴水”）西迁。任书考其古族国邑当在今湖南岳阳附近的长江南岸城陵矶。后来西迁到“枳”（今涪陵区，巴王陵墓所在地），又西迁至“平都”（今酆都），再西迁到江州（今重庆市）。任书考证认为巴人“西迁江州”都邑时间“似在殷末周初”[⑥]。任书考证认为“这是巴国旭日东升，临近正午的阶段……从冬笋坝发现的巴王墓葬文物分析，当时工业、商业都已有惊人成就……它的统治地区已经很宽，它已把土著的各族人民管理得很好，文化相当的高”。[⑦] 据任书考证，“巴族营邑于江州以后，王族发展，成立了一些藩属部落，分管地方（如巴蔓子和苴侯），而其王族本身则循嘉陵江向关中方向转进，国都自江州徙至垫江（今合川），更由垫江徙至阆中，这显然是倾向于中原周族文化的体现”。[⑧]

4. 任书辨析“廪君巴”“板楯巴”“賨人巴”在先后加入汉族之前，是三个有各自部落特点的巴人聚落。按古人文献如《华阳国志》记载：廪君巴，可称为白虎巴，其族群信仰为其先祖“廪君魂魄世为白虎”，其族徽为白虎，乃为敬虎族群。相传秦昭王时，有饮人血为祭的白虎曾在野外伤人一千二百余人。秦昭王募求灭虎消灾的英雄，此时“于是夷朐忍廖仲、药何、射虎秦精等乃作白竹弩于高楼上，射虎，中头三节”，“白虎常从群虎，嗔恚，尽搏杀群虎，大呴（吼）而死”。“秦王嘉之曰……功莫大焉……乃刻石为盟，要复夷人顷田不租，十妻不算；伤人者，论；煞人雇死，倓钱……夷人安之。汉兴，（巴人）亦从高祖定秦有功。高祖因复之，专以射白虎为事，户岁出賨钱口四十。故世号白虎复夷，一曰板楯蛮。”（《华阳国志·巴志》）。射杀白虎的三位板楯巴英雄大名，刘琳《华阳国志新校注》作“廖仲药、何射虎、秦精”。任书认为今土家族乃为廪君巴在巴国灭亡后仍守居乡土的支庶遗族。而后人史书所称的“巴郡、南郡蛮”则为巴国灭国后，不肯降秦，而逃入楚“黔中郡”之遗族。任乃强氏《四川上古史新探》一书对巴人蜀人史事研究虽多推论，但其启发性、合理

---

① 任乃强：《四川上古史新探》，四川人民出版社，1986年版，第219页。
② 同上。
③ 同上。
④ 同上。
⑤ 同上，第238页。
⑥ 同上，第245页。
⑦ 同上，第246页。
⑧ 同上。

性、新见地均极宝贵。

“巴人”称谓最早见于《山海经·海内经》：“西南有巴国，太皓（伏羲）生咸鸟，咸鸟生乘厘，乘厘生后照。后照是始为巴人，有国，名曰流黄辛氏。其域中方三百里，其出是尘土，有巴遂山，渑水出焉。”王符《潜夫论·志氏姓篇》等皆记写巴人为华夏祖先如伏羲、神农、黄帝、大禹——三皇五帝之支庶后裔。不将巴人蜀人归入“蛮夷”。古人文献转述至迟到距今四千多年前起往往将巴蜀并列并称，如西汉面世的《洛书》说：“人皇始出，继地皇之后，兄弟九人，分理九州，为九囿。人皇居中州，制八辅。华阳之壤，梁岷之域，是其一囿，囿中之国，则巴蜀矣……五帝以来，黄帝，高阳之支庶，世为侯伯。及禹治水，命州巴蜀，以属梁州”。秦汉文献，从秦《吕览》到西汉桓宽《盐铁论》、陆贾《新语》皆言“禹出西羌，文王生北夷”（《盐铁论·疾国》）“文王生于东夷，大禹出于西羌”（《新语·术事》）。蜀人扬雄《蜀王本纪》更论述：“禹本汶山郡广柔县人也。生于石纽，其地名痢儿坪。禹母吞珠孕禹，坼堛而生。于县涂山娶妻，生子启。”“禹六月六日生于石纽，身长九尺二寸。”周文王出生“夷”中，但文王承传创造的文化乃炎黄华夏正统。大禹虽出生西羌，但大禹是华夏国家文明的人文始祖，而非“蛮夷”族群，巴人、蜀人皆三皇五帝支庶，当然是华夏儿女。

巴人乡域与巴人后世政区划分须加区别。早在秦、汉所置“巴蜀”政区已非巴蜀人生活文化区域全境。秦国灭巴后置巴郡仅是巴人乡土的一部分，黔中郡等地已不再划入巴郡。两汉郡县政区大体袭秦制，其巴郡政区仅“东至鱼复（今奉节县），北接汉中，西连僰道，南极黔、涪”。这个政区比巴人生活区域小很多。《华阳国志·巴志》所记巴乡比较接近真实的巴人故乡，晋人常璩在此《志》中说《禹贡·梁州》境域：“仰禀参伐（无名区），俯壤华阳（华山之南），黑水、江、汉为梁州”。“江”——长江流域上段，“汉”——汉水流域，其中长江三峡以东至今日湖北仙桃、恩施，湖南、湘西北境讲“四川话”的地区都是巴人文化区。到明代，巴人文化区的核心区便是当时四川省的“川东道”与“川北道”。

以明曹学佺《蜀中名胜记》所记为例，其巴人政区分为：

1. 上川东道三区一府20县：为重庆府及巴县附郭，另江津、璧山、永川、荣昌、大足五县，合川、铜梁、定远、安居、綦江、南川、长寿、涪州、武隆、彭水、黔江、忠州、丰都、垫江十九县。明“上川东道三区20县”，今属重庆直辖市。

2. 遵义道一府五县：遵义县附郭，另桐梓、仁怀、真安、绥阳五县。今日“国酒茅台”乃巴乡名酒。入清，遵义府由四川省转划入贵州省，今属贵州省。

3. 下川东道三区一府13县：奉节县附郭，另巫山、达州、东乡、太平、新宁、梁山（今梁平）、万县、云阳、开县、大宁、大昌、建始12县。此区中达州、东乡、太平、新宁今属四川省，建始县属湖北，余8县今属重庆市。

4. 川北道七区27县：此川北道七区27县今都在四川、重庆分治后的新四川省内。

从今日政区看，明代“川东道”府县为今日重庆市政区，而川北道与下川东道四个县共31府县之巴人乡尚留在四川省。巴人之乡在政区上可以划分，以便于建设发展，但在文化与生活习性习俗上无法划分，只能且必须，一如历史既往，携手同行，共创未来。

巴蜀是文化上的同源共享共商共建共同体。历史上巴蜀从来都是一荣俱荣、一损俱损的命运共同体。

巴人对中华历史的贡献总是与蜀人并肩，巴人之乡产生的豪杰遍及今日的四川省、重庆市政区，并超出此两省级政区之外。不过，超出今日四川省、重庆市政区的英雄豪杰，当由他们所在省市政区述扬。

四千年来巴人在中华历史上的重大贡献，史不绝书。本文摘要检索其最亮点而述。

二、大禹治水，娶于江州涂山

“涂山”为今何地？向有争论。汉扬雄《蜀王本纪》，晋常璩《华阳国志》皆述：禹妻涂山氏之乡即今渝水（嘉陵江）汇入长江口岸附近的涂山县。涂山氏为大禹生下夏“启”，成为夏朝开国之君。

《华阳国志·巴志》记：“禹娶于涂山，辛壬癸甲而去（结婚第三日而离开），生子启，呱呱啼，三过其门而不入室，务在救时——今江州涂山是也。帝禹之庙，铭存焉。（禹）会诸侯于会稽，执玉帛者万国，巴蜀往焉。”① 禹娶于涂山氏，乃大禹治水历程中的大事，儒家经书慎予记载。如《尚书·皋陶谟》记载：“禹曰：……予创若时，娶于涂山，辛壬癸甲，启（禹子）呱呱而泣，予弗子，唯荒度土功。”《孟子·滕文公上》记：“禹八年于外，三过其门而不入。”《史记·夏本纪》亦重墨记载大禹娶涂山氏为妻，生子而无暇顾及史事。“禹曰：予辛壬娶涂山，癸甲生启，予不子，以故能成水土功，辅成五服，至于五千里，州十二师，外薄四海。”大禹得涂山氏贤妻之助，方能有安室而无后顾之忧，一心以治水安定九州为念，终致成功，致华夏恩泽及于十二州与四海。大禹本人感激禹后涂山氏，大禹法规设计首席助手皋陶更深受教诲。《史记·夏本纪》接着记：“皋陶于是敬禹之德、令民皆则禹，不如言，刑从之。舜得大明，于是夔行乐，祖考至，群后相让，鸟兽翔舞，《萧韶》九成，凤凰来仪，百兽率舞，百官信谐……于是天下皆宗禹之明度数声乐，为山川神主。”

中国政坛纪律风纪由禹妻涂山氏生子，而大禹因治水无暇顾及开始，形成以公为重、私服从公的政纪伦理价值观念。

涂山氏乡梓，扬雄《蜀王本纪》记涂山氏乃“是县”人，即大禹所诞生的汶山郡广柔县人。后世常璩《华阳国志》（以下简称常志）辨别涂山氏乃江州涂山人，今人郑文在所著《扬雄文集笺注》中，对扬雄《蜀王本纪》“涂山”地望之误作了纠正，郑文《笺注》记：“广柔县在今四川阿坝州汶川县，境内向无涂山县置名。”其地当如常志所记应为江州涂山。

巴蜀乡亲之间本累世为婚姻关系，涂山氏应为巴人无疑。证之大禹生平，也只能是江州涂山。

大禹治水时间古人有多记，一记八年（见《孟子·滕文公上》），一记十三年：《史记·河渠书》引“《夏书》曰：禹抑洪水十三年，过家而不入门”。《汉书·沟洫志》亦照录《史记》十三年治水说。大禹生平史事，杂见于经、史、子、集四部群典中，相对有年谱式踪迹可循者，《帝王世纪·伯禹夏后氏》可为一斑。其《纪》云：“初，禹未登用之时，父既降在

① 刘琳：《华阳国志新校注》，四川大学出版社，2015 年版，第 6 页。

匹庶，有圣德……继鲧治水，乃劳身勤苦，不重径尺之璧，而爱日之寸阴，手足胼胝又纳礼贤士……尧美其绩，乃赐姓姒氏，封为夏伯，故谓之伯禹，天下宗之，谓之大禹。年二十始用，三十二而洪水平，年百岁，崩于会稽。”“禹年七十四，舜始荐之于天，荐后十二年，始使禹摄行天子事，五年舜崩。禹除丧明年，始即位，年百岁，崩于会稽。”

按前述《帝王世纪》所载，大禹 20 岁左右被推荐继鲧父治水，32 岁左右“洪水平”。74 岁才被帝舜荐告于天，确定为舜之接班人，86 岁才代舜摄行天子事，91 岁帝舜死，禹于 92 岁除丧服即天子位，在位 9 年许，逝于会稽。

《竹书纪年》云：“禹荐益于天，七年禹崩，三年丧毕，天下归启。”大禹 92 岁即天子位，94 岁确定以佐自己治水的首席助手伯益为共主接班人，确定接班人七年后，禹崩。禹崩后三年天下不归伯益，却归夏启。伯益年龄应略小于禹，而老迈于夏启。北宋《太平御览》引《吕氏春秋》所记说：“禹年三十未娶，恐时暮失制，乃娶塗山氏之女。”又《吴越春秋·越王吴余外传》记：“（禹）三十未娶，行到塗山，恐时之暮，失其制度，乃辞曰：‘吾娶也，必有应矣。’”《吕氏春秋·音初》又记：“禹行功，见塗山之女，禹未之遇而巡省南土，塗山氏之女乃命其妾候禹塗山之阳，女乃作歌，歌曰：‘候人兮猗。’寔始作为南音。”大禹治水，最艰难的工程是“通江疏河”。“通江”高难工程即为凿通“三峡”，让上游岷江、金沙江汇成的一江春水向东流，而“疏河”的难点在凿“三门峡”。黄河流经平原，时有改道泄流，长江只有凿通三峡才能“平土水”，故其治水，在“江州”至三峡一段停留时间最长。年将“而立”三十岁时欲娶妻立室，方想起早年塗山氏女之约，当时工程吃紧，日夜焦思，无暇婚娶。“而立”时，水患基本平息，塗山氏之约提上日程。塗山氏亦在等候大禹迎娶。此塗山氏只能是巴女塗山氏。当时巴人文明程度高于境外的短发文身，甚至裸体之国。大禹不会在裸国娶妻。《墨子·节葬》说：“禹东教乎九夷，道死，葬会稽之山”。禹后塗山氏不属于“禹东教九夷”之夷女，而是乡土近邻巴乡塗山氏之女。《吕氏春秋·音初》还记：塗山氏歌之“南音”，后世“周公及召公取风焉，以为《周南》《召南》”。《诗经》十五国风中《周南》《召南》正是今“江、汉”地域之民歌，“江、汉”乃巴人塗山氏之乡。可见：大禹治水造福天下，塗山氏之女母仪天下，佐禹成功。治水功业有塗山氏的一份业绩。

三、武王伐纣，借助巴师

常璩《华阳国志·巴志》记：“周武王伐纣，实得巴蜀之师，著乎《尚书》。巴师勇锐，歌舞以凌殷人。前徒倒戈，故世称之曰：‘武王伐纣，前歌后舞也。’武王既克殷，封其宗姬于巴，爵之以子。古者远国虽大，爵不过子，故吴、楚及巴皆为子。”常志此处史事所志巴人助周灭纣，其功业是依据《尚书·牧誓》及东汉初《白虎通·礼乐篇》、魏晋蜀人谯周《巴记·巴谕舞》（此书已佚，后人有佚文考辨）等典籍史料写成。由于“巴师”在灭纣兴周中功业巨重，周武王特将巴人之国地位提升至与南方吴、楚大国并列同等，不仅同时封吴子、楚子、巴子，更为表示亲厚于巴人，将周王室宗亲的姬姓子弟封职于巴。后来“巴蔓子”之族即为姬周支庶而巴人化者。

夏商周三代禅替都是中华历史重要节点，殷商立国“凡三十一世，六百余年”。[①] 姬周立国“凡三十七王，八百六十七年”[②] 在新旧两朝更替的关键时刻，巴师顺应历史潮流推动历史车轮向前。

助周武王灭纣的，不仅是巴师，还有巴师的坚强后盾巴国、蜀国。

《尚书·牧誓》记：武王率军至于商都郊外牧野誓师宣战：“嗟！我友邦冢君……及庸、蜀、羌、髳、微、卢、彭、濮人，称尔戈、比尔干、立尔矛，予其誓。”后世习称武王伐纣时助军的八个友邦为“牧誓八国”。这八个友邦按人文地理与民族聚落地理皆在古“巴蜀境区”，皆为后世的“西南官话”方言文化区。按任乃强氏考辨，牧誓八国对应的后世政区大体如下。

“《牧誓》八国多在大巴山区。”[③] 任书说，“大巴山北之水皆入汉；山南之水汇为巴河、渠江入嘉陵江”，《诗》教说“文王化行江汉之间”——“江汉之间的南国大部分都在大巴山区”[④]。任乃强氏推测八国皆为兴于岐山的周国的通商部族。比如：

庸：贩奴。

蜀：贩丝。

羌：西海盐池附近羌落，贩盐。

髳：贩牦牛、牛毛。

任乃强氏综合清张澍《蜀典》，现代顾颉刚、郑德坤、蒙文通、邓少琴诸先生考辨成果提出如下地理对应地区：

庸：今湖北竹山县地，竹山竹溪。

蜀：当时尚居岷江源头茂汶盆地，其北境直抵汉中。

羌：与姬周陇西、岐山有行盐关系之羌落。

髳：疑是析支河曲或松潘草原之羌民。

微：“考其地，即今湖北十堰市的黄龙滩。”

卢：“疑《牧誓》之卢与桓十三年之‘卢戎’，是一跨大巴山之族，宕渠卢城，为其最后之故墟。”

彭：任书考辨，西蜀彭县，蜀人治水前尚为内海，巴乡彭水县得名于隋代。《牧誓》八国之“彭”，按《汉书·地理志》启示，应是巴郡阆中县域，其“彭道”将池、鱼池，乃潜水（嘉陵江）储水池，其地处渝水中游，与岐山周围一水相通，多有往来。

濮：“百濮是大巴山区的羌支。”“《牧誓》之濮即《王会》之卜人，其地在今彭水，黔江两县，为郁山盐泉与黔江丹穴所在地。”

八国助周灭殷，巴师为先锋。从帝禹治水，协合万邦，到八国助周讨伐暴纣，巴蜀人尤其是巴人总是冲锋在前。这已形成一种历史传统，从古至今无不如此。从治水、伐纣到近现代戊戌变法——保路运动——辛亥革命——抗日战争——解放战争——抗美援朝——改革开

① （汉）司马迁：《史记》分册标点本，中华书局，1963年版，第1册，第109页。
② 同上，第170页。
③ 任乃强：《四川上古史新探》，四川人民出版社，1986年版，第188页。
④ 同上，第189页。

放，巴人一路不停，冲锋向前，为中华民族的生存发展而搏击。

四、秦统天下，资借巴清

秦始皇嬴政及李斯都是有严重历史劣迹而又具进步性的历史存在。其劣迹最巨者莫如篡改商鞅变法之“法治一视同仁，概无例外”而成特权君主独裁专政。为此又行“焚书坑儒”暴政，导致赵高、秦二世时“指鹿为马”，成专制统治的一言堂。由文化专制而致行文化毁灭乃为历史的倒行逆施。中国君权独大，无可制约，始于秦嬴。

但是秦嬴在创建中华统一国家，统一中华民族上又是一大进步关键。政治制度上以朝廷直辖郡县，委派行政官吏代替诸侯统治，固化分治，使中华共同体成为稳固的统一国家，避免了欧洲的“破碎”式分裂。秦嬴“车同轨、书同文、人同伦、统一度量衡”又极大地促进了中华民族的文化认同、经济认同和生活方式认同。因此秦嬴在推动中华文明向前发展，促进中华民族成长上，功业无论怎样高调评价都不为过。

巴人，以丹砂矿主巴寡妇清为代表，主动地选择站在秦嬴一边，而放弃从所居近邻楚国所能获得的“小利”。巴寡妇清家族经营丹砂矿数百年，积聚“家赀”无数。巴清不仅能守祖业，更善于“以财自卫，不见侵犯”，在秦楚争夺天下的大时局中毅然资助秦国灭楚、得到秦始皇的敬佩感激，特在秦京咸阳筑一座“怀清台”予以褒扬纪念。巴清可能是秦始皇生平唯一追念的“当代偶像明星”。《史记·货殖列传》记：“而巴寡妇清，其先得丹穴，而擅其利数世，家亦不赀。清，寡妇也，能守其业，用财自卫，不见侵犯。秦皇帝以为贞妇而客之，为筑女怀清台……清，穷乡寡妇，礼抗万乘，名显天下。”据考巴清其人及产业应在后世涪陵郡内，故后世政区曾有“丹兴县”置，其地即今重庆市黔江区。

可惜，《华阳国志·士女志》中，“巴郡士女志”已佚，巴清事迹少了一种记载。但从《华阳国志·序志》中仍可推知巴清等巴人在秦国统一天下、创建秦朝过程中的殊勋。比如“巴蜀厥初开国，载在书籍……而秦资其富，用兼天下”①，“佐周伐纣，相汉亡秦，世载其俊”②。“秦资其富，以兼天下”，“巴人俊彦”中必不能少巴清事迹。

五、“相汉亡秦”，巴人殊勋

“相汉亡秦”语出自《华阳国志·序志·巴志第一》。

秦朝统一中国后，过度集权独断，导致人心离散，众叛亲离，二世而亡，其统一政权仅存在18年（嬴政15年，二世胡亥3年）。当年楚亡时，楚人立誓：“楚虽三户，亡秦必楚。”这一誓言很快兑现。

《华阳国志·巴志》浓墨重彩记述巴人在帮助刘邦创汉、建汉上的丰功殊勋。如：

1．“汉兴，（巴师）亦从高祖定秦有功。高祖因复之（沿袭秦朝政策，对‘巴师’族人

---

① 刘琳：《华阳国志新校注》，四川大学出版社，2015年版，第519页。

② 同上，第525页。

减免赋役)，专以（巴师）射白虎为事，户岁出賨钱口四十，故世号‘白虎复夷’，一曰‘板楯蛮’，今所谓‘弜头虎子’者也。”①

2. “阆中有渝水，賨民多居水左右，天性劲勇，初为汉前锋，陷阵，锐气喜舞。帝（汉高祖刘邦）善之，曰：‘此武王伐纣之歌也’。乃令乐人司学之，今所谓《巴渝舞》也”。

3. 巴人不仅“天性劲勇”重义，还饶多智慧才士。协助汉王刘邦战胜楚霸王项羽，统一天下，创立大汉朝的阆中巴人范目就是一个代表。“汉高帝灭秦，为汉王，王巴蜀。阆中人范目有恩信方略，知帝（刘邦）必定天下。说帝，为募发賨民，要（同邀）与共定秦。秦地既定，封目为长安建章乡侯。帝将讨关东，賨民皆思归，帝嘉其功而难伤其意，遂听还巴。帝谓目（范目）曰：‘富贵不归故乡，如衣绣夜行耳。’徙封（范目）阆中慈乡侯。目固辞，乃封渡沔（今湖北省仙桃市）侯，故世谓‘三秦亡，范三侯’也，目（范目）复除民罗、朴、昝、鄂、度、夕、龚七姓不供租赋。”② 被巴人范目减除租赋的“七姓”巴人皆在今渝、鄂界接的江汉平原地区。

《巴渝舞》从汉初起，经魏晋历隋唐，迄宋，皆为各姓帝国朝廷的祭乐与正式宴乐的“乐府名曲”。唐太宗尤其喜欢《巴渝舞》，他以此曲此舞为基础，吸收隋唐实战经历情景创编出《秦王破阵乐》。《秦王破阵乐》又随唐朝先后建立的边疆“六大都护府”推广及往来商贾、宗教行人而传播到邻境诸国，玄奘《大唐西域记》中即记述了在西域发现《秦王破阵乐》音容踪迹。

汉朝的“汉”，即巴蜀大地上东汉水（今汉水）、西汉水（今嘉陵江）之汉，即巴蜀汉中郡之汉，亦“汉王”之汉。秦朝得名于“秦人故乡”，汉朝得名于巴蜀人汉水，而未以刘邦的乡梓吴楚取名，显然刘邦已经认巴蜀为乡梓。

大汉帝国影响中华民族至深至远，这一历史走向中，巴人推动的殊勋，史不绝书。

六、从“冯碑沈阙”到抗倭陪都

王莽篡汉，西汉中止。刘秀兴立东汉，巴人又立新功。在乱世殃民的东汉前期几个历史节点，巴人豪杰拥戴汉廷，起而靖难安邦安民，宕渠（今四川渠县）冯氏家族是巴人重义护国靖邦英雄功臣的代表。

《后汉书》之《冯绲传》《南蛮传》《板楯蛮传》中皆有记述。《后汉书·南蛮传》中记中国西南边境叛乱，讨伐难平，于是“又遣车骑将军冯绲讨武陵蛮，遂皆降散”。③“前车骑将军冯绲南征武陵，虽受丹阳（今湖北秭归县）精兵之锐，亦倚板楯以成其功。近益州郡乱，太守李融亦以板楯讨而平之。”④

《华阳国志》佚失“巴郡士女志”，冯焕、冯绲父子及其孙辈在东汉的政绩武功史事不得详知，但幸好有《后汉书·冯绲传》存史。而在东汉前期功臣滕抚传中，也插叙冯绲业绩，

① 刘琳：《华阳国志新校注》，四川大学出版社，2015年版，第13页，刘琳考“弜”读音不详，可能读“枪”。
② 同上，第14页。
③ 《后汉书》分册标点本，中华书局，1965年版，第10册，第2834页。
④ 同上。

其史事文写道："顺帝末，扬（今扬州地区）、徐（今苏北地区）盗贼群起，磐牙连岁，建康元年（144），九江范容、周生等相继反乱屯聚历阳，为江淮巨患，遣御史中丞冯绲将兵督扬州刺史尹耀、九江太守邓显讨之。耀、显兵败为贼所杀。又阴陵人徐凤、马勉等复寇郡县，杀掠吏人……筑管于当涂山中，乃建年号，署百官、遣别帅黄虎攻没合肥……朝廷博求将帅，三公举抚（滕抚）有文武才，拜为九江都尉，与中郎将赵序助冯绲，合州郡兵数万人共讨……于是东南释，振旅而还。"①

依《后汉书·冯绲传》记述，冯绲史事要点如下：

1. 冯绲，字鸿卿，巴郡宕渠人也，少学《春秋》《司马兵法》。

2. 家世书香官宦，"父冯焕，汉安帝时为幽州刺史"，其为人"疾忌奸恶"，因此奸恶之人"数致其罪"，甚至"诈作玺书"逼冯焕自杀。诈谋被冯绲识破，危局暂解，但终被奸人诬告"病死狱中"。

3. 冯绲"家富好施，赈赴穷急，为州里所归爱"。其仕途，由郎中而初举孝廉，七迁为广汉属国都尉。征拜御史中丞，因军功迁陇西太守、辽东太守，征拜京兆尹，转司隶校尉，"所在立威刑，迁廷尉，太常"。

4. 冯绲两次靖难国事，第一次是平定南蛮，第二次是平定江南反贼，延续了东汉国祚。

《华阳国志·巴志》对冯氏父子史事记述虽略，但与范晔《后汉书》所记可为互证。巴人"勇敢能战……为神兵……前车骑将军冯绲南征，虽受丹阳精兵，亦倚板楯"。②《华阳国志·宕渠》中记述：此地"先汉以来，仕女贞贤，县民车骑将军冯绲、大司农玄贺、大鸿胪庞雄、桂阳太守李温等皆建功立业，有补于世，绲、温各葬所在"。

稍后，《水经注·潜水》说：（宕渠）县"有车骑将军冯绲、桂阳太守李温冢"，冢前有传世冯绲碑。北宋赵明诚辑编三十卷《金石录》中，收有《（汉）车骑将军冯绲碑》文。

冯绲父冯焕墓中则留有墓阙和神道残碑。据刘琳考辨说："今渠县东北土溪镇渠江东岸之城土霸村，其地距渠县城约八十里，其故城及附近遗址今总称城土霸遗址或宕渠城遗址……故城附近土溪、岩峰二镇有全国文物保护单位汉阙六处，其中即有冯绲父冯焕墓阙。"③《四川省志·文物志》（1999年版）对冯焕墓阙作了如下记载：1. 冯焕阙位于（渠县）城北30里土溪的赵家村，现存左阙、主阙，其子阙及右阙无存，方向为南偏西20度，由台基、阙身、楼部及顶盖四部分构成，用灰黄砂石五层垒砌，通体刻为木结构外貌，形似楼阁式"木建筑"。2. "四面刻6柱，正面柱间铭文两行，隶书20字：故尚书侍郎河南京令豫州幽州刺史冯使君神道。"3. "此阙造型典雅优美，雕刻简朴精炼，铭文遒劲秀丽，为世所推崇。自宋代赵明诚《金石录》，娄机《汉隶字源》以来，诸家金石著述及方志均有著录。四川现存诸阙中，此阙时代最早，有明确阙主可参考，在研究现代建筑、雕刻艺术及文物制度上有重要价值。"4. "建国后，此阙即建亭保护。1956年公布为省文物保护单位，1961年国务院公布为全国重点文物保护单位。"④

---

① 《后汉书》分册标点本，中华书局，1965年版，第10册，第1279页。
② 刘琳：《华阳国志新校注》，四川大学出版社，2015年版，第23页。
③ 同上，第48页。
④ 四川省地方志编纂委员会编：《四川省志·文物志》（下册），四川人民出版社，1999年版，第323页。

《地方文化研究辑刊》征稿启事

《地方文化研究辑刊》系四川省社会科学重点研究基地、四川省教育厅人文社科重点研究基地“地方文化资源保护与开发研究中心”创办的学术辑刊，由四川大学出版社出版。现特向海内外学者征集稿源。

一、征稿选题范围

有关地方文化资源保护与开发的理论与对策研究、岷江流域文化资源保护与开发研究、四川名人资源研究、四川非物质文化遗产研究、全国各地方文化资源保护与开发研究等。

二、来稿投寄方式

投寄方式：作者投稿请以 word 文档的附件形式发至：xhdxdfwh 2018@126. com 或 1214745829@qq. com。若另附纸质稿件，请寄：四川省成都市郫都区红光大道 9999 号西华大学地方文化资源保护与开发研究中心《地方文化研究辑刊》编辑部张婷婷收。邮编：610039。

三、稿件要求

1. 来稿要求遵守学术道德，文责自负。
2. 来稿应观点鲜明，符合本刊选题范围，能自圆其说。
3. 来稿要求具有一定的学术原创性，系未公开发表过的论文（内部刊物发表除外）。
4. 来稿需提供内容提要和关键词（不需英文翻译），可加课题项目名称，注释一律采用脚注。脚注用小五宋体，包括文献作者、文献题名、出版社及出版年或期刊的年（卷）、起止页码，用带圆圈的阿拉伯数字序号标注，每页单独编号。例：

①孙砚方：《都江堰水利词典》，科学出版社，2004 年版，第 54～55 页。

②冯广宏：《创立一门新蜀学——都江堰学》，《西华大学学报》（哲学社会科学版）2005 年第 4 期。

5. 来稿请在文章后注明作者姓名、出生年月、性别、工作单位、职务职称、主要研究方向、通信地址、邮政编码、电子邮箱、电话号码等。

6. 来稿字数原则上控制在 10000 字以内。

7. 来稿三个月未得到用稿通知，可自行处理。由于编辑人员有限，来稿一律不退，请自留底稿。

本刊已加入《中国学术期刊（光盘版）》《中国期刊网》。作者著作权和使用费与本刊报酬一次性付给。若作者不同意将文章编入上述版、网，请在来稿中声明。

联系电话：028－87723062；15308190159

四川省社会科学重点研究基地
四川省教育厅人文社科重点研究基地
地方文化资源保护与开发研究中心
《地方文化研究辑刊》编辑部

《渠县东汉沈府君阙》位于渠县城北 34 公里汉碑乡汉亭村，“现存双主阙，子阙均已不存”。“左阙铭文汉谒者北屯司马左都侯沈府君神道”，“沈氏事迹无考，此阙形制、风格与冯焕阙相近，其建筑时尚当略晚于冯焕阙而早于绵阳杨氏阙”。沈府君阙亦在 1956 年成为“省保”遗迹，1961 年成为国保遗迹。“沈府君”有资格建阙祭祀，其功业成就必然非凡。

渠县地理上本为巴山僻壤，却巨阙成群，英雄辈出，这是巴蜀的光荣，更是巴人的光荣。

纵览历史，巴人总是在中华危难时刻，挺身而出，保境卫国，在历次浴血战争中，一如既往冲锋在前。笔者曾考证，抗美援朝时的电影《上甘岭》的主题歌《我的祖国》歌词中的“一条大河”，不是黄河，不是长江，正是巴人居住地的嘉陵江。只有嘉陵江符合歌中的景色特点。试看，“一条大河波浪宽，风吹稻花香两岸，我家就在岸上住，听惯了船上的号子，看惯了船上的白帆”。黄河岸边不种水稻，长江正流上无白帆船，只有嘉陵江，风吹稻花可以香两岸；只有嘉陵江穿峡过滩时纤夫会喊号子——川江号子的一种。只有嘉陵江下游行船曾经时时伴有片片白帆。记得当年北碚公园里还筑有一座“数帆楼”。嘉陵江—渝水，是板楯巴的乡土，不仅创立新中国的四位元帅（朱德、刘伯承、陈毅、聂荣臻）乡梓在巴，进入新中国，改革开放新时代的总设计师邓小平的故乡渠江岸的广安市还是渝水巴江的核心地区。巴人不喜割据称雄，却肩担大义，敢以鲜血与生命捍卫华夏！历史上巴人李氏之成汉朝一度存在，也只是流民数十万，被逼无奈，保境护民，以待“分久必合”时机。

时光转瞬，来到 20 世纪 40 年代，日军侵华，中华民族到了最危险的时候。民国政府仓促由南京迁都重庆，四川人尤其是陪都重庆所在地的巴人义无反顾地输家奉国，为民国政府提供物资给养，提供四川子弟兵源，提供抗日所需的一切劳役。川军出川抗战的艰难、牺牲、义无反顾，永远使人感奋悲泣。巴人卢作孚、郑献征，舍家纾国的史事永远铭刻在中华民族的史册中。

近百年来，第一次以胜利结束的中华民族自卫战争——抗日战争，巴人儿女的鲜血、汗水、生命的贡献是无法用斤两计算的。巴人儿女守护中华民族命脉、文脉、气脉，已形成一种坚不可摧的宝贵历史传统。这种历史传统在创立新中国的解放战争中，在新中国成立后的历次保家卫国战斗中，在历史变革关头，一直辉烁中华。

七、巴人文雅不输西蜀

巴人天性劲勇，举世知名。巴人在历史上战功赫赫，得到周武王、秦始皇、汉高祖、唐太宗的极高评价和赞誉，于是至迟从晋人常璩撰《华阳国志》时起，人们就已有“巴将蜀相”的印象。《华阳国志·巴西郡》中说：“乃先汉以来，冯车骑（冯锟）、范镇南（其名不详）皆植斯乡。故曰‘巴有将，蜀有相’也。”① 其实，常璩还同时记述巴人“学兼三才……才藻清妙”。

汉代，司马相如、扬雄都是身兼“巴蜀文雅”于一身的人物。司马相如出生于嘉陵江中

① 刘琳：《华阳国志新校注》，四川大学出版社，2015 年版，第 43 页。

游的一处司马氏别业宅底。其地从西晋置相如县，直到明朱元璋洪武元年撤相如县为止，相如县名历史有九百年左右。南朝萧梁天监六年（507）置县时，因其地有相如故宅、相如坪、相如琴台等乡土地名而赐县名为相如，就是为了纪念司马相如诞生之地。司马相如生于巴，长于蜀。相如县今为南充市蓬安县，相如以剑术特长成为汉景帝近卫武士“武骑常侍”，又以辞赋受知于汉武帝。相如辞赋中，巴蜀物产、人事、地貌总是同时间杂而出。比如：

1.《子虚赋》中，楚使子虚在齐王与齐使乌有先生面前盛夸“云梦之事”，写“云梦者，方九百里，其中有山焉”。其山“上干青云……下属江河”“其石则赤玉玫瑰，琳珉昆吾”，其南境“缘以大江，限以巫山”，其物产“众物居之，不可胜图”。这些特点，只能是巴山蜀水才有。“缘以大江，限以巫山”只能是“江州”（今重庆市）的城市位置。本来，云梦大泽就是巴人居地——秦汉郡县制时划为“南郡”政区的地方。南郡西境与巴郡相接，“二郡”之地至今山水相连，民俗相同，语言同为“川腔”。

2.《上林赋》中大汉使者亡是公，批评楚使子虚、齐使乌有先生攀比浮词夸奢，不合节俭典则后，提出了上林苑才是雄大弘丽又合符圣贤教化典制的模范。其中装点大汉风采的音乐、歌舞有：“《巴俞》《宋蔡》，淮南《干遮》，文成滇歌”。《巴俞》乃巴人传统乡土音乐，而“文成”专指蜀锦，“滇歌”即南中郡（今云南省）民歌。

3.《喻巴蜀父老檄》《难巴蜀父老》二文中司马相如以巴蜀父老乡亲的子弟自谓，提出巴蜀人民从来公忠体国、重情重义、识大体、顾大局。巴蜀英雄豪杰辈出，形成一种独有的“非常”精神文化传统，即“盖世必有非常之人，然后有非常之事。有非常之事，然后有非常之功。非常者，固常人之所异也”。[①]

司马相如，乃为巴蜀故乡共育而成的文豪。

扬雄，生长于西蜀郫县，但扬雄家世却有浓厚的巴人巴乡背景。《汉书·扬雄传》论述其家族历史记：1. 其族原居晋扬地。家族源自姬周宗室支庶，祖先因“食采”封官于扬，遂以扬为姓。2. 在晋国“六卿争权，韩魏赵兴”之时，时局“逼扬侯，扬侯逃于楚巫山，因家焉”。3. 秦亡后，“楚汉之兴也，扬氏溯江上，处巴江州”（今重庆市）。在“处江州”岁月中，扬雄的四代祖扬季曾“官至卢江太守”。4. 到汉武帝时，“汉元鼎间避仇复溯江上，处岷山之阳曰郫……自季至雄，五世而传一子，故雄，亡它扬于蜀”。[②] 巴乡巴人对扬雄家族影响巨大。

家世背景对人影响巨大，扬雄亦如此。

唐代，李白生长于巴乡绵州彰明县——李白 25 岁之前其家居“剑南道绵州（巴西郡）昌（亦作彰）明县清廉乡”。[③]“绵州”属于巴西郡。清廉乡后世划入江油县。其地乃嘉陵江支流涪江流域地区。传统上岷江流域地区为蜀乡，而嘉陵江流域地区为巴乡。李白是巴人，他与司马相如一样，生于巴乡而在蜀乡成长，受教育。李白剑术精妙，他在 25 岁时，因打抱不平，“手刃恶人于市”，为了避罚，才“仗剑去国，辞亲远游”，从此离乡，其侠义天性与尚武英气明显有巴人印记。

---

① （汉）司马迁：《史记》卷一百一十七《司马相如列传·难巴蜀父老》。

② （汉）班固：《汉书》卷八十七《扬雄传》，分册标点本。

③ 安旗主编：《李白全集编年笺注》第四册，中华书局，2015 年版，第 1965 页。

诗圣杜甫在巴、蜀大地东西南北生活了八年多，其间在巴乡生活的时间与在蜀乡生活的时间大体相当。他在蜀乡成都地区筑茅屋居住，前后三年又九个月，在梓州、阆州、渝州、云安，夔州等巴乡生活四年多。其中居梓、阆约一年半，在云安近半年，在夔州居住二年余。写诗数量，在居蜀时写诗约300首，居巴时写诗仅夔州一地即多达460余首。是巴山蜀水滋润了杜甫，推动杜甫走向中国诗歌史的巅峰，使杜甫成为中华民族公认的“诗圣”。这期间，巴蜀父老乡亲的关爱激发与推动是无可估量的。

其实，《华阳国志·巴志》中，常璩早已在慎重提醒世人须重视巴人劲勇的同时还应重视他们的文雅。秦灭汉兴，天下安定的时局下，“自时厥后，五教雍和，秀茂挺逸。英雄既多，而风谣旁作。故朝廷有忠贞尽节之臣，乡党有主文歌咏之音”。① 常璩，生长于蜀乡江原县（今成都崇州市），乃属蜀人书香世家江原常氏子孙。而在他修撰的《华阳国志·巴志》中，对巴人文雅、民性、民俗，尤其是巴人崇尚性情孝悌、真诚坦荡的传统产生由衷敬佩。常璩写道：1. “其民质直好义，土风敦厚，有先民之流，故其诗歌曰：川崖惟平，其稼多黍，旨酒嘉谷，可以养父，野惟阜丘，彼稷多有，嘉谷旨酒，可以养母。” 2. 巴人信仰尊祖敬天。故其祭祀乐歌云：“惟月盈春，獭祭彼崖。永言孝思，享祀孔嘉。彼黍既洁，彼牺惟泽。蒸命良辰，祖考来格。” 3. 巴人“俗朴素”无繁缛，且天性乐观旷达，明了生死哲理，其乐歌说：“日月明明，亦惟其夕。谁能长生，不朽难获”，“惟德实宝，富贵何常。我思古人，令问令望”。可见，在生命观上，巴人是哲学家。

巴人天性淡泊名利算计，而重德实成就，这一文脉，在近现代，邹容、朱德、陈毅、聂帅（荣臻）、刘帅（伯承）、小平同志等人身上又体现出来。邹容《革命军》一文是孙中山发动辛亥革命的纲领。邹容却从来未考虑他在辛亥革命元老中当居何位置。在新民主主义革命中，川籍四大元帅浴血奋斗，新中国建立后，除按组织安排不讲条件任职外，其个人兴趣转移到写诗作文上来。刘帅自请去办一所军校；小平同志首倡改革开放，功比天高，他却自称是“中国人民的儿子”。

巴人文雅与巴人劲勇相辅相成。英雄豪杰不断产生，不断推动中华民族向前发展。

伟哉！巴人。美哉！巴人。

（作者单位：西南民族大学文学院）

① 刘琳：《华阳国志新校注》，四川大学出版社，2015年版，第15页。

略论巴文化与天府文化的关系

黄剑华

内容提要：巴文化与天府文化，都是具有鲜明特色的地域文化，相互之间的关系非常密切。两者都既有丰富的历史地域内涵，又有浓郁的人文特点，并与周边区域有着广泛而又活跃的交流。天府文化与巴文化刚柔相济，文武兼备，兼容并蓄，在巴蜀地区的发展历程中谱写了绚丽多彩的篇章，迄今仍洋溢着充沛的活力，焕发出独特的光彩与魅力。

关键词：巴文化；古蜀文明；天府文化；地域特色；巴蜀人文

一、巴文化的历史地域特色

巴文化是一种历史地域文化，其历史传承应该始于先秦时期，在秦汉之后有了新的沿袭和发展。其地域范围主要是以四川盆地的北部和东部为主，也囊括周边的一些地区。巴文化有着丰富的历史地域内涵，又有鲜明的人文特色，历史文献对此就有较多的记载，考古发现对此也给予了很好的揭示。

先秦时期的西南地区部族众多，文献记载透露大大小小的部落至少有百数个，是典型的多民族地区。司马迁《史记》说“西南夷君长以什数”，其西其北又以什数。汉代班固在《汉书》中也对此也有相同记载。[①]《尚书·牧誓》记述协助周武王伐纣的有“庸、蜀、羌、髳、微、卢、彭、濮人”，[②] 这些都是比较大的部族，才有实力出兵参与伐纣。其中的蜀当然是势力最强的，《战国策·秦一》就说“夫蜀，西僻之国，而戎狄之长也”。[③] 巴与蜀相

① 参见（汉）司马迁撰《史记》卷一百一十六《西南夷列传》，中华书局校点本，第 9 册第 2991 页，1959 年版。参见（东汉）班固撰《汉书》卷九十五《西南夷两粤朝鲜传》，中华书局校点本，第 11 册第 3837 页，1962 年版。

② 参见《尚书正义·周书·牧誓》，（清）阮元校刻《十三经注疏》上册第 183 页，中华书局 1980 年影印版。参见王世舜《尚书译注》第 112 页，四川人民出版社，1982 年版。又参见江灏、钱宗武译注《今古文尚书全译》第 218 页，贵州人民出版社，1990 年版。

③ 参见缪文远《战国策新校注》（修订本）第 91 页，巴蜀书社，1998 年版。

邻，也是相当强大的部族。《华阳国志》说，巴也和蜀一起参加了周武王伐纣的军事行动。巴、蜀的崛起与兴盛，主要是通过部族与氏族之间的相互联姻，或者结成联盟，从而成为西南地区两个强大的宗主国。正如蒙文通先生所述："古时的巴蜀，应该只是一种联盟，巴、蜀不过是两个霸君，是这些诸侯中的雄长。"①

蜀国与巴国都是先秦时期西南地区的部族联盟，但源起并不相同，部族关系也各有特点。蜀国的历史，见诸文献记载的，有蚕丛、柏灌、鱼凫、杜宇、开明等朝代。譬如扬雄《蜀王本纪》就说"蜀之先称王者，有蚕丛、柏濩、鱼凫、（蒲泽、）开明"。② 常璩《华阳国志·蜀志》对古蜀早期历史也有简略的记述，说"蜀之为国，肇于人皇，与巴同囿……历夏、商、周，武王伐纣，蜀与焉"。③ 古史中关于蜀的记载虽然语焉不详，给人以太多的传说与推测之感，但也并非虚构，后来的考古发现便给予了充分的印证。譬如众所周知的四川广汉三星堆遗址、成都金沙遗址、成都宝墩古城遗址群等重大考古发现，就揭示了古蜀文明的悠久与灿烂辉煌。关于巴国的源起，古代文献记载也不多，同样也有较浓的传说色彩。譬如《山海经·海内经》就说巴人乃太皞之后，"西南有巴国，大皞生咸鸟，咸鸟生乘厘，乘厘生后照，后照是始为巴人"。④ 常璩《华阳国志·巴志》则说"巴国远世则黄、炎之支封，在周则宗姬之戚亲"。⑤ 而根据《后汉书》卷八六记述："巴郡南郡蛮，本有五姓：巴氏、樊氏、瞫氏、相氏、郑氏，皆出于武落钟离山"，后来共立巴氏子务相为君，是为廪君。⑥ 在《世本》《水经·夷水注》中，也有类似记述⑦。廪君崛起的时代，文献记载没有细说，但有一点则是清楚的，廪君蛮可能是巴人的主体族群之一，此外还有其他一些氏族与部落，共同组成了巴国。常璩《华阳国志·巴志》说巴国"其属有濮、賨、苴、共、奴、獽、夷、蜑之蛮"。由此可知，除了廪君蛮，还有濮人与賨人等，都是巴国的重要部族。秦汉时期嘉陵江流域有善于射虎的板楯蛮，板楯蛮有罗、朴、昝、鄂、度、夕、龚七姓，⑧ 也是巴国的重要族群之一。传说廪君死后，魂魄世为白虎，所以巴人有崇奉白虎的习俗。又因为巴国是由多个族群构成的国家，所以既有崇拜白虎的氏族，也有畏惧白虎和射杀白虎的部族。如果从西南地区部族众多的情形来看，巴人的发祥之地可能有多处，经过长时期的联盟与联姻，才逐渐形成了巴国。到了文献记载中的廪君时代，巴国的历史终于明朗起来，开始建立政权，并有了早期的都城。《华阳国志》卷一、《水经注》卷三十三都说"及七国称王，巴亦称王"，那已是战国时期了。

---

① 参见蒙文通《巴蜀古史论述》第 30 页、第 31 页，四川人民出版社，1981 年版。又见《蒙文通文集》第二卷《古族甄微》第 199～200 页，巴蜀书社，1993 年版。

② 参见（汉）扬雄著《蜀王本纪》，《全汉文》卷五十三，（清）严可均校辑《全上古三代秦汉三国六朝文》第 1 册第 414 页，中华书局 1958 年影印版。

③ 参见（晋）常璩撰，刘琳校注《华阳国志校注》第 175 页，巴蜀书社，1984 年版。又见（晋）常璩撰，刘琳校注《华阳国志校注》（修订版）第 89 页，成都时代出版社，2007 年版。

④ 参见袁珂《山海经校注》第 514 页，巴蜀书社，1993 年版。

⑤ 参见（晋）常璩撰，刘琳校注《华阳国志校注》第 101 页，巴蜀书社，1984 年版。

⑥ 参见（南朝宋）范晔撰《后汉书》卷八十六《南蛮西南夷列传》，中华书局校点本，第 10 册第 2840 页，1965 年 5 月第一版。

⑦ 参见（宋）李昉等撰《太平御览》卷七六九引《世本》记述，第 4 册，第 3410 页，中华书局 1960 年影印版。参见（北魏）郦道元撰、王国维校《水经注校》1161 页，上海人民出版社，1984 年版。

⑧ 参见（晋）常璩撰，刘琳校注《华阳国志校注》第 28 页，第 37 页，巴蜀书社，1984 年版。见（南朝宋）范晔撰《后汉书》卷八十六《南蛮西南夷列传》，中华书局校点本，第 10 册，第 2842 页，1965 年版。

秦并巴蜀之后，打破了巴蜀之间的疆域隔阂，将蜀国和巴国都纳入了秦朝统一的版图。秦朝对蜀地着重采取了分封制与郡县制并用的统治方式，相继分封了三位蜀侯（王子通国、公子恽、公子绾），仿照咸阳的模式修筑了成都城、郫城与临邛城，并从秦国本土往蜀地大量移民，常璩《华阳国志·蜀志》说秦人认为“戎伯尚强，乃移秦民万家实之”，就真实地记述了这一状况。秦灭六国之后，继续实行这种移民措施，将六国的富豪大户大量迁往蜀地。这些移民中有善于铸造与经商者，将中原地区的铁器铸造技术与农耕方法带到了蜀地，不仅对蜀地的经济发展起到了积极的作用，也带来了致富后的奢侈之风。常璩《华阳国志·蜀志》说：“秦惠文、始皇克定六国，辄徙其豪侠于蜀，资我丰土。家有盐铜之利，户专山川之材，居给人足，以富相尚。故工商致结驷连骑，豪族服王侯美衣……此其所失。原其由来，染秦化故也。”正是由于“地沃土丰，奢侈不期而至”，[①] 所以对后世的民俗民风都产生了深远影响。秦朝对巴人主要采取了联姻与怀柔的策略，来加强对巴地的控制。《后汉书》说“及秦惠王并巴中，以巴氏为蛮夷君长，世尚秦女，其民爵比不更，有罪得以爵除”。[②]到秦始皇统一全国之后，进一步将巴蜀纳入了统一格局下的行政管理，将秦初置的巴、蜀、汉中三郡三十一县不断添置达四十一县。秦朝一方面十分强势地改变了巴蜀地区的治理模式与社会结构，另一方面也表达了对巴蜀文化习俗的宽容。秦朝采取的这些措施，有效地促进了巴蜀地区的经济文化发展，同时将北方和中原的很多东西输入了统一后的巴蜀地区，也促使并加快了巴蜀区域文明与华夏文明的融合。巴蜀区域文化由此吸纳和融入了许多新的文化，经过历代传承，形成了许多鲜明的特点。

巴人的习俗与民风，由于族群与地域环境的原因，自古以来形成了一些较为显著的特色。传世文献对巴人的人文特点，就有许多如实的记述。一是质朴敦厚，忠诚好义，多出将帅之才。常璩《华阳国志·巴志》说巴国“其民质直好义，土风敦厚……而其失在于重迟鲁钝，俗素朴，无造次辨丽之气”，又说“巴师勇锐”，“郡与楚接，人多劲勇，少文学，有将帅才”，就比较真实地记述了巴人的这一重要特点。在巴国历史上有巴蔓子将军，赤忱爱国，忠勇刚烈，舍生取义。据常璩《华阳国志·巴志》记载，“周之季世，巴国有乱，将军有蔓子请师于楚，许以三城。楚王救巴。巴国既宁，楚使请城。蔓子……乃自刎，以头授楚使”。巴蔓子是巴国的忠勇之臣，当然不会将巴国的领土拱手送给楚王，于是自刎以谢楚使，被称为是巴国历史上典型的千古忠烈人物。“若蔓子之忠烈，范目之果毅，风醇俗厚，世挺名将，斯乃江、汉之含灵，山岳之精爽乎。”[③] 二是奋勇争先，有勇武之风。三是粗犷豪迈，有乐观精神。据常璩《华阳国志·巴志》记载，巴、蜀曾一起参加了周武王伐纣的军事行动，“巴师勇锐，歌舞以凌殷人”，这种尚勇之风在汉代仍有突出表现。“阆中有渝水，賨民所居水左右，天性劲勇，初为汉前锋，陷阵，锐气喜舞。帝善之，曰：‘此武王伐纣之歌也。’乃

---

① 参见（晋）常璩撰，刘琳校注《华阳国志校注》第194页，第225页，巴蜀书社，1984年版。

② 参见（南朝宋）范晔撰《后汉书》卷八十六《南蛮西南夷列传》，中华书局校点本，第10册，第2841页，1965年版。

③ 参见（晋）常璩撰，刘琳校注《华阳国志校注》第28页、第83页、第32页、第101页，巴蜀书社，1984年版。关于巴蔓子的故事，又参见《宋本方舆胜览》卷六一、《大明一统志》卷六九、《蜀中名胜志》卷十九等记述。

令乐人学之，今所谓‘巴渝舞’也。”《后汉书》卷八十六对此也有相同记述。[①] 四是天性豁达，不畏险阻，随遇而安，有坚韧随意的性情和吃苦耐劳的民风。常璩《华阳国志·巴志》说巴之涪陵等地，“土地山险水滩，人多戆勇”，便反映了巴人的这个特点。自古以来巴地沿江的纤夫，水陆码头的背夫，都以吃苦耐劳而闻名。为了便于同周边往来与贸易，在巴地周围的崇山峻岭之间修筑道路、开通栈道也多是巴人所为，以上都生动地展现了这种民风与性格的特点。正如司马迁《史记·货殖列传》记述，秦陇与巴蜀之间很早就有商贸往来，虽然险阻甚多，交通不便，却“栈道千里，无所不通”，[②] 便是很好的例证。五是特别喜欢音乐歌舞，增添生活中的乐趣，古代著名的“下里巴人”与“巴渝舞”就曾广为流传，在历史上产生了深远的影响。《文选》刊载的宋玉《对楚王问》说：“客有歌于郢中者，其始曰下里巴人，国中属而和者数千人。”[③] “下里巴人”是古代巴、蜀地区的通俗歌曲，在楚地得到了人们的喜欢，可见其流传甚广、影响很大。还有“巴渝舞”，在汉代不仅为宫廷所重视，同时在民间也很盛行，川东地区发现的汉代画像上就描绘和刻画了巴人动作劲勇、刚健有力的舞蹈情景[④]。值得注意的是，在巴人生活的区域内，从古至今与生产劳动、手工制作、节庆活动等相关的民俗也是丰富多彩的，其中有很多民俗已成为重要的非物质文化遗产，洋溢着独特的神韵，迄今仍充满活力，令人赞叹。

概而言之，巴文化的元素，是巴人血脉里的遗传，不仅在巴人的衣食住行以及日常生活中有生动的展示，也体现在巴人的性情与言谈举止之中。在一定意义上也可以说，巴文化蕴藏了巴人生活区域内的重要文化基因，由于地域与族群的原因，自古就形成了一些独特的民风民俗，代代相传，耳濡目染，历久弥新。

二、天府文化与巴文化的关系

巴与蜀是古代西南地区的两大部族联盟，由于地域相近，在文化习俗方面有很多相同之处，古人常将巴蜀连称，可见二者关系非同一般。常璩《华阳国志·巴志》记述，中国按地理可分为九囿，“华阳之壤，梁岷之域，是其一囿，囿中之国则巴蜀矣”，大禹治水、划分九州岛的时候，就“命州巴、蜀，以属梁州”，后来大禹“会诸侯于会稽，执玉帛者万国，巴、蜀往焉”。又说“周武王伐纣，实得巴、蜀之师”。[⑤] 这些记载说明，巴蜀在先秦时期关系是比较密切的，在地理上属于同一区域，在与华夏交往等重大事务中通常属于同一战线的同盟国关系，所以常常一起参加很多重要的政治军事行动。

我们常说巴山蜀水，巴蜀自古以来在自然环境方面就有着较为明显的差异，巴人的生存

---

① 参见（晋）常璩撰，刘琳校注《华阳国志校注》，第 21 页，第 37 页，巴蜀书社，1984 年版。参见（南朝宋）范晔撰《后汉书》卷八十六《南蛮西南夷列传》，中华书局校点本，第 10 册第 2842 页，1965 年版。

② 参见（汉）司马迁撰《史记》卷一百二十九《货殖列传》，中华书局校点本，第 10 册第 3261～3262 页，1959 年版。

③ 参见（南朝梁）萧统编，（唐）李善注《文选》，中册第 628 页，中华书局，1977 年影印版。

④ 参见《中国美术分类全集·中国画像石全集》第 7 册《四川汉画像石》，图三七，图一六四，山东美术出版社、河南美术出版社，2000 年版。

⑤ 参见（晋）常璩撰，刘琳校注《华阳国志校注》，第 20～21 页，巴蜀书社，1984 年版。

环境大都是山地与丘陵，而蜀人主要生活在肥沃的成都平原与周围的浅丘坝子，由此形成了生活习俗方面既有相同之处又有差别的特点。巴蜀地区有着不同的民风与人文特色，这与自然环境的滋养，以及文化基因的遗传，都有非常密切的关系。譬如巴人的彪悍与蜀人的温和，巴人的尚武与蜀人的好文，巴人讲究辛勤节俭与蜀人喜欢悠闲享乐，巴人的性格比较外向而阳刚，蜀人的性情比较适意而阴柔，就是比较明显的差别。两者虽然有不同，却又互相渗透，相互影响，有着千丝万缕的联系。特别是在秦并巴蜀之后，将巴蜀纳入了统一格局下的行政管理，加速了华夏文明与巴蜀区域文化的融合，也进一步密切了巴文化与天府文化的关系。

这里要特别说一下关于天府文化的概念，应该是包含了历史继承、地理环境、行政区域等内容与要素的。从性质上讲，天府文化也是一种地域文化，其地域范围主要是以成都平原为主，并向四周延伸，包括四川盆地，经过较为漫长的历史发展，逐渐形成了鲜明的文化特色。如果寻本溯源，其源头应该是古蜀文明。也可以说，古蜀文明既是天府文化的根脉所在，又与天府文化有着源流关系。我们过去讲巴蜀文化，主要说的是先秦时期的地域文化，而天府文化主要是秦汉以来在全国大一统行政格局下形成的地域文化，承前启后，继往开来，在人文内涵方面，融汇古今，具有更为具体而深厚的内容，既有历史地域文化的继承和弘扬，更有当今地域文化的创新和发展。以前所谓巴蜀文化，其自然地域范围比较宽泛而笼统，是包括了巴、蜀两地，将成都和重庆等地都囊括在内的。重庆成为直辖市之后，在行政上与四川分而治之，于是提出了巴渝文化的概念，对重庆行政区域范围内的地域文化做了比较具体的界定和新的诠释。现在成都和四川提出天府文化的概念，以此作为成都平原和四川盆地的地域文化命名，与自然地理和行政区域的划分相一致，也是很有道理的。在一定意义上讲，以前说巴蜀文化，充分显示了长江上游古代文明的灿烂辉煌，现在说天府文化，更具有与时俱进、创新发展的特色。在传统地域文化特色方面，天府文化的概念更为具体也更加准确，在文化内涵上更加生机勃勃充满活力，也更能彰显成都平原与四川地域文化的魅力。

天府文化既有自身鲜明的特色，又有很强的包容性。天府文化的特点，主要表现为以下几个方面：1. 悠久的历史传承是天府文化的基础，其中包括古蜀时期的缘起、秦并巴蜀之后的作为、汉武帝开发西南夷的积极意义、诸葛亮治蜀的影响以及后来的社会变化与商贸发展。2. 治水精神是天府文化的重要组成因素，从大禹治理岷江水患，到李冰建造都江堰，由此水旱从人，时无荒年，成都平原成了名副其实的天府之国。3. 人文的绚丽与厚重是天府文化的主要内涵，包括神话传说、精神崇尚、信仰观念、文化习惯、民俗传统等，自古以来就富有特色。又譬如昆仑仙话的起源，道教的发源地，都与岷山之域有着密切关系。此外从衣食住行到生活习俗，从传统观念到思想文化领域，都有很多精妙而又独到的特点。4. 重视教育和文化发展是天府文化的重要动力，汉代文翁在蜀郡大力兴办学校，人才大量涌现，《汉书·地理志》说“文翁为蜀守，教民读书……及司马相如游宦京师诸侯，以文辞显于世，乡党慕循其迹，后有王褒、严遵、扬雄之徒，文章冠天下”，[①] 由此而开创了一代新风，使蜀地成了一个文化勃兴和文运昌盛的地区。五、成都是天府文化最重要的汇聚之

① 参见（东汉）班固撰《汉书》卷二十八《地理志》，中华书局校点本，第6册，第1645页，1962年版。

处，成都的昌盛不衰，其中最重要的奥秘，就是得益于天府文化的滋养，使之历久弥新，始终保持着自己的城市个性特色。譬如成都的休闲特色，城市的舒适感觉，汇聚与包容的城市风气，知快守慢的生活节奏，兼容并蓄的生活方式，以及其与时俱进、面向未来的开放心态，就充分展现了天府文化的浓郁魅力。成都也因之成为一座来了就不想离开，或者走了之后还想再来的历史文化名城与现代大都会。天府文化的特色和吸引力，在成都可谓获得了最为充分的彰显。

天府文化与巴文化虽然各有特色，相互之间的关系却非常密切。在与周边地区的经济往来和文化交流中，长江上游与中下游的舟船往来，秦陇与巴蜀之间的栈道通商，还有南丝路上的远程贸易，都是古代巴、蜀共享和互利的行为方式。在农业生产方面，也历来是互利合作的，常璩《华阳国志·蜀志》说古蜀时代杜宇教民务农，当时的巴国也受到了很大的影响，“巴亦化其教而力务农，迄今巴、蜀民农时先祀杜主君”，由此使巴蜀地区的农业生产与经济文化都变得繁荣，这就是关系密切的一个最好例证。除了悠久的历史传承，天府文化与巴文化在行政区划上也是相互渗透、互相交融的。历史上有“三巴”之说，反映了巴文化分布的区域实际上是比较宽广的。常璩《华阳国志·巴志》记述，东汉末益州牧刘璋将古巴国之地分置为巴东、巴郡、巴西，各任太守，是为“三巴”,① 就说明巴人生活的区域由东至西空间跨度很宽，巴文化也并不局限在一个行政管理范围之内。后来经历了多次改朝换代，巴蜀地区在行政区划上也常有变化，而与地理环境密切相关的民俗民风则依然如故，传统的生活方式与习俗也一直保留。到了现代，虽然重庆成了直辖市，但历史上很多传统的巴人区域仍在四川的范围之内，像巴中、达州等地都有浓郁的巴文化特色。嘉陵江流域与渠江流域在古代都是巴人的主要活动与栖居之地，其中也大都属于四川管辖的范围。正是这种历史的沿袭与地域环境相近的原因，天府文化与巴文化有着千丝万缕的联系。

总之，巴文化与当今倡导的天府文化有着非常密切的联系。巴文化与天府文化都是经历了漫长岁月发展的历史地域文化，同时也是在现代生活中依然发挥着巨大作用的传统地域文化。用现代的眼光来看，巴文化与天府文化既有悠久的传承发展，又有不断的演化创新。我们对传统的巴文化与天府文化进行深入的研究和探讨，有益于我们了解其源流与根脉，也有利于发挥传统文化在当今社会的积极作用，具有非常重要的意义。

三、弘扬天府文化与巴文化的作用和意义

如何准确认识和评价天府文化与巴文化的历史地位、现实意义和深远影响，如何更好地倡导与弘扬巴文化与天府文化的积极作用，也是一个值得思索和掂量的问题。我认为大致可以从以下几个方面来略作概括和评述。

首先是天府文化与巴文化在历史上的地位。成都平原和四川盆地是中国富饶的内陆地区，在商周时期这里已出现了灿烂的青铜文化，成为长江上游的文明中心；而且很早就出现了早期城市文明的曙光，开始了内陆农业与城市文明相结合的漫长而兴旺的发展历程。古蜀

① 参见（晋）常璩撰，刘琳校注《华阳国志校注》，第182页，第55页，巴蜀书社，1984年版。

文明的辉煌与同时期的中原文明遥相呼应，证明了长江流域和黄河流域都是中华文明的摇篮，在中华文明多源一统、多元一体的起源和发展史上共同谱写了重要的篇章。从秦汉以来，天府文化与巴文化已成为特色鲜明的地域文化，在中国历史上占有非常重要的地位。成都平原和四川盆地既是中国的大后方，也是中国的后花园，在历史的紧要关头曾不止一次展现出其战略地位的重要性。天府文化与巴文化也不止一次滋润了历史的进程，发挥了不可替代的巨大作用，产生了深远的影响。

其次是天府文化与巴文化在当代社会的意义。中国是个地域辽阔的多民族大国，有着悠久而丰富多样的传统文化，在当今的传统地域文化中，天府文化与巴文化依然占有非常重要的地位。无论是鲜明的个性与深厚的内涵，或是巨大的凝聚力和立足西南面向世界的辐射作用，都生机勃勃光彩耀眼，正在继续谱写着绚丽多彩的篇章。关于四川和重庆的建设发展，从古至今都离不开天府文化与巴文化的浸润和滋养，在当代尤其需要优秀传统文化的滋润。优秀的传统文化始终是城市与乡镇的灵魂，对于城市与乡镇来说，表面繁华并有深厚而绚丽的文化内涵就会充满魅力，如果只有浮夸而没有文化内涵那就是肤浅而空心的城市或乡镇。我们现在强调中华民族的核心价值观，而最能体现核心价值观的，就是优秀的传统文化。而优秀传统文化的内涵，通常都是和丰富多样的地域文化交融在一起的，在历史进程中始终发挥着潜移默化的作用。我认为弘扬优秀的传统文化，充分发挥天府文化与巴文化的积极作用，其重要意义至少可以归纳为三个方面：1. 弘扬优秀的传统文化，有利于加强文化自信，会促使我们充分认识到文化基因与人文精神的重要性，这不仅涉及树立正确的价值观念，也关系到树立正确的建设发展理念，有利于在当今社会生活中充分彰显良好的地方文化品质。2. 弘扬优秀的传统文化，有利于人才的涌现与才智的汇聚，有利于增强建设发展的软实力，从而在继承传统与创新发展之中充满活力，为城市与乡镇的建设发展带来新气象。3. 弘扬优秀的传统文化，有利于扩大区域之间的文化交流，有利于资源共享、互利合作，也有利于拓展区域合作平台，提升综合发展的质量与水平。总之，大力弘扬优秀的传统文化，会使城市与乡镇充满正气，更加精神焕发，人才济济，更加兴旺，这应该是城市与乡镇繁荣发展的正道，是值得认真而积极倡导的好思路。所以重振和弘扬天府文化与巴文化，对当代成都和四川的建设发展，确实具有非常重要的意义。

再者是如何弘扬天府文化与巴文化。在当代社会生活中如何使天府文化发挥更好的作用，这也是非常值得思考和讨论的一个话题。我相信，从大的方面来说，有几点特别值得关注。一是重视教育，充分发挥成都与四川自汉代以来重视教育的引领优势，这是天府文化与巴文化的精髓所在，也是弘扬天府文化与巴文化最为关键的环节。二是重视人才，既要广招贤能之士，又要重视人才培养。只有人才济济，才会使各项事业都占据优势，带来更加兴旺繁荣的发展。三是重视文化创新，包括文学艺术领域要鼓励多出精品佳作，使成都与四川再次成为文运勃兴之地。四是城市与乡镇建设要更加重视人文特色与环境保护，为人们提供更好的宜居环境，积极倡导更加健康绿色的良好生活方式，同时也要特别倡导和谐、友善、诚信、奉献的价值观，大力倡导不断创新发展的科学精神，进一步彰显区域文化的独特魅力。五是在旅游业的规划与发展中，也要充分发挥文化优势的积极作用。文化不仅是城市的灵魂，也是旅游之魂，有了特色鲜明的地域文化，才能充分彰显当地的个性与魅力。一个地方的旅游资源要吸引人，除了独特的山水与自然风光，关键还是文化的魅力。六是重视天府文化与巴文化的协同合作，以及同其他区域文化之间的交流互动，形成良好的相互促进机制。他山之石，可以攻玉，善于学习别人的长处，及时改进自己的不足，这是亘古不变的人类社会兴旺之道。只有开放与交流的文化，才会海纳百川，永远充满活力，始终朝气蓬勃，保持良好的发展势头。

总而言之，巴文化与天府文化，都是具有鲜明特色的地域文化，关系非常密切。两者既有丰富的历史地域内涵，又有浓郁的人文特点，并与周边区域有着广泛而又活跃的交流。天府文化与巴文化刚柔相济，文武兼备，兼容并蓄，自古以来在巴蜀地区的发展历程中谱写了绚丽多彩的篇章，迄今仍洋溢着充沛的活力，焕发出独特的光彩与魅力。在成都和四川未来的发展中，天府文化与巴文化仍将继续发挥其重要的作用。

（作者单位：四川省文物考古研究院）

巴、蜀文化的互动与交融

潘殊闲

内容提要：巴、蜀本为两个相邻的古方国，山水相连。但由于各自始源不同，自然环境存在较大差异，所以，在文化的诸多方面形态有异。然而，两个相邻古国之间又有着千丝万缕的联系。特别是秦并巴、蜀之后，巴、蜀作为方国的历史消失，一同接受中原文化的洗礼，彼此的互动更加频繁。巴、蜀之间互补性强，一般说来，巴地善于创新，蜀地善于综合；巴地强调苦干，蜀地懂得享受；巴地民风彪悍，蜀地民风温顺；巴地恪守传统，蜀地喜欢新潮；巴地崇尚节俭，蜀地追逐奢华；巴地瞩目脚下，蜀地留意星空；巴地尚武好动，蜀地重文喜静。不过，在长期的互动中，巴、蜀之间彼此渗透，逐步融合，在保留大量个性的同时，彼此影响，共同推动这一地区的发展与繁荣，同时也共同推动了中华文化多元一体的发展格局。如果说巴为阳，则蜀为阴，一阴一阳、刚柔并济构成了这片区域的自然与文化生态，也一致构成了区别于其他大的区域文化的巴蜀文化圈。

关键词：巴；蜀；互动；交融；文化圈

一、巴、蜀的始源差异与交融

1. 关于巴、蜀的本义

巴就其本义来说，历来说法颇多，较为常见是巴为蛇说。

蜀的本义也有一些不同的说法，大家较为认同的蜀的本义是指桑蚕，是家蚕的近祖或前身。

有意思的是，巴、蜀之祖都是动物图腾的民族，而且，从外形上看，蛇与蚕也具有相似性。

2. 关于巴人与蜀人的来源

关于巴人与蜀人的来源，古代典籍基本上都认同是黄帝之后。当然对于巴人，尚有太皞之后、丹山之巴、宗姬之巴、廪君之巴等说法。

3. 关于巴人与蜀人的迁徙路线

关于巴人的迁徙路线，一般认为沿汉水流域、峡江流域逆水进入四川盆地东部、中部和东北部。总体走势是由东往西。

关于蜀人的迁徙路线，一般认为是沿蜀山（岷山）河谷逐渐迁徙至成都平原。总体走势是由西往东。

巴人与蜀人沿着相反的方向逐步汇聚在一起。

4. 关于巴国与蜀国的王族

关于巴国王族，比较一致的是宗姬之巴说："巴国远世，则黄（炎）帝之支封；在周则宗姬之戚亲。"[①] 又云："武王既克殷，以其宗姬（封）于巴，爵之以子。"[②] 除姬姓巴国外，巴国"其属有濮、賨、苴、共、奴、獽、夷、蜑之蛮"。[③] 这八个族群是巴国境内的属民，另外还有廪君蛮、板楯蛮等。

关于蜀国王族，史书记载有"三王""二帝"。《蜀王本纪》载："蜀王之先名蚕丛，后代名曰柏濩，后者名鱼凫，此三代各数百岁。"又云："后有一男子名曰杜宇。从天堕，止朱提。有一女子名利，从江源地井中，出为杜宇妻。乃自立为蜀王，号曰望帝。治汶山下邑曰郫，化民往往复出。望帝积百余岁，荆有一人名鳖灵，其尸亡去，荆人求之不得。鳖灵尸随江水上至郫，遂活，与望帝相见。望帝以鳖灵为相。时玉山出水，若尧之洪水。望帝不能治，使鳖灵决玉山，民得安处。鳖灵治水去后，望帝与其妻通，惭愧，自以德薄，不如鳖灵，乃委国授之而去，如尧之禅舜。鳖灵即位，号曰开明。"[④] 朱提在今云南昭通，鳖灵为荆人，溯江而上来到蜀地，最后称帝，是为开明。开明承继大禹、杜宇等治水功业，继续治水，文献记载有三处，一处是"凿玉垒山以除水害"，见于《华阳国志》；一是"凿金堂峡"，见于《本蜀论》；一是"凿巫峡以通江水"，见于《水经注》。这三处治水，应当是一个系列工程。其治水路线从岷江入平原的要冲宝瓶口到长江出川的要冲巫峡。

开明帝从荆、巴之地逆水而上抵达蜀国，治水则从蜀地的成都平原到巴地的巫峡，可见，此时的巴与蜀已开启了多方面的交流与交融。

有意思的是，成都平原水患得到治理之后，成为稻作农业的先驱之地。古蜀先帝杜宇这位中国最早的农学专家，便有了"教民务农"大显身手的机会。经过几代人的实践和努力，蜀人的农业技术迅速提高，这种农业技术影响到巴人，故"巴亦化其教而力农务"。[⑤] 巴蜀百姓皆感杜宇传授农业技术的恩德，所以直到常璩生活的晋代，尚有"巴、蜀民农，时先祀杜主君"[⑥] 的习俗。杜宇在距今三千多年前创造的农耕文化，使成都平原在中华文明的起源阶段，就成为长江上游文明的中心。这种文明逐渐东移，惠及巴地，为巴蜀共同带来福音，其影响和作用可谓巨大。再有，蜀地的养蚕技术、织锦技术也东传巴地，而巴人的船棺葬习

① （晋）常璩撰，任乃强校注：《华阳国志校补图注》卷一《巴志》，上海古籍出版社，1987年版，第51页。
② 同上，第4页。
③ 同上，第5页。
④ （汉）扬雄撰，张震泽校注：《扬雄集校注》，上海古籍出版社，1993年版，第244～246页。
⑤ （晋）常璩撰，任乃强校注：《华阳国志校补图注》卷三《蜀志》，上海古籍出版社，1987年版，第118页。
⑥ 同上。

俗也西传蜀地，这在今天成都商业街船棺遗址中有清晰的印证。

5. 关于巴、蜀的地域范围

巴文化的地域范围，《华阳国志》表述为："东至鱼复，西至僰道，北接汉中，南极黔涪。"① 大致为北起汉中，南达黔中，西起川中，东至鄂西。

蜀文化的地域范围，《华阳国志》表述为："东接于巴，南接于越，北与秦分，西奄峨嶓。"② 而到了杜宇时期，蜀国疆域则更大："以褒斜为前门，熊耳、灵关为后户，玉垒、峨眉为城郭，江、潜、绵、洛为池泽；以汶山为畜牧，南中为园苑。"③ 这个疆域，已大致相当于北到陕西勉县，南达今川滇黔交界地区，东至茂汶、松潘这样广大的地区。而开明时代，蜀国的疆域还有新的扩展。

巴、蜀山水相连，大抵前期巴、蜀分治，后期蜀国疆域更大，覆盖部分巴地，这也就是蜀国从帝（鳖灵）能到峡江地区去凿巫峡的原因。"时巫山峡而蜀水不流，（望）帝使（鳖灵）令凿巫峡通水，蜀得陆处。"④ 又《史记·楚世家》载楚肃王四年（前 377），"蜀伐楚，取兹方。于是楚为扞关以距之"。⑤ "兹方"，即荆州松滋县古鸠兹地，"扞关"在原巴郡鱼复县（今重庆奉节）。蜀军能够出入三峡，攻击楚国，说明这时的蜀国实际上已控制巴国。

二、巴、蜀的自然生态差异与交融

巴地以丘陵和山地为主。由于山多、山高，土地贫瘠，加上不时的旱灾，巴地自然条件相对较差，靠天种地、靠天吃饭成为一种必然。

蜀地以平原和浅丘为主。史前时期的成都平原并不宜居，岷江垂直落差几千米，每到雨季，成都平原则成一片汪洋，所以，并不宜居，更不宜业。从大禹治水开始，到开明治水，再到李冰治水和文翁治水，成都平原仰赖都江堰及其灌溉工程，成为"水旱从人，不知饥馑"的富庶之地，被称为"天府"，又号为"陆海"。⑥ 后世蜀守不断进行水环境治理，加上蜀地土壤肥沃，都江堰灌区逐步延伸到成都平原的边缘及浅丘，这里自然风景优美，户户流水，茂林修竹，平野田畴构成了川西平原的基本景致。《后汉书·公孙述传》云："蜀地沃野千里，土壤膏腴，果实所生，无谷而饱。女工之业，覆衣天下。名材竹干，器械之饶，不可胜用。"⑦

巴、蜀山水相连，虽然巴的自然条件不如蜀，但因为蜀地河流基本上都注入长江，所以，长江是两地的自然联系纽带。蜀、巴之间是干、支关系与上、下游关系。在历史上，巴与蜀虽有自然生态方面的显著差异，但因为这种单一的水系关系，巴、蜀又常常难以区分，联成一体。人们常说巴山蜀水，的确，山是巴之魂，水是蜀之灵。水润天府，山育巴国。山

---

① （晋）常璩撰，任乃强校注：《华阳国志校补图注》卷一《巴志》，上海古籍出版社，1987 年版，第 5 页。
② （晋）常璩撰，任乃强校注：《华阳国志校补图注》卷三《蜀志》，上海古籍出版社，1987 年版，第 113 页。
③ 同上，第 118 页。
④ （魏）郦道元：《水经注》卷三十三，1960 年版，文渊阁四库全书本。
⑤ （汉）司马迁：《史记》卷四十，中华书局，1999 年版，第 1407 页。
⑥ （晋）常璩撰，任乃强校注：《华阳国志校补图注》卷三《蜀志》，上海古籍出版社，1987 年版，第 133 页。
⑦ （南朝宋）范晔撰，（唐）李贤等注：《后汉书》卷十三，中华书局，1999 年版，第 355 页。

水是巴蜀文化的根脉，从这个意义上说，天府文化（蜀文化）离不开巴文化，反之，巴文化也天然地蕴含了天府文化（蜀文化）的因子。

三、巴、蜀的文化生态与交融

常言道，一方水土养一方人。自然条件的差异决定了两地文化生态的差异。虽然秦并巴蜀之后，巴蜀整体融入中原，但因为先天的文化基因不同，自然条件有异，所以，巴蜀的文化生态面貌有着各自不同的特性。

比如，巴人勇武。《华阳国志》载："周武王伐纣，实得巴蜀之师，着乎《尚书》。巴师勇锐，歌舞以凌殷人。殷人倒戈。故世称之曰，'武王伐纣，前歌后舞'也。"① 又云："其民质直好义。"② 又云："阆中有渝水，賨民多居水左右，天性劲勇；初为汉前锋，陷阵，锐气喜舞。"③ 又云："若蔓子之忠烈，范目之果毅；风淳俗厚，世挺名将；斯乃江汉之含灵，山岳之精爽乎。"④

蜀人重仙。蜀地仙化思维由来已久，古蜀五祖大多都有"仙化"的踪迹。《蜀王本纪》载："鱼凫田于湔山，得仙，今庙祀之于湔。"⑤《太平御览》所载《蜀王本纪》则这样表述："王猎至湔，便仙去，今庙祀之于湔。"⑥ 这里的"王"是对前述蚕丛、柏濩、鱼凫这三王的总称。而后来的杜宇魂化为杜鹃鸟，均是这种仙化思维的表现。《华阳国志》这样描述："（杜宇）帝遂委以政事，法尧舜禅授之义，遂禅位于开明。帝（杜宇）升西山隐焉。时适二月，子鹃鸟鸣。故蜀人悲子鹃鸟鸣也。"⑦ 后来的开明帝也升天为开明兽。这种飞升幻化的思维，便是仙化思维的具体表现。这种思维特性使蜀人喜欢仰望星空，喜欢想象，喜欢夸张。三星堆遗址、金沙遗址出土的各种青铜器、金器、玉器，其夸张扬厉的造型，想象丰富的寓意，给世人留下了非常深刻的印象，以至有人不解其中的奥秘，直呼"不可能""非中国人所为"，甚至"非地球人所为"等等。在蜀地，这种思维的影响与孑遗几乎俯拾皆是。如道教诞生于西蜀，汉大赋创自于西蜀名人司马相如（由巴入蜀），而发扬光大于扬雄，西蜀诗人李白、苏轼都有"仙"化意识与表现，李白被称为"谪仙"，苏轼被称为"坡仙"，直到近现代的郭沫若，也以其浪漫的诗风折服了无数的读者。

巴蜀一文一武的禀赋特质，带来两地文化生态的差异，故很早就有"巴有将，蜀有相"之说，⑧ 这是有渊源的，也是有现实基础的。

综合而言，巴、蜀文化生态恰好构成阴阳互补的关系。

首先，巴地因为自然条件并不优渥，有的地方甚至相当恶劣，所以，思变的意识较为强

---

① （晋）常璩撰，任乃强校注：《华阳国志校补图注》卷一《巴志》，上海古籍出版社，1987 年版，第 4 页。
② 同上，第 5 页。
③ 同上，第 14 页。
④ 同上，第 51 页。
⑤ （汉）扬雄撰，张震泽校注：《扬雄集校注》，上海古籍出版社，1993 年版，第 244 页。
⑥ （宋）李昉等：《太平御览》卷八八八，中华书局，1960 年版，第 3944 页。
⑦ （晋）常璩撰，任乃强校注：《华阳国志校补图注》卷三《蜀志》，上海古籍出版社，1987 年版，第 118 页。
⑧ （晋）常璩撰，任乃强校注：《华阳国志校补图注》卷一《巴志》，上海古籍出版社，1987 年版，第 45 页。

烈，渴望改变，善于创新。而蜀地因为自然条件比较优越，主动思变、热衷改造的意识并不强。但蜀人并不甘于落后，往往将巴人的发明创造予以综合与完善，最后反而后出转精，更上层楼，相比而言，巴人原先的创造则显得较为粗糙。

其次，同样是因为自然条件的差异，巴人崇尚苦干，吃苦精神了得，而蜀人特别懂得享受，追逐逸乐，故安逸成为一方民风特色。

第三，巴地山路多，太阳烈，故养成巴人风风火火的特性，性格急躁，语速快，走路快，做事快，民风彪悍，尚武好斗。蜀地风和日丽，蜀人耽于享乐，故语速慢，走路慢，做事慢，民风温顺，动口不动手。笔者多少年前，曾在某次报告会上听一位女干部讲她第一次从重庆到成都坐公交车的“奇遇”：车上两青壮男子从她上车开始就在吵架，直到她坐了十多站之后要下车了，两男还在“嘴战”——就是不动手，以至她实在看不下去了，直呼“吵啥子嘛，打撒!”引得全场哄堂大笑。这可谓巴、蜀两地人性格最鲜明的写照。

第四，因为受生产力较低和交通不便的影响，巴人往往更重传统，各种古老民风、民俗、民技、民艺在民间保留较多，消失速度相对较慢。而蜀地因为审美与享乐风尚的驱使，加之交通相对便利，因此蜀人比较喜欢追逐新潮，喜欢攀比，喜欢炫耀，故传统容易瓦解消失。

第五，同样是受自然条件和经济发展水平的影响，巴人普遍崇尚节俭，反对浪费，故消费欲望不高。蜀地因为条件相对较好，养成追逐奢华的习尚，自古即有“蜀人尚奢”的说法，所以，消费市场很兴旺，奢侈品尤为集中，人们普遍比较喜欢名牌、大牌及洋品牌。

第六，巴地瞩目脚下，蜀地留意星空。巴人因为生存相对不易，所以，关注当下，关注眼前，关注生计较多，没有太多闲暇去浪漫逍遥。蜀人因为闲暇时间较多，在吃饱喝足之后，喜欢玄想，喜欢逍遥，所以，仰望星空，耽于唯美，成为一种较为普遍的风尚。

当然，两地的文化生态并非分判迥异，就与全国其他地域文化比较而言，巴蜀常显示出较为一致的同一性，但对内而言，二者则自然有特定的差异。毋庸讳言，一武一文的巴、蜀文化，决定了两地的文化异质。然而，在长期的交流互动中，又形成了许多具有巴蜀共性的文化现象，如饮食文化、养生文化、诗歌文化、建筑文化、祭祀文化、园林文化、戏曲文化等，就有许多共性——共同姓“川”，一并叫“巴蜀”。比如，“自古文人例到蜀”，这个“蜀”就不是单指“蜀地”，而是包括巴地在内的整个四川。因为，在历史上，走长江水道是出川与入川的重要选择，有太多的文人经由这条水道而抵达巴与蜀。当然，巴、蜀毕竟山川有异，给人的视觉冲击和精神感受是不太相同的，所以，颠沛流离的杜甫来到成都之后，诗风为之改变：“好雨知时节，当春乃发生。随风潜入夜，润物细无声。野径云俱黑，江船火独明。晓看红湿处，花重锦官城。”（《春夜喜雨》），这是杜甫在温润的成都发出的低吟浅唱。而“风急天高猿啸哀，渚清沙白鸟飞回。无边落木萧萧下，不尽长江滚滚来。万里悲秋常作客，百年多病独登台。艰难苦恨繁霜鬓，潦倒新停浊酒杯”（《登高》），则是杜甫在巴地夔州的狂歌与痛饮。巴、蜀不同的地域给他带来了完全不同的诗风与意境，地理之于文化文风的浸染，确乎大哉。

当然，随着巴、蜀文化互动交流的逐渐频繁，彼此不断相互涵摄，相互影响，故你中有我，我中有你，成为一种总体的趋势。比如，巴人说话普遍急躁，蜀人说话普遍软埸，但经过交流互动之后的巴人与蜀人，吸收了对方的一些特质，改变了自己的一些原味，变得彼此较为接近了。以巴、蜀最有代表性的两座城市重庆、成都为例。现在不少的重庆女孩儿说话往往语气不再那样火爆，而是设法变得温和；而成都女孩儿则有意弱化过于软绵的舌面之音，说话不再那样的嗲声嗲气。成都城市本是平原，但为了显示城市的错落感，有意在一些干道两侧垒土成丘，构成高低错落的层次感。重庆本是山城，但为了显示城市的开阔，在建设道路、广场时，又喜欢削山推土，尽力追求平展。过去重庆的城市建设往往只重轮廓线条，不重细节局部，但现在也刻意在细节局部上“做文章”。总之，成、渝两地彼此相互都在追求细中有粗和粗中有细，事实上正在逐渐走向全面的融合。

四、巴、蜀文化圈的生存之道

巴、蜀本为两个相邻的古方国，山水相连。但由于各自始源不同，自然环境存在较大差异，所以，在文化的诸多方面形态有异。然而，两个相邻古国之间又有着千丝万缕的联系，特别是自秦并巴、蜀之后，巴、蜀作为方国的时期结束，一同接受中原文化的洗礼。虽然秦也尊重巴蜀文化，但在这种一统环境之中的区域文化与原来的古方国文化还是有较大的差异，其结果就是两地之间的互动更加频繁。由于巴、蜀之间文化互补性强，在长期的互动中，巴、蜀之间彼此渗透，逐步融合，在保留大量个性的同时，相互影响，共同推动这一地区的发展与繁荣。不仅如此，巴、蜀还推动了中华文化多元一体的发展格局。因为秦并巴蜀之后，巴蜀成为秦国的大后方、重要的经济来源地和重要的军力供给地，这为秦并其他六国奠定了坚实的基础。如果没有巴蜀的支持，秦国未必能完成统一大业，如是这样，中华民族的历史可能就不是我们今天所看到的模样了。

需要指出的是，历史上的巴蜀向来都是接收移民之地。移民文化在相当大的程度上改变了巴、蜀的文化生态。的确，从秦并巴蜀开始，到汉代对蜀地的统治，一直到唐、五代、两宋、明清和近现代，巴蜀之地就因为各种各样的原因，接纳了全国其他区域相当多的移民。秦并巴蜀与历朝历代的移民，让巴蜀紧密相连又与外来文化多元融合，具有巴蜀风格与气质的文化基因和文化品貌逐步形成。概括而言，就是融合、创新、乐观、坚韧、勤奋、友善、诚信、淳朴，由此形成了一系列的文化品牌，如我们的川菜、川戏、川酒、川茶、川派盆景、川派武术、川派绘画、川派古琴、川派雕塑、川派园林等。

当然，巴蜀之间虽然不断融合但其实又适度地保持了自己的相对个性。因为这种个性有深厚的历史基础与地理元素，不是轻易可以完全泯灭的。这种个性可用阴阳描述：如果说巴为阳，则蜀为阴，一阴一阳、刚柔相济构成了这片区域的自然与文化生态。这种阴阳互补的文化联动与交融，一起构成了区别于其他大的区域文化的巴蜀文化圈。有意思的是，全国不少地域都有这样阴阳组合相连的区域，如齐鲁、吴越、湘楚，等等。

五、结语：巴中与蜀中的有趣对应

在今天增强民族自信、共建民族精神家园的时代，这种文化的互补实际上也是经济的互补，社会的互补，大家彼此取长补短，差异化发展，用现在的话说，就是要实现各地文化的创造性转化和创新性发展。谈巴文化，绝对离不开蜀文化、楚文化、湘文化、秦文化、陇文化、黔文化，反之亦然。巴、蜀地区对外有统一的形象、特质与符号，对内又能分辨彼此的个性差异与内在联系，这本身就是一种具有生命力的文化生态或者说文化生态圈。

巴中在巴文化圈、蜀文化圈、巴蜀文化圈、秦巴文化圈、陇巴文化圈、楚巴文化圈、黔巴文化圈中都有特殊而重要的地位与影响。与"巴中"对应的是"蜀中"的概念，由于四川简称"蜀"，故"蜀中"是一个复合概念，并不是单一的地名概念。由此值得反思的是，如何利用好"巴中"的概念。如能将"巴中"从普通的地名概念不断渲染激活为一种让更多人接受的复合集约概念，"巴中"的文化引领力和知名度、美誉度将不可限量。

（作者单位：西华大学地方文化资源保护与开发研究中心）

四川地方史研究

唐代四川[①]农业研究趋向述论[②]

李 钊

内容提要：唐代四川农业获得高度发展，因其在促进国家统一和维护社会稳定方面做出了突出的历史贡献而被赋予了军事、社会和政治战略意义。目前学界对这一问题的关注主要集中在通史、断代史论著和农业专题对该问题的涉猎以及四川区域史的研究三个方面。这种感性层面的陈述式的具体性解释虽然能够反映出唐代四川农业发展的概貌，却不能准确地说明这一时期四川农业在自身发展衍变以及在促进社会变迁的客体性实践进程中折射出的内在机制与合理性。如何从理性层面阐释唐代四川农业发展和社会变迁这一逻辑进程与历史进程相统一的辩证命题尚需学界给出更多的思考。

关键词：唐代；四川农业；研究趋向；社会变迁；原动力

引 言

我国幅员辽阔，历史时期农业发展的区域性差异不仅一直是客观存在的，而且随着历史

① 严格意义上讲，唐代并无“四川”这一行政地理区划名称，直至宋代，“四川”作为行政区划单位才正式出现。北宋真宗咸平四年（1001），分置益州路、梓州路、利州路和夔州路，“谓之川陕四路，后遂省文，名曰四川”（顾炎武著，周苏平、陈国庆点注：《日知录》卷31《四川》，第1321页，甘肃人民出版社，1997年版）。“唐代四川”这一学术命名始于20世纪40年代“巴蜀文化”作为一个科学，命题得以确立之后，当时作为抗战后方，学者云集四川，同时，广汉三星堆文物的首次出现，吸引了大批学者的关注。1942年，《说文月刊》发表了卫聚贤先生的《巴蜀文化》、缪凤林先生的《漫谈巴蜀文化》等文章，标志着“巴蜀文化”这一概念正式提出，推动了学界对巴蜀文化的研究进程。最早使用“唐代四川”这一学术命名的是日本学者松井秀一，其在20世纪60年代相继发表《唐代前半期的四川》（《史学杂志》71卷，1962年第9期）、《唐代后半期的四川》（《史学杂志》73卷，1964年第10期）两篇文章，以剑南道为“唐代四川”的核心区域讨论了当时四川地区社会发展概貌。80年代之后，“唐代四川”成为学界惯常使用的学术命名，如李敬洵的《唐代四川经济》（四川省社会科学出版社，1988年版），卢华语的《唐代蚕桑丝绸研究》（首都师范大学出版社，1995年）等。本文所要讨论的“唐代四川”除了遵从上述学术命名之外，其地理范畴与今天四川行政地理范围大致相似，包括唐代的剑南东川、剑南西川、山南西道、山南东道、黔中道及部分吐蕃控制区域。

② 基金项目：四川省哲学社会科学重点研究基地“地方文化资源保护与开发研究中心”重点项目“四川农业考古研究汇要”（16DFWH003）。

的发展又呈现出波动性的特征。这是因为在两千多年的历史发展进程中，尽管社会性质和政治意义上的上层建筑没有发生实质性的改变，但是由于农业发展的自然地理条件和社会环境不尽相同，造成了农业发展虽然总体上呈现共时性的特点，但区域发展的不平衡更为明显，并由此导致了在同一历史发展阶段，社会变迁的内容、外显、程度与方式亦呈现出显著的区域性特征。在我国传统社会的发展历程中，唐宋时期被学界认为是社会变迁最为显著的阶段之一。① 有唐一代，位于长江上游的四川地区农业获得高度发展，中唐以后，成为全国发展速度最快、最稳定的农业区，因其在促经国家统一和维护社会稳定方面做出了突出的历史贡献而被赋予了军事战略、社会战略和政治战略意义。同时，社会变迁也表现得尤为突出和显著，其内在的深层原因和农业发展在促进社会变迁方面所折射出的合理性，或者说是内在规律性具有极高的学术研究价值。因此，我们有必要对学界一贯认为隶属长江流域的四川地区这一“小环境农业发展区域”进行历史的追溯和探讨。本文拟在抽绎农业概念历史演变的基础上，通过分析唐代四川地区农业发展的历史贡献以及学界研究现状和趋向，提出对未来的研究思考，以求教于学界。

一、农业概念的历史演绎

农业与社会发展相生相伴，是人类社会发展历程中最为悠久的生产部门。尽管“农业”一词出现很早，但人们对农业的认识却经历了较长时期，当时的含义与此后沿用的含义不尽相同，以至于给农业下一个科学的学术定义难度较大。英国当代著名的农业系统学家斯佩盯（C. R. W. Spedding）认为造成这种学术困惑的“部分原因是大多数人认为他们已经知道它是什么；另一部分原因则是因为给出一个有效的定义很难”。② 众所周知，以农业立国的我国传统社会较之世界同期国家的历史发展时间最长、社会也最为稳定。因此，很有必要对我国传统社会人们以及当今国内外学界对农业概念的解读作一简单梳理，以便了解这一概念的具体历史演绎进程。

（一）我国传统社会对“农业”的解读

在现存传世古籍文献的记载中，农业的本意首先表现为“农”的本元意义，即五谷种植。成书于春秋末的《子夏易传》提供了这方面的例证，③ 该书卷 8 记载：“神农之时，人育而繁，腥毛不足，供给其食修易。其变观天地之宜，相五谷之种可食者，收而易之……得农之道，是以取诸益。”查阅用法较之文集、笔记相对规范的正史，涉及“农”字的多达一万余条。《史记》卷 3《殷本纪》：“后稷降播，农殖百谷。”其中的“农”即指五谷播种；卷 4《周本纪》：“周后稷，名弃……及为成人，遂好耕农，相地之宜，宜谷者稼穑焉，民皆法

① 自 20 世纪初日本学者内藤湖南在《概括的唐宋时代观》一文中首次提出“唐宋变革”这一学术命题以来，就成为国内史学界高度关注的话题。学者们从不同角度解析了内氏观点的内涵、学术价值与学术影响等内容。虽然观点纷呈，但是对社会经济发展是促使唐宋社会变迁的主要原因还是达成了高度共识。

② C. R. W. *Spedding and others*：*Biological Efficiency in Agriculture*，Academic Press，1981，pp. 5—9.

③ 关于《子夏易传》这本书的作者及真伪问题，学术界一直争论不休，至今尚无定论。目前有学者认为此书系唐人张弧伪作（刘玉建：《〈子夏易传〉真伪考证》，《山东大学学报·哲社版》1995 年第 4 期，陈伟文：《今本〈子夏易传〉即唐张弧伪作考证》，《周易研究》2010 年第 2 期）。本文沿用学界惯说，即认为此书系春秋末晋国温人子夏所撰。

则之。帝尧闻之，举弃为农师，天下得其利，有功。”文中两次出现的“农”字分别组成了“耕农”与“农师”两个词，显然，这里的“农”已被赋予了新的含义，“耕农”并非指耕作的农民，而是强调土地的耕作与五谷的播种；“农师”则指主管土地耕作与五谷播种的官员。卷10《孝文本纪》：“正月，上曰：‘农，天下之本，其开籍田，朕亲率耕，以给宗庙粢盛。’”① 可见，至迟在西汉初期，正史中所记载的“农”字不仅已经具备了“农业”的表象特征，而且被赋予了强烈的政治意义和社会意义。班固《汉书·食货志》认为“辟土殖谷曰农”②，许慎《说文解字》给出的解释则为“农，耕也”；贾思勰《齐民要术》卷1《耕种》篇引西晋杨泉《物理论》：“种作曰稼，稼犹种也；收敛曰穑，穑犹收也。”③ 这两种解释都立足于最早适于农业生产的丘陵地区与平原。可见，三国两晋时，人们对农业的认识在强调农业的土地开垦与作物播种这一本质属性的同时，已经注意农业生产的自然环境问题了。成书于11世纪的西夏《文海》则将“农”与“耕”联在一起，认为“农耕，灌溉之谓”，强调水对于农业发展的关键作用，反映了农业对于自然环境具有较强的依赖性特征。将“农业”作为一个词组，并且赋予社会生产部门的含义，目前在正史中能找到的最早例证是东汉班固的《汉书》，该词条共出现5处，兹一并摘录如下：

> 本始四年（前70），诏曰：“盖闻农者兴德之本也……令太官……宰乐府，减乐人，使归就农业。”
>
> 宽既治民，劝农业……表奏开六辅渠，定水令以广溉田。
>
> 居民得并田作，不失农业。
>
> 贼乱蠲除，民反农业，拊循贫弱，锄耘豪强。
>
> 上下同心，劝进农业，安元元焉。④

可见，古人对于农业的认识基本上是随着社会的发展、在农业不断满足社会发展的刚性需求之后做出的理性判断。

（二）目前国内外学界对“农业”的认知

进入现代社会之后，农业涉及的领域更为广泛，学界对其内涵的界定因研究视野和目的的分异而有所不同。西方人一般根据人类生存对各个生产部门的依托关系而提出三个产业的概念，农业因为具备使人类走出采集、渔猎，摆脱对于自然界的纯粹依赖而独立进行生产活动的功能而被列为第一产业。⑤ 20世纪60年代之后，农业的社会功能又逐渐引起了各国的重视。有学者将社会学、哲学、经济学等学科研究理论引入了农业的研究范畴，农业的内涵和外延进一步得以充实和拓展。如美国明确提出了农业社会学的概念，⑥ 试图通过学术研

---

① （汉）司马迁：《史记》，线装书局，2006年版，第66页。

② （汉）班固：《汉书》，中华书局，1962年版，第1118页。

③ （北魏）贾思勰著，缪启愉，缪桂龙译注：《齐民要术译注》，上海古籍出版社，2009年版，第61页。

④ （汉）班固：《汉书》中华书局，1962年版，卷8《宣帝纪》，第345页；卷58《卜式传附子宽》，第2630页；卷69《赵充国辛庆忌传》，第2987页；卷76《赵尹韩张两王传》，第3235页；卷99《王莽传》，第4143页。

⑤ 韩茂莉：《中国历史农业地理》，绪论第1页，北京大学出版社，2012年。

⑥ 参见 Walter L. Slocum; F. Stuart Chapin; William H. Sewell: *Agricultural Sociology: A Study of Sociological Aspects of American Farm Life*, American Sociological Review, Vol. 28, No. 4. (Aug 1963), pp. 682—683.

究，用以指导解决当时农村社会生活所面临的相关问题；日本京都大学教授祖田修立足于研究农业的经济、生态与生活等多重社会价值而对农业给予了这样的定义：“通过保护和活用地域资源，管理和培育有利于人类的生物来实现经济价值、生态价值和生活价值的均衡与和谐的人类目的性社会活动。”① 这一解读注重农业的生产与生命属性，远远超出了把农业仅仅视作经济活动的传统观点。

反观国内，中国大百科全书对农业条的释义为“利用生物生长发育过程来获取动植物产品的社会生产部门”。该定义明确指明了农业自身的生产对象、生产过程与经济意义。目前学界对于农业的认识基本存在农业社会发展阶段说和农业本质属性说两种观点。农业社会发展阶段说认为农业的进步是按不断演进的阶段进行的，根据农业发展的形态和社会功能，又存在“三分法”和“四分法”两种观点。“三分法”把农业的发展历程划分为原始农业、传统农业和现代农业三个阶段；另一种“三分法”则认为农业的发展经历了古代农业、近代农业和现代农业三个阶段。“四分法”中和了“三分法”的两种观点，认为农业发展包括原始农业、古代农业、近代农业和现代农业四个阶段。② 农业本质属性说认为农业是指利用土地生产农产品、畜产品以满足人类需要的生产活动，包括狭义和广义两种内涵，狭义农业主要指种植业；广义农业除种植业外，还包括畜牧业、养殖业、林业、渔业等生产部门。③ 可见，学界对于农业概念的界定在突出农业自身的本质属性的基础上，也注意考察农业的社会附加值。

综合上述各种观点，结合我国传统社会农业发展的自身特点，本文认为农业是指某一国家或地区在特定的历史发展阶段和现有生产力发展水平的制约下，充分利用自然环境（包括土地资源、林业、牧业和渔业资源、气候气象条件、水利资源以及生态环境等方面）和社会环境（包括劳动人民在长期的生产实践中认识自然、利用自然和改造自然发展农业生产的经验和科学技术的总结以及国家关于农业发展的政策和措施等）发展种植业、林业、牧业、渔业以及副业的生产部门，涵盖经济、政治、人口、资源、社会和环境，其核心是由自然生态系统和社会经济系统耦合而成的复杂的、多层次的复合系统。其基本特征是：以人力、畜力为基本生产动力；以铁制农具为基本生产工具；对农田水利工程的建设与管理依赖程度高；依靠单纯的经验积累起来的生产技能进行自给自足的小农经营的生产，经营规模小，分工简单。④ 按此内涵解读，农业发展主要表现为农业生产资源的演进、农业劳动力资源的演变以及农业生产技术的推进三项宏观参考指标上，又可进一步细分为土地类型（耕地、山林、丘陵等）利用率的提高、耕地面积的扩展、农作物种类的增加、农产量的提高、劳动力数量的升降及素养的提高、农田水利工程的建设与管理以及农业生产技术的改进与推广等方面。

---

① ［日］祖田修，张玉林等译：《农学原论》，中国人民大学出版社，2003年版，第57页。
② 吴志强、傅泽平：《四川丘陵地区发展现代农业研究》，西南财经大学出版社，2011年版，第1～3页。
③ 韩茂莉：《中国历史农业地理》，北京大学出版社，2012年版，绪论第1页。
④ 吴志强、傅泽平：《四川丘陵地区发展现代农业研究》，西南财经大学出版社，2011年版，第1页。

二、唐代四川地区农业发展在我国历史发展进程中的地位和作用

四川地区西邻青藏高原，北拥秦巴山地，东据长江三峡，南依云贵高原。历史时期，因其特殊的地理位置和高度发展的农业而对我国历史发展的进程产生了重要影响。首先，从地理位置因素上分析，童恩正先生有着精彩的论述：

四川所处的环境也是很有特点的：就南北方向而言，它恰好位于黄河与长江两大巨流之间，亦指中国古代两大文明发展的地区之间，既是我国西部南北交通的孔道，又成为我国南北文明的汇聚之区。就东西方向而言，它正当青藏高原至长江中下游平原的过渡地带，又是西部游牧民族和东部农业民族交往融合的地方。这种地理位置的特点，就使四川自古就在我国历史发展进程中留下了十分丰富的内容。①

其次，从农业高度发展的作用上看，清人顾祖禹则以史家的眼光予以了详细解读：

成都府山川重阻，地大而要。战国时，司马错说秦惠王伐蜀曰：取其地，足以广国也；得其财，足以富民缮兵。诸葛武侯亦云：益州险塞，沃野千里，天府之土。是也。自秦取蜀，因蜀攻楚，楚繇以亡。汉高资巴蜀之力，战胜荥阳、成皋间，卒有天下。故取天下之规，常在巴蜀。公孙述之据蜀也，北连秦陇，东逼荆州，号为盛强。诸葛武侯用巴蜀，北出秦川，魏人骚动。晋季雄窃成都，亦能北收汉中，东取夔峡，南并宁州。是故蜀之险，弱则足以自固，强则足以伐人。晋人藉之以并吴，隋人资之以亡陈。唐亦繇此以平萧铣，其与秦之攻楚同一揆也。王建之据蜀，号为完固，孟氏因其辙，亦足以自守。元末，明玉珍有蜀。②

顾氏观点亦可在其他文献记载和征引中得到全面的体现和诠释，检晋人常璩《华阳国志》，该书卷3《蜀志》载：

周显王三十二年③，秦惠王方欲谋楚……司马错、中尉田真黄曰：蜀有桀、纣治乱，其国富饶，得其布帛金银，足给军用。水通于楚……得蜀则得楚，楚亡则天下并矣……汉祖自汉中出三秦伐楚，萧何发蜀、汉米万船而助军粮。

同书卷8《大同志》云：

元康六年，复以梁、益州为重州。……关中氐及马兰羌反，寇天水、略阳、扶风、始平、武都、阴平。发梁州及东羌、镇西讨之，不克。益州遣牙门马玄、尹方救援之，以鹿车运成都粮给军饷。④

---

① 童恩正：《古代的巴蜀》，重庆出版社，1998年版，第8页。

② （清）顾祖禹：《读史方舆纪要》卷67《四川二》，中华书局，2005年版，第3131页。

③ 原文“周显王二十二年”，刘琳先生据《史记》《太平广记》等史料，认为“周显王二十二年”当为“三十二年”，本文即按此说。

④ （晋）常璩著，刘琳注：《华阳国志校注》，成都时代出版社，2007年版，卷1《巴志》，第97页，卷8《大同志》，第333页。

陈寿《三国志》卷32《先主传》注引《献帝春秋》云：

孙权欲与备共取蜀遣使报备曰："米贼张鲁居王巴、汉，为曹操耳目，规图益州。刘璋不武，不能自守。若操得蜀，荆州危矣。今欲先攻取璋……无所忧也。"备欲自图蜀，拒答不听，曰："益州民富疆，土地险阻。"①

唐人魏徵《隋书》卷29《地理志》言：

蜀之旧城，其地四塞，山川重阻，水陆所凑，货殖所萃，盖一都之会也。昔刘备资之，以成三分之业。自金行丧乱，四海沸腾。李氏据之于前，谯氏依之于后。当梁氏将亡，武陵凭险而取败。后周之末，王谦负固而速祸。②

宋人《新五代史》卷63《前蜀世家》载：

乾德六年，蜀都士庶，帘帷珠翠，夹道不绝。严见其人物富盛，而衍骄淫，归乃献策伐蜀。明年，唐魏王继岌、郭崇韬伐蜀。③

北宋文学家、益州郫人（今四川郫县）张俞在《送张安道赴成都序》一文中，更是一语道破了四川地区因农业的高度发展兼之易守难攻的自然地理条件，历代地方权族武装割据，并由此影响王朝政局稳定的历史事实：

蜀世有货泉储蓄为用，自昔王室不纲，则权臣因而据有。是知蜀之可疑，而不知蜀之顺逆系中国盛衰也。④

来自正史类的记载则强调了历史时期四川地区农业发展在国家统一之后，维护社会稳定方面所做的历史贡献，《汉书》卷1《高帝纪》载：

高祖二年六月，关中大饥，米斛万钱，人相食，令民就食蜀汉。⑤

宋人司马光编写《资治通鉴·汉纪卷》、元人马端临编著《文献通考》卷26《国用考·赈恤》时，都对该条史料未做任何修改⑥，这本身就说明了一代史学家司马光、马端临已经用史学的观念认可了四川地区农业发展对于国家发展的重要性。上引《文献通考》卷26《国用考·赈恤》又言：

武帝元鼎二年诏曰："水潦移于江南，迫隆冬至，朕惧其饥寒不治，江南之地，火耕水耨，方下巴蜀粟致之江陵，遣博士中等分循行，谕告所抵，无令重困。吏民有救赈饥民免其厄者，具以名闻。"⑦

---

① （晋）陈寿撰，（南朝宋）裴松之注：《三国志》卷32《先主传》，中华书局，1959年版，第880页。

② （唐）魏徵：《隋书》卷29《地理志》，中华书局，1973年版，第803页。

③ （宋）欧阳修：《新五代史》卷63《前蜀世家》，中华书局，1974年版。

④ （宋）张俞：《送张安道赴成都序》，（宋）袁说友等编撰，赵晓兰整理：《成都文类》卷22，中华书局，2011年版，第459页。

⑤ （汉）班固撰，（唐）颜师古注：《汉书》，中华书局，1962年版，第38页。

⑥ （宋）司马光等：《资治通鉴》卷9《汉纪一》，中华书局，1997年版，第322页。

⑦ （元）马端临：《文献通考》卷26《国用考》，中华书局，2011年，第727页。

《晋书》卷 120《李特载记》记：元康年间，关中发生饥荒，李特上书晋廷请求寄食巴蜀。晋廷虑及流民入蜀，会影响该地区的社会稳定而加以拒绝。后晋廷所派侍御史李苾接受流民贿赂，上表晋廷：

> “流民十万余口，非汉中一郡所能赈赡……蜀有仓储，人复丰稔，宜令就食。”朝廷从之。[①]

该条史料足以反映时人极度认可四川地区的粮食储备能力，也证明了当时四川地区的农业发展水平远远高于周边地区。《梁书》卷 17《张齐传》载：

> 天监四年，魏将王足寇巴、蜀，高祖以齐为辅国将军救蜀……七年秋，军还益州。……乃于益州西置南梁州。州镇草创，皆仰益州取足。……得米二十万斛。[②]

现代论者经过深入研究，又进一步认为，以成都平原为核心的四川农业区，自秦昭襄王（前 306—前 251）由秦移民至巴蜀之后直至清代，发展水平一直居于我国领先地位，是王朝财赋的主要供应区域，也是我国开发西南边疆、促进国家统一和维护社会稳定的重要基地。[③] 而之所以作出这样的学术判断，则主要是基于唐代四川地区农业高度发展的基本史实及其对我国历史发展进程所作出的突出历史贡献。

有唐一代，经过四川人民的辛勤开发与经营，四川地区农业迎来了新的突破与发展，突出表现在水利工程的建设与管理、农产区的扩展以及水稻产量的显著提高等方面，是继秦汉之后又一发展高峰。据冀朝鼎先生的研究，四川地区在战国兴修水利 1 项，汉及魏晋南北朝未见文献记载，而唐代则增至 15 项[④]；李敬询先生则认为至少是 18 项。[⑤] 水利灌溉的发达改善了农业生产条件，最为显著的成果就是耕地面积的扩大和农产量的提高。尽管目前现有资料还无法给出唐代四川地区耕地面积的具体数目，只能提供一个大概的参考数据，但文献记载农产区从平原走向盆地中部及周边的丘陵与山地即是耕地面积扩大的有力证据。至于农产量，据蒙文通先生的研究，唐代成都平原水稻亩产量是汉代的两倍之多。[⑥] 中唐以后，四川成为全国农业发展速度最快、同时也是最稳定的农业区。因此，学界在评述这一现象时，一般将其归位于经济范畴并由此形成了与黄河流域、长江下游流域并称的全国三大基本经济

---

① （唐）房玄龄等：《晋书》卷 120《李特载记》，中华书局，1974 年，第 3021 页。
② （唐）姚思廉：《梁书》卷 17《张齐传》，中华书局，1973 年，第 281 页。
③ 参见冀朝鼎：《中国历史上的基本经济区与水利事业的发展》，中国社会科学出版社，1981 年版，第 79 页；段渝：《四川通史》（先秦卷），四川人民出版社，2010 年版，第 3～6 页；蒙默，刘琳等：《四川古代史稿》，四川人民出版社，1988 年版，第 204 页。
④ 冀朝鼎：《中国历史上的基本经济区与水利事业的发展》，中国社会科学出版社，1981 年版，第 36 页。
⑤ 李敬询：《唐代四川经济》，四川社会科学院出版社，1988 年版，第 49～55 页。
⑥ 蒙文通：《中国历代农产量的扩大和赋役及学术思想的演变》，《四川大学学报》1957 年第 2 期。

区说[①]以及与江淮流域并列的全国经济最为发达的两个地区说[②]的两种观点。

农业的高度发展进一步强化了唐代四川在促进国家统一和维护社会稳定方面的职能。隋炀帝大业十三年（617），李渊太原起兵，进军长安之后，适逢“东都米斗三钱，人饿死者十二三”，在这种情况下，十二月，李渊即“遣云阳令詹俊、武功县正李仲衮徇巴、蜀”[③]。之所以做出这样迅速的决策，应是基于关中对于巴蜀地区粮食供应依赖性的考虑。这也反映了唐初统治集团是把控制四川地区作为进行统一战争的首要基地来看待的。

宋人王钦若《册府元龟》卷486《邦计部·迁徙》载：

> 唐高祖初为唐王下令曰：比年寇盗，郡县饥荒，百姓流亡，十不存一。贸易妻子，奔波道路，虽加周给，无救倒悬。京师仓廪军国资用，罄以恤民，便厥支拟。今岷嶓款服，蜀汉沃饶，闾里富于猗陶，菽粟同于水火。曩者储蓄，征敛实繁，帑藏犹殷，宜垂拯济。木牛流马，非可转输，乐土重迁，理无从簿，则穷通之道，将由革变。外内户口见在京者，宜依本土置令以下。下官部领，就食剑南诸郡。所有官物，随至籴给，明立条格，务使稳便。秋收丰实，更听进止。[④]

上引同书卷498《邦计部·漕运》载：

> 武德二年闰二月，太府少卿李袭誉运剑南之米以实京师。……贞观二十二年七月开斜谷道水路运米以至京师。[⑤]

两条史料合观，至少说明，唐前期，面对京畿要塞关中饥荒问题，唐政府一方面采取了鼓励饥民自发和遣送饥民到四川地区就食，以恤饥馑的方法；另一方面，又不得不调运四川地区的粮食供应关中地区。面对这种局势，甚至有些中产之家在荒旱年月，也自动到四川地区求生。这足以反映出唐前期，四川地区高度发展的农业及其在维护国家稳定方面所作出的贡献。唐代四川梓州（今四川射洪）人陈子昂多次上疏言及四川地区的富庶及其对全国政治稳定与经济发展的重要性，如《上蜀川军事》云：

> 国家富有巴蜀，是天府之藏，自陇右及河西诸州军国所资，邮驿所给，商旅莫不皆

---

① 注：“三大基本经济区说”以冀朝鼎先生和齐涛先生为代表。冀朝鼎先生认为，四川地区在隋唐时期发展成为与黄河与长江下游流域并列的三大基本经济区（参见冀朝鼎：《中国历史上的基本经济区》，第90页，商务印书馆，2014年）；齐涛先生认为，“中国古代的经济区域首先是在农业生产与农业经济的基础上形成的……魏晋南北朝时期，是中国古代史上经济中心的多元化时代，这一时代，先是山东、巴蜀、江东三大经济中心的并立，其后的变化都是在此基础上进行的。隋唐时代，各地经济都得到长足的发展，其格局仍是三大经济中心的并立，但其内容已大不同于前代，这一时期所形成的是以长安、洛阳为基点的商业贸易与手工业中心，以扬州为基点的江淮综合经济中心以及以益州为基点的农业、手工业中心。”（参见齐涛：《中国古代经济史》，山东大学出版社，2011年版，第27～28页。）

② 注：“两大区域说”又分为“四川与江南地区并列”和“四川与江淮地区并列”两种观点。前者以蒙默、刘琳等诸位先生为代表。蒙默、刘琳等先生认为，唐代四川农业经济高度繁荣，和江南地区成为唐王朝财赋的主要供应区域（参见蒙默、刘琳等：《四川古代史稿》，第204页，四川人民出版社，1988年）；后者以李敬洵先生为代表，李氏认为唐朝是我国封建经济繁荣的时期，也是封建经济地域结构发生重大变化的时代，位于长江上游的四川和地处长江下游的江淮地区，发展速度最快，是中唐以后全国经济最发达的两个地区（参见李敬洵：《唐代四川经济》前言，四川省社会科学院出版社，1988年版）。综合学界研究成果，本文认为“四川与江南地区并列说”更能体现和反映唐代四川地区农业发展及其在我国历史进程中的地位和作用，故采用此说。

③ （宋）司马光等：《资治通鉴》卷184《隋纪八》，中华书局，1997年版，第1469页。

④ （宋）王钦若等：《册府元龟》卷498《邦计部·迁徙》，中华书局，1960年，第5816页。

⑤ （宋）王钦若等：《册府元龟》卷498《邦计部·漕运》，中华书局，1960年，第5966页。

取于蜀，又京都府库，岁月珍贡尚在其外，此诚蜀国之珍府[①]。

《新唐书》卷107《陈子昂传》载：

蜀为西南一都会，国之宝府，又人富粟多，浮江而下，可济中国。[②]

安史之乱后，剑南道在全国的农业赋税地位更加突出，杜甫在其《为阆州王使君进论巴蜀安危表》一文中就指出：

然河南河北，贡赋未入，江淮传输，异于曩时。唯独剑南，自用兵以来，税敛则殷，部领不绝，琼林诸库，倚给最多。是蜀之土地膏腴，物产丰富，足以供王命也。[③]

《旧唐书》卷117《崔宁传》记载了唐建中元年（780）宰相杨炎上书德宗指陈四川地区赋税为天下之最的史实：

西川天下奥壤……货利之厚，适中奉给，贡赋所入，与无地同。[④]

同书卷111《高适传》高适《请罢东川节度使疏》言：

比日关中米贵，而衣冠士庶，颇亦出城，山南、剑南，道路相望，村坊市肆，蜀人杂居，其升合斗储，皆求于蜀人。[⑤]

北宋经济学家、仁宗天圣元年时任益州转运使的薛田盛赞唐代至北宋初期的四川地区为“金躔奥壤，玉垒名区。风物尚饶，旷古称最”，并在《成都书事》一文中赋诗曰：

混茫不变造西纤，物象熙熙被一川。易觉锦城销白日，难歌蜀道上青天。云敷牧野耕桑雨，柳拂旗亭市井烟。院锁玉溪留好景，坊题金马促繁弦。[⑥]

北宋诗人、梓州盐亭县（今四川绵阳盐亭）人文同在《送赵大资再任成都府诗序》一文中亦有类似表述：

今海内之蕃域号为至重者，举莫若吾之全蜀。壤土衍沃，民俗丰伙。外之则八国种落赖之绥辑，内之四道郡邑倚之以康靖。[⑦]

南宋王应麟《玉海》卷148《兵制》载：

唐高宗咸亨元年，天下四十余州旱及霜虫，百姓饥乏，关中尤甚……运剑南义仓米百万石救饥人。[⑧]

---

① （清）董浩等：《全唐文》卷211陈子昂《上蜀川军事》，中华书局，1983年版，第2700页。
② （宋）欧阳修，宋祁：《新唐书》卷107《陈子昂传》，中华书局，1975年版，第4074页。
③ （清）仇兆鳌注：《杜诗详注》卷25，中华书局，1979年版，第1345页。
④ （后晋）刘昫：《旧唐书》卷117《崔宁传》，中华书局，1975年版，第3401页。
⑤ （后晋）刘昫：《旧唐书》卷111《高适传》，中华书局，1975年版，第3330页。
⑥ （宋）薛田：《成都书事百韻诗并序》，（宋）袁说友等编撰，赵晓兰整理：《成都文类》卷2，中华书局，2011年版，第33页。
⑦ （宋）文同：《送赵大资再任成都府诗序》，（宋）袁说友等编撰，赵晓兰整理：《成都文类》卷22，中华书局，2011年版，第462页。
⑧ （宋）王应麟：《玉海》卷148《兵制》，广陵书社，2003年版，第2712页。

顾祖禹《读史方舆纪要》卷66《四川一》载：

蜀川土沃民殷，货贝充溢，自秦汉以来，迄于南宋，赋税皆为天下最。[①]

现代学者冯汉镛先生通过对唐代剑南农业发展状况的考证，认为剑南道农业赋税是维护李唐王朝兴亡的经济命脉所在。[②] 由于唐代四川地区“土腴谷羡，储从易办”[③]，故每当中原有事，关中受到威胁的时候，唐代帝王都要驾幸巴蜀。[④] 史载，安史之乱之时，玄宗出长安避乱，众人对避乱河西、陇右、灵武还是扶风争论不休，高力士进言曰：“剑南虽窄，土富人繁，表里江山，内外险固。”[⑤] 玄宗接受这一建议而避乱蜀地。明代学者于慎行指陈了这一史实：“唐都长安，每有寇盗，辄为出奔之举，持有蜀也。所以再奔再北而未至亡国，亦幸有蜀也。长安之地，天府四塞，辟如堂之有室。蜀以膏沃之土处其阃阈，辟如室之有奥，风雨晦明，有所依而蔽焉。盖自秦汉以来，巴蜀为外府，而唐卒赖以不亡，斯其效矣。”[⑥] 实际道出了唐代四川地区因其特殊的地理形势和高度发展的农业而形成的重要地缘战略意义。

其后，四川地区一度被高层集团认为是唐廷退守和恢复帝王之气的理想之地。史称唐肃宗首先就是利用四川地区的农业财赋作为平定安史之乱的重要军需来源。[⑦] 唐德宗在兴元元年（784）因四镇之乱而避难汉中，但又因汉中“地薄民贫，自安史以来，盗贼攻剽，户口减耗太半，虽节制十五州，租税不及中原数县”的状况，“欲西幸成都”，甚至考虑“迁都岷峨”。[⑧] 唐末，黄巢领导农民战争又使中原陷入战火漩涡之中，“黄巢犯阙，僖宗出幸……中和元年（881）三月，自褒中幸成都，次绵州”。[⑨] 唐末士人李昊认为蜀地是“宇内奥区，地称陆海之珍，民有沃野之利……物华秀丽”。[⑩]

此外，有唐一代亦是我国境内民族关系发展的重要时期，作为维护唐政府西南边境安全的前沿阵地，四川地区频遭吐蕃与南诏的侵扰，如若没有高度发展的农业为唐政府提供最基本的军队战略物资和兵源保障，唐政府政权的稳定亦无从谈起。唐人杜佑《通典》卷172《州郡二》：

剑南节度使（原注：理蜀郡，管兵三万九百人，马二千匹，衣赐八十万匹段，军粮七十万石）：西抗吐蕃，南抚蛮獠。[⑪]

---

① （清）顾祖禹：《读史方舆纪要》，中华书局，2005年，第312页。

② 冯汉镛：《唐代剑南道的经济状况与李唐的兴亡关系》，《中国史研究》1982年第1期。

③ （宋）欧阳修，宋祁：《新唐书》卷140《崔圆传》，中华书局，1975年版，第4641页。

④ 王双怀：《“天府之国”的演变》，《中国经济史研究》2009年第1期。

⑤ （宋）司马光等：《资治通鉴》卷218“肃宗至德元年六月条”考异引《幸蜀记》，中华书局，1997年版，第6982页。

⑥ （明）于慎行：《谷山笔麈》卷12《形势》，中华书局，1984年版，第136页。

⑦ （宋）司马光等：《资治通鉴》卷220“肃宗至德二载条”，中华书局，1997年版，第7032～7050页。蒙默，刘琳等：《四川古代史稿》，四川人民出版社，1988年版，第204页。

⑧ （宋）司马光等：《资治通鉴》卷230“德宗兴元元年条”，中华书局，1997年版，第7419页。

⑨ （后晋）刘昫：《旧唐书》卷179《萧遘传》，中华书局，1975年版，第4646页。

⑩ （唐）李昊：《创筑羊马城记》，载（宋）袁说友等编撰，赵晓兰整理：《成都文类》卷23，中华书局，2011年版，第502页。

⑪ （唐）杜佑：《通典》，中华书局，1988年版，第4478页。

有学者对此条史料进行考据，认为尽管唐代剑南驻军军费来源有增盐估供军、采铜铸钱支度军用等临时措施，但主要还是靠征收农业税供军。① 诚如是，则提供了唐代四川农业发展为维护边境安全做出了重要贡献的有力释证。

宋代蜀人对此问题的解答更为深入和直接，陵州（今四川仁寿）人何郯的《益州州学圣训堂》诗云：

> 益为藩捍西南隅，物众地大称名都。择守来颁兹土政，治人颇与他邦殊……始时岁荒力赈救，坐使饿殍成完肤。②

上引张俞在《送田府公入覲序》一文中说：

> 蜀地大人众，统兵治民，控制戎夷，跨带万里，天下之陆海，国家之外府，佩印绶、操斧钺、班政教者，犹有古方伯之重焉。③

在《送韩转运使赴阙诗序》一文中又说：

> 蜀蔽秦陇，走汾晋，日出财币以给二方之戍卒，故民不动而赋有常……昌黎侯作计运于西蜀三年，内均赋敛，外给秦晋，财出亿计……文儒持利灌，干蜀给秦晋。财足兵气雄，赋平民力振。④

据此，可以认为，四川地区农业经济在有唐一代一度替代关中地区，成为维护都城长安及关中政权的重要基地，对于促进国家统一和维护社会稳定作出了突出贡献。正是鉴于这种认识和考虑，高祖李渊专门任命“器宇冲深，体识明允。专征阃外，茂绩克宣”的秦王李世民担任益州道行台尚书令。《全唐文》卷1《秦王益州道行台制》记录了这一史实：

> 蜀郡沃野，曰惟井络，控驭邛筰，临制巴渝。求瘼宣风，朝寄尤重，总司岳牧，是属懿亲。太尉尚书令陕东道行台雍州牧左武侯大将军使持节凉州总管上柱国秦王世民，器宇冲深，体识明允。专征阃外，茂绩克宣。敷政京畿，嘉声已着。镇抚岷汉，佥论攸宜。可益州道行台尚书令。⑤

此后，这一统治理念又被推及四川地区地方行政长官的人选问题上，较之全国其他地方行政管理，出任四川地区行政长官必须具备两个条件，即德高望重（或功勋卓著）而又深受朝廷信任。这似乎是不成文的惯例，贯穿有唐一代始终。如玄宗天宝十载（751），备受玄宗崇信的权臣杨国忠“权知蜀郡都督府长史，充剑南节度副大使，知节度事”。出任宰相后，仍“兼吏部尚书……剑南节度”，直接控制蜀中“出纳租庸铸钱”等军政要务。⑥ 剑南西川

---

① 贾志刚：《唐代军费问题研究》，中国社会科学出版社，2006年版，第174～176页。

② （宋）何郯：《益州州学圣训堂诗》，（宋）袁说友等编撰，赵晓兰整理：《成都文类》卷4，中华书局，2011年版，第66～67页。

③ （宋）张俞：《送田府公入覲序》，（宋）袁说友等编撰，赵晓兰整理：《成都文类》卷22，中华书局，2011年，第458页。

④ （宋）张俞：《送韩转运使赴阙诗序》，（宋）袁说友等编撰，赵晓兰整理：《成都文类》卷22，中华书局，2011年版，第455～456页。

⑤ （清）董诰等：《全唐文》卷1《秦王益州道行台制》，中华书局，1983年版，第19页。

⑥ （后晋）刘昫：《旧唐书》卷106《杨国忠传》，中华书局，1975年版，第3243页。

也被其后担任蜀地地方行政的长官普遍认为是“宰相回翔之地”。宪宗元和二年（807），时任剑南东川节度使的高崇文在平定刘辟之乱一年后对其监军言：“崇文，河朔一卒，幸有功，致位至此。西川乃宰相回翔之地，崇文叨居日久，岂敢自安！”又屡次上表朝廷：“蜀中安逸，无所力陈，愿效死边陲”，[①] 最终获朝廷批准而担任西川节度使。唐政府对加强四川地区的控制，可谓费尽心机。这种现象在唐人卢求的《成都记序》中得到了证实：

（蜀地）赤府畿县与秦、洛并，故非上将、贤相、殊勋，重德、望实为人所归伏者，则不得居此。……大中六年四月诏，以丞相太原公有驱制羌戎之成绩，由汾宁节度拜司徒同平章事镇蜀，蜀为奥壤。[②]

唐政府的这种极为重视四川地区地方行政管理的政治意识与其说是从军事战略的观点来考虑的，还不如说是从农业发展所赋予的政治意义的观点来考虑的。这也从一个侧面再次印证了唐代四川地区因其高度发展的农业和特殊的地理环境而被赋予了重要的军事战略、政治战略和社会战略意义。

三、唐代四川农业问题研究现状及存在问题

由于农业生产是一个涉及整个自然环境和社会环境的复杂系统，兼之“四川地区面积广大，自然条件丰富多样，农林牧副渔业生产各具特色，在我国农业生产中占据重要地位；同时，在历史上，四川地区农业生产迭经兴衰变化的影响因素又极为多样复杂”[③]；再者，四川地区“人口多，耕地少，用占全国 1/16 的耕地养活占 1/10 的人口，这是很不容易的事情”，[④] 故此备受学界关注。但历史时期四川地区的农业问题真正进入学界研究视野却是在 20 世纪 40 年代“巴蜀文化”作为一个科学命题得以确立之后。[⑤] 其后，学者们注重多维度、多层次地对这一学术问题进行探究。就现有的研究成果来看，关于唐代四川农业问题的研究主要集中在通史、断代史类论著和农业专题对该问题的涉猎以及四川区域史的研究等三个方面。为了更加详尽地说明这一问题，兹将分类择其要著综述：

第一，通史、断代史类论著（编著）。代表性的有范文澜主编的《中国通史》（人民出版社，2004 年）、白寿彝主编的《中国通史》（上海人民出版社，2004 年）、翦伯赞主编的《中

---

① （宋）司马光等：《资治通鉴》卷 237“宪宗元和二年”条，中华书局，1997 年版，第 7641 页。

② （唐）卢求：《成都记序》，载（宋）袁叔友等编撰，赵晓兰整理：《成都文类》卷 23，中华书局，2011 年，第 467 页。

③ 郭声波：《四川历史农业地理》“序言”，四川人民出版社，1993 年版。

④ 《中国农业全书》总编辑委员会，《中国农业全书·四川卷》编辑委员会编：《中国农业全书·四川卷前言》，中国农业出版社，1994 年版。

⑤ 作为一个科学研究命题，“巴蜀文化”首次提出是在抗战时期。1941 年，广汉真武宫玉器坑和成都白马寺坛君庙青铜器两处考古发掘引发了学界对巴蜀文化的密切关注，当时颇具影响力的《说文月刊》第 3 卷第 4 期题名为“巴蜀文化专号”，刊发了卫聚贤先生的考释性论文《巴蜀文化》。卫氏根据上述两处考古遗址出土的石器、玉器、兵器等考古实物，结合《华阳国志》《山海经》等相关文献，认为巴蜀文化较之中原文化具有“古”“异”两大特征。卫氏观点一经刊发，立即引发了学界的轩然大波，著名学者于右任、商承祚等相继发表学术论文从巴蜀地域、青铜器、族属以及与中原的关系等诸多方面予以批驳，“巴蜀文化”开始进入学界的研究视野。虽然这一阶段巴蜀文化的学术研究还基本笼罩在考辨氛围之中，但却标志着“巴蜀文化作为一个科学命题的最终确立”（段渝：《巴蜀文化研究发轫》，《史学史研究》2007 年第 4 期）。

国史纲》（商务印书局，2010 年）、吕思勉的《中国通史》（上海古籍出版社，2009 年）、钱穆的《国史大纲》（商务印书局，2011 年）、英国人崔瑞德主编的《剑桥中国史》（中国社会科学出版社，1992 年）、韩国槃的《魏晋南北朝史纲》（人民出版社，1983 年）、王仲荦的《隋唐五代史》（上海人民出版社，1988 年）、张国刚的《隋唐五代史研究概要》（天津教育出版社，1996 年）、史念海的《中国历史地理纲要》（山西人民出版社，1991 年）等。此类论著（编著）对唐代四川农业研究呈现一个显著的特点，即将其置于唐代历史发展进程中予以考虑的同时，侧重于从宏观层面举陈这一时期四川农业发展的个别突出点。

另外，经济史类通史著作自然无法回避这一历史现象。李剑农的《中国古代经济史稿》（武汉大学出版社，2011 年）着重叙述了我国传统社会生产力的发展和生产关系的变化。在说明传统社会生产关系的变化中，又特别重视政治与经济相互作用的关系，在说明生产力发展方面，又突出了水利灌溉事业的推广和农业技术的改进；全汉升的《中国经济史论丛》（中华书局，2012 年）致力于唐宋期间货币经济与物价变动史研究；经济史学家傅筑夫的《中国经济史论丛》（人民出版社，1980 年）和《中国古代经济史概论》（中国社会科学出版社，1981 年）着重讨论了土地报酬的历史嬗变对我国古代农业发展的影响；冀朝鼎的《中国历史上的基本经济区域水利事业的发展》（中国科学出版社，1981 年）提出历史时期我国经济区的形成与水利工程建设之间的关系，对于认识国家与农业区划的关系具有重要启发。齐涛的《中国古代经济史》（山东大学出版社，2011 年）通过讨论我国古代经济发展的环境，将农业发展、赋役制度、手工商业发展序次展开，试图勾画我国古代经济区划的历史变迁；日本学者西嶋定生在其著作《中国经济史研究》（东京大学出版社，1966 年）中对我国古代农作物的种植所体现出来的农时特征进行了历史钩沉，等等。这些经济史类著作在注重讨论我国传统社会各个历史时期经济形态演变的过程中，将唐代四川农业发展问题归结为唐代经济范畴而予以简单条列。

第二，农业专题研究。从秦并巴蜀到新中国建立两千多年的发展情况来看，四川农业在全国农业生产及社会经济发展中影响较大。作为我国主要粮食产区之一，自汉代至清乾隆年间，水稻产量在自给有余的前提下，一直起着赈灾、调剂全国区域间粮食短缺的作用，同时四川也是历代军饷供应的基地；桑蚕、茶叶、麻类、植物油、中药材等种类繁多的经济作物为历史时期历代经济的发展提供了可靠的物质保障和经济来源；[①] 此外，由于我国传统社会的农业发展是与水利工程的建设相辅相成而不可分割的，故而讨论农业发展问题自然离不开水利工程的建设和管理，而“古蜀先民在避水患、兴水利的漫长历程中所创建的千秋长青的都江堰水利工程，在极大地造福桑梓和国家民族的同时，积累了精湛独到的经验技艺，逐渐孕育、形成、发展了综合治水的方略思路和‘道法自然’‘天人合一’的深邃文化理念，为古代农业发展和水利工程的建设与管理辩证关系方面提供了一个永恒的参考例证。时至今日，都江堰水利工程依然是世界文明杰出的有形遗产之一”。[②]

上述因素使得我国古代农业专题研究自然无法忽略或者回避历史时期四川地区的农业发

① 赵文欣，吕火明主编：《天府之国的四川农业》，西南财经大学出版社，2010 年版，第 30～35 页。
② 彭邦本：《上古蜀地水利史迹探论》，《四川大学学报》（哲社版）2007 年第 6 期。

展问题。纵览学界，很多中外学者的研究已经涉及四川农业的诸多方面，如杜青林、孙政才主编的《中国农业通史》（中国农业出版社，2009 年）凝聚了我国数十位农史学界著名学者的心血，是近年来我国农业专题研究的大型学术著作。该系列丛书以时代为经、以史实为纬，突出了每个阶段农业发展的重点、特征和演变规律，真实、客观地反映了历史时期我国农业发展的本来面貌。该丛书多处提及历史时期四川地区农业发展的状况，如《原始社会卷》利用四川地区至今在民间信奉的蚕神、嫘祖及马头娘的民俗现象结合文献记载和考古发现论证了我国农业起源的神话和传说；[①]《魏晋南北朝卷》则利用蜀汉屯田与水利建设的史实讨论了该时段我国农田水利事业的发展与进步问题。[②]

此外，李根蟠先生的两本专著《中国农业史》（台湾文津出版社，1991 年）和《中国科学技术史·农学卷》（科学出版社，2000 年）、唐启宇的《中国农史稿》（农业出版社，1985 年）、郭文韬等编著的《中国农业科技发展史略》（中国科学技术出版社，1988 年）、梁加勉的《中国农业科学技术史稿》（农业出版社，1989 年）、熊大桐的《中国农业科学技术史》（中国林业出版社，1995 年）等著作重点关注的核心在我国传统社会农业科学技术措施产生的时代、技术内涵及其发展变化，并从史学角度讨论了其内在的科学价值；陈安仁的《中国农业经济史》（商务印书馆，1948 年）、曹贯一的《中国农业经济史》（中国社会科学出版社，1989 年）、岳琛的《中国农业经济史》（中国人民大学出版社，1989 年）运用翔实的资料解读了我国传统社会小农经济的兴衰规律；吴慧的《中国历代粮食亩产研究》（农业出版社，1985 年）立足于经济史视野，详细考察了历代王朝粮食亩产的具体数目，可谓我国传统农业研究的一大突破。

在农作物栽培方面，李璠的《中国栽培植物发展史》（科学出版社，1984 年）利用考古遗存、史料和现存野生物种相互印证，重点考证了我国一百多种栽培植物的起源与演变；彭世奖的《中国作物栽培简史》（中国农业出版社，2012 年）详细阐述了我国栽培的 91 种作物的名称、起源和传播、收获贮藏和加工利用等问题。游修龄的《中国稻作史》（中国农业出版社，1995 年）则对我国水稻种植的起源、传播与分化以及栽培技术、储藏与加工等历史发展进程做了详尽的考论。另外，杨直民的《农学思想史》（湖南教育出版社，2006 年）将我国传统社会至今农学思想发展的历程放置于世界范围内与同时期的农学思想进行比较分析，可谓视角新颖；曾雄生的《中国农学史》（福建人民出版社，2012 年）利用文献记载和考古发现并结合学界研究成果全面梳理了我国传统社会农学发展的历史进程。

在农业地理研究方面，史念海先生作出了极大贡献，首次将“历史农业地理”纳入考察视线，旨在观察农业生产地域分异及其规律以及差异性的特点与成因。其学术论文集《河山集》[③] 奠定了历史农业地理这一专项研究的基础。此后，区域历史农业地理一度成为农业专题研究新的思考点，涌现出了系列性的学术著作，如韩茂莉的《宋代农业地理》（山西古籍出版社，1993 年）、郭声波的《四川历史农业地理》（四川人民出版社，1993 年）、龚胜生的

① 游修龄：《中国农业通史·原始社会卷》，中国农业出版社，2008 年版，第 77～85 页。
② 王利华：《中国农业通史·魏晋南北朝卷》，中国农业出版社，2009 年版，第 80～81 页。
③ 《河山集》一至七集，陆续出版于 1963 年至 1999 年间，收录了史念海先生的绝大部分代表性学术论文，如《秦汉时代的农业地区》《隋唐时期长江下游农业的发展》等。

《清代两湖农业地理》（华中师范大学出版社，1996 年）、周宏伟的《清代两广农业地理》（湖南教育出版社，1996 年）、耿占军的《清代陕西农业地理研究》（西北大学出版社，1996 年）、王双怀的《明代华南地理研究》（中华书局，2002 年）等。

国外学者对我国传统社会农业问题也给予了较多的关注，英国学者布瑞的《中国农业史》（李学勇译，台湾商务印书馆，1994 年）、李约瑟的《中国科学技术史》第六卷《生物学及相关技术》（科学出版社，2010 年）以及日本著名农史学者天野元之助的《中国农业史研究》（御茶の水书房，1979 年）等著作立足于科学史发展角度，重点考察了我国传统社会农学思想、农业技术与农具的嬗变。美国经济史学家德·希·帕金斯的《中国农业的发展（1368—1968）》（上海译文出版社，1984 年）试图解析我国传统农业产量如何应付人口不断增长以及泛化的社会生活发展需求的问题。日本学者西嶋定生的《中国经济史研究》（冯佐哲等译，农业出版社，1984 年）则从农业角度探讨了我国传统社会的政治特点。

值得注意的是，除了上述著作和研究视角外，对我国传统农业社会发展阶段历史人物农业思想的探讨也是学界关注的热点，代表性的著作如钟祥财的《中国农业思想史》（上海社会科学出版社，1997 年）、阎万英的《中国农业思想史》（中国农业出版社，1997 年）、张剑光，邹国慰的《唐五代农业思想与农业经济研究》（上海三联书店，2010 年）等。除了上述所列，探讨我国传统社会农业相关问题的著作不胜枚举。这些论著在各自的研究领域勾勒出我国古代农业发展进程的同时，亦无可避免地涉及了唐代四川农业发展问题，但研究范式只是对其“零星”或者“蜻蜓点水”式的引用或举证。

第三，四川区域史研究。实际上，农业发展的区域性差异以及由此而引发的系列问题一直是学界讨论并试图解决的热点。如前所述，四川地区的区域历史研究在“巴蜀文化”作为一个科学命题确立之后，方开始进入学界研究视野。徐中舒先生先后发表了《巴蜀文化初论》《巴蜀文化续论》两篇重要论文，全面讨论了巴蜀先民族属、政治、经济等问题，① 提出了“四川是古代中国的一个经济文化区，但是它并不是孤立的”这一开启巴蜀文化研究范畴的前瞻性观点，被后来学者认为是“关于‘巴蜀文化’研究里程碑式的论著”。② 其后，蒙文通先生发表了《巴蜀史的问题》③、缪钺先生发表了《〈巴蜀文化初论〉商榷》④ 分别对巴蜀历史、疆域、古蜀王国及其文字等方面进行了深入研究。“可谓运用王国维‘二重证据法’于古巴蜀文化研究的第一次学术群体性创获。”⑤ 1979 年童恩正先生的《古代的巴蜀》通过对巴、蜀涵义及其历史沿革的分析，认为“巴蜀文化是青铜时代的文化，不仅是中华民族古代文化的一个组成部分，而且带有独特的地方风格”。⑥ 上述诸位先贤所提出的前瞻性观点和研究方法代表了 20 世纪 50 年代至 80 年代初期学界研究巴蜀文化所达到的最高水平，至今仍不失其熠熠生辉的学术价值。可以说，诸位先贤的筚路蓝缕拓展了巴蜀文化的研究空

① 徐中舒：《巴蜀文化初论》，《四川大学学报》1959 年第 2 期；《巴蜀文化续论》，《四川大学学报》1960 年第 1 期。

② 谭继和：《巴蜀文化的现状和未来》，《四川文物》2002 年第 2 期。

③ 蒙文通：《巴蜀史的问题》，《四川大学学报》1959 年第 4 期。

④ 缪钺：《〈巴蜀文化初论〉商榷》，《四川大学学报》1959 年第 4 期。

⑤ 谭继和：《巴蜀文化的现状与未来》，《四川文物》2002 年第 2 期。

⑥ 童恩正：《古代的巴蜀》，四川人民出版社，1979 年版。

间，极大丰富了巴蜀文化的内涵，使巴蜀文化学术研究走上了科学的发展轨道，在确立巴蜀文化基本研究范畴的同时也奠定了巴蜀文化的研究基础。

80年代中后期，巴蜀文化研究迎来了繁盛时期，无论研究时限还是研究范畴都得到进一步的扩充。颇具代表性的学者李复华和赵殿增将巴蜀文化的研究视野上限扩展至新石器时代，研究范围也延伸至杜宇王朝建立国家之前巴蜀先民的文化遗存。① 随着学术研究的进展及其研究视野的逐渐开阔，80年代末90年代初，学者们开始注意到：巴蜀文化不仅在整个历史时期存在显著的继承性，而且在不同发展阶段有其显著特点，还显示出浓厚的地域文化特色，因而提出从上古至当代巴蜀地区的历史文化，研究论著遍及中国历史各个时代。

正是在这种学术研究背景下，历史上四川地区的农业发展相关问题才正式走进了学界的研究视野，尽管还没有（至少目前也没有）发展成为一个相对独立的研究选题，但作为“巴蜀文化”研究范畴的一个重要组成部分也取得了较为丰硕的研究成果。代表性区域通史类著作四川文献研究所主编的《四川通志》（京华书局，1967年）、贾大泉与陈世松主编的《四川通史》（四川人民出版社，2010年）、《成都通史》编委会主编的《成都通史》（四川人民出版社，2011年）、傅崇矩主编的《成都通览》（巴蜀书社，1987年）、蒙默与刘琳等编著的《四川古代史稿》（四川人民出版社，1988年）等。但除此之外，尚无其他通史类著作问世。该类编著在按照王朝更替的编撰序列中，一般将唐代四川农业归位于经济范畴而予以简单举陈。

就四川地区农业专题研究而言，严格意义上讲，郭声波先生的《四川历史农业地理》（四川人民出版社，1993年）是迄今为止关于四川农业研究的唯一的学术研究专著，该书“从时间、部门、空间三个方面对四川地区上自新石器时代，下讫民国，长达数千年的农业发展历史，多方位地进行了全面系统深刻具体的论述分析，阐明了四川地区历史时期农牧业生产区域的分布与变化，各生产区域之农业生产水平之演变与差异以及农业生态环境之变化等”，② 可谓拓荒之作。除此之外，其他关于四川农业方面的著作，基本上以编著的方式出现。20世纪90年代，由《中国农业全书》总编辑委员会主编的《中国农业全书·四川卷》（中国农业出版社，1994年）运用较大篇幅全面梳理了当代四川地区农业发展的自然资源，社会经济条件，生产水平，农村生产关系的变革，农业教育、科技与文化，农村市场，农业经济技术与国际合作，农村收益分配，农村基层组织建设，农业机构，成都、自贡、绵阳等二十一地市农业发展概况。石承苍，刘定辉编著的《四川省自然地理环境与农业分区》（四川科技出版社，2013年）依据历史资料和作者多年的研究成果，系统深入地分析、阐述了四川省自然地理和环境要素及其特征、农业资源利用与农业经济基本情况，为农业发展战略研究、区域农业发展与现代农业建设、区域农业科学技术创新研究等提供科学依据与参考。赵文欣，吕火明编著的《天府之国的四川农业》（西南财经大学出版社，2010年）通过梳理四川农业在我国历史上的地位，意在探讨提升目前四川地区农业地位的对策和方略。四川省农业区划办公室编写的《四川农业灾害与减灾对策》（四川科学技术出版，1999年）从自然

① 李绍明、林向、徐南洲：《巴蜀历史·民族·考古·文化》，巴蜀书社，1991年版。
② 郭声波：《四川历史农业地理》“序言”，四川人民出版社，1993年版。

科学角度研究了四川农业灾害的种类及减灾对策等。另外，李敬询的《唐代四川经济》（四川省社会科学院出版社，1988 年）运用较大篇幅介绍了唐代农作物的分布、农业生产技术与水利灌溉的基本状况。阚能才的《四川制茶史》（中国农业科学技术出版社，2013 年）详细分析了四川制茶的起源、种类与茶马古道的形成等。翁俊雄的《唐代区域经济研究》（首都师范大学出版社，2001 年）则立足于行政区划详细解读了唐代剑南道经济发展概貌。

较之著作，目前学界对于历史时期四川农业问题的论文研究成果，就研究的时间段而言，主要集中在古蜀和秦汉时期，研究旨趣则倾向于对成都平原核心农业区发展成就和形成的内在机制的解析。① 相形之下，对于唐代四川农业问题的研究更多的是将其视作某一学术命题的参考引证或例证。本文从学术史的观点来判断，在为数不多的关于唐代四川农业问题的研究论文中，选取了一些较为重要、较有影响且概观性与专论性兼具的成果，简单梳理如下：

20 世纪 30 年代鞠清远先生的《唐宋时代的四川蚕市》（《食货》第 3 卷第 6 期，1936 年）指出，唐代成都及其附近的蚕市分为由崇拜圣地而构成的季节性市场和单纯的季节性市场两种；潘孝伟的《唐代蜀中农业发展原因补议——谈水旱灾害的稀少》（《中国农史》1990 年第 2 期）认为作为唐代重要经济区之一的蜀中水旱灾害较之其他地区旱涝灾害稀少的原因得力于水利的兴修与管理以及大片森林植被的完好保存。

通过注意与分析唐代四川农业发展概貌来探讨当时的四川农业经济与李唐王朝政权的建设及稳固的关系，是从冯汉镛先生的《唐代剑南道的经济状况与李唐的兴亡关系》（《中国史研究》1982 年第 1 期）一文开始的。在其论考中，冯先生通过对剑南道农业、手工业与商业的分析，认为唐代的财赋收入以剑南和江南为主要来源，并非像一般人所言，安史之乱之后维系李唐王朝的经济命脉唯有江南。之后，何汝泉利用唐代成都平原农业发展概貌对诸文献记载的“蜀为西南一都会，国家之宝库”予以了考证（《唐代成都的经济地位试探》，《社会科学研究》1982 年第 6 期）；严耕望运用详实的史料解读了唐五代成都“西南一都会”的

① 代表性成果主要有：彭邦本师依据考古实物资料和文献记载，推测出成都双流境内关于瞿上、广都和蚕丛氏的古代传说，是蜀地早期农耕文化起源和发展历程的曲折反映（《双流境内瞿上、广都和蚕丛氏传说新探——兼及古蜀农业的起源和早期发展》，《中华文化论坛》2009 年第 11 期）；霍巍先生结合文献史料对近年来成都平原及其周边地区的考古发现进行了考证，提出了成都平原史前农业以粟、稻良种作物并存的观点（《成都平原史前农业考古新发现及其启示》，《中华文化论坛》2009 年第 11 期）；谭继和先生认为古蜀农业文明起源地是中国三大农业起源地之一，而都广之野是古蜀农业起源的核心区域（《广都之野与古蜀农业文明的演进》，《中华文化论坛》2009 年第 11 期）；谢元鲁师认为商周之际四川盆地的气候出现温暖向寒冷的转换并发生洪水等灾变。这一气候转换导致蜀地农业发生由采集农业向稻作农业的转变（《气候变迁对古蜀时期农业的影响》，《中华文化论坛》2009 年第 11 期）；李桂芳提出了先秦时期的古蜀地区已有相当发达的农业，它直接孕育出了古蜀文明，使古蜀成为中华文明的重要发祥地之一的观点（《略论先秦时期的古蜀农业》，《中华文化论坛》2009 年第 11 期）；孙华立足于遗址考古，考察了四川盆地史前主要农作物演变的状况（《四川盆地史前谷物种类的演变——主要来自考古学文化几乎作用方面的信息》，《中华文化论坛》2009 年第 11 期）；刘志远利用四川各地考古实物探讨了汉代四川地区农业发展的自然环境、生产工具、水稻栽培技术、粮食的贮藏与加工以及果蔬、蚕桑等经济作物的发展状况（《从考古材料所见汉代的四川农业》，《文物》1979 年第 12 期）；罗开玉认为秦至蜀汉五百余年间，巴蜀由普通型经济区跃居为全国先进的经济区。缘由主要是水利建设和个体经济的大发展，促进整个农业经济发生了质的飞跃（《秦至蜀汉巴蜀地区的农林牧渔副业》，《四川文物》1994 年第 5 期）；郭声波从农业地理的角度讨论了秦汉时期四川主要农业区与周边各族地区的农林牧渔猎的发展全貌［《秦汉时代四川的农业发展》，《西南师范大学学报》（哲社版）1993 年第 4 期］；罗二虎认为青川出土的《为田律》主要是针对南方稻作农业地区的具体情况所制定、并适于巴蜀地区水田的农田规划和稻作农耕的农时月令，在当时这部法律的实施对象主要限于秦的移民［《四川青川秦律与稻作农业》，《四川大学学报》（哲社版）2001 年第 4 期］，等等。

经济地位（《唐五代时期之成都》，载《严耕望史学论文选集》，中华书局，2006 年）；谢元鲁师考察了唐代四川农业经济的基本表现与“扬一益二”这一历史局面形成的内在联系（《论“扬一益二”》，《唐史论丛》1987 年第 2 期）；贾大泉对唐五代四川茶树的种植区域分布、茶叶的商品化以及唐庭在四川茶政的实施状况予以了钩沉（《唐和五代时期四川的茶叶》，《天府新论》1987 年第 4 期）；张荣强则论证了唐前期剑南道作为中央重要赋税区形成的内在农业经济基础（《唐前期剑南道的财赋地位及其特征》，《中国农史》2003 年第 4 期）。

另外，卢华语主编的《古代长江上游的经济开发》论文集（西南师范大学出版社，1989 年）汇集了多篇关于唐代四川农业发展的远见卓识之作；阎守诚的《唐代的农田水利建设》（《晋阳学刊》1986 年第 2 期）、陈良文的《唐代麻产地之分布及植麻技术》（《农业考古》1990 年第 2 期）、赵丰的《唐代蚕桑业的地理分布》（《中国历史地理论丛》1991 年第 2 期）、华林甫的《唐代水稻生产的地理布局及其变迁初探》（《中国农史》1992 年第 2 期）、马湘泳的《唐代茶树的地理分布与贡茶》（《农业考古》1995 年第 2 期）、姚乐野《论汉唐间巴蜀地区开发的历史经验》（《华中科技大学学报·社科版》2005 年第 2 期）、杜文玉的《唐五代茶叶产区分布考述》（《陕西师范大学学报·哲社版》2007 年第 3 期）、潘林的《唐代西南地区糖业述略》（《古今农业》2009 年第 2 期）、聂顺新的《再论长江上游地区的荔枝分布北界及其与气温波动的关系》（《中国历史地理论丛》2011 年第 1 期）、李冰冰的《唐代甘蔗分布及影响初探》（《农业考古》2015 年第 1 期）等文章在各自研究领域内都对唐代四川农业发展问题都有所论及。

国外学者对于唐代四川农业问题的关注一般将其归结为经济范畴，如日本学者松井秀一的两篇文章《唐代前半期的四川》（《史学杂志》71 卷，1962 年第 9 期）和《唐代后半期的四川》（《史学杂志》73 卷，1964 年第 10 期）俱将唐代四川农业发展视为社会变动的经济基础。这些观点对于思考唐代四川地区的农业发展与社会变迁的互动关系无疑具有重要的学术借鉴意义。

（三）存在的问题与不足

如上所述，中外学者对唐代四川地区农业发展一般规律的总结和认识做了诸多努力，不仅新论迭出，而且在提供新的观察点的同时也拓展了研究范畴，使巴蜀文化产生与发展的物质基础不断得以充实。但另一方面，我们亦应看到，学界对该领域的关注也存在一些问题和不足，集中表现在以下几个方面：

其一，关注度较之先秦和秦汉备受学界“青睐”，“唐代四川农业问题”的研究则要“落寞”得多，这固然与可资佐证的考古发现与出土文物的数量较少有关，文献记载的相对阙如也加大了研究难度。但造成这种学术困惑的主要原因却在于：长期以来，受中原中心论的正统观念的影响，唐代四川农业发展的地位和作用未得到应有的肯定和评价，有关研究也未引起学界的足够关注，除了都江堰这一举世闻名的水利工程之外，一般情况下，学界更多地将以成都平原为核心的四川农业区归位于长江流域的农业问题加以笼统分析。

其二，尽管唐代四川地区是李唐王朝稳固政权最为倚重的农业生产区，但学界并未形成对其自身的专题研究。现有的研究范式不是将其视为唐代农业史或四川区域史的一个不可或缺的组成部分而予以简单条列，就是将其作为讨论某一学术问题（如唐代四川经济、唐代农田水利等）的参考例证或引证，至今没有全面而系统地讨论唐代四川农业及其相关问题的学术专著或学术论文问世。这种研究范式显然不能揭示“唐代四川农业”作为一种社会历史现象在自身的存在与发展过程中所折射出的内在规律性。

其三，尽管农业是推动我国传统社会变迁的原动力，但学界对唐代四川农业发展问题的关注并没有推及社会变迁的深度和广度。上述研究范式在未能深入具体地对唐代四川农业赖以存在与发展的社会历史背景展开探讨的前提下，也就无法考察农业发展与社会变迁的互动关系，更不可能从理论角度揭示我国传统社会农业发展与社会变迁相互作用下所折射出的内在机制与合理性。

综上，目前学界对于唐代四川农业问题的研究只是对一个时间点的描述，不是全面讨论这一学术命题在唐代的发展变化。这种纯粹以感性层面的陈述式的具体性解释虽然能够反映出唐代四川地区农业发展的概貌，却不能准确地说明这一时期四川地区农业在自身发展衍变过程中所折射出的内在规律性，更不能揭示农业在自身发展及其在促进社会变迁的客体性实践进程中所折射出的内在机制与合理性。唯有将二者联系起来考察，才能从理性层面阐释唐代四川地区农业发展和社会变迁这一逻辑进程与历史进程相统一的辩证命题。显然，上述研究范式局限和削弱了“唐代四川农业发展”这一学术命题的研究价值和时代意义。

四、研究趋向：农业与社会变迁的相互关系

我们知道，社会历史在发展嬗变的过程中存在着一系列相互依存、相互作用、相互制约的关系，其中一个要素的变迁，往往会催发另外一些要素、甚至整个社会系统的变迁。那么，在众多要素中，哪个或哪些要素是推动或者促使社会产生变迁的原始推动力呢？对此，西方学者给予了较多的关注和解释。如美国社会学家戴维·弗里曼认为技术改变了人类生活环境和社会制度；帕森斯则运用社会平衡理论来解释社会变迁；德国社会学家马克斯·韦伯指出意识形态是导致社会变迁的决定性因素；另一位德国社会学家齐美尔则认为竞争既是社会变迁的原因，也是其后果；美国学者史蒂文·瓦戈对上述观点进行了总结，认为政治、经济、意识形态、技术、竞争、冲突等诸因素共同作用导致了社会变迁的产生。在众多因素中，单独挑出一个“第一推动力”、一个因素、一个解释，需要借助一定的社会性质和社会发展形态加以判断和使用。①

毫无疑问，影响社会变迁的因素是多种多样的，但究竟哪一种是基础的、初始的因素，认定起来却颇为困难。所以，应当承认，上述这些对导致社会产生变迁的各种不同的因素相对重要性的见解都具有一定的合理性和可取性，但做出经典解释的还是马克思和恩格斯，他们认为“一切社会变迁和政治变革的终极原因，不应当在人们的头脑中、在人们对永恒的真理和正义的日益增进的认识中去寻找，而应当在生产方式和交换方式的变更中去寻找；不应当在有关的时代的哲学中去寻找，而应当在有关的时代的经济学中去寻找”。② 马克思主义

---

① ［美］史蒂文·瓦戈著，王晓黎等译：《社会变迁》，北京大学出版社，2007年版，第9～19页。
② 《马克思恩格斯选集》第3卷，人民出版社，1972年版，第425页。

“从经济因素的作用中找到了对一切历史事件的最终解释，在作用于历史事件的所有因素中，强调经济因素是事变的最后之因”。① 这种把某一社会形态在某一特定历史发展阶段的生产方式和交换方式看作社会发展的助推器，进而利用生产力和生产关系的辩证原理去解析社会发展的形态和演变轨迹的唯物史论，已经被多种理论和研究证实是一种行之有效的观察社会变迁的科学的理论和方法体系。

因此，观察我国传统社会变迁的原动力问题，首先要立足于我国传统社会的基本性质，然后再从某一特定历史发展阶段的生产方式与交换方式的变更中予以考虑。实际上，前辈学者已经在这方面做出尝试，并提出了卓有成效的见解。如蒙文通先生在20世纪50年代就指出：人类社会始终处在不断向前发展、向前运动的过程中。社会不断向前发展、运动的源泉，归根结底是决定于社会生产力的发展，周秦以来二千多年，我国历史上生产领域占主要地位的是农业生产。② 显然，蒙先生将我国传统社会变迁的原始推动力归结为农业生产力。李根蟠先生则进一步指出：我国传统社会的发展业已证明，社会的存在、文化的发展，都有赖于农业基础的稳固。如果农业衰落或中断了，文化和历史就难以为继。③ 李伯重先生亦言：“我国古代社会发展的终极原因，必须从农业发展中去探求。”④

但长期以来，我们更习惯把农业作为一个单纯的经济问题来对待，而忽略了农业在发展过程中所应有的政治、社会、文化、生活与环境等多重价值，被大家所熟悉的“农业首先是一个经济概念”，⑤ 或者更进一步认为“农业是国民经济的基础”以及类似的表述就是最具代表性的判断；⑥ 另一种讨论社会变迁的观点认为，我国传统社会的变迁主要表现为“三个方面的内容，其一是周期性的治乱兴衰，在王朝交替时，往往伴有外族入侵、农民起义、割据战争等社会动乱；其二是传统农业社会处于相对的静态；其三是传统社会转型，它与周期性的治乱兴衰相交叉，变化更为复杂与深刻”。⑦ 给出这种解释的理由至少是把我国传统农业看作是一种生产方式长期没有变动，基本维持简单再生产的、长期停滞的小农经济。⑧ 这两种关于农业在我国传统社会变迁中的所扮演的角色和表现的认识反过来又影响到我们对促使我国传统社会发生变迁的深层因素的考察和理解。而实际上，农业是我国历史发展所呈现的基本现象之一，是自然生产和社会再生产的有机统一，为社会发展提供重要物资支撑的同时，也渗透在社会变迁的方方面面，在很大程度上决定着社会变迁的速率与性质。诚如许倬云先生所言：“中国人好像一旦踏上了农业路，就再也没有背离过。进步和变革时有发生，但是农业在中国人的生活方式中始终保持着至高无上的地位。”⑨

应该说，从单纯学术意义上讲，农业发展与社会变迁，又是两个具有独立自我发展需求的不同系统。但我国传统社会的发展历程又证明了二者互为因果，相互融合，社会变迁建立

---

① 王学典主编：《史学引论》，北京大学出版社，2008年版，第92页。
② 蒙文通：《中国历代农产量的扩大和赋役制度及学术思想的演变》，《四川大学学报》1957年第2期。
③ 李根蟠：《中国古代农业》，商务印书局，1998年版，第3页。
④ 李伯重：《唐代江南农业的发展》，北京大学出版社，2009年版，第4页。
⑤ ［美］舒尔茨著，梁小民译：《改造传统农业》，商务印书局，1992年版，第26页。
⑥ 朱启臻：《农业社会学》，社会科学文献出版社，2009年算是以，第1～2页。
⑦ 唐力行：《徽州方氏与社会变迁——兼论地域社会与传统中国》，《历史研究》1995年第1期。
⑧ ［美］舒尔茨著，梁小民译：《改造传统农业》，商务印书局，1992年版，第26～27页。
⑨ ［美］许倬云著，程农译：《汉代农业：早期中国农业经济的形成》，江苏人民出版社，2011年版，第1页。

在农业发展的基础之上，同时社会变迁的广度和深度又促使着农业的进步。可以说，农业发展为社会变迁创造条件，社会变迁又为农业发展提供政策调整、劳动力支撑及科学技术的智力支持等，而总趋势则是前者为因，后者为果，即社会变迁是农业发展所结之果。这是因为：在以农业立国的我国传统社会，自给自足的自然经济占据经济发展的主体，农业不仅仅是国民经济的基础，农业收成的好坏还直接关系到社会的稳定与否，而且对王权的兴衰更替在某种程度上也起着决定性的作用。如果说历代王朝最高统治集团将追求政权的稳固与国家的长治久安作为终极目标，并在具体的政权运作过程中围绕这一目标制定与推行了一系列政治、经济、文化、军事、民族、外交等诸领域相应的政策或法令，那么，毫无疑问，如何推动农业发展便是他们首要考虑的、亦是无法回避的问题。由此看来，农业不仅仅是作为社会物质生产的国民经济的基础而存在，更重要的是，农业是整个传统社会变迁和发展的总根源。诚如李根蟠先生在考察我国传统社会农业发展对于中华文明相继不绝的关系时所指出，我国传统社会“只有在其本身农业保持长盛不衰，或者能够从外部取得农产品可靠供应时，其文化和历史才能持续发展”。[①] 农业发展体现了社会复杂化程度和社会形态演进的水平，是社会变迁的外在表现形式。农业发展与社会变迁所结合的黏度以及由此而表现出的历史演变的复杂程度均为世界所罕见。在某种程度上可以说，农业发展史即是我国社会发展史。

综上，我们完全有理由认为，农业是自然、社会和人类自身能动作用的复杂产物，集中反映了人类利用自然环境、从事物质生产、并通过一定的社会结构实行管理和控制的能力。农业发展与社会变迁之间存在着相互联系和相互依存的因果关系，并不是简单的决定与被决定、作用与反作用，而是复杂的双向关系。[②] 可以说，农业既是推动我国传统社会变迁的原动力，也是传统社会变迁的结果。所以，忽略农业这个意义深远的特质，就等于没有看到我国传统社会发展的实质所在，历史的逻辑往往如此！因此，农业研究，应当而且必须成为我国古代史研究的基础。

社会始终处于动态发展的变迁态势之中，变迁是人类社会普遍存在的一种社会现象。因此，变迁自然就成为我们这个时代讨论的核心问题之一，[③] 任何学术研究无论其出发点和目的是什么，都不可能规避这个问题。古希腊哲学家赫拉克利特在他经常被引用的命题中亦指明了这一点，即人不能两次踏进同一条河流。美国当代社会学家史蒂文·瓦戈就此对社会变迁的内涵进行了解读，他认为，无论在何处，变迁都已成为人们注意的中心，而且人们相信变迁是不可逆转、不可抗拒与不可消除的。任何一个社会，都存在技术变迁、人口变迁、快速的生态变迁以及有经济、政治模式在内的不一致和相互冲突的意识形态所导致的变迁。[④] 按此观点，变迁是社会发展的根本属性，只要有社会存在就会有变迁现象的发生，变迁是社会发展进程的外在表现形式。因此，变迁也被称为衡量社会发展的基本表象特征之一。

相应地，农业对社会变迁的贡献则主要表现在社会经济结构、社会家庭结构与社会生活等方面。同时，从地缘政治角度分析，唐代四川地区作为唐廷西南“萃兵捍戎之地”，正是

① 李根蟠：《中国农业史》“序言”，台北文津出版社，1997年版。
② 葛剑雄主编：《中国人口史》第一卷《导论、先秦至南北朝时期》，复旦大学出版社，2002年版，第37页。
③ ［波］Piotr Sztompka著，林聚任等译：《社会变迁中的社会学》“导言”，北京大学出版社，2011年版。
④ ［美］史蒂文·瓦戈著，王晓黎等译：《社会变迁》，北京大学出版社，2007年版，第6页。

得益于农业的高度发展，才创造出了“财足兵气雄”、[①] 从而维护唐廷政权稳定的局面。故而，讨论唐代四川农业发展与社会变迁这一学术命题不能忽略农业发展与民族关系的变迁问题。

（作者单位：西华大学文学与新闻传播学院）

① （宋）张俞：《送韩转运使赴阙诗序》，（宋）袁说友等编撰，赵晓兰整理：《成都文类》卷22，中华书局，2011年版，第456页。

民国时期西康政府的禁烟法规初探[①]

吴会蓉　李阳雪

内容提要：民国时期，西康境内鸦片烟毒泛滥成灾，给整个西康社会及全国抗战事业带来了严重的危害。为禁绝鸦片烟毒，南京国民政府于1935年制定了“两年禁毒，六年禁烟”计划，要求各省严格执行。为响应南京国民政府的号召，西康省成立后，围绕着禁烟等相关问题，相继制定、颁布了系列禁烟法规，从而为西康禁烟政策的推行提供了法律依据。

关键词：民国时期；西康政府；禁烟法规

目前史学界已有部分学者对近代西康禁烟这一课题进行了一定程度的研究，如：秦和平分析了近代凉山彝区的毒品危害与禁毒活动；[②] 张祖粪的《1939年抗战时期西康宁属的“禁烟”举措》阐述了抗战时期西康宁属的禁烟机构与举措，突出了中央与西康地方政府在宁属地区禁烟问题上的矛盾与冲突；[③] 吴会蓉论述了民国时期西康政府的禁烟措施及其成效。[④] 尽管如此，有关民国时期西康政府的禁烟法规这一课题尚缺乏应有的关注，鉴于此，笔者依据所查阅的相关禁烟档案、报刊、史志与网络文献资料，从法制史的角度，对民国时期西康政府的禁烟法规进行初步探讨。

一、民国西康禁烟立法的社会动因

西康省政府成立后，从1939年至1948年，相继制定颁发了一系列有关西康禁烟禁毒的

---

① 基金项目：本文系教育部春晖项目“民国时期西康政府的禁烟措施——以西康史志、档案、报刊为中心的考察”的阶段性成果（项目编号SC20144011）；也是四川新农村乡风文明中心项目“西康民族地区的烟毒治理研究（1900－1949）”的阶段性成果（项目编号SCXF2018－39）。

② 秦和平：《西南民族地区的毒品危害及其对策》，四川民族出版社，2005年版，第20～43页。

③ 张祖粪：《1939年抗战时期西康宁属的“禁烟”举措》，《历史教学》2010年第10期。

④ 吴会蓉：《民国时期西康政府的禁烟及其成效》，《西华大学学报》（哲学社会科学版）2017年第3期。

法律法规、条例与办法，为民国中后期西康省禁烟禁毒政策的推行提供了可靠的法律依据。民国中后期，西康政府当局之所以要制定、颁布这一系列禁烟禁毒的法律法规与条例，有其深远的社会动因，这主要表现在以下两个方面：

第一，民国时期的西康成为全国鸦片烟毒泛滥的重灾区，鸦片烟毒给当时的西康社会带来了严重的危害。

西康省位于川、滇与川、藏之间，于1939年1月1日成立，至1949年12月9日刘文辉在彭县通电起义，西康省在民国时期共历时11年。民国时期的西康省管辖区域包括“康属”、“雅属”与“宁属”所辖33县和3个设治局，“其地理范围与今日四川省甘孜州、凉山州和雅安市大致相同”。[①] 自近代以来，鸦片烟毒就逐渐流入西康境内。早在道光年间，宁远府境内就有人偷偷从云南引入罂粟种子，在安宁河一带偷种鸦片烟苗。[②] 民国时期，西康境内的鸦片烟毒进一步泛滥，尤其是宁属地区，烟毒已成为最大“弊害”。日军发动全面侵华战争后，华北、华中、华东、华南的大片国土沦陷，四川西北与西康等西南地区逐渐沦为鸦片种植的大本营。根据四川省档案馆所藏《西康省禁政实况》记载，当时西康省境内的鸦片种植主要分布于“康属”之丹巴、九龙、康定、泸定，“雅属”之天全、荥经、芦山、宝兴、汉源以及“宁属”之会理、宁南、盐源、盐边、越西等县，[③] 其种植罂粟的烟田占整个西康省耕地面积的比例高达48%左右[④]。宁属地区的越西县在1939年种植鸦片28510亩，而其中彝区瓦吉莫乡400余户中，种植鸦片烟苗者占80%，即达328户。[⑤] 据统计，1942年至1945年上季度，西康宁属地区共发现鸦片烟苗30多万亩。[⑥] 又据《西康民政厅三十二、三年度工作计划概要》显示，仅在1942年，全省境内查出鸦片烟苗161943亩。[⑦]

除大量种植鸦片外，民国时期西康境内鸦片烟毒贩运、售、吸的现象也颇为严重。据《宁属禁烟专员办公处三十四年度禁政总报告》记载：“宁属幅员辽阔，歧路纵横，加以山峦重叠，河川缭绕，一般不法之徒，贪于鸦片大利，多云集是邦，私自贩运，更有不肖驻军利用部队行动，实行武装走私……1945年11月20日午后，据查，有驻军某部购有大批烟土，派步兵一排护运抵达富林，并悉次即行继续运往汉源。”[⑧] 会理县有1500多人从事烟毒贩卖，其中，年贩运量达500两以上的就有500多人。县境内，烟土集散地有33个，其中，汉区14个，彝区19个。[⑨] 西康本地种植以及由云南输入的鸦片烟毒不仅供本省烟民吸食，还畅销四川、汉口、上海、重庆等地。因此，这一时期，西康境内各地亦是烟馆（店）林

---

① 贾大泉：《四川通史·民国卷》卷七，四川人民出版社，2010年版，第275～276页。

② 秦和平：《鸦片在西南地区的传播及其种植面积考订》，《中国农史》2003年第2期。

③ 西康省秘书处：《西康省禁政实况、计划、训词》，四川省档案馆，全宗号：民201，案卷号：30.41。

④ 转引自吴会蓉：《民国时期西康政府的禁烟及其成效》，《西华大学学报》（哲社版）2017年第3期。

⑤ 马童玉：《陷入鸦片黑旋涡的越西》，政协凉山州委《凉山彝族自治州文史资料选辑》（第九辑），凉山彝族自治州委员会文史资料委员会，1991年，第24页。

⑥ 西昌警备司令部：《三十四年度宁属禁烟总报告》，禁烟联席会秘书处，1946年1月，四川省档案馆藏，全宗名称：历史资料目录（三），案卷号：5（75/2）.

⑦ 西康省民政厅：《西康省民政厅三十二、三年度工作计划概要》，1944年8月，四川省档案馆藏，全宗号：5（170/2）.

⑧ 国民政府主席重庆行辕宁属禁烟专员办公处：《三十四年度禁政总报告（附三十五年度热烟查铲纪实）》，1946年3月，四川省档案馆藏，全宗名：历史资料目录（三），案卷号：5（76/2）.

⑨ 肖志鹏、王黎：《旧档案里记录的会理烟祸》，政协凉山州委：《凉山彝族自治州文史资料选辑》（第九辑），凉山彝族自治州委员会文史资料委员会，1991年，第30页。

立，吸食鸦片烟毒的人员众多。据载，“西康省会康定，是一个1万多人的城市，据1932年调查，共有大小烟店140余家，店内行头家具很讲究，所售烟膏，概系‘南土’，招牌式样翻新，均书以藏文，以便吸引人入内。售店每日所售烟土数量，多至20至30两。全城月售量200余两”。① 当时，会理城关3115户中，公开开设烟馆者，计有174户，而该县吸食鸦片的瘾民达50000余人，占成年人1/3左右。② 总而言之，民国时期，西康鸦片的泛滥，摧残了西康人民的身心健康，殃及后代发育，破坏家庭，滋生犯罪，败坏社会风气；“以烟易枪”的积习，使武器不断涌入西康境内，导致械斗频繁，从而加剧了西康社会的动荡不安。

第二，民国时期，全国禁烟禁毒法令的颁行，为西康禁烟禁毒法规的制定颁布提供了宏观环境。

南京国民政府成立后，极重视禁烟工作，于1935年设置了全国禁烟委员会总会（次年改为禁烟总会），并制定颁布了《禁毒实施办法》和《禁烟实施办法》，要求各省按照“办法”成立地方禁烟委员会，并制定了“二年禁毒、六年禁烟”计划。依据此计划，从1935年到1940年，两年内全部禁绝吗啡、海洛因等毒品，六年内彻底禁绝鸦片。此后，又围绕着禁烟禁毒，相继制定了一系列法规、办法和条例，这些法规主要包括：《禁烟禁毒实施规程》《禁烟禁毒查缉章程》《取缔商运烟土暂行规则》《取缔土膏行店暂行规程》《限期办理吸户登记办法》《购用麻醉品暂行办法》《铁路检查毒品暂行办法》《禁烟禁毒治罪暂行条例》《审判烟毒案件办法》《检查邮件包裹私寄麻醉药品办法》《检举烟民登记办法》《处理烟毒案件罚金充奖支配标准四项办法》《检举党政军服务人员吸食鸦片烟暨毒品办法》《禁烟考成暂行办法》《修正禁烟治罪暂行条例》《修正禁毒治罪暂行条例》《禁烟禁毒考成规则》《禁烟调验规则》《公务员调验规则》《禁烟禁毒实施规程》《戒烟医院章程》《特许商人采办烟土暂行规则》《特许设立土膏行店暂行规则》《禁烟规则罚金充奖规则》《防止公务员私吸烟毒规避调验办法》《限期戒烟补充规则》《修正禁烟治罪暂行条例》《修正特许商人采办烟土暂行规则》《各省市领照烟民分期戒绝实施办法》《各省市领照烟民分期戒绝实施办法施行细则》《各省市筹办强民工厂办法》《各省市县禁烟专款管理通则》《肃清私存烟土办法大纲》和《肃清私存烟土办法大纲施行细则》。③ 在西康省建立之初，中央就督促成立了“肃清私存烟土督办公署”，该署与西康省政府共同拟定“肃清私土详细办法”，中央还“特派大员前往监督，所有康省烟土，概由中央统制管理……限期将烟毒完全肃清”。④ 可见，中央对禁烟工作的重视，为西康省禁烟禁毒法规的出台提供了良好的宏观环境。而中央禁烟法令的颁布，则为西康禁烟法规的制定与颁行，提供了法律依据。

第三，民国西康鸦片流毒，使西康人口锐减，宁属开发和兵源皆受制于此，从而影响抗战事业的顺利进行。

早在1839年9月20日，林则徐在上奏道光皇帝的奏折中谈道：“迨（鸦片）流毒于天

---

① 政协凉山州委：《凉山彝族自治州文史资料选辑》（第九辑），凉山彝族自治州委员会文史资料委员会，1991年，第280页。

② 青志鹏、王黎：《旧档案里记录的烟祸》，政协凉山州委：《凉山彝族自治州文史资料选辑》（第九辑），凉山彝族自治州委员会文史资料委员会，1991年，第31页。

③ 覃珠坚，张晓春：《中国禁毒法规介评与适用》，中国人民公安大学出版社，2012年版，第36页。

④ 佚名：《中央重视西康禁政》，《四川禁烟月刊》1939年第9期。

下，则为害甚巨，法当从严。若犹泄泄视之，是使数十年后，中原几无可以御敌之兵，且无可以充饷之银。兴思及此，能无股栗。”① 全面抗战时期，文叔在《兵役与禁烟》一文中明确指出：鸦片泛滥使吸食者增多，从而影响抗战义勇壮丁的征集，制约整个抗战大业的开展。② 他在文中提道：“各地送来的壮士，不得不以‘瘾民’充数，另据禁烟总局报告，全川登记的烟民总数，为130余万……现在是非常时期，支撑全面地持久抗战，需要的人力财力，是如何的巨大。”③ 最后，他指出，无论是从禁烟，还是从兵员征集、加强抗战人力的角度，均应当厉行禁烟。文叔提及的情况，同样适合民国时期的西康。民国时期西康省境内吸食鸦片者，为数不少，据不完全统计，1940年，西康全省登记的烟民为61519人。④ 20世纪40年代，曹良璧曾在西康省禁政工作小组会议上指出，“宁属人民，有十分之三是烟民”。⑤ 西康宁属行辕禁烟特派员张敦品在《宁属人才的缺乏及其补助》一文中指出：“宁属人才凤毛麟角，劳力也发生恐慌……劳力的恐慌，百分之八十可以说是鸦片毒化的影响……前清时期，宁属汉人约有二百多万，近来只剩下八十多万。这八十多万人中，女人约占半数，其余的四十万男子，除开老弱幼小残废，够得上壮丁的不过十余万人。宁属烟民约有卅万，这十余万壮丁中，若再把烟民除下来，可用的劳力，真是极有限了……”⑥ 他在另一文中谈道：“由于烟毒的影响，弄得人口锐减，体质瘦弱……此毒不除，使地方官风纪，军风纪，一切破坏。文无不贪之官吏，武无能战之将士……要解决宁属的兵源、劳力问题，非先彻底根绝烟毒不可。”⑦ 由此可见，由于受到民国西康鸦片流毒的影响，西康人口锐减，劳力与兵力皆感不足，进而妨碍了西康的开发与抗战事业的有效开展。于是禁烟立法成为西康省政府迫切的现实需要。

因此，在整个国家大力提倡禁烟的宏观背景下，为解决西康鸦片流毒问题，支持抗战事业，西康省的禁烟立法就被提上了议事日程。

二、民国西康禁烟法规的内容

从1939年西康省成立，到1949年底刘文辉宣布和平起义为止，西康政府根据中央禁烟禁毒精神与西康的实际情形，制定并颁布了《西康省禁烟委员会组织规程》《西康省各县禁烟委员会组织规程》《西康省各戒烟院所施戒烟民收费规则》《西康省各县戒烟所规则》《西康省宁雅各布县清理烟民办法》《康区关内各县补行登记烟民办法》《西康省巡回戒烟所规则》《西康省各县局烟民传戒办法》《西康省禁烟调验实施办法》《西康省禁烟调验收费规则》《西康省各县局肃清残余烟民办法》《西康省二十九年度各县局根绝种烟实施办法》《西康省

① 林则徐：《钱票无甚关碍宜重禁吸烟以杜弊源片》，汪廷奎、茅林立：《林则徐读本》，海峡文艺出版社，2015年版，第47页。
② 文叔：《兵役与禁烟》，《政声半月刊》，1938年第9期。
③ 同上。
④ 张汶：《西康省禁烟方案》，《训练月刊》，1940年第3期。
⑤ 西康省秘书处：《西康省禁政实况（1936—1948年）》，四川省档案馆藏，全宗号：201，案卷号：30。
⑥ 张敦品：《宁属人力的缺乏及其补救》，《新宁远月刊》，1941年第4—5期。
⑦ 张敦品：《开发宁属的实际问题》，《新宁远月刊》，1940年，创刊号。

宁属禁止私运枪弹检查暂行办法》《西康省康属肃清烟毒委员会组织规程》《西康省政府民政厅禁烟督察员服务规程》《西康省各机关协助推行禁政办法》《西康省各县局厉禁烟毒办法》《西康省宁属禁烟连坐暂行办法》《西康省禁烟联保连坐层级治罪办法》《西康省宁属各县调验所暂行办法》《西康省宁属没收种烟田土处理暂行办法》《西康省宁属禁政督察暂行办法》等二十余项禁烟禁毒法令、规程与办法。① 综合考察这些禁烟法规、办法，不难发现，这些法规涉及的内容极为广泛，对民国时期西康的禁烟机构、禁烟过程及违犯者的惩处等均有详尽的规定。

首先，关于西康省的禁烟机构。

民国西康的禁烟机构，主要分为禁烟行政机构、禁烟监督考核机构、协助机构、烟民戒验机构。西康禁烟行政机构主要有西康省民政厅禁烟科、西康省禁烟局以及宁属禁烟联席会议。西康建省后，设置有西康省民政厅禁烟科，专门管理全省的禁种、禁运、禁售、禁吸之事。还在西康省政府下成立了西康省禁烟局，负责全省禁烟之事。在宁属地区，则成立了由西康省政府与西昌行辕共同组成的宁属禁烟联席会议，负责宁属地区的禁烟事宜。② 除禁烟行政机构外，根据民国时期西康省的禁烟法规，西康省还设有负责禁政执行的监督考核机构与专门针对烟民的戒烟机构。

西康省禁烟监督考核机构主要是西康省禁烟委员会和西康省各县禁烟委员会。1939 年 4 月 1 日公布的《西康省禁烟委员会组织规程》和《西康省各县禁烟委员会组织规程》对西康省及各县局的禁烟监督考核机构做出了详细规定。根据《西康省禁烟委员会组织规程》的规定，西康省禁烟委员会包括七至九名禁烟委员，该委员会委员由西康省政府选聘地方热心禁烟的公正人士担任。西康省禁烟委员会对西康省禁政执行机关负有“监督、检查、纠正、设计、调查、稽核、建议之责”。西康省禁烟委员会下设第一课和第二课。其中，第一课负责的事务主要有文件的撰拟和会议记录、宣传文告图画的拟订及审查、推行禁政的调查设计与建议、统计及报告的编制；第二课主管的事务涉及七个方面，包括：对禁种禁吸的督促考核、对戒烟院所的监察并提出改进意见、协助缉私与烟毒案件的考核、对没收毒犯财产进行稽核、对失行禁政进行检举及纠正、对禁政人员奖惩进行审议及禁政机关委托办事的事项等等。③ 依照《西康省各县禁烟委员会组织规程》，西康省各县成立禁烟委员会，县禁烟委员会由县政府选聘地方热心公正人士五至七人组成，该会对县禁烟执行机关负有“监督、检举、纠正、设计、调查、稽核、建议之责”。④ 到 20 世纪 40 年代中后期，为加强禁政效率，彻底断绝鸦片烟毒，西康省政府还制定颁布了《西康省各机关协助推行禁政办法》。该办法规定：西康省政府为肃清鸦片烟毒的主办机关，西康省民政厅为统筹规划执行主管机关，西

① 西康省政府秘书处法制室：《西康省单行法规汇编》（第二辑）西康启康印刷公司，1940 年，四川省档案馆藏，全宗名：历史资料目录（三），案卷号：1（66−2/1［2］）。西康省政府秘书处法制室：《西康省政府单行法规汇编》（第三辑），西康启康印刷公司，1949 年，四川省档案馆藏，全宗名：历史资料目录（三），案卷号：1（66−4/1［1］）。《西康省政府公报》（法规栏），1940（40−41）。

② 吴会蓉：《民国时期西康政府的禁烟及其成效》，《西华大学学报》（哲学社会科学版）2017 年第 3 期。

③ 《西康省禁烟委员会组织规程》，西康省政府秘书处法制室：《西康省单行法规汇编》（第二辑），西康启康印刷公司，1940 年，第 14～15 页。

④ 《西康省各县禁烟委员会组织规程》，西康省政府秘书处法制室：《西康省单行法规汇编》（第二辑），西康启康印刷公司，1940 年，第 121 页。

康省各地驻军及交通、财务、教育、卫生、社会、救济等机关为协办机关。协办机关分为西康省直隶的协办机关和不相隶属的机关法团。前者包括西康省教育厅、西康省财政厅、西康省卫生处、西康省社会处、康区警备司令部、省会警察局、省公路管理处，后者包括西康省保安司令部、二十四师司令部、西康省党部、西康省参议会、西康省禁烟协会等。①

关于西康烟民戒烟机构，中央颁布的《禁烟禁毒实施规程》及西康省根据中央禁烟精神与西康实情颁布的《西康省各县戒烟所规则》与《西康省巡回戒烟所规则》中皆有详细的规定。《禁烟禁毒实施规程》中明确要求：各省设省立戒烟医院，县设戒烟医院或戒烟所，县之区或镇设戒烟分所。②《西康省各县戒烟所规则》于 1939 年 4 月 20 日公布，根据此规则，西康省政府应根据各县烟民情形，分期设置各县戒烟所，并对宁、雅各布县原有戒烟所进行改组。在各县烟民较多的辽阔区域，“得呈准酌设戒烟分所，或于距城边远各区，由戒烟所酌派人员，设巡回戒烟组施戒”。③《西康省巡回戒烟所规则》于 1939 年 8 月 3 日公布，该规则规定，在西康烟民较少的各个县、局，设立巡回戒烟所，对烟民施戒。④

其次，关于西康禁烟过程。

民国时期西康的禁烟法规对鸦片的禁种、禁运、禁售、禁吸等均有详尽的规定。关于禁种，西康省民政厅于 1940 年 10 月 9 日民字第一五二六号通过了《西康省二十九年度各县局根绝种烟实施办法》，该办法从普及宣传、搜毁种子、实施查勘、考绩及奖惩四个方面对根除种烟做出了明确规定。⑤ 在普及宣传方面，要求各县局、各区、保、甲，召开宣传会议，将禁种法令、文告及其重要性层层下达，使各住户家喻户晓。同时，各县局应张贴布告，饬人民将所有罂粟种子，限期呈缴县府，定期公开焚毁；各县局长，会同县党部驻军，召集各机关法团学校主要人员，分组分区，实行总动员查勘。1943 年颁行的《西康省各县局厉禁烟毒办法》对禁种一事，亦有相应的规定：“在罂粟未播种以前，应派员宣传中央决策施禁法令及本府除毒务尽之决心，提请人民警觉，并于烟苗下种时期，认真查勘，严饬各乡镇保甲，遵照查禁种烟规则各条之规定，切实办理，务限于下年一月底前结报层转本府，以凭派员持结复勘，依法奖惩。倘逾期不报，即以包庇论罪，层级处分。”⑥ 针对宁属地区，专门制定有《西康省宁属没收烟田土处理暂行办法》，该办法规定：“对于偷种罂粟者，除将种户处以枪毙外，其种烟土，悉数没收，作为公产。”⑦

关于禁运，《西康省三十年度肃清烟毒计划》规定：得在西康省“各县局境内交通要隘及运输孔道设立缉查队，无论军运商运物品，均须严格检查，倘有挟带烟土及毒品者，全部

---

① 《西康省各机关协助推行禁政办法》，西康省秘书处：《西康省禁政实况（1936－1948）》，四川省档案馆藏，全宗号：201，案卷号：30。

② 《禁烟禁毒实施规程》，西康建省委员会公报，1937 年第 2 期，第 20～27 页。

③ 《西康省各县戒烟所规则》，西康省政府秘书处法制室：《西康省单行法规汇编》（第二辑），西康启康印刷公司，1940 年，第 123～125 页。

④ 《西康省巡回戒烟所规则》，西康省政府秘书处法制室：《西康省单行法规汇编》（第二辑），西康启康印刷公司，1940 年，第 125～127 页。

⑤ 《西康省二十九年度各县局根绝种烟实施办法》，《西康省政府公报》，1940 年第 40 期第 6～10 页。

⑥ 《西康省各县局厉禁烟毒办法》，西康省秘书处：《西康省禁政实况（1936－1948）》，四川省档案馆藏，全宗号：201，案卷号：30。

⑦ 《西康省宁属没收种烟田土处理暂行办法》，西昌警备司令部：《三十四年度禁政总报告》，1946 年，四川省档案馆藏．全宗名称：历史资料目录（三），案卷号：5（75/2）。

没收，严办烟犯；深山夷区未能铲绝地带，择其要隘地点，派队封锁，严禁运输及采购；烟土及毒品倘运自甲县经乙县缉获者，应惩甲奖乙，以明责任”。① 关于禁售，早在西康省建立之初，刘文辉就要求宁雅各布县政府、九龙县府、丹巴禁烟所，严查烟馆并予以查封。1939 年 6 月 27 日，西康省财政厅第 0265 号训令中指出：“查中央颁行的六年禁烟计划，已到最后时期，自应严厉奉行，以重法令。近据报各县私烟馆之秘设，到处皆然，实为售私吸私之渊薮，影响于禁政者实大，亟应查禁。着由该随时派员调查，务将私烟馆一律查封，并依法惩治，以儆效尤……以上各情，事关禁政，不容稍涉玩忽，令行遵照认真办理，并将办理情形随时报查为要！”② 此外，《西康省三十年度肃清烟毒计划》与《西康省各县局肃清烟馆办法》中亦有禁售的相关规定。如前者限定西康在 1940 年肃清境内一切烟毒，“各县局区域私设红灯烟馆及偷售吗啡毒品，饬由各县局长随时查拿严办，乡镇境内即责成乡镇保甲，层级负责肃清，仍奖励检举，实行五家连坐；各县局无论城乡发现出售抵瘾药品，责成各县局乡镇长负责查禁，没收物销毁，并惩究之”。③ 后者要求西康省各县、局，设立烟毒检查专员，检查并随时缉办“开设烟馆及私售零土烟膏者”，“从严惩办包庇烟馆运售烟土的军政人员”，“如有密报开设烟馆及私售零土烟膏者，一经查实，应依照查缉毒品给奖及处理办法从缓给奖”。④

关于禁吸方面的法规，主要有《西康省各县戒烟所规则》《西康省巡回戒烟所规则》《西康省各县局烟民传戒办法》《西康省戒烟调验实施办法》《西康省戒烟调验收费规则》《西康省各戒烟院所施戒收费规则》《西康省宁雅各布县清理烟民办法》《康区关内各县补行登记烟民办法》《西康省各县局肃清残余烟民办法》。这些法规对戒烟机构的设立、烟民的登记、瘾民的传戒、经费的收取等均有明确规定。对于禁烟机构的设立，西康禁烟法规规定：“西康省戒烟医院，各县、局应普遍设置戒烟所，传戒全县烟民，并办理勒戒事项，烟民较多的乡镇，设调验戒烟分所；设有卫生院这县份，得委托办理传戒勒戒事宜；烟民较少的县局，得设立巡回戒烟所（组）。”⑤ 针对烟民登记，规定：“各县局应于事前督饬各乡镇长，按照保甲户口，挨户清查瘾民，按其年龄、职业、性别、体质及烟瘾程度生活情形，逐一登记，分批传戒”。⑥ 对于各县局登记的烟民，按照“30 岁以内，30～40 岁，40～50 岁，50～60 岁以及 60 岁以上者”分别传戒；“登记在册，仍存观望传戒不到的烟民，强行勒戒，或缉拿法

① 《西康省三十年度肃清烟毒计划》，《西康省禁政实况（1936－1948）》，四川省档案馆藏，全宗号：201，案卷号：30。

② 刘文辉，李万华：《为饬查封私烟馆暨招股实承认土膏店督购税货仰遵照认真办理，并将办理情形随时报查由》，《西康省政府公报》，1939 年第 6 期。

③ 《西康省三十年度肃清烟毒计划》，《西康省禁政实况（1936－1948）》，四川省档案馆藏．全宗号：201，案卷号：30。

④ 《三十五年度西康省禁政纲要实施办法》，《西康省政府民政厅施政报告（1947－1948）》．四川省档案馆藏．全宗号：民 201，案卷号：74。

⑤ 西康省政府秘书处法制室：《西康省政府单行法规汇编》（第三辑）西康启康印刷公司，1949 年，四川省档案馆藏，全宗名：历史资料目录（三），全宗号：1［66－4/1（1）］。

⑥ 西康省政府秘书处法制室．西康省政府单行法规汇编（第三辑）西康启康印刷公司，1949 年，四川省档案馆藏，全宗名：历史资料目录（三），全宗号：1［66－4/1（1）］。

办”。[①]“无论投戒传戒或勒戒烟民，均应照施戒烟民缴费规则，缴纳药费、膳费。”[②] 关于费用的收取，1939 年颁布的《西康省禁烟调验收费规则》规定：“凡入戒烟院所受验之烟民，除赤贫苦力经保甲人员具结证明者，得免药膳各费外，无论是调验或自动请验，戒烟院所均应按照其原领戒烟执照等级，分别收取药品费和膳费。药品费分为甲、乙、丙三等：甲等为五元，乙等为三元，丙等为二元；膳费也分甲乙丙三等：甲等每日六角，乙等每日五角，丙等每日四角。”[③]

第三，关于对违禁者的惩处。

除对禁烟机构、禁烟过程的规定外，民国西康禁烟法规还涉及对违禁者如何惩处的相关内容。1941 年 2 月 19 日，西康省政府在《西康省政府公报》的“中央法规”栏公布了《禁烟禁毒治罪暂行条例》，要求境内禁政机构严格遵行。根据该条例，栽种罂粟或制造鸦片（毒品）者，判处死刑。“聚抗铲烟苗者，首谋或指挥者死刑；共同实施者，处七年以上有期徒刑；在场助劳者，三年以上七年以下有期徒刑。”“运输或贩卖鸦片者，处死刑、无期徒刑，意图贩卖而持有鸦片者，处十年以上有期徒刑；运输或贩卖罂粟种子者，处五至十二年有期徒刑；意图贩卖而持有罂粟种子者，处三至七年有期徒刑。”“意图营利，设所供人吸食鸦片者处死刑或无期徒刑；吸食鸦片者，处一至五年有期徒刑，并得一千元以下罚金；有瘾者，限期交医勒令戒绝，戒绝复吸者，处死刑或无期徒刑。”[④]

依据该条例，结合西康地方实情，西康省政府于 1943 年 9 月颁发了《西康省宁属禁烟连坐暂行办法》和《西康省禁烟联保连坐层级治罪办法》，将保甲连坐制与西康禁政相联系，以督促西康各级军政人员及西康民众厉行禁政。前者共计 8 条，对该办法的制定目的与依据、适用对象与处理办法均作出了清晰的规定。本办法适用对象为宁属地区“对禁政未尽职或有违法情事发生的军政各级人员与保甲人民”[⑤]。第四条至第七条对各类违反者的惩处办法作了规定，其中主要涉及“从的连坐”“主佃连坐”两方面。根据“从的连坐”相关规定：保甲组织内，若有违犯种烟、开设烟馆、吸烟或运烟者，除依法惩处正犯外，甲长、保长、乡镇长、区长乃至县长均应承担连坐责任；如有公务员或军人违犯，或包庇种烟运烟及开设烟馆者，除主犯依法严惩外，其直属长官应负连坐责任。另据“主佃连坐”规定：“佃户如有违犯种烟及开设烟馆者，除将正犯依法惩处外，业主应负连坐责任；如有佃户两家以上违犯种烟或开设烟馆者，业主与佃户同罪；业主如事先已尽查禁及检举责任有据者，得减轻或免除连坐责任。”[⑥]“凡县长区长以下各级人员，如有违犯本办法者，除由禁烟督察专员或督察官检举呈报宁属禁烟会议或宁属禁烟执法监部，依法核办外，并准许人民告发，因而查实

① 西康省政府秘书处法制室：《西康省政府单行法规汇编》（第三辑），西康启康印刷公司，1949 年，四川省档案馆藏，全宗名：历史资料目录（三），全宗号：1［66－4/1（1）］。

② 《西康省各县戒烟所规则》，西康省政府秘书处法制室：《西康省政府单行法规汇编》（第二辑），西康启康印刷公司，1940 年，第 123 页。

③ 《西康省禁烟调验收费规则》，西康省政府秘书处法制室：《西康省政府单行法规汇编》（第二辑），西康启康印刷公司，1940 年，第 135 页。

④ 《禁烟禁毒治罪暂行条例》，《西康省政府公报》（法规栏），1941 年第 63 期。

⑤ 《西康省宁属禁烟连坐暂行办法》，《边政月刊》（复刊号），1943 年第 9 期，四川省档案馆藏，全宗名：历史资料目录（三），案卷号：5（16－1/4）。

⑥ 西康省宁属禁烟连坐暂行办法［A］. 边政月刊（复刊号），1943 年第 9 期，四川省档案馆藏，全宗名：历史资料目录（三），案卷号：5（16－1/4）。

者，并由禁烟会议予以 500 元以上 3000 元以下之奖金。”[①]《西康省禁烟联保连坐层级治罪办法》的内容与前者基本相当，不同之处在于其适用范围更广，涉及整个西康省，且针对“违法偷种罂粟的罪犯，处死刑，并将种烟田亩充公”。[②]

综上所述，鉴于民国时期西康境内鸦片烟毒泛滥成灾，贻害西康人民与社会，有碍西康经济的开发与抗战事业的顺利进行，在南京国民政府重视禁烟的大环境下，西康政府围绕着禁烟的行政机构、监督考核机构、协办机构、烟民戒验机构，针对禁种、禁运、禁售、禁吸等禁烟过程以及对违禁者的惩处等问题，相继出台了一系列禁烟法规与办法。这些禁烟法规，其内容不可谓不全面，操作性不可谓不强、针对性不可谓不明显。它们的颁行，为民国西康禁政的推行提供了可靠的法律依据，也在一定程度上缓解了西康鸦片的流毒，但由于其执行力度不够，终究未能根除鸦片烟毒。这一问题在新中国成立后，在中国共产党的领导之下，才得到真正的解决。

（作者单位：西华大学马克思主义学院）

① 《西康省宁属禁烟连坐暂行办法》，《边政月刊》（复刊号），1943 年第 9 期，四川省档案馆藏，全宗名：历史资料目录（三），案卷号：5（16－1/4）。

② 《西康省禁烟联保连坐层级治罪办法》，西康省秘书处：《西康省禁政实况计划、训词及肃毒委员会组织规程（1936－1948）》，四川省档案馆藏，全宗号：民 201，案卷号：30。

清末四川的劝业公所[①]

敖天颖

内容提要：清末因推行新政、振兴实业，在各直省省城普遍设立了劝业道一职，下设劝业公所，专管各省各项实业。劝业公所按实业类别分科治事，四川公所分为总务、农务、工艺、商务、矿物、邮传六科，共有32人。作为具有一定现代性的政府部门工作人员，他们中间多有专业精良之士，其出身除旧式科考外，另有部分新式学堂毕业生，实开风气之先。设置劝业公所的价值，除其实际管理的部门职能外，其现代性要义在于将传统上一般私属于官员的幕僚书吏等人纳入国家行政系统。劝业道和劝业公所的设置，使政府对各项实业的管理逐步趋于专业、划一，办事效率也有一定提高，从而为推动清末实业发展以及政府机构的现代转型做出了一定贡献。

关键词：清末；四川劝业公所；实业；新式学堂毕业生

商人与军人群体的崛起与兴盛，是中国近代社会变相的两大表征。清末实施新政，在官制改革层面首先是在中央设立了商部，后来又在直省地方设立劝业道、在县级地方设立劝业员。这一系列建制显然强化了对商人、商业的管理，亦是政府对商人价值的承认及重视，折射出的恰是商人群体地位整体性的抬升。在日益远离革命的时代背景下，不流血、少动荡的改革、改良被视为促进社会进步的较优方式。在改革开放前，历来评价不高、甚至以批判性虚伪性评价为主流的清末新政，也日益成为学界关注和研究的重点。尤其是随着市场经济的深化，近代中国社会的经济变迁渐受重视，并逐渐成为与政治史研究并驾齐驱、交叉日深的重要探索领域。清末新政中的经济发展问题，无疑踏中了以上两方面的时代需求及相关问题意识。“劝业道”一职是清末官制改革中出现的新官职，对清末推行新政、振兴实业起过较

① 本文系四川省2016年哲学社会科学规划项目“新中国成立初期婚姻制度改革研究——以成都地区为中心的考察”（项目编号SC16B018），四川省2017年科技计划项目“当代四川家风内涵建设及传承、传播实践研究”（项目编号2017ZR0182）成果。

重要的作用。从四川劝业道及劝业公所留下了许多资料中，可管窥清末官制改革、新式官制运转、实业发展及其管理等诸多要经。既往研究常将劝业道与劝业公所混称，实际上，劝业道是官职，常常也特指出任该道的官员个人；而劝业公所是该官员及其下属办公部门，二者联系紧密却又区别明显。笔者曾有专文论及四川劝业道，[①] 此文再对四川劝业公所的设立情况和人员结构等试作探悉，希望有助于这一问题的深入研究。

一、劝业公所概况

清末官制改革之时，按照《直省官制通则》的要求，各地逐渐设置了各级行政官员正式的隶属机构——"公所"，将原来游离于行政轨道外的幕僚书吏等正式纳入系统，进而分科治事，以之为"新"政。[②] 新成立的巡警、劝业二道，作为革故鼎新的典型标志，自然是首先设立了巡警、劝业二公所为专职办公机构，后来连原有常设官职如民政、法政、藩司[③]等也要改为公所，甚至连督抚衙门都要改为督办公所。劝业公所一般分为六科，分科治事，其机构设置在《宪政编查馆考核直省劝业道官制细则酌加增改折》中有明确规定：

> 劝业道应就所治地方设立公所，督帅所属各员每日定时入所办事，公所分设六科如下：一总务科，掌承办机要、议定章程、考核属员、编存文牍、收发经费、统计报告及实业交通学堂各事项；二农务科，掌农田、屯垦、森林、渔业、树艺、蚕桑及农会、农事试验场各事项；三工艺科，掌工艺制造、机器专利、改良土货、仿造洋货、工厂各事项；四商务科，掌商业、商勋、赛会、保险及商会各事项；五矿务科，掌调查矿产、查核探矿开矿、聘请矿师及矿务公司各事项；六邮传科，掌航业、铁路、轮车、电线及测量沙线、营治埠头厂坞、考查路线、稽核通运行车并电话、电车、邮政各事项。[④]

由于管理铁路、航运等新兴实业的邮传科最能彰"新"，故对其权限《申报》还曾做过详细报道：1. 掌全省邮政电政之调查统计，按季造表呈部存案；2. 筹度邮政电话之分局子局应行添设推广及办法；3. 稽查民间信局筹划与官局联络事宜；4. 提倡电灯、电机制造各公司集款开办事宜；5. 承邮传部之命筹议邮电价目之增减及邮便储金办法等事。[⑤] 此外，在《宣统三年冬季职官录》一书中也对劝业公所各科做了类似的介绍。

对于劝业公所的人员数量，该细则也作了较为明确的规定："每科设科长一员、副科长一员，其科员额缺由劝业道酌量事务繁简定之，惟总务科、邮传科每科不得过四五员，其余每科不得过二三员。"

位于成都的四川劝业公所主要是在原四川劝工局的基础上进行兴建的，对此晚清四川文人周洵曾记录：

---

① 敖天颖：《清末四川的劝业道》，《理论与改革》（增刊），2011 年，第 129～130 页。
② 参看关晓红：《从幕府到职官：清季外官制改革中的幕职分科治事》，《历史研究》2006 年第 5 期。
③ 《赣藩定期实行分科办事（江西）》，《申报》宣统二年九月初一，第 108 册第 518 页。
④ 《商务官报》戊申（光绪三十四年）3 册，271～272 页。
⑤ 《劝业道邮电科之权限》，《申报》光绪三十三年十一月二十八日，第 92 册第 6 页。

> 时各省提倡工业，川省各属亦均筹设劝工局，故设此局以资改进，且综核各属劝工之成绩。局内设总办一，初以成绵道（即周善培）兼充不之薪；下设提调一，月薪五十两；除文案收支采买等员外，以工业种类分类，委员月薪均数十两。……制成品即就局出售，以资周转。

川省劝业道“即裁局归入道署办理”，并“即就局内建设道署”，[①] 即将就该地方进行办公，不再另修劝业道办公衙门。

二、四川劝业公所人员情况

川省劝业公所人员的具体情形，根据《宣统三年冬季职官录》之资料整理如下：

科属及职掌	职务	职衔	姓名	出身	籍贯
劝业道：统辖全省驿传事务	道台		王宗潼	进士	山东福山县
总务科：掌承办机要，议订章程，考核属员，编存文牍，收发经费，统计报告及实业、交通学堂各事项	科长	知县	胡开云		云南
	科长	知府	黄国元		湖北
	副科长	通判	张习		四川
	科员		陈其殷		四川
	科员	府经历	芮善		江苏
	科员		刘泳阊	监生	江西
	科员	直隶州州判	李启英		贵州
	科员	盐茶大使	钟辉		蒙古正白旗人
	科员		缪蜀隽	附生	四川
	科员	主簿	李士清		四川
	科员	巡检	胡干亨		四川
	科员	县丞	陈炜		四川

① 周询：《蜀海丛谈》，巴蜀书社，1986年版，314～315页，144页。

续表

科属及职掌	职务	职衔	姓名	出身	籍贯
农务科：掌农田屯垦、森林、渔业、树艺、蚕桑及农会、农事、实验场各事项	科长	同知	屈德泽		湖北
	科长	府经历	芮善		江苏
	副科长	中书科中书	祝鼎		浙江
	科员	云骑尉	吴瑞模		浙江
	科员	知县	庄荫莘		江苏
	科员	同知职衔	曾志沂		四川
	科员		林在南		浙江
	科员	盐茶大使	钟辉		蒙古正白旗人
工艺科：掌工艺制造、机器专利、改良土货、仿造洋货、工厂各事项	科长		常先		湖南
	副科长	同知职衔	曾志沂		四川
	科员	县丞衔	樊震		四川
商务科：掌商业、商动、赛会、保险及商会各事项	科长	府经历	芮善		江苏
	副科长		谢霖	举人	江苏
	科员		汪廷襄	举人	江苏
	科员	知县	陈熙敏		江苏
矿务科：掌调查矿业、查核探矿开矿、聘请矿师及矿务公司各事项	科长	学部主事	孙海环		浙江
	副科长	知县	王淦		陕西
	科员	府经历	沈其桔		安徽
		直隶州州同	臧寿		浙江
邮传科：掌航业、铁路、轮车、电线及测量沙线、营治、埠头、厂坞，考查路线，稽核通运、行车并电话、电车、邮政各事项	科长	知府职衔	王佩文		浙江
	副科长	府经历	沈其桔		安徽
	科员	知县	冯厘扬		浙江
	科员	县丞	李培芳		贵州
	科员		王定熙	附生	四川
	科员	典史	陈仰祖		浙江

对上表简要析之，可看出：

（一）在宣统三年五月，川省劝业公所中除道台外，共计 32 人。其中有 4 人身兼多职——芮善（任农务科、商务科科长和总务科科员）、钟辉（任总务科和农务科科员）、沈其桔（任邮传科副科长和矿务科科员）和曾志沂（任工艺科副科长和农务科科员），他们均为某科长兼任另外科室的科员。兼职人员占 10%以上的比例，说明面对浩繁的新兴实业事务，人力资源还是稍显力有不逮；同时也说明，这一新设立的部门基本上还没有冗员之虞。

（二）川省劝业公所中的人员基本为南方人，来自苏、浙二省者占 41%，而本省人士仅占 28%。尤其是商务科，4 位人员俱为江苏人。查看他省劝业公所的情况，苏浙人士都不像川省这般占有如此高的比例。其原因较大可能是署理四川劝业道两年半之久（时日最久）的周善培为浙江诸暨人，自然在江浙有较多人脉关系；同时也与苏浙人士在经济、实业事务上较有才能有关。

（三）从总体出身看来，劝业公所的人员组成虽然仍以科考者为主体，但已有归国留学生（尤其是留日学生）和新式学堂毕业生的身影，共有 5 人，占比为 16%。他们的具体情况如下：

1. 屈德泽。其于“1899 年考入日本东京帝国大学农科，修业六年，应殿试、奖农科举人及二等嘉禾章”。毕业回国后被任命为湖北省高等农业学堂“坐办”，主管教学工作，1907 年赴四川奉节任知县，后主办川省农桑讲习所，任所长。[①]

2. 谢霖。其于光绪三十一年（1905）东渡日本入读早稻田大学，先习法律，后攻商科，获硕士学位，宣统元年（1909）学成归国，次年清廷开考经济特科，谢霖被录为商科举人，派到四川总督衙门任文案委员。[②]

3. 孙海环。其于光绪二十二年（1896）入上海中西书院习英文，次年入北京国子学，旋转同文馆习日文，1901 年官费赴日本留学，入成城学校，后考入大阪高等工业学校，攻读采矿冶金专业。期间与周世棠合编《二十世纪中外大地图》，于 1906 年学成归国，先后任奉天（辽宁）矿政局参事、会办、湖北省矿政局专办、农工商部矿务议员等职，于 1908 年任四川总督府矿务参议兼劝业道矿务科长。

4. 祝鼎。其于 1898 年 3 月—1900 年 6 月就读于杭州蚕学馆（今绍兴市农业学校），乃该校的第一批毕业生。

5. 曾志沂。1906 年 10 月朝廷赐授游学毕业生学职，被授予中等同授举人。

此时距离清末停科举有 6 年左右，身处内陆之川省已在制度上和实践中参用新式学堂毕业生了，且不是应付制度的点缀之举，并被后续之政府所沿袭。可以预见，随着新式教育者增加以及以前旧式局所人员的逐渐退出，劝业公所里会有越来越多的新式学堂毕业者。这也是清季转型之大流。此外，既往研究多注意清末新式毕业生的创业或进入企业工作之经历，而从劝业公所的情况看来，他们还进入了政府工作，参与到工商业的行政管理工作中。

（四）劝业公所人员社会地位较高。当时社会认知对于能进入劝业公所这样的政府机构工作还是比较赞扬的。如时人徐润曾写道：

> 是年（光绪三十四年）峙高侄以四川知县捐省同知，进京引见，改指分发河南试用。峙高侄为先四叔荣村公之孙，颂如从弟之次子也，读书不成名，乃援例报捐知县，指分四川署理绥定府大竹县知县事，历充四川军医学堂监督、陆军速成学堂提调、洋务局等差。本年奉护理川督赵给咨赴引，旋改指河南省试用，现充河南劝业公所矿务科科长。殆亦以异途显者也。[③]

---

① 宜昌市夷陵地区政协文史资料委员会编：《夷陵风云人物》，内部发行，2004 年，第 160 页。
② 四川省地方志编纂委员会编：《四川省人物志》（下册），四川人民出版社，2001 年版，第 886 页。
③ 徐润：《徐愚斋自叙年谱》，江西人民出版社，2012 年版，第 165 页。

三、劝业公所典型人员后续发展之考察

进入民国之后，劝业公所继续其管理促进市政建设和实业发展等诸多职能，按照实业类别，逐渐演化细分为工商行政管理部门、交通厅、林业局、金融管理部门、轻工业局、建设厅、纺织工业局等机构。[①] 那些清末在劝业公所中工作过的新式人员，多数在进入民国后仍为发展地方实业发挥作用，并日益展现出更为成熟的专业成就。

总务科副科长张习著有《四川盐务局第一次报告书》，他在辛亥后自 1912 年 4 月起任四川盐务局局长，自 1917 年 4 月起任四川查办副使。

农务科副科长祝鼎也是一生从事教育事业和改良蚕种。

屈德泽在民国成立后，回湖北出任了首任湖北实业公司司长，立管全省工商企业，并在武昌主办湖北农桑讲习所，设有养蚕、缫丝等科研成果目，指导和推动湖北蚕桑种植树的发展。1923 年在屈德泽的提议下成立了湖北水利局并担任局长，主持治理江汉平原及襄河下游水患，取得了一定的成绩。1931 年夏斗寅主鄂后，开始主办棉业试验场达六年，引进美日优良棉种推广种植，并获成功，被棉农们命名为“屈棉”，1938 年武汉沦陷前返回宜昌，任宜昌县财经委员会委员长。[②] 严昌洪先生在《世纪的觉醒——上世纪之交中国人对 20 世纪的认知》一文中还引用了屈德泽 1903 年发表在《湖北学生界》的《世界农业一斑》，其中有“十九世纪之世界，致力于实业不敌致力于军事；二十世纪军事竞争之舞台移之于实业，而实业遂有左右世界之力”之语，可见其人对实业的重视。[③]

谢霖在清亡后就职于大清银行。为了维护我国主权和民族利益，谢霖于 1918 年 6 月上书北洋政府农商、财政两部，建议设立“中国会计师制度”。经批准后，谢霖受两部委托起草了《会计师章程（草案）》十条，于同年 9 月 7 日公布试行；同时，北洋政府农商部向谢霖颁发了第一号注册会计师证书，谢霖成了有史以来中国第一名注册会计师并设立了我国第一个会计师事务所——“正则”会计师事务所。他所采用的复式记账法及所设计的银行会计制度，为中国银行会计制度奠定了基础，并培养了大批会计人才。新中国成立后，曾任成都市人大代表、四川省政协委员、四川省工商联委员等职，著有《实用会计学》等。[④]

孙海环乃清末进士孙锵之长子，在清亡后继续致力于矿业，后任彭县铜矿局局长、湖北房县五官矿局经理等职。1916 年自行设计、制造炼铜炉，性能良好，遂以“孙炉”命名，并著有《孙炉图说》。1919 年离川，侍父于杭州。翌年，应湖北房县五官矿局之聘，任经

---

① 《成都市交通志》《四川省志・统计、工商行政管理、劳动志》《四川省志・建筑志》《四川省志・丝绸志》《成都市志・纺织工业志》《成都市志・轻工业志》《成都市志・金融志》《成都市志・林业志》，等等，均在“管理机构”部分将省劝业道作为行政管理机构沿革进行了介绍。

② 宜昌市夷陵地区政协文史资料委员会编：《夷陵风云人物》，内部发行，2004 年，第 160～162 页。

③ 屈德泽本身出身“新派”，乃梁启超之门生，严昌洪先生在《张难先文集・湖北革命知之录》（华中师范大学出版社，2005 年版）中曾记曰：“再花园山李步青处，亦为当时军学两界青年聚集之所，而党人往来尤密。如胡秉柯、朱和中、吕大森、李书城、时象晋、贺之才、时功璧、张荣楣、时功玫、吴炳宗、陈开淦、余德元、张春霆、刘伯刚、范鸿泰、屈德泽、郭肇明其最著者也。”

④ 四川省地方志编纂委员会编：《四川省人物志》（下册），四川人民出版社，2001 年版，第 886 页。周善培所著《辛亥四川争路亲历记》中也写道：“劝业道商务科长谢霖，武进人，此人现在（指 1956 年）成都办正则会计学校，成都市人民代表。”

理。1923年任浙江省地质调查所所长，主编《浙江地质简报》，主持全省地质资源普查，查勘奉化银山岗铅矿资源。后在浙省实业厅（后改建设厅）主持矿务。

从以上五个典型人士的经历中我们可以看到，在劝业公所任职的经历对其专业技能、管理能力等各方面的成长显然起到了良性作用。

总之，从清末改革开始，政府逐渐构建起农工商部（中央）—劝业公所（省级）—劝业分所（县级）这一行政系统，构成了国家对从中央到县乡的实业活动进行指导与管理的系列机构，并被以后的政府所沿袭，应该说这是政府经济行政机构专业化的一大进步。当然，处于当时体制下的官场，劝业道和劝业公所的官员们难免会有以权谋私等事情发生。但是启用专业人士从事实业的管理，将过往游离于行政轨道外的幕僚书吏等正式纳入系统，进而分科治事，应该说是执政现代性转型的标志之一。

（作者单位：上海体育学院马克思主义学院）

战时成都："下江人"眼中的"美"与"悲"

——以《四川的凸现》中的成都游记为例

黄程扬

内容提要：抗日战争时期，大批移民随着内迁浪潮进入四川，其中相当一部分人寓居于成都。在成都逗留的时间里，他们逐渐形成了对这个素未谋面的城市的诸多印象。"刚柔并济"的城市性格、精巧灵动的传统手工业、情感丰富的川戏、悠然闲适的茶馆之风，让他们沉浸于成都的"美"；下层失足妇女的悲惨境遇，则让他们伤感于成都的"悲"。成都以其独特的魅力吸引着他们，并把自己的身影留在了在他们的记忆之中。

关键词：抗战时期；成都；城市印象；游记

抗日战争爆发前后，南京国民政府为积蓄有生力量，大规模组织上海和东南沿海地区的机关、工厂、学校等组织和单位迁往西南地区。抗战军兴，南京国民政府亦迁都重庆。一大批仁人志士也陆续奔赴抗战大后方。在这次规模巨大的人口迁徙浪潮中，"下江人"① 背井离乡，颠沛流离。但是战乱也给了他们独特的机遇。移民中的大批知识分子，一边咏诵着"支离东北风尘际，漂泊西南天地间"以寄托自己的情感，一边"睁大了异乡人的眼睛去观察、记录……发现了一个既古老又新鲜的世界"。② 这些知识分子在西南地区的所闻所见，相当一部分被记载发表在《旅行杂志》③ 上，构建出战时西南的侧影。

---

① 四川位于长江上游，因此四川本省人将抗战时从上海和东南沿海等地迁入四川的移民称作"下江人"。

② 施康强编：《四川的凸现》，中央编译出版社，2001 年版，第 3 页。

③ 《旅行杂志》于 1927 年由中国旅行社创办于上海租界，主要发表游记文字。它利用中国旅行社在各省的网点辐射全国。上海沦陷后直到太平洋战争爆发，由于租界的特殊地位，《旅行杂志》还能继续出版。许多作者从内地投稿，而编者在民族抗战的大背景下也愿意发表介绍西南大后方的文章，甚至出了一期"西南专号"（一九三八年十一月）和"四川专号"（一九四〇年四月）。

成都是西南地区的重镇，“陪都”重庆亦是大后方的中心。多数东南人士选择重庆、成都及其周围地区为流寓之所，故当时《旅行杂志》上刊载的游记中，关于四川的文章最多。《四川的凸现》一书，则是专门汇集当时《旅行杂志》上关于四川的游记文章，结集成册，向我们再现了当时流离至此的知识分子的所见所闻。在他们的眼中，“重庆繁忙，成都悠闲；泸州富庶，万县冲要；青城幽，峨眉秀；酆都鬼国，乐山佛地”；日常生活里，他们亦有“赏心茶馆，历险‘花街’；怀古钓鱼城，野餐桓侯庙……”的各式经历。[①] 所有辑录的游记里，又以重庆与成都二地为最。此番拟以游记中有关成都的内容入手，结合时人的文字笔触，略述一二当时“下江人”眼中的成都印象。

一、“刚”“柔”并济

凡一城必有一城之性格，必有一城之独特魅力。在时人的眼中，北平和苏杭或是最富魅力的城市区域。北平是“刚美”的，包含着庄重雄浑的华丽；苏杭是“柔美”的，酝酿着秀丽恬淡的怡然。这也代表着不同地域的人们对城市魅力的向往和审美标准。在流离者的记述里，也常常不自觉地将一座座城市与北平和苏杭进行对比，或是慰藉，或有失落。初入四川，来到这个封闭盆地中的沃野平原上，大多数人会被成都的独特魅力所吸引折服。在他们的眼中，成都是怎样的一座城市呢？

成都带给他们的第一印象，是“充满了北平的情调、风味”。[②] 建筑格局上，成都城整齐而庄丽。“（从牛市口进城去）那一带矮小朴实的房子、灰哺哺的屋瓦、马路两旁的树木、伸头出墙探望的几点红梅、黑漆的门配着一对绿瓷狮子、长行列的骆驼队、光头红袍的喇嘛、一片黄袍的道士们、小型招牌的正楷字……都绝似北平。”[③] 不仅如此，成都城内的生活气息，又加深了他们对成都类似于北平的认识。“两层矮矮的店铺夹着土质的路面宽达三四丈，街旁不断地有绿树。走小巷，两旁的矮墙，簇拥出绿色的竹木，稀少的行人，在土路上走着，略有步伐声。一个小贩，当的一声敲了小锣过去，打破了深巷的寂寞，这都是绝好的北平味。”[④] 乍见之下的“北平味”，使这些流离的人们对成都有了亲切的好感。成都也被他们亲切地称为“小北平”。[⑤]

这种所谓的北平风味，与成都自身的城市历史和文化积淀密不可分。

一来，成都本就具有悠久的历史积淀。自张仪就龟迹筑城，秦以来两千多年的时间里，成都一直是西南地区的重镇，亦是不少政权的中心都城。东汉公孙述据成都称帝，蜀汉刘备亦称帝于此。晋李雄帝成都，隋末萧铣也占成都称梁王。唐末王建据西川称蜀帝，其后孟昶

① 施康强编：《四川的凸现》，中央编译出版社，2001年版，第6页。

② 易君左：《锦城七日记》，载施康强编：《四川的凸现》，中央编译出版社，2001年版，第87页。

③ 同上，第87～88页。

④ 张恨水：《蓉行杂感》，载施康强编：《四川的凸现》，中央编译出版社，2001年版，第117页。

⑤ 时人在游记里多将成都比作“小北平”。如：易君左在《锦城七日记》中谈到“（许多朋友）说成都太好了，完全是‘小北平’”（载施康强编：《四川的凸现》，中央编译出版社，2001年版，第87页）；老舍在《可爱的成都》中说“成都有许多与北平相似之处，稍稍使我减去些乡思”（载施康强编：《四川的凸现》，中央编译出版社，2001年版，第112页）；张恨水在《蓉行杂感》里提及“到过成都的人，都有这样一句话，成都是小北平”（载施康强编：《四川的凸现》，中央编译出版社，2001年版，第116页）等。

亦继前蜀称帝。明太祖封子朱椿为蜀王，就藩成都府，时成都城内所谓"皇城"者，即为明王城故址。细思下来，这座城池拥有的历史甚至比北平更长。即使历经损毁破坏，但作为政治中心而留存下来的遗风和影响，依然给这座城市蒙上了一层像北平一样厚重华丽的面纱。因此有了时人"成都之构成今日的形式，应该是最近三百年的储蓄"[①] 之感慨，也有了"这一块地方，这一座城池，是拥有多年丰富而光华的历史，他的历史比'北平'老多了，呼为'小北平'太委屈了！"[②] 的惊叹。

二来，清代旗人在成都的驻防，也使成都的风气带有明显的"北平味"。有清一代，成都是西南地区的政治军事文化中心。城内设有成都将军，统领旗人驻防。在成都城区西部，更是专门修建了满城，为八旗兵丁及其家属生活起居之处。久而久之，满人的生活习惯自然而然地影响着成都市民的生活风气。"那班驻防旗人，他们携老扶幼，由北京南来，占了成都半个城，大大地给成都变了风气……将北京的缙绅生活带到这里……成都人民在旗人的统治与引诱之下也不会例外，由清初到辛亥这样继续的仿效共一百年。然则这里的空气，有些北平味，那是不足为怪的。"[③]

当他们走进成都内部，又发现了成都吸引他们的另一面："这一个美丽的名都，不独像北平，而且像江南。"[④] 一方面，成都是美丽的。城内曲水环绕、杨柳依依，确有江南之神韵。从城外穿入城内，走街过巷，成都的味道更让他们惊喜。"大桥跨着清涟的河，小桥配着浅淡的溪"，[⑤] 使他们想起江南城内的秀丽和幽静；"（成都的）一个初春，已翠遍了万柳枝头。带着微寒的旷野，娓娓清淡"，[⑥] 使他们仿佛感受到江南的秀色春情。"北平是壮丽，成都是纤丽；北平是潇洒，成都是飘逸"，[⑦] 正是这纤丽与飘逸的景致，让他们觉得成都平添了几分江南的"柔美"。

另一方面，外来者对成都"柔美"性格的感慨，更与时局和自身心性有关。富饶美丽的江南此时已沦陷在日寇的装甲之下，而成都作为抗战的大后方城市，尚保有一派和平生气，在战争中还能给人以安详和慰藉。"这个城市的安静与闲适很容易使人重温和平的乡园旧梦。红花绿树，小溪流水同庭院的金鱼缸都能够叫人轻易捕捉到逝去时光的踪影。"[⑧] 流寓到四川背井离乡的人们，被成都的生活所感染，很容易在这一隅安详中回忆起以前的美好。他们也自然而然地将这种情感寄托于成都之上。成都是安详美好的，"满城的绿树浓荫，崇楼别馆的恬适飘逸的情调，茶肆里好整以暇的人们，歌台的丝管与说书人淡淡的怀古的忧伤，在为这抗战的古国点缀着一片升平气象"。[⑨] 而正是这种"升平气象"，使他们把梦中对江南的向往与思念带往了成都并与之融合。"江南，可爱的江南！现在已玷污了血腥，把所有的秀

---

① 张恨水：《蓉行杂感》，载施康强编：《四川的凸现》，中央编译出版社，2001年版，第118页。
② 易君左：《锦城七日记》，载施康强编：《四川的凸现》，中央编译出版社，2001年版，第88页。
③ 张恨水：《蓉行杂感》，载施康强编：《四川的凸现》，中央编译出版社，2001年版，第118页。
④ 易君左：《锦城七日记》，载施康强编：《四川的凸现》，中央编译出版社，2001年版，第88页。
⑤ 同上。
⑥ 同上。
⑦ 张恨水：《蓉行杂感》，载施康强编：《四川的凸现》，中央编译出版社，2001年版，第116页。
⑧ 吴祖光：《断肠人在天涯——花街行》，载施康强编：《四川的凸现》，中央编译出版社，2001年版，第140页。
⑨ 同上，第139页。

色春情，一齐流浪到成都来了!"[①] 成都，不仅是他们的流寓居所，更是他们对生活饱含深情的寄托与期待。现实的"柔美"与理想的"柔美"相结合，成都在他们眼中，便更是如理想中的江南一般"柔美"，令人沉醉。

概括而论，时人多叙成都的气质性格乃是刚柔并济，兼具北平与江南之长。既有北平庄重雄浑华丽的"刚美"，又有江南秀丽恬淡怡然的"柔美"。但这一感受不仅停留在城市风格本身上，细细思量，成都如江南般的"柔美"带有理想的寄托，其如北平般的"刚美"又何尝不是呢？成都之"刚美"，不仅在于它有与北平类似的城市建筑布局与市民生活气息，更寄托着人们期待的由那深厚的历史底蕴孕育出的坚忍不拔、无所畏惧的精神。有人用"伟大"来形容成都，并且"祝福这一座理想中的伟大而美丽的城池，把中华民族的固有德性，从万方烽火中，四围山色里，发挥光大出来"，[②] 这是多么现实的寄寓。国家危难存亡之际，国人莫不期盼度过厄劫，而此刻亟需的就是中华民族的"固有德性"——坚忍不拔、无所畏惧的"刚美"。成都作为抗战大后方城市，也正以自己的坚韧和无畏，承担着国家的前途和命运，这不正是其"刚美"性格的更高体现吗？

北平的"刚美"和江南的"柔美"，因为流离者的感触和心境，由于历史和现实的交汇，在这座城市里完美融合了，构成了他们心中最富吸引力的成都。这是当时心怀家国前途的人们对成都这座城市性格最深刻的认识与描绘，亦是最理想的寄托。

二、"手"和"口"

老舍在日记里曾记："我爱成都，因为它有手有口。"[③] "手"是指成都的手工业，"口"则是指成都地区流行的川戏。"有手有口"，也正是辗转至此的"下江人"对成都城市文化的一个直观印象。

先说"手"。蜀地富饶，蜀匠灵巧，成都的手工业积蓄浓厚。"手工艺，是成都一个特殊作风。"[④] 成都最著名的手工艺，不外乎是蜀锦和蜀绣。蜀锦巧夺天工，称妙两千多年，成都也因此有了"锦城"的美称。蜀绣精巧细腻，构图优美，更是四大名绣之一。除此以外，成都更有"蜀刀、蜀布、蜀酒、蜀杯、蜀纸、蜀笺、蜀刻、蜀扇"等八大类手工名产为人称道。[⑤] 在成都生活的日子里，旅行者们也直观地感受到了这些传统手工业的魅力。"走过九龙巷，看到美丽的丝绣"，[⑥] 是蜀绣吸引了他们的眼光；"经过某街，看到印书匠还在雕刻木板，舍活字版而不用"，[⑦] 蜀刻的传统技艺又让他们感到新奇好玩。"饮的是绵州大曲……一杯一杯的干，竟喝得有八开了"，[⑧] 朋友相聚，清洌甘醇的蜀酒也让人欲罢不能。流连之间，

---

① 易君左：《锦城七日记》，载施康强编：《四川的凸现》，中央编译出版社，2001年版，第88～89页。
② 同上，第89页。
③ 老舍：《可爱的成都》，载施康强编：《四川的凸现》，中央编译出版社，2001年版，第113页。
④ 张恨水：《蓉行杂感》，载施康强编：《四川的凸现》，中央编译出版社，2001年版，第125页。
⑤ 冯一下：《古蜀名产集萃》，载成都市群众艺术馆编：《成都掌故》（典藏版），四川大学出版社，2007年，第211～218页。
⑥ 张恨水：《蓉行杂感》，载施康强编：《四川的凸现》，中央编译出版社，2001年版，第125页。
⑦ 同上。
⑧ 易君左：《锦城七日记》，载施康强编：《四川的凸现》，中央编译出版社，2001年版，第108页。

他们往往被这些精巧的手工工艺所吸引，并且毫不吝啬地表达出对此的赞美与喜爱，认为"成都还存着我们民族的巧手"。[①]

另一方面，一部分人也表现出了对传统手工业衰微的担忧。黄裳年幼时被薛涛和"五色笺"的故事所吸引。游历成都之时，他走遍了祠堂街、玉带桥和其余有名的几条文化街，想在南纸店里买点笺纸，而带回来的却只是失望。"他们所有的只是一些刻着粗糙的人物山水画的信纸和已经成了宝贝的洋纸的美丽笺之类……不禁使人叹风流的歇绝了。"[②] 从这一例记载中可以看出，当时成都的传统手工业陷入了一种新的困境。一则传统的技艺有了衰微之势，这也许和战时的特殊生产状况有关；二则外来工业品的冲击使得传统的手工品很有可能被替代。

传统手工业文化的衰退触动着他们的内心，在描绘这一现象时候，黄裳这样形容道："一切旧的渐渐毁灭下去，新的坚实的工业文化还没有影子，成都却已渐染上了浓厚的浅薄的商业色彩，成为洋货的集散地，和一些有钱和有闲者消费的场所。在这里，我对那还多少保持了古代文化的成都的生活方式，和其他的一切深深的有着依恋的心情。"[③] 言语中有心痛，有怀念，也有对时代变迁的无奈。然而他们又并非故步自封反对先进生产力的顽愚之徒。传统手工业与现代工业之间的碰撞，引导着他们去思考如何维持传统与现代的平衡，"绝对不是反对机械，而只是说，我们在大的工业上必须采取西洋方法，在小工业上则须保存我们的手。"[④] 这种思考，不仅着眼于一城一地的传统手工，更上升到了对当时国家生产力发展的考虑，在今天看来，也是十分中肯的。

再说"口"。成都地区流行的戏剧是川戏——融汇高腔、昆曲、胡琴、弹戏和四川民间灯戏五种声腔艺术而成。清时成都并无专门的戏园，艺人都在各会馆或者有钱有势的人家中演出，谓之"唱堂戏"。1906 年吴碧澄在会府北街创立可园，亦称咏霓茶社，为成都第一个正式的专门戏园。"成都人故好观剧，故官许之，入览者甚多"，[⑤] 开戏园专门演出之风。川戏内容丰富，剧目繁多，极富感染力。但早期的戏曲内容良莠不齐，"各梨园所演淫戏、凶戏，论者言之屡也"，[⑥] 容易传播不良习气，官府多次下令整改，并禁止这类有伤风化的剧目演出。后来商会设立戏曲改良会，"排新戏以感化愚顽"，[⑦] 力图发挥戏曲教化感染民众的作用，成都的戏剧才发生了较大的改观。抗战时期，各戏园演出的戏曲也多以激发民情为主。

寓居成都的"下江人"，几乎都会去戏园观赏川戏演出，对川戏的印象也各不相同。有的单纯欣赏音律，称赞其融会贯通汲取各家之长，"太复杂，在牌子上，在音域上，恐怕它比任何中国的歌剧都复杂的好多"。[⑧] 有的虽为娱乐消遣，但对待戏曲所演之事严肃认真。

---

① 老舍：《可爱的成都》，载施康强编：《四川的凸现》，中央编译出版社，2001 年版，第 114 页。
② 黄裳：《成都散记》，载施康强编：《四川的凸现》，中央编译出版社，2001 年版，第 132 页。
③ 同上，第 132 页。
④ 老舍：《可爱的成都》，载施康强编：《四川的凸现》，中央编译出版社，2001 年版，第 114 页。
⑤ 傅崇矩：《成都通览》（上册），巴蜀书社，1987 年版，第 277 页。
⑥ 同上，第 277 页。
⑦ 同上，第 277 页。
⑧ 老舍：《可爱的成都》，载施康强编：《四川的凸现》，中央编译出版社，2001 年版，第 114 页。

张恨水听过《帝王珠》后，便查遍《元史》，希望能考证求实该故事的真实性，虽然最终无迹可寻，但也十分赞同此剧的艺术性，并认为此剧是以金元故事讽刺清廷的例子。[①] 有的则从戏曲里获得了深刻的情感共鸣。黄裳认为川戏的乐曲“激越”“悲凉”，并从川戏里听出了四川的悲苦。“四川是从古以来就常有战乱发生的地方，这悲苦的经验被写进戏剧里，音乐里，如此深刻，如此广泛的活在每一个蜀人的歌音里，成为一种悲哀的调子。这使我联想起那啼血的子规，和江上的橹声，船夫的歌声，觉得这些似乎是发自那同一的源泉，同一的悲哀的源泉。”[②] 感时伤怀，情感共鸣，这又是对川戏更深一层次的理解和体验了。

三、茶铺聚谈，闲适之风

成都的茶馆和茶馆文化亦给从外省来成都的人留下了深刻的印象。

俗语云：“早起开门七件事，柴米油盐酱醋茶。”而在成都，似乎“茶”才是在日常生活里排第一位的。寓居于此的外来人，感受到的是“蓉城人士之上茶馆，其需要有胜于油盐小菜与米和煤者”[③]。

确实如此，成都人民嗜茶之风久矣。清人傅崇矩在描绘“成都人之性情积习”时曾记一条，曰：“茶铺聚谈，好造风谣。”[④] 可见茶馆在成都的日常生活里占据的地位。成都的茶馆遍及全城，数量极多，“苏州茶馆也多，似乎仍有小巫见大巫之别”[⑤]。据统计，抗战时期，成都茶馆的数量达到了614家，[⑥] 确实可以说是达到了“无街不有”的盛况。同时，每日泡在茶馆消磨的茶客的数量也十分巨大。[⑦] 人们在茶馆里不仅仅喝茶，更是“谈古论今，议论社会，下棋赌赛，议评人物，刺探阴私，妄谈闺阁”[⑧]。茶馆不仅是喝茶品茗的场所，更是人们交流信息、丰富生活的社交中心。时政、新闻、轶事，哪一样都可以成为谈资；棋牌、比赛，亦可作为消遣的手段。同时，不同的茶馆，不仅有铺面装修程度之分，更有主顾人群之差。“空气流通，房屋整洁的，计少城公园及新开正娱花园，小坐片刻，啜茗闲谈，稍有清趣，来往的人也比较上流，其他茶社，贤愚不等，至于冷街僻巷，形式简陋，多临街觅有一铺户营业，排列矮椅矮桌，专供一般推车抬轿，劳动阶级者。”[⑨] 位于不同区域的茶馆，也往往因地理位置的不同招徕各不相同阶层的茶客。“操练箭术的‘射德会’把少城公园的茶馆作为会址；中山街的茶馆靠近鸽市，因而成为养鸽人的聚会处；百老汇茶馆地处鸟市，

---

① 张恨水：《蓉行杂感》，载施康强编：《四川的凸现》，中央编译出版社，2001年版，第125页。
② 黄裳：《成都散记》，载施康强编：《四川的凸现》，中央编译出版社，2001年版，第135页。
③ 张恨水：《蓉行杂感》，载施康强编：《四川的凸现》，中央编译出版社，2001年版，第121页。
④ 傅崇矩：《成都通览》（上册），巴蜀书社，1987年版，第273页。
⑤ 张恨水：《蓉行杂感》，载施康强编：《四川的凸现》，中央编译出版社，2001年版，第121页。
⑥ 何一民编：《变革与发展：中国内陆城市成都现代化研究》，四川大学出版社，2002年版，第582页。
⑦ 不同方法对茶客数量进行估算的差异颇大，不可能得出十分准确的数字，但可以对茶客人数有一个大的概念。根据王笛的统计，“1942年初有人按成都400家茶馆算，如果每个茶馆每小时服务20个顾客，总数可达8,000人。如果按茶馆每日开10小时算，便有8万人……同年，另有人估计，如果按每个茶馆每天50个客人计，每天即有30,550人……”参见王笛：《茶馆、茶房与茶客——近代中国城市的公共空间和公共生活的一个微观考察》，2005年9月21日华东师大思与文演讲。
⑧ 周芷颖编：《新成都》，复兴书局，1943年版，第246页。
⑨ 同上，第247页。

便当然被爱鸟人选为大本营。"[①]

在他们的记载里，有这么一段最具代表性："（成都）全城大小有八百余条街巷，平均每二条街有茶馆一家，茶馆大者可容百数十人乃至二三百人，小者亦可容数十人。在茶馆可以看报、谈天、吃零食。有闲阶级坐茶馆，有忙阶级也坐茶馆，如商人之谈交易，各界人士之会客，多约定在茶馆相会，最有趣的，是每一个茶馆可以代表其主顾的某一阶层，如少城公园中的茶馆，为知识阶级聚食之所；中城公园的茶馆则又另一阶层；商人的茶馆多以茶而别，甚至车夫、粪夫也各有其茶馆。"[②] 这一记载既概括出了成都茶馆的盛行，又从三个方面揭示了外来者对成都茶馆普遍的直观印象与观察结果：一是茶馆容量大，数量多；二是茶馆可以进行多种社会活动；三是茶馆及其聚集的人群有阶层之分。这种观察的结果和成都的茶馆文化是相吻合的。

不仅如此，成都特殊的地理环境和文化氛围，更使得泡茶馆成为一种典型的悠闲自得的生活方式。"自绝早到晚间都看到这里椅子上坐着有人，各人面前放一盖碗茶，陶然自得，毫无倦意。"[③] 大多数人一早则踱步到茶馆，泡上一碗茶，同熟识的茶客谈天说地，嬉笑怒骂间便在茶馆里度过一天，直达傍晚才回家。[④] "成都人闲逸之风，在茶馆里最易表现"，[⑤] 也让他们十分感慨。

这种闲逸之风，在外人看来是极其不可思议的，对其态度也有两极之差。批判的一方认为，国家处于危难之际，前方将士浴血奋战，人们应该把金钱和精力投入到战争之中，而不是浪费在茶馆里。并且以为整日泡在茶馆是一种"自私""麻木""对战争漠不关心"的"不爱国"行为。这是典型的战乱环境下外来者与本地人之间因生活方式和文化差异之间而产生的激烈冲突。另一方面，有相当一部分外来者欣赏和向往这种风气。在另一册游记里，舒新城谈到茶馆聚谈这种闲逸之风时，感慨道："我看得他们这种休闲的生活情形，又回忆到工商业社会上男男女女那种穿衣吃饭都如赶贼般忙碌的生活，对于他们真是视若天仙，求之不得！……我们幸能于此时见得这种章士钊所谓农国的生活，更深愿四川的朋友善享这农国的生活。"[⑥] 他们认为这种悠闲，是节奏缓慢的传统生活方式的保留，是动荡时期的心理安慰。此书所载游记中，作者们亦大都对这种闲逸之风表现出认同欣赏之态。在他们眼中，成都的这种茶铺聚谈的闲逸之风是独特的，即使"一寸光阴一寸金""有时也许会作个例外"。[⑦] 或许是钦佩于成都人民在动乱高压之下也能保持悠闲乐观的生活方式；或许是由景入情，联想到战乱之前他们在家乡美好的生活，他们"对于成都市上之时间充裕，极端的敬佩与欣慕"。[⑧] 时过境迁，直到今天，这种闲逸之风仍然是成都的独特风气，也是这座城市吸引人

---

① 王笛：《茶馆、茶房与茶客——近代中国城市的公共空间和公共生活的一个微观考察》，2005年9月21日华东师大思与文演讲。

② 易君左：《锦城七日记》，载施康强编：《四川的凸现》，中央编译出版社，2001年版，第99页。

③ 张恨水：《蓉行杂感》，载施康强编：《四川的凸现》，中央编译出版社，2001年版，第121页。

④ 关于成都人喜好泡茶馆度日风气的形成原因，可参见王笛：《茶馆：成都的公共生活和微观世界（1900—1950）》，社会科学文献出版社，2010年版。

⑤ 易君左：《锦城七日记》，载施康强编：《四川的凸现》，中央编译出版社，2001年版，第99页。

⑥ 舒新城：《蜀游心影》，中华书局，1934年版，第144～145页。

⑦ 张恨水：《蓉行杂感》，载施康强编：《四川的凸现》，中央编译出版社，2001年版，第121页。

⑧ 同上，第121页。

的魅力之一。

四、“断肠人在天涯”

“人们都乐于接近表面的光鲜，没有人愿意深入到腐朽中去的，到过成都的人，有几个去过‘花街’?”[①] 这是吴祖光 1943 年的质问。当来此的人们大多沉迷流连于成都的光鲜亮丽时，他却到传说中堪比“人间地狱”的“花街”专门一瞥，“深入到腐朽中”去亲自感受这座城市的另一面。

这里的“花街”，就是当时成都有名的娼妓特区——新化街。因为其中居住的全是娼妓，故人们更愿意用“花街柳巷”之“花街”来称呼此地，其“新化街”的正名却很少被提及了。“(花街是）方形，实在是四条街拼成的，走一个来回，大概要半个钟头。它特殊的与外界隔绝的形式，我们不妨譬它作一个独立的国家……四条街每个街口的卫兵，负责严防妓女逃走，严禁身份不合之人擅入。”[②] “走过天涯石街，便有木栅拦路，并且有卫兵站岗，阻止那些衣冠整齐的上流人进去，有时偶尔有上流人要通过这块地方到别处去时，卫兵也一定会加以劝阻，指给他另一条路的。卫兵执行的是命令，命令指定这地方只许下等人往来，命令是政府发下来的。”[③] 在吴祖光的描述里，我们看到的是一个被人为地与外界隔离开来的角落。居住在这里的，是被严格限制了自由的娼妓；而来此消遣的，也只能是下等人，身份不合之人，甚至禁止入内。这到底是怎样的一个地方?

这块荒唐地，自有它的由来。

1906 年，时任成都警察局总办的周善培，深感成都市内娼妓“有明有暗，勾引子弟，诱陷妇女，为害不浅”,[④] 于是对成都市内娼妓的身份进行调查登记，并在娼妓门前订一木牌，上书“监视户”[⑤] 三字，以示区别。后来又将散居各处的流娼私妓[⑥]集中安置，迁至一处统一管理。起初划出天涯石街、毛家拐街、福字街一带，后来又再开辟天涯石北街、水东门街、顺城东街一片，集中安置监察娼妓，并将此片区改名为“新化街”，是为娼妓特区。所有居住在此的娼妓，都由政府统一管理，向政府缴纳捐税。由此成都有“公娼”和“私娼”之别。“其登记注册挂牌营业者称‘公娼’（亦称‘官妓’)，而私下拉客、逃税偷税者称‘私娼’。”[⑦] 新化街所住，即是公娼。周善培又在此区附近设立济良所，给予娼妓从良的机会。[⑧] 他还召集娼妓开会，说“你们愿做娼者，集居此地，不许外迁；不愿做娼者，可到大

---

① 吴祖光：《断肠人在天涯——花街行》，载施康强编：《四川的凸现》，中央编译出版社，2001 年版，第 140 页。

② 同上，第 141 页。

③ 同上，第 140 页。

④ 傅崇矩：《成都通览》(上册)，巴蜀书社，1987 年版，第 193 页。

⑤ 意为“接受保甲良民监视之户”。

⑥ 晚清年间，成都娼妓集中的地方主要有两大区域。一是东门附近，沿城墙出东门有一段名为“柿子园”。此处盖了很多家棚户，各家棚户门前都会站有一名花布短衣女人，招揽每日从这里经过的负责挑运全城粪便的力夫，与之进行性交易，每次的费用为三十二文铜钱。一是北门北较场，武担山一带，有一两百家穷困娼妓聚集在一起，情况较柿子园稍好。除此以外，还有一两万左右人数的娼妓散处在天涯石、藩库街、五世同堂、笔帖式、沙河堡、大田坎、花牌坊、驷马桥等地。

⑦ 何一民、姚乐野主编：《民国时期社会调查丛编·四川大学卷》(下)，福建教育出版社，2014 年版，第 533 页。

⑧ 白景纯：《涉迹旧成都的娼妓花业》，载文芳编：《民国青楼秘史》，中国文史出版社，2012 年版，第 35 页。

田坎纱厂做工（周善培在任劝业道时，于东门大田坎开办纺纱厂）。"又在天涯石街口建造一楼，派警察看守，并制一横匾，上书"觉我良民"四字，钉在楼口。并派军队设立警戒线，明令："一、各学堂学生应守礼法，不准入内；二、各营兵丁应守营规，不准入内；三、年轻子弟应爱身体，不准入内。以上三等人，该户（监视户）如敢私留，查出一并治罪。如有地棍痞徒，借词滋扰，亦准该户密报本局拿办。"① 这就是"花街"的雏形。从建立起，这块地方就是严格受到限制的。周善培的禁令，一来限制了娼妓的人身自由，二来限制了嫖娼者的身份。在整治当初，一定程度上限制了不良社会风气的扩散。随着一批愿意从良的、条件好一点可以他法谋生的人的离去，留在特区内的，基本就是那些穷困潦倒除了卖淫生活无以为继的贫贱之人了。民国建立后，新化街被保留了下来，其内的公娼也继续合法地存在。因她们大多都是社会底层的贫贱之人，居住条件简陋，收费低廉，其服务的对象也多是社会底层的低收入者，故又被称作"土娼"。另一方面，政府也因此地是贫贱娼妓聚集所，加强了限制，只准下层人民来此消遣。此地已经渐渐演变为一座"围城"，里面的妓女因其贫贱无法跳脱卖淫这潭死水，只能被人为地隔绝在这四方街道之中，因此才有了吴祖光的所见所闻。

而吴祖光所见，只是底层妇女悲惨生活的一部分。居住在"花街"里的娼妓被称作"土娼"，是低等的那一阶层，那么显然存在与之对比较高级的一阶层，那就是所谓的"扬州妓"。由于抗日战争的影响，大批"下江人"迁往四川，这其中就包括了一批扬州的妓女。她们的到来，影响和改变了四川的风气。所谓"扬州妓"，后来不单单指"下江人"中为娼妓者，亦指受其影响、而被训练得像原来扬州一派作风的娼妓。相对于"土娼"，她们条件更好，更吸引人，其主顾多为中上层人士，如绅商、官员、军人等。这两种娼妓，都是在警察局登记在册的"公娼"。1944 年，成都持有警局下发的"乐女证"的妓女共有 13565 人。② 但这还不包括未经登记的大量"私娼"和"滥娼"。时人出版的图书中描绘道："私娼与正式人家，初无两样，又没有固定区域，所以无法统计，大约数量，比公娼多，又有一种滥娼，和上海野鸡仿佛，每夜华灯初上，麇立在春熙路，及玉石街、中山街一带，脂粉骷髅，非复人样。"③ 可见其时成都娼妓之泛滥。

这种状况的形成，自然有历史和现实的原因。除开传统的封建习俗遗留之外，妇女堕落为娼最现实的原因莫过于经济状况的不济了，"成都自抗战军兴后，省外人士，来川日众，市面较战前繁华，因生活狂涨，许多住户，不能维持，又不愿铤而走险，娼寮乃应运而生，以为现状，以卖淫为疗贫不二法门，社会地步，走入这一阶段，玩味起来，能不慨叹。"④ 寥寥数语，既道破经济上之关联，又让人不得不心痛和无奈当时的社会现实。见识了新化街上最底层娼妓之悲惨现状的吴祖光，生出过这样的感慨："她们永远休想走出去一步的。没有羞耻，没有一切；进了这条街，便注定死于这条街了。"⑤ 这又何止于新化街。对于广大

---

① 乔绍馨：《周孝怀自述往事记》，载成都市政协文史学习委员会编：《成都文史资料选编》（辛亥前后卷），四川人民出版社，2007 年版，第 27～28 页。傅崇矩：《成都通览》（上册），巴蜀书社，1987 年版，第 193 页。

② 何一民、姚乐野主编：《民国时期社会调查丛编·四川大学卷》（下），福建教育出版社，2014 年版，第 535 页。

③ 周芷颖编：《新成都》，复兴书局，1943 年版，第 246 页。

④ 同上。

⑤ 吴祖光：《断肠人在天涯——花街行》，载施康强编：《四川的凸现》，中央编译出版社，2001 年版，第 143 页。

的娼妓来讲，又何尝不是“一个世界上分了两个世界，而我们是两个世界的人”[①] 的感慨？

“这是中华民国，而她们都是中国的主人翁！全中国的人们！诸位主席们！领袖们，大官大府们，以及好内战成性的英雄将军们！你们看见没有？你们听见了没有？你们想到过没有？她们就是你们的母亲！你们的姐妹！你们的同胞手足啊！”[②] 这是吴祖光日记里最后的呐喊。庆幸的是，时代在进步发展，妇女的地位日渐提高，权益得到保障，“此辈可怜虫，尚望妇女领导者，急起拯救之”[③] 的愿望，在新的时代里，已经不再是奢望。

五、结语

抗战时期的成都，对大多数流离失所迁入内地的“下江人”来说，都是一方避乱的乐土。在这里，他们可以暂时逃离不休的战乱，求得片刻安宁。在他们的眼中，成都既是一个全新的城市，又带着几分熟悉。在成都的短暂时光里，他们开始了一种新的生活，城市是新的，语言是新的，生活习惯也是新的。但这种新又带着旧的熟悉。他们会在这座城市里发现自己情感的寄托，发现自己对往日的思念。沟通这种新奇与熟悉的载体，正是他们那颗历经变故依旧鲜活的心。成都，只是这群“漂泊西南天地间”的游子们流离的一处驿站。但是，这座城市却以其独特的魅力，引起了漂泊者的情感共鸣，并让他们心生喜欢。文中所述前三点，只是万千“下江人”对成都印象中的一瞥，它不完备，也可能有失偏颇又或言过其实。但是，在那样一种特殊的环境下，这种主观性极强的自我感受，也是时人对成都印象的极好的一部分佐证。这种情感，也萦绕在他们日后的生活里，并且留下了美丽的念想。“事到如今你离开了那个地方，你再想到那个地方，你就会非常可惊地发现它的好处多于坏处。看到眼前每况愈下的现实，那我们曾经长久安身的‘天府之国’便几乎成了一个梦中的仙境了。”[④] 而文中所述第四点，则是有识之士忧国忧民的现实关怀精神的体现之一面。漂泊在西南天地之间的大部分人们，都是心系国家和民族命运的有识者。他们没有因战乱而失去对前途的信心，仍旧能够在漂泊中寄情人文山水聊以自慰。他们更没有因为逃离战火就逃避现实的悲苦，哪怕是在难得的和气下，依旧能够敏感地去正视、揭露，并呼吁人们去改变残酷的现实。我们的民族，也正是在兼具这样的乐观和忧患意识下，才走向了一片更广阔的天地。

“以城市来说，我们不能忘记成都。”[⑤] 因为在那段特殊的时期，它承载了“我们”太多的喜怒哀乐。

（作者单位：四川师范大学历史文化与旅游学院）

① 吴祖光：《断肠人在天涯——花街行》，载施康强编：《四川的凸现》，中央编译出版社，2001 年版，第 143 页。
② 同上，第 144 页。
③ 周芷颖编：《新成都》，复兴书局，1943 年版，第 246 页。
④ 吴祖光：《断肠人在天涯——花街行》，载施康强编：《四川的凸现》，中央编译出版社，2001 年版，第 139 页。
⑤ 同上。

成都杜甫草堂今昔变迁中的古建筑保护

陈 宁

内容提要：杜甫草堂是中国唐代伟大的现实主义诗人杜甫流寓成都时的故居。自唐末韦庄沿着浣花溪寻找柱砥犹存的草堂旧址至今已经一千多年了，草堂经过历代多次翻修培修，几经变迁，以明孝宗弘治十三年（1500）和清嘉庆十六年（1811）两次规模最大，奠定了后世草堂依中轴线对称的多重院落式布局的基础。建馆后，草堂的古建筑经过多次修缮，基本上保留了清代的建筑格局，以它古朴典雅、庄重敦厚的风格屹立于历史长河之中，迎接满怀崇敬心情的世人对诗圣杜甫的朝拜。

关键词：成都杜甫草堂；历史沿革；建筑格局；古建筑保护

杜甫草堂是中国唐代伟大的现实主义诗人杜甫流寓成都时的故居，位于成都市中心二环以内，紧邻风景优美的浣花溪公园，介于草堂路和青华路之间，占地 270 亩。成都杜甫草堂博物馆不仅是全国重点文物保护单位、国家 4A 级旅游景区、国家一级博物馆，是全国收集整理杜甫资料最集中、最丰富的地方和杜甫研究中心，也是蜀地纪念性祠宇的典型代表。成都杜甫草堂是现存杜甫行踪遗迹中规模最大、保存最完好、最具特色和知名度的一处。

一、草堂的历史沿革

唐乾元二年（759），为避安史之乱，杜甫携家眷由甘肃赴成都，受亲朋好友的资助，在成都西郊选择了一块环境幽静、风光秀美的地方建成了草堂。杜甫先后在此居住近四年，创作诗歌流传至今的有 240 余首。据杜诗《怀锦水居止》“万里桥西宅，百花潭北庄”的描绘，可知草堂地处浣花溪上游溪畔，在今老南门大桥的西面、龙爪堰的北面。《四川通志》有载“杜甫祠在浣花溪上，宋吕大防建”。唐代宗永泰元年（765）五月，杜甫离开成都南下后，其所建草堂的大部分被大历年间任西川节度使的崔宁之妾任氏据为私宅。此后，任氏又舍宅为寺，名曰梵安寺，又称草堂寺。唐昭宗天复二年（902），诗人韦庄沿浣花溪畔寻得杜甫草堂旧址，为纪念杜甫这位先贤，随即在其处重建了一间茅屋，并在那里居住。其弟韦霭在《浣花集·序》中记录了这段史实："辛酉春，应聘为西蜀奏记。明年，浣花溪寻得杜工部旧址，虽芜没已久，而柱砥犹存。因命芟夷，结茅为一室。"① 北宋神宗元丰年间，吕大防出镇成都后，在浣花溪畔寻访到梵安寺所未占之草堂遗址，重建了草堂，并命人绘其像于壁上，供人瞻拜。至此，杜甫草堂始具纪念性祠宇雏形。哲宗元祐初，胡宗愈将二百多首杜甫成都诗勒石，嵌于草堂壁间。吕重建草堂及胡勒石事见元祐五年（1090）胡宗愈《成都新刻草堂诗碑序》。南宋初，成都杜甫草堂仍因无人管理而再度荒颓。据赵次公、喻汝砺的《杜工部草堂记》记载，南宋高宗绍兴九年（1139），吏部尚书张焘到杜甫草堂，环顾其间，见屋宇、画像、诗碑皆已破损毁坏，即令僧人加以培修，遍刻杜诗一千四百多首于碑上，共计二十六碑，置于堂之四周，并新建了亭台、新植了竹柏。元代，草堂曾扩展为书院。元朝张雨有《赠纽怜大监》诗："论卷聚书三十万，锦江江上数连艘。追还教授文翁学，重叹征求使者劳。石室谈经修俎豆，草堂迎诏树旗旄。也知后世扬雄在，献赋为郎愧尔曹。"② 可知，当时纽怜作为蜀地最高行政长官倡议并以私财作三书院。草堂书院与文翁石室书院、扬雄墨池书院并举，同为蜀中重要的学宫。草堂书院即在成都杜甫草堂内建立。明代，草堂经过了多次重建、培修。其中，明孝宗弘治十三年（1500）修建的规模较大，范围有所扩展，明武宗时杨廷和的《重修杜工部草堂记》记载了此事。此次重修，奠定了后世草堂依中轴线对称的多重院落式布局的基础。清康熙九年（1670），四川布政使金俊重建了草堂，但规模不大，建成的草堂较为简朴，这在金俊《重建杜工部草堂碑记》里有记载。清康熙二十六年（1687），四川布政使李祖辉出资进行了局部修建，使何宇度的原刻杜甫遗像得以保存。雍正十二年（1734），康熙皇帝第十七子果亲王爱新觉罗·允礼途经成都，拜谒草堂，题就"少陵草堂"，后刻于碑上，石碑今存于草堂工部祠东碑亭内。后草堂又经过多次重修，以清嘉庆十六年（1811）规模最大，并在工部祠塑陆游像以配祀杜甫。今天的草堂文物区即保存了嘉庆重修时的建筑格局和园林风貌。光绪十年（1884），在工部祠内，再添北宋著名诗人黄庭坚塑像以配祀杜甫。③

关于草堂的历史沿革，清何明礼著《浣花草堂志》有专门记载，此书成于乾隆十六年（1751），刊于道光六年（1826），较为详细地记录了草堂历史变迁，汇集了相关资料。书共八卷，分十六目。其中卷一"源流"略述浣花溪水，"旧迹"考草堂寺及少陵草堂之地理位置，"胜概"列当时草堂亭桥之名，"碑碣"载宋至清十一碑目，卷二"人物"考少陵草堂诗所见交游，及历代建祠之人。卷三至五"艺文"，记宋迄清建修草堂之文十二首等。"碑碣"篇目所载为当时所见碑刻，并录蜀志所载碑记，可考历朝草堂之修建，如宋吕大防刻《杜公遗像碑》、胡宗愈《成都新刻草堂先生诗碑序》，明朱日藩《人日草堂诗碑》、房子侨《题草堂诗碑》，清雍正十三年果亲王题"少陵草堂"碑、嘉庆十八年《草堂图》碑等。"艺文"

① （唐）韦蔼：《浣花集·序》，《四库全书》集部。

② （元）张雨：《赠纽怜大监》，《式古堂书画汇考》卷十九，《四库全书》子部。

③ 关于草堂历史详见周维扬、丁浩著《杜甫草堂史话》，第二章"草堂的历史与现状"，四川文艺出版社，2015 年版。

卷，收录有赵次公《杜工部草堂记》，另有黄庭坚《大雅堂石刻杜诗记》、蜀献王朱椿《重建草堂落成祭杜子美文》、方孝孺《草堂碑记》、杨廷和《重修杜工部草堂记》、刘大漠《草堂别馆记》、陈文烛《建工部浣花草堂记》、冀应熊《重修草堂别馆记》、曹六兴《重修草堂碑记》等，皆关草堂之修建沿革。

民国后，因军阀割据，战乱频仍，草堂几经颓坏，但在民国十八年（1929）和二十三年（1934），仍有地方人士筹款对诗史堂和工部祠进行了重建。后来，草堂成为军队驻地，禁止游人参观，祠宇门窗，均被拆毁，破败不堪。新中国成立后，草堂经过全面修葺整理，对外开放。

二、草堂今日的建筑格局

现存杜甫草堂分为三大区域，从西至东分别是梅园、草堂旧址陈列馆和草堂寺。草堂寺建筑群和梅园是新中国成立后划归草堂管理的。草堂旧址、草堂寺两大建筑群均系清代所建，古建筑总面积11878平方米，前者由正门、大廨、诗史堂、柴门、工部祠等五重主体建筑构成中轴线，两旁配以回廊、东西陈列室以及恰受航轩和水竹居；后者由山门、天王殿、大雄宝殿、戒堂、藏经楼五重主体建筑以及东西方丈、塔院等附属建筑组成，具有典型的庙宇风格。同时，草堂内还有与建筑群交相辉映的清幽秀雅的川西园林。

草堂旧址古建筑的形制具有中国古代祠宇建筑基本格调和特点。草堂最前端的建筑是祠宇的大门，大门前是庄严朴素的照壁，起到了遮挡视线的作用，照壁前临风景优美的浣花溪。草堂大门的平面呈矩形，面阔三间，进深二间，用中柱分心造，明间开门，前后用踏道，成为过厅式建筑。门两边柱子上悬挂“万里桥西宅，百花潭北庄”对联，此联点明了草堂的具体位置。大门两侧为八字墙，西面墙壁镶嵌有文物保护单位标示碑。进大门，有一个石砌小桥，跨过石桥，便是大廨。“廨”是官署的意思，也就是古代地方官吏办公的场所。大廨是一座敞厅式建筑，高朗明亮，两壁悬有清代顾复初撰、现代书法家邵章补写的长联：“异代不同时，问如此江山，龙蜷虎卧几诗客；先生亦流寓，有长留天地，月白风清一草堂。”意深词工，脍炙人口。过大廨，便是诗史堂。诗史堂建在中轴线的中段，距大门70余米，殿堂宽敞，是草堂主要建筑之一。面阔五间，进深四间，正中是现代雕塑家刘开渠所塑的杜甫像，堂内陈列有当代名人题写的楹联、匾额。诗史堂前左右横廊连接“诗圣著千秋”和“草堂留后世”两大陈列室，并与从大廨折伸过来的单架栏杆回廊相连，组成一个完整的殿、堂、轩、廊建筑群院落。过诗史堂，即是“柴门”。柴门建造得小巧清雅，它原本是杜甫营建草堂时所造的院门，因为低矮简陋，诗人于是如此命名。柴门两侧墙壁嵌有清代石碑若干。两边砖砌矮墙，环绕“恰受航轩”和“水竹居”，与工部祠一起又自然地形成一组院落建筑。工部祠是草堂建筑群的最后一重，正中设杜甫神龛，两侧为宋代诗人陆游、黄庭坚陪祀。祠堂建在石砌台基上，素面无饰，面阔三间，进深三间，平面略呈方形，殿前四根廊柱、六抹格扇蛛网花纹门安置在明间檐柱内侧；屋顶为悬山式，屋面覆盖小青瓦，不用垂脊，在正脊两端作卷草起翘，脊中部用腰花（又称火焰宝珠）装饰，使屋面富于变化。此外，在大门之后和柴门之前分别架设了两座石拱桥，横跨在溪流之上。溪流与古建筑环绕，相映成趣。在西面的"草堂留后世"陈列室旁，建造了一座小品建筑——水槛，水槛架设在荷花池和溪流之上，在此赏景别具一番风味。① 草堂建筑群整体风格朴素典雅，主要考虑到诗人故居的性质，所以建筑物较矮小，结构简单，建筑不加装饰与雕琢，平檐、青顶、褐柱、粉墙，朴实无华，在翠竹绿树的掩映之下，赏心悦目，饶富诗意。

梅园区域的一览亭为民国时期的建筑。工部祠东边是少陵草堂碑亭，后面是 1997 年恢复重建的茅屋故居。2001 年年底，在草堂北大门东侧考古发掘的早期唐代生活遗址，有力地佐证了杜甫草堂在原址上代代因袭重建的历史沿革，填补了杜甫草堂没有唐代遗址和唐代生活遗物的空白，充实了杜甫草堂的文化内涵。草堂南门东侧为 2004 年在原地基上恢复重建的万佛楼。2015 年 11 月，根据"杜甫千诗碑"项目的工作需要，浣花溪公园移交成都杜甫草堂统一管理。此项目要求将杜甫一千四百余首诗歌以碑刻的形式呈现出来，置于草堂及浣花溪公园内。2017 年春节前，"杜甫千诗碑"一期工程完工，围绕着兰园和草堂书院修建廊亭，镶嵌近一百块杜诗石碑于墙体内，是诗歌、书法、石刻、园林、古建筑等各种形式融于一体的艺术呈现，给草堂带来了不一样的胜景。2016 年策划修建草堂书院（原草堂寺东方丈），集参观、讲学、接待等多种功能于一体，更加丰富了草堂的内涵和容积，书院现已基本建成，将于 2019 年底投入使用。

三、建馆后的古建筑保护

"中国古建筑在世界建筑中独树一帜，具有极高的艺术成就和科学价值，古建筑保护修缮的目的就是要最大限度地保存其历史、艺术和科学价值，以现代科技手段与传统工艺技术相结合，在保护古建筑本体的同时，解决好古建筑原来的建筑形制、建筑结构、建筑材料以及工艺技术等问题，并在保护修缮过程中全面深入地认知中国古代建筑的精髓所在。"② 草堂能以今日的容颜迎接世人的观览，也要归功于建馆时以及建馆后不断地修葺维护。

1952 年，杜甫草堂经全面整修后对外开放。1954 年，成都市人民政府批准筹建杜甫纪念馆，组成纪念馆筹备委员会，主要整建馆舍和征集藏品。为了维护诗人故居的特色和适应国家社会主义建设发展形势，管理人员除了日常养护，还对古建筑进行多次整修，其中规模较大的有几次。1954 年秋，将诗史堂和大廨两侧快要倒塌和风格不一的一些非主要纪念馆建筑改建重修。整修工作从 1954 年 12 月开始，至 1955 年 4 月结束，工程费用 1 万元，由成都市人民政府拨款。③ 1955 年 5 月 4 日，正式成立杜甫纪念馆。1965 年，增建西陈列室一幢，改建草堂原有建筑恰受航轩为阅览室，晨光阁为休息室等。整修工作 1956 年 1 月开始，到 4 月间完成，全部费用为 1.5 万元。1964 年至 1965 年，对所有纪念性建筑如正门、大廨、诗史堂、工部祠、东西陈列室等，进行了建馆以来第一次较为彻底全面的维修，翻盖了屋顶，更换了蛀朽的梁柱，翻修了地板等。这次维修为草堂日常养护工作奠定了良好的基

① 关于草堂古建筑格局详见李显文《杜甫草堂的建筑艺术》，《草堂》1983 年第 2 期。
② 刘乃涛：《试论中国古建筑保护理念》，《文物春秋》，2008 年第 6 期。
③ 古建筑修复数据来源于成都杜甫草堂博物馆档案资料。

础。1984 年，因白蚁危害，挑梁、角梁、檩子、门窗、地板等腐朽断裂，屋面变形、漏水，杂草及腐叶阻塞瓦沟，还有部分职工居住于古建筑中，杜甫纪念馆上报市文化局，对草堂急于维修的文物、古建筑进行了及时的补救和修缮，对草堂中轴线上的建筑拆换了腐朽的木质结构的挑梁、椽子、地板等，翻盖屋面并加瓦修复，修建职工宿舍。其中建筑维修总面积 18345 平方米，建筑维修经费共 14 万元。

1985 年 5 月，为加快发展，更好地服务于人民，扩大杜甫的影响，传承诗歌文化，杜甫纪念馆更名为杜甫草堂博物馆。从 20 世纪 80 年代至今，经上级主管部门同意，对中轴线及草堂寺古建筑群，进行了多次的日常维修整理，保持了古建筑的原貌，费用基本由本馆自筹。“情系草堂”图片展厅为原草堂寺天王殿，1997 年，对“情系草堂”图片展厅进行了修缮。工程由郫县古典建筑公司负责，面积 575 平方米，于 9 月 25 日开工，至 10 月 6 日竣工。草堂正门为单檐尖山式硬山建筑，因年久失修及白蚁的蛀蚀，山墙风化坍落，屋面瓦片风化，安全隐患十分严重。1998 年 1 月 20 日，设计方案经成都市文化局审批同意，由馆内技术工人负责对正门进行落架维修，整修台基、台面，更换修补构件，砌筑山墙，盖瓦、筑脊，油饰、粉刷，防治白蚁，恢复原貌。工程面积 110 平方米，于 1998 年 2 月开工，1998 年 5 月底竣工。正门的修复，使其再展昔日那质朴、典雅的风貌，受到了前来参观、访问杜甫草堂的人们的一致好评。原草堂寺定光殿（戒堂）于清康熙四年重建，因长期的风雨侵蚀及白蚁危害，结构受到严重的破坏，特别是后檐，已呈垮塌之势。因此，特请西南交大建筑系对其进行现状勘测及维修方案设计。1999 年 6 月 22 日，设计方案经国家文物局审批同意（文物保函〔99〕367 号），对戒堂进行修缮并加固了主梁。工程面积 420 平方米，总造价预算为 75.57 万元，其中博物馆自筹 20 万元，其余 55 万元申请国家文物局补助。2000 年，对大雅堂（原大雄宝殿）进行了修缮，由郫县古典建筑公司负责，工程面积 667 平方米，于 2000 年 6 月 5 日开工，2000 年 9 月 17 日竣工，工程质量优良。

2007 年国庆前，大廨的大梁出现下坠现象，造成屋面的小青瓦数次滑落，危及游人安全。10 月 21 日，四川省文物考古研究院、四川省古建石窟设计研究院编制的《杜甫草堂大廨抢险加固保护方案》经市文化局通过，坚持“不改变文物原状”的原则，保持原建筑风貌，建筑构件尽量使用原来材料，由草堂技术工人负责对大廨进行修缮，新瓦作底，覆以旧瓦，拆换了大廨的屋面和梁柱，拆除了 20 世纪 70 年代维修时添加的中檩，其他未损坏的构件按原样安装。2008 年汶川大地震后，为尽快修复杜甫草堂在地震中受损的文物设施，恢复和提升博物馆的功能和服务水平，早日对游客重新开放，带动成都旅游事业的恢复和发展，成都市发展和改革委员会批准通过了《关于报请审批成都市市级文物设施维修（杜甫草堂）项目可行性研究报告的函》，项目建设的主要内容为修复坍塌和严重损坏建筑，修复文物建筑屋面，续建、改建诗圣文化园吟诗阁，改造景观和绿化，以及其他配套设施的改扩建。在古建筑保护上，主要是对诗史堂、柴门、杜陵春、塔院等建筑进行修缮。其中杜陵春、柴门、诗史堂维修面积共 209 平方米，于 2010 年 4 月开工。2011 年 6 月 24 日由四川省文物管理局组织专家对此次文物建筑维修工程进行竣工验收，该工程达到了设计要求和维修保护目的，总体质量合格。

西方丈古建筑群（唐风遗韵）位于杜甫草堂博物馆南隅，大雅堂右侧，始建于清康熙五十九年（1720），整体建筑坐东朝西，三进四合院布局，单檐悬山式顶，小青瓦屋面，穿斗式梁架结构，屋面比例适度，造型简洁朴实，形象动人，脊饰丰富，木雕构件线条流畅，姿态各异，是优秀的清代建筑艺术精品。西方丈古建筑群曾作为办公、接待之用，除二进院南北厢房于2012年做过揭顶维修，建筑保存完好，其余建筑均有不同程度残损，主要为木构件糟朽、白蚁侵蚀及漆饰破损脱落等。2015年11月，利用传统工艺，对西方丈建筑进行揭顶维修，并对脱皮的表面和糟朽严重的柱与柱础进行维修更换；对原梁架、门窗表面起甲、脱落的漆皮进行剔除清理、重新漆饰；对院落内景观、石板地面进行维修恢复。修建后的唐风遗韵基本保留了原来的建筑格局和风貌，现又命名为“草堂文创馆”，主要展示售卖草堂文创产品，成为游人喜爱参观游览的又一景点。2017年，为了恢复重建草堂书院，并配合“杜甫千诗碑”工程碑廊施工，杜甫草堂博物馆决定对东方丈、东院及塔院附属建筑进行维修改造。按照传统建筑形制，并结合现场道路、树木等实际情况，适当调整东方丈、东院、观堂展厅的平面布局，注意与大雅堂、西方丈、观堂等周边建筑的呼应和衔接。同时，根据实际需求，适当增加架空层高度。项目投资3840万元，资金来源为国家文物保护专项经费和馆内自筹资金。

2013年至2017年，对连接草堂寺和草堂纪念馆区域的浣花祠、木刻廊、红墙等古建筑的维修保护及唐风遗韵整治工程是重点修缮项目。由浙江匀碧文物古建筑工程有限公司承建，维修改造浣花祠、木刻廊、唐风遗韵保护建筑面积共1580平方米，维修两侧红墙总长约416米，项目总投资为920万元。位于杜甫草堂花径旁边的浣花祠，供奉着唐西川节度使崔宁之妾任氏——其因率兵破贼，击败杨子琳，护城有功而备受人们爱戴。据杜甫草堂馆长刘洪考证：“浣花祠最早可考建于五代前蜀时，当时名为佑圣夫人祠。此后历代兴废，直至清光绪十二年（1886）黄云鹄于今草堂寺与杜甫草堂之间新建一祠，题曰‘浣花祠’，塑任氏像以祀之。”① 2017年，对朽败的浣花祠进行了维修，在保持原有面貌风格不变的原则下，重建了屋梁墙壁，粉砌一新，对外开放。

依据草堂原貌和历史遗迹对已经湮没的古建筑进行重建，草堂也有成功案例，那就是2004年对万佛楼的恢复重建。为了进一步完善杜甫草堂的规划建设，重现“万佛楼”的历史原貌，成都市委市政府同意在原址恢复万佛楼原貌，修建楼阁一座。万佛楼是成都的重要古迹，民间有“东有望江楼，西有万佛楼”的说法，始建年代不详，重建于清同治年间，惜毁于“文化大革命”。国家文物局批复（文物保函〔2004〕250号）要求在工程实施中，进一步加深对万佛楼遗址现状的勘测和研究，补充对遗址的保护措施；深入分析历史资料，力求恢复原状；工程应严格按传统工艺、材料施工。2004年，经成都市发展计划委员会审批立项，由成都市亚林古建筑设计有限公司编制设计方案，成都市屹华建筑工程公司负责对万佛楼进行恢复重建。工程面积910平方米，历时两年。万佛楼重建于原地基之上，在复建的过程中上发现了原柱础石，确认该遗址应为清代同治年间重建。重建后的万佛楼呈正八边形，重檐四层，楼高39.7米，并新铸铜钟，悬于楼顶。在万佛楼顶部可以俯瞰绿树掩映下的草堂全貌。

① 刘洪：《再论浣花夫人、浣花祠与杜甫草堂》，《杜甫研究学刊》2016年第4期。

为了保持草堂整体古朴典雅的建筑风格，园区内也有很多后来新修建的仿古建筑，但仿古建筑由于其自身的建筑特点和所用材质的原因，要经常进行修缮规整。万卷楼即是1985年修建成的仿古建筑，用作文物库房。“5·12”汶川地震后又进行了灾后修复。维修改造工程于2009年12月28日经成都市发展和改革委员会批复（成发改审批〔2009〕1248号）实施。项目总投资近390万元。施工日期为2011年7月20日至2012年5月20日。此项目的实施有利于尽快恢复杜甫草堂文物保护工作，有利于成都市文化、旅游产业的健康发展。2017年，对靠近北门的杜陵春仿古建筑进行了灾后重建质保期返修，部分建筑局部出现垮塌，危及游客安全，在保持原有风貌不变的基础上，对其进行保护抢修。2017年，还对用于“夜游草堂”及其产业发展的啜茗园进行了内部整治、展厅改造及装修等，更换腐朽木椽，做好木质构件的防潮、防虫、防火处理，重点解决屋面防水问题。原啜茗园经改造，现为草堂艺术中心，承担起传承传统文化的功能。位于草堂北大门入口处的听秋轩，是供游人盘桓小憩、赏绿闻鸣的场所。因年久失修，听秋轩屋面小青瓦破损滑落，泥塑爪角断裂残缺，屋面基层木椽朽槽、美人靠栏杆腐朽，木构件漆饰陈旧破损。为有效延长该建筑的使用寿命，更好地保证该建筑的完好及安全，杜甫草堂博物馆启动了听秋轩建筑岁修工作。岁修后的听秋轩已在2018年年初对观众开放。

为了切实做好全国重点文物保护单位文物保护规划的实施工作，在加强价值评估的基础上，明确保护范围、建设控制地带等的具体控制指标，更好地进行文物本体维修保护、基础设施建设、保护范围和建设控制地带内的建设，2006年杜甫草堂委托西安交通大学古迹与古建筑研究所和陕西省古建设计研究所共同编制了《成都杜甫草堂保护规划》，意在实现对草堂2005—2025年间的有效保护。该规划从历史沿革与概况、专项评估、基本对策、保护区划、保护措施、环境规划、利用规划、管理规划、规划分期、投资估算等方面作了科学合理的策划与评估，是杜甫草堂保护的指导性文件。该保护规划方案已于2007年11月23日经国家文物局的批复，逐步付诸实施，此后草堂采取的一些文物保护措施基本按照该方案的规划原则实施。

“古建筑是一门综合科学，涉及古代的建筑、艺术、科技、宗教、文化、意识形态等许多领域。研究中国古代社会发展史，弘扬民族优秀传统文化，对国民进行爱国主义教育，发展旅游业，振兴地方经济等，古建筑都是不可多得的珍贵实物资料，永远是今人和后人取之不竭、用之不尽的宝贵资源。”[①] 由于受自然和人为的破坏，古建筑的保护与维修面临着诸多问题，这是一项复杂、繁琐又需长期坚持的事情。由建馆后草堂对古建筑保护与维修的各种举措来看，古建筑的腐坏主要是自然风化、地震破坏、人为破坏及白蚁蛀蚀等诸多因素造成的，对其修复也要依照“修旧如旧”的原则，尽量保持它的历史原貌和结构框架，使用古建筑原有的材料进行修复，这样古迹遗存才能焕发不朽的光彩，中国古代的建筑艺术才能得到传承发扬。对草堂现有古建筑不断地修整维护，使之容颜常驻，让人们在瞻拜诗圣的同时还能领略到清代祠宇的建筑风格，漫步于清幽的园林中，独享现代都市喧嚣背后的一份宁静，这大概也与诗人杜甫当年寓居于此的心境相融合吧！草堂今后将继续按照“保护为主、

① 张国维：《古建筑保护理念浅析》，《文物世界》2006年第6期。

抢救第一、合理利用、加强管理”的物质文化遗产保护方针的要求，合理利用并保护现有的物质遗产，继承和弘扬中华民族优秀传统文化，并使历史流传下来的珍贵遗产融入现代生活，满足人们的精神需求，丰富人们的文化生活，为推动社会主义先进文化建设做出贡献。

（作者单位：成都杜甫草堂博物馆）

四川名人研究

明代温江名宦“任督堂”任汉生平考

张振刚

内容提要：任汉，四川温江人，明代进士，历任御史、江西巡抚、南京大理寺卿，是有明一代官职最高的温江人，在温江留下钓鱼台、任大理墓等历史遗迹，是温江历史名人。关于任汉，其生平、事迹等零散记载在温江县志等地方性史志资料中，目前还没有学者对其进行过研究。对于其他史料中对任汉的记载，尚没有学者关注到。本文根据乾隆、嘉庆和民国三个版本《温江县志》的记载，结合《明实录》中对任汉职位调整的记述，并参考《四川通志》《广东通志》中的相关辅证材料，考证任汉的生平轨迹，特别是任职经历等，将任汉的为官经历、时间具体化，为深入研究任汉这一温江历史名人提供较为详实的基础性材料。

关键词：历史名人；任汉；生平；考证

一、任汉的基本情况

任汉，字宁海[①]，又字少卿[②]，号桤庵[③]，四川温江人（温江县维新乡人）。进士出身，累官至通议大夫[④]、南京大理寺卿，是明代温江著名的“五里两督堂”中的一个（另一个为梁祖龄）。后人曾这样评价任汉：“大理丰碑在，妇孺识督堂。”

---

① 方宝观等编：《中国人名大辞典》，商务印书馆，1921年版，第226页。

② 温江县修志局镌：（民国十年）《温江县志》，1982年温江县文化馆翻印版，第五册，第6页，卷八“人物”。

③ 中共成都市温江区委党史研究室、成都市温江区地方志办公室整理重印：清宣统《温江县乡土志》，2008年11月，卷六，第63页。

④ 通议大夫一职仅在《祭任汉文》中出现过。详见中共成都市温江区委党史研究室、成都市温江区地方志办公室整理重印，清乾隆《温江县志》，2008年11月，第四卷，第49页。

二、任汉的研究现状及现有材料

关于任汉，目前还没有学者对其进行专门的研究，其生平、事迹等零散记载在《温江县志》等地方性史志资料中，笔者经过搜索、整理，查找到如下记述资料。

作为有明一代温江官职最高的官员，现存温江县志中均对任汉有所记述。其中，清乾隆版、嘉庆版《温江县志》均是简要记述，民国版有较为详细的记述。现择其中重要的段落摘录如下。

1.《温江县志》中的记载

清乾隆版《温江县志》第三卷七十七页“人物　乡贤”篇中记载：

> 任汉，成化进士，历御史，抗疏谕列，权贵敛避，林公俊称真御史①，累进布政使。刚直不挠，升右副都御史，改总治郧阳，经略三省，多所建白，省大理寺卿，浩然还蜀。平生孝友，容止矜庄。有诗六卷，奏议十卷。②

2.《钦定四库全书·四川通志》卷八“人物卷”中关于任汉的记载

> 任汉　温江人，成化间进士，历御史，抗疏论列，权贵悉皆敛避，林俊称真御史。累进布政使，升右副都御史，总治郧阳，经略三省，多所建白。升大理寺卿。平生孝友，容止矜庄。有诗六卷，奏议十卷。③

3.《钦定四库全书·江西通志》中卷四十七“秩官　明”篇目中的记载

> 任汉　四川温江人，进士，历任副都御史，改南京大理寺卿。④

4.《中国人名大辞典》有关“任汉”的词条记录

该书中“六画　任”字中记载：

> 任汉：明温江人，字宁海，弘治进士。任御史，巡按南畿，朝贵敛迹。时称真御史。官至都御史、大理寺卿。⑤

三、根据《明实录》记载考证任汉的详细生平

上述史料记载，主要集中在对任汉的评述上。对于任汉生平，尚没有详细记载。笔者在整理资料时发现，根据《明实录》中的相关记载，可以复原任汉的为官经历。

---

① 林公俊指林俊，(1452—1527)，字待用，历任云南按察副使，南京右佥都御史兼督操江，湖广、四川巡抚，工部尚书，刑部尚书等职，嘉靖元年（1522年）加太子太保，卒于嘉靖六年（1527年）。隆庆元年（1567年），追赠为少保，谥贞肃。

② 中共成都市温江区委党史研究室、成都市温江区地方志办公室整理重印：清乾隆《温江县志》，2008年11月，第三卷，第77页。

③ 《钦定四库全书·四川通志》，卷八，第21页。

④ 《钦定四库全书·江西通志》，卷四十七，第3页。

⑤ 方宝观等编：《中国人名大辞典》，商务印书馆，1921年版，第226页。

《明实录》是明代历朝官修的编年体史书，记录了从明太祖朱元璋到明熹宗朱由校共十五代皇帝、约两百五十年的大量资料，具有重要的史学价值，是研究明朝历史的基础史籍之一，是有明一代史料的集大成者。纂修此书，系以朝廷诸司部院所呈缴的章奏、批件等为本，又以遣往各省的官员收辑的先朝事迹做补充，逐年记录各个皇帝的诏敕、律令，以及政治、经济、文化等大事而成。

特别是由于御史等监察类职官的任免升迁、地方主要官员的任免均在明实录中有所记载，所以综合《明实录》中关于任汉的分散记载，结合前述史料记载，可对任汉生平考述如下：

（一）出身

关于任汉的出身，民国版《温江县志》有较为详细的记载，任汉“父承钦，永乐辛卯举人，官光禄寺署正”[①]。光禄寺署正为从六品级别的文官。

（二）科举中进士年份

根据民国版《温江县志》的记载，任汉于“成化丁未年登进士”，这与《明清进士题名碑录索引》中记载的“明成化二十三年”一致。《明清进士题名碑录索引》中更进一步记载了任汉的进士名次[②]：第三甲 24 名。由此可见，任汉进士及第的年份为明成化二十三年，即公元 1487 年。

（三）仕途变迁

根据《温江县志》中任汉简介，结合《祭任汉文》中的描述，笔者在查询《明实录》中的相关记载后，结合其他材料，可以将任汉出仕为官的轨迹整理出来。具体来说，关于任汉仕途上所任职务和任职年份的具体考证如下所述：

1. 1497 年，任南京检察院御史

据史料记载，中进士后，任汉的第一个官职是御史。授予御史的年份，据《明实录·大明孝宗敬皇帝实录》卷一百二十四记载，弘治十年“四月戊子，实授南京都察院理刑知县等官，王璟、王经、王启、萧渊、任汉、罗列、杜启、丘经、赵俊、李岳为南京监察御史。璟、经广东道，启、渊四川道，汉湖广道，列云南道，启山西道，经江西道，俊河南道，岳浙江道”。[③] 弘治十年即公元 1497 年。并且，该条记载还标明了任汉任监察御史的地点：湖广道。湖广道是明朝都察院所属的十三道之一，《据明会典》记载：“在京都察院及十三道，在外按察司，俱称风宪衙门，以肃政饬治为职。”任汉任职监察御史的督查范围主要是今湖南、湖北地界，此时任汉的级别为正七品。

明代，十三道监察御史与直属于皇帝的六科给事中统称“科道”，属于言官范畴。十三道监察御史，主察纠内外百司之官邪，或露章面劾，或封章奏劾。在内两京刷卷，巡视京营，监临乡、会试及武举，巡视光禄，巡视仓场，巡视内库、皇城、五城，轮值登闻鼓（后改科员）。在外巡按（北直隶二人，南直隶三人，宣大一人，辽东一人，甘肃一人，十三省

---

① 温江县修志局镌：（中华民国十年）《温江县志》，1982 年温江县文化馆翻印版，第五册第 6 页，卷八“人物”。

② 朱保炯、谢沛霖编：《明清进士题名碑录索引》，上海世纪出版股份有限公司、上海古籍出版社出版，1979 年 10 月新 1 版，上册，第 714 页。

③ 《明孝宗实录》，“中央研究院”历史语言研究所影印版，1962 年，第 2221 页。

各一人）。

这里面还涉及另外一个问题，就是从任汉中进士到实授南京检察御史历时十年之久，这十年时间，任汉在哪里呢？这要从明代的选官制度说起。据学者研究，有明一代，一直存在着“观政”制度。所谓观政，就是说，士子进士及第后并不立即授官，而是被派遣至六部九卿等衙门实习政事。此制度肇始于洪武十八年，贯穿有明一代。据《明史·选举志二》记载：进士观政衙门包括六部，都察院、大理寺和通政司。任汉观政的时间和部门现已无从考证，但是可以推断，在他实授南京监察御史前，是作为实习生在观政的。① 但是观政时期，由于此时的进士既非正式官员，且观政时又分派到中央各衙门，无所归类，故造成史籍对此阶段没有具体记载，所以也就无法查找任汉具体观政的部门。

在职御史时期，任汉不畏权贵，赢得了“真御史”的美名。这就是温江县志里记载的“林公俊称真御史”。真御史的得名，来自于明代另一位卓有声名的重要人物——林俊。林俊，字待用，历任云南按察副使，南京右佥都御史兼督操江，湖广、四川巡抚，工部尚书，刑部尚书等职，《明史·列传第八十二》有传。

2. 1501年，任江西按察使司佥事

据《大明孝宗敬皇帝实录》卷一百七十二记载，弘治十四年（1501）三月丁丑，“升大理寺左寺正王纯、南京监察御史任汉、南京刑部员外郎金冕、兵科给事中王廷、监察御史刘弼、福建福州府同知张罍，俱为按察司佥事，纯、汉江西，冕四川，廷山西，弼陕西，罍福建”。②

明朝的按察使司设佥事，作为辅佐按察使、分领各项事务的官员，品级为正五品。其职责及人数不定，以具体所领事务为准，如分领提学、驿传、清军、分巡、兵备等道。根据上面的任免记录可见，任汉为江西按察使司佥事。

3. 1505年，任浙江副使整饬温处兵备兼管分巡（司臬浙江）

据《明实录·大明武宗毅皇帝实录》卷二记载，弘治十八年六月丙寅，“升江西按察司佥事任汉为浙江副使、整饬温处兵备兼管分巡”。③ 弘治十八年即公元1505年。

按察使副使，是明代于各省按察使之下，设副职若干人，分巡一定地方，掌理刑名等事，品级为正四品。

“整饬温处兵备兼管分巡”这一职务涉及明代的军制。当时，从防区上，整个浙江分为杭严兵备、金衢兵备、嘉湖兵备、宁绍兵备、台州兵备和温处兵备等六道。兵备道全称为“整饬兵备道”，其官为兵备副使，负责整饬辖区兵备。温处兵备，主要负责“整饬温州，处州二府兵备，兼管分巡”，主要目的是设兵防倭。此职住所常驻温州，故温州称“东南重寄”。

关于任汉任此职，《钦定四库全书·浙江通志》卷十二“历代职官”中明代的“提刑按察司按察使”名录中也有记载，“任汉（已上，弘治间任）”。

---

① 章宏伟：《明代观政进士制度》，《吉林大学社会科学学报》，2008年第5期；颜文广：《明代观政进士制度考略》，《华南师范大学学报》（社会科学版）1992年第2期。

② 《明孝宗实录》，“中央研究院”历史语言研究所影印版，1962年，第3141页。

③ 同上，第71～72页。

4. 1509年，任广东按察司副使

《明实录》中关于任汉的任职变迁，在任浙江副使整饬温处兵备兼管分巡之后，出现了断层现象：这个职务之后，可以查找到的任职记载就是由江西右布政使升迁为江西左布政使。关于任汉在任职浙江和江西中间的这段时间的任职情况也没有详细记载。

但是根据《祭任汉文》中的描述，“司臬浙江，威惠并施。感恩有亭，去思有记。长宪岭海，风纪思彰”，在浙江任职之后、到江西任职之前，任汉曾有段时间“长宪岭海”，岭海，在明朝时指的是今广东地区。据此，笔者查阅了《钦定四库全书·广东通志》。《广东通志》卷二十七“职官志”中“按察司副使”历任名录中有任汉之名。原文为“按察司副使……任汉（浙江温州人，进士，四年任）”。这里的“四年”，根据上下文指的是正德四年，即公元1509年。

这里需要说明的是，根据《明清进士题名碑录》记载，有明一代，姓名为任汉的进士，只有四川温江的任汉一人，没有同名者，故《广东通志》此处任汉是浙江温州人的记载是错误的，原因可能是任汉是从浙江温州来广东任此职的，这里错把任汉任职地温州当成了户籍地。

5. 1511年，任江西左布政使

《明实录·大明武宗毅皇帝实录》卷八十记载，正德六年（1511）冬十月，“庚子，升江西右布政使任汉为左布政使”。①

《明史·职官志四》记载：“承宣布政使司。左右布政使各一人，从二品……掌一省之政，朝廷有德泽、禁令，承流宣播，以下于有司。”由此可见，此时任汉官属从二品，为江西省省级最高行政长官。

此条记录说明两点，一是1511年任汉任江西左布政使；二是之前任汉曾任江西右布政使。但是笔者在查询、搜索《明实录》后，没有发现关于任汉任职江西右布政使的记载。

但是，在查找资料的时候，笔者发现，在明代其他人的著作中，有任汉担任江西右布政使的记录。比如，王阳明先生的《阳明先生文集》卷九“阳明先生别录卷之一”记载，“查正德六年，奉总制江西等处地方军务左都御史陈金批，据江西布政司呈准本司右布政使任汉咨称，查得江西十三府俱系两淮行盐地方，湖西、岭北二道，滩石险恶，淮盐因而不到，商人往往越境私贩广盐，射利肥己，先蒙总督衙门奏准广盐许行南赣二府发卖”。该条记录显示，任汉在正德六年时，任江西右布政使。但可惜，未能更进一步查找到任汉始任江西右布政使的具体时间。

6. 1512年，任都察院右副都御史巡抚江西

《明实录·大明武宗毅皇帝实录》卷九十一记载，正德七年（1512）“壬戌升江西左布政使任汉为都察院右副都御史、巡抚江西”。②

此职包含两种职务：都察院右副都御史和江西巡抚。

都察院是明朝中央的司法行政监察机构，明朝部、院同治，院、部权并重，院长官都御

---

① 《明武宗实录》，“中央研究院”历史语言研究所影印版，1962年，第1742页。
② 同上，第1946~1947页。

史与部长官尚书平级，为正二品。右副都御史为从二品。

《大明会典》中有明文规定，在京的“都御史”称之为“坐院官”，在外担任总督军务、漕运、粮储、巡抚地方等项的“都御史”为“因事添设”，既是“无定员”，又是“无定衔”，就是说“品级”也没有确定。要根据在京外担任的具体职务来确定其品级。

巡抚是中国明清时地方军政大员之一，又称抚台。以“巡行天下，抚军按民”而名。级别为从二品。

《祭任汉文》中将任汉从江西左布政使转任都察院右副都御史巡抚江西的这段经历称为“桓桓方伯，载转豫章”。

另，任汉在此职任职期间曾短暂病休。

据《明实录·大明武宗毅皇帝实录》卷一百一十一记载，正德九年，即公元 1514 年，“己丑，巡抚江西都察院右副都御史任汉奏乞养病，许之”。

7. 1514 年，任都察院右副都御史任汉提督抚治郧阳等处

《明实录·大明武宗毅皇帝实录》卷一百一十八记载，正德九年（1514）“十一月壬午，命都察院右副都御史任汉提督抚治郧阳等处”。[①]

任汉担任的这个职务有其特殊之处。

明朝行政区划，最初只有南北两京及十三省，后来又增加了一些与省平级的抚治特区。这些特区或在一省之内，或地跨数省，郧阳抚治即属于后者。

为治理这些特区，明政府专门在数省交界的山区或少数民族居住区设置巡抚，这类巡抚全国只有四个，即南赣（今江西赣州市）巡抚、郧阳（今郧县）巡抚、松潘（今四川松潘）巡抚、偏沅（此巡抚驻地先在贵州省偏桥镇，后迁驻湖南的沅州，因此称偏沅巡抚）巡抚。郧阳巡抚为解决农民起义和流民问题而设置，辖鄂、豫、陕、川八府、九道、九州岛、六十五个县。

8. 1516 年，任南京大理寺卿

据《明实录·大明武宗毅皇帝实录》卷一百三十三记载，正德十一年（1516）“春正月，改抚治郧阳等处都察院右副都御史任汉为南京大理寺卿”。[②]

大理寺为明代朝廷最高审判机关之一，大理寺卿是全国三大司法长官之一，正三品，是掌握全国刑狱的最高长官。明代长江以南一京六省是由南京六部及南镇抚司南京大理寺治理的（包括东南军务），长江以北一京七省是由北京六部及北镇抚司和大理寺治理的（包括对蒙古的军务）。所以，任汉任职的南京大理寺卿主要负责长江以南一京六省的刑狱。

9. 1522 年，致仕

据《明实录·大明世宗肃皇帝实录》卷十九记载，嘉靖元年（1522）十月，“南京大理寺卿任汉以亲老屡疏乞休，不允，至是复诅终养，吏部覆奏，得旨暂准侍养，候其父病痊仍赴部听用”。[③]

---

① 《明武宗实录》，“中央研究院”历史语言研究所影印版，1962 年，第 2394 页。
② 同上，第 2645 页。
③ 同上，第 561 页。

可惜，任汉在致仕三年后的1525年就去世了。[①]

综上所述，任汉的一生特别是为官的经历就有了清晰的轨迹：进士及第（1487）—南京监察院御史（1497，监察湖广道）—江西按察使司佥事（1501）—浙江按察副使、整饬温处兵备兼管分巡（1505）—广东按察司副使（1509）—江西左布政使（1511）—都察院右副都御史、巡抚江西（1512）—都察院右副都御史、提督抚治郧阳等处（1514）—南京大理寺卿（1516）—致仕（1522）—去世（1525）。

四、对任汉生平进行考证的意义和价值

对于温江的历史名人来说，目前缺乏的是相对清晰的人生轨迹和较为饱满的人物形象。名人资源开发的形式无论如何变化，都必须建立在对名人相关资料的搜集、整理、重组之上。这就需要围绕温江历史名人资源，创新工作的方式方法，认真开展调查研究工作，展开历史名人生平研究，通过对相关史料的甄选和集结，丰富人物的研究细节，尽量还原历史名人的人生轨迹。充分依靠专家队伍，认真核实文献史料，收集当前国内外学术研究和文化传承动态，全面准确掌握历史名人相关情况，科学分析传承前景，合理制定传承规划。赋予温江历史名人新的时代内涵和表现形式，让历史名人及其文化“活”起来，真正走出历史、融入当代。本文正是以此为目的的一次尝试，笔者期望能通过这次考证，为深入研究和探讨“真御史”任汉任督堂的当代价值提供基础的材料和依据。

（作者单位：成都市温江区文物保护管理所）

① 《御祭任汉文》的写作时间为嘉靖四年，根据明代《赐祭葬》中的规制，可以推断任汉去世的年份为嘉靖四年即1525年。《御祭任汉文》详见中共成都市温江区委党史研究室、成都市温江区地方志办公室整理重印，清乾隆《温江县志》，第三十一卷，第31页。

张鹏翮年谱

胡传淮

内容提要：张鹏翮（1649—1725），字运青，号宽宇，清代四川遂宁人。康熙九年（1670）进士。曾任浙江巡抚、江南学政、刑部尚书、两江总督、河道总督、户部尚书、文华殿大学士兼吏部尚书等职。雍正三年（1725）病逝，谥“文端”，祀于贤良祠、遂宁乡贤祠。人称“遂宁相国”。工诗善文，著有《治河全书》《张文端公全集》等。为清代第一清官、治河专家、理学名臣；亦是清代268年间四川官位最显赫、名声最响亮的人物。目前学界对张鹏翮的研究重视不够。十余年来，笔者在主编《张鹏翮研究》、校注《张文端公全集》时，积累了不少资料，撰成此谱，还原谱主一生行迹，见微知著，以期对清史、蜀学和四川地方文化研究有所裨益。

关键词：张鹏翮；年谱；行迹；著述；清代

张鹏翮（1649—1725），字运青，号宽宇。康熙九年（1670）进士，历任浙江巡抚、江南学政、两江总督、河道总督、刑部尚书、户部尚书等二十余职，累官光禄大夫、太子太傅、文华殿大学士兼吏部尚书，卒赠少保，谥文端。早掇巍科，位极人臣，扬历中外，是康熙朝有名的大清官，以清节闻名天下，以“贤相”享誉当世，被康熙帝誉为“天下廉吏无出其右”，被雍正帝誉为“卓然一代完人”，被中国思想启蒙之父、清代大学者黄宗羲誉为“当代正人”，集政治家、治河专家、外交家、教育家、书法家、文学家和诗人于一身，是清代268年间巴蜀地区官位最显赫、名声最响亮的人物。

张鹏翮先世居湖北，明初迁入四川。入川始祖张万，原籍湖北省麻城县孝感乡白獭河之绿柳村（今湖北麻城市龙池桥街道办事处白塔河社区），明洪武二年（1369）迁蜀，卜居四川遂宁之黑柏沟，卒葬黑柏沟大樟树湾（今遂宁市蓬溪县任隆镇黑柏沟村），至张鹏翮，已历九世。张氏以农发家，遂成蜀中名门望族。

张鹏翮远祖为张万，行八，故称“伏八公”，系汉留侯张良后裔；太祖张永成；烈祖张赟（1415—1489），字邦翊，号靖翁，明景泰五年（1454）进士，官至云南姚安府知府；天祖福暌，隐士；高祖张尚威，明处士，娶吕氏；曾祖张惠（1536—1632），字教庵，隐居不仕，学者私谥“三多先生”，配孟氏；祖张应礼（1578—1638），字和斋，任怀远将军都司佥书，娶周氏；父张烺（1627—1715），字冲寰，号松龄，娶景氏。《张文端公全集》卷七《杂记》载：“公祖籍楚之麻城，出伏八公之后。”著有《烬余录》一书。

顺治六年己丑（1649）**一岁**

明末清初，四川进入了战乱时期，四川人民遭受了今天难以想象的灾难。从宏观上看，可以说是四川历史上最残酷的一场浩劫。张烺《烬余录》载：“吾族自麻城迁蜀家于遂宁之黑柏沟，有明三百年，族姓蕃盛，乃散居于邑西缤溪、土桥、治口、凤台等处，计十三房，凡万有余人。”“劫运后，逃散死亡，靡有孑遗，独余从万死一生中，得延余生。”明末张氏一家，“三世一宅，僮仆百余人”。顺治二年（1645）十月，遂宁城中居民在战乱中被大量屠杀，“城中居人，无一存者。贼又掳其丁壮千余人，带至西洲坝，尽杀之。余诸兄及族姓之在城者，悉遭其厄。”“余乃悉窖藏其米谷等物，奉母入深山中。”“蜀民至是殆尽矣。”顺治五年（1648）五月二十日，张烺一家迁居顺庆（今四川省南充市顺庆区）。

顺治六年（1649）十一月十七日（1649 年 12 月 20 日），张鹏翮出生于顺庆府。因其父张烺梦祥云绕室，觉而生子，希其大鹏展翅，翱翔天宇，鹏程万里，故取名鹏翮，字运青，号宽宇。

顺治七年庚寅（1650）**二岁**

居四川顺庆。端静如成人。

顺治八年辛卯（1651）**三岁**

迁居四川西充县槐树场（今槐树镇）大堰沟。随父读书，授《大学》，能成诵。

十一月二十七日，二弟鹏翼生。张鹏翼（1651—1725），字震青，庠生，后随张鹏翮出使俄罗斯有功，加封定远将军。

顺治九年壬辰（1652）**四岁**

张烺往陕西汉中。

顺治十年癸巳（1653）**五岁**

居四川保宁（今阆中）。随父读书。

顺治十一年甲午（1654）**六岁**

居四川保宁。随父读书。新修《阆中县志》云：“张鹏翮少时避乱转徙至阆中，读书于城内白花庵，手书‘大觉禅林’四字。”

顺治十二年乙未（1655）**七岁**

迁居于杜家。随父读书。

顺治十三年丙申（1656）**八岁**

迁居于四川盐亭县廖家沟（今盐亭县折弓乡七村五组张家湾）。随父读书。

顺治十四年丁酉（1657）**九岁**

居于四川盐亭县廖家沟。诗文初露才华。

顺治十五年戊戌（1658）**十岁**

迁居于四川西充县石板场老鹳村，受业于西充凤和乡名士白太庚。

正月三十日，三弟鹏举生。张鹏举（1658—1714），字扶青，官州同，学者私谥“贞孝先生”。

顺治十六年己亥（1659）**十一岁**

居于四川西充县石板场老鹳村。

顺治十七年庚子（1660）**十二岁**

居于四川西充县石板场老鹳村。

顺治十八年辛丑（1661）**十三岁**

归遂宁，居县东之赤崖沟（今遂宁市船山区河沙镇赤崖村）。到赤崖山二龙庙跟随名儒彭王垣（字君藩，号觉山）读四书五经。

拔入新宁（今四川开江县）县学，以道远不赴。（《张文端公年谱》）

公幼端静如成人，有大志，曾读陆宣公奏议至货贿之际云云，慨然叹曰：“伊尹一介不取，孔明淡泊明志，先圣后圣，其揆一也。”（彭端淑《张文端公传》，载《国朝耆献类征初编》卷十一，《清代传记丛刊》第137册，第470～471页）

康熙元年壬寅（1662）**十四岁**

居遂宁县东之赤崖沟。跟随彭王垣读书。

康熙二年癸卯（1663）**十五岁**

居遂宁县东之赤崖沟。跟随彭王垣读书。

康熙三年甲辰（1664）**十六岁**

居遂宁县东之赤崖沟。张鹏翮少年立志，鸡鸣即起，孜孜不倦，读书论学，潜道修身，以圣自期。因此，学识长进很快。是年，张鹏翮县州道试皆第一，入学成庠生。

公年十六，县州道试皆第一入学。(清代张知铨编《遂宁张文端公年谱》，以下简称《张文端公年谱》)

康熙四年乙巳（1665）**十七岁**

居遂宁县东之赤崖沟。

康熙五年丙午（1666）**十八岁**

居遂宁县东之赤崖沟。娶同里唐君伦女。辑《信阳子卓录》上下卷。

康熙六年丁未（1667）**十九岁**

居遂宁县东之赤崖沟。张鹏翮早年读书的赤崖山后被赐为“第一山”，张鹏翮撰有《第一山精舍读书记》，记其少时在赤崖山读书情况。

十月二十日，长子懋诚生。张懋诚（1667—1737），字孟一，号存庵，康熙丁卯（1687）举人。官至通政司通政使，署工部右侍郎，著有《通政诗集》一卷。

康熙七年戊申（1668）**二十岁**

迁遂宁县广济坝，居外祖父景运亨宅。

康熙八年己酉（1669）**二十一岁**

公年二十一，以《诗经》中本省乡试。(《张文端公年谱》)

康熙己酉，举于乡。(彭端淑《张文端公传》)，得到房考官、蓬溪知县潘之彪（江苏丹阳进士、诗人）的拔识。

监临见张鹏翮年甚少，赞云：“此公辅器也!”

康熙九年庚戌（1670）**二十二岁**

二月，参加会试、殿试，中三甲第一百二十二名进士。状元蔡启僔，榜眼孙在丰，探花徐乾学；二三甲同年有李光地、赵申乔、陆龙其、王掞、王原祁、叶燮、陈梦雷、郭琇等，皆一时之杰。张鹏翮年最少，立志最大。选翰林院庶吉士。

九年二月，庚戌会试。总裁：内阁魏裔介，礼书龚鼎孳，吏侍王清，学士田逢吉。中式二百九十九人。状元蔡启僔，榜眼孙在丰。公年二十二，会试中式，赐进士出身，授内宏文院庶吉士。(《张文端公年谱》)

作《御试太和殿恭纪》诗。

康熙九年四月乙卯，谕吏部：选拔庶常，原以作养人才，今科进士张鹏翮等二十七员俱着改为庶吉士，教习满书。(《清圣祖实录》卷三十三，第7页，台北华文书局发行)

明年成进士。入翰林时，馆中竞以文艺相饷，公年最少，独与魏环溪诸公讲学不倦。(彭端淑《张文端公传》)

五月初六，康熙帝颁旨，赠封张鹏翮之父张烺为征仕郎、内宏文院庶吉士；赠封张母景氏为孺人。封张妻唐氏为孺人。

康熙十年辛亥（1671）**二十三岁**

在翰林院学习。

张烺往赎族人于四川南部县石垭子。

康熙十一年壬子（1672）**二十四岁**

在翰林院，时馆中竞以文艺相饷，鹏翮独宿馆读书，绝奔竞，抑浮薄，同馆人敬之。

康熙十二年癸丑（1673）**二十五岁**

改刑部福建司主事，转山西司员外郎。

公年二十五，改刑部主事，充律例馆、会典馆纂修官，京察一等，仍列词臣班引见。（《张文端公年谱》）

癸丑，改刑部主事，寻迁员外郎，曾辨疑狱，不避权贵，人皆惧之。（彭端淑《张文端公传》）

张鹏翮迁升刑部主事后，蓬溪知县潘之彪闻讯，作《寄赠张庶常迁比部主政》诗云："忆昨骊驹赋北游，西窗剪烛看吴钩。几年锦字□□马，十色鸾笺出益州。玉笋班中推独步，青山县里别三秋。从今又见千门犬，听棘传闻卜爽鸠。"诗中对张鹏翮充满赞扬和希望。

康熙十三年甲寅（1674）**二十六岁**

任刑部员外郎。尝辨疑狱，审案周详，依法判决，不避权贵，人皆惮之。

康熙十四年乙卯（1675）**二十七岁**

公年二十七，充顺天乡试同考官。（《张文端公年谱》）

奉旨学喇沙里，谓国书也。（《张文端公年谱》）喇沙里，即满文。

十四年八月，充顺天乡试同考官。（国史馆《张鹏翮传》，《国朝耆献类征初编》卷十一，《清代传记丛刊》第137册，第433页）

召对懋勤殿，康熙帝命坐赐茶，问父母无恙否？荣遇殊甚。遂仿周公得禾、孔子受鲤之意，以"懋勤顾问，知遇崇隆，清正仁厚，进德立功"这十六字派给子孙命名。遂宁张氏遂以此十六字为字辈，沿用至今。张鹏翮作有《召见懋勤殿恭纪》诗。

十二月十四日，康熙帝封张鹏翮之父张烺为奉政大夫、刑部山西清吏司员外郎加一级；封张母景氏为宜人；封张妻唐氏为宜人。

次子懋龄生。张懋龄（1675—1725），字希龄，官江南淮安府山安河务同知。

康熙十五年丙辰（1676）**二十八岁**

公年二十八，充会试同考官和武会试同考官。（《张文端公年谱》）

十五年二月，充会试同考官。（国史馆《张鹏翮传》）

康熙十六年丁巳（1677）**二十九岁**

仍任刑部郎中。

康熙十七年戊午（1678）**三十岁**

公年三十，升礼部祠祭司郎中。磨勘试卷。（《张文端公年谱》）

再迁礼部郎中，上召见，赐太液鲜鲤。以郎官邀殊恩，自公始。（彭端淑《张文端公传》）

康熙十八年己未（1679）**三十一岁**

公年三十一，充会试提调官、殿试执事官、廷试贡士阅卷官。（《张文端公年谱》）

康熙十九年庚申（1680）**三十二岁**

公年三十二，赐太液鲜鲤，铨补江南学道，改苏州知府，丁内艰归。（《张文端公年谱》）

出任苏州知府，以苏郡赋重，且频年荒旱，上《治苏事宜疏》，奏请缓积欠、宽考成，官民戴德。莅任六日，丁母艰。

四月二十五日，张鹏翮之母景太夫人（1624—1680）卒。初葬遂宁玉堂山，后迁葬祖茔两河口双相山。清武英殿大学士、礼部尚书熊赐履撰有《景太恭人墓志铭》，其墓今存。

十九年，授苏州府知府，旋丁母忧。（国史馆《张鹏翮传》）

庚申，特简知苏州府事。未几，以太夫人忧去。（彭端淑《张文端公传》）

康熙二十年辛酉（1681）**三十三岁**

在故里遂宁丁母忧守制。

康熙二十一年壬戌（1682）**三十四岁**

春，张鹏翮与父亲张烺、二弟张鹏翼、三弟张鹏举同游遂宁大佛寺（位于今重庆市潼南区南郊涪江边），见明代遂宁席氏“三凤”，即嘉靖时太子太傅礼部尚书加武英殿大学士席书（1461—1527，谥文襄）、吏部侍郎席春（1472—1535，号虚山）、户科给事中光禄少卿席彖（1476—1521，号海山）三兄弟诗，作《壬戌春余同二三两弟侍先大人游大佛寺，见席文襄公及虚山送季弟海山谪判夷陵诗，今遵旨假满还京，重经此地，抚今追昔，不胜感怆，次石壁元韵》云：“苦忆灵椿老树花，鹡鸰逐队舞晴沙。今来胜迹无寻处，惟见飞鸿带落霞。”

九月，张烺往山东兖州府，就养于张鹏翮官署。

康熙二十二年癸亥（1683）**三十五岁**

公年三十五，服阕，补兖州知府。释冤民十三，全婚一，修学宫、修府志成。（《张文端公年谱》）宽政省刑，释放冤民，兴办文教，移风易俗，居官有声，始著清名。

二十二年，服除，补兖州府知府。（国史馆《张鹏翮传》）

服除，补兖州。甫下车，释冤民三十人，全婚姻一人。（彭端淑《张文端公传》）

康熙二十三年甲子（1684）**三十六岁**

张鹏翮被公举为天下“廉吏”，成为康熙帝树立的“廉能”典范。康熙二十三年五月壬午，九卿、詹事、科道遵旨举出清廉各官，全国有兖州知府张鹏翮等七人。上曰：今诸臣俱各称善，想当不谬，但从此以后果操守不改，永著清名，方为真实好官。这举出各官已悉。（《清圣祖实录》卷一百一十五，第 16 页）

清末民初，储仁逊撰小说《八贤传》二十回，叙述康熙时张鹏翮、于成龙、郭琇、彭鹏等八位贤臣匡扶社稷的故事，泛传天下，南开大学图书馆有藏。

九月二十四日，康熙帝封张鹏翮之父张烺为中宪大夫山东兖州府知府；赠张母景氏为恭人；封张妻唐氏为恭人。

九月二十八日，康熙帝从京城出发；十月十日抵达泰安，登泰山，祀东岳庙。嗣后南下江淮，视察了桃源县的黄河工程，游览了镇江、苏州、无锡等地名胜。张鹏翮至泰安迎候康熙帝，作有《星驰过泰安》《登岱岳》等诗。

十一月十七日，康熙帝回銮驾幸曲阜。衍圣公孔毓圻（张懋龄岳父）率领博士孔毓埏、执事官及孔氏族人、四氏子孙年十六岁以上者于东郊迎接。

十一月十八日，康熙帝诣孔庙祭孔。在大成殿祭祀完孔子，康熙帝又来到诗礼堂听监生孔尚任进讲《大学》第一章，举人孔尚链进讲《易经·系辞》第一节。康熙帝此次曲阜祭孔，规模之大，优渥之隆，超越前代。同日，康熙帝离开曲阜，驻跸兖州府西关。康熙帝东巡祭孔，均由张鹏翮迎候，并陪同“临视阙里”祭孔。张鹏翮撰有《甲子冬圣驾东巡临视阙里躬祀先师应制》诗以纪其事。

张鹏翮撰《致祭和圣文》云：“柳为时祥，槐比甘棠。人之有德，草木生光。鲁侯赖之，退师安邦。三仕士师，兆民以康。名也罔坠，地久天长。鹏翮承乏守兖，景仰情深。肃陈牲醴，用表微忱。”款署：“康熙二十三年府尊张鹏翮沐书敬题。”

张鹏翮纂修《兖州府志》四十卷卷首一卷，今存康熙二十五年（1686）刻本。

康熙二十四年乙丑（1685）**三十七岁**

任河东盐运使（全称是“河东陕西等处都转盐运使司运使，加敕管盐法道”），驻山西运城。张鹏翮从兖州出发赴河东盐运使署时，百姓卧辙攀留。光绪本《遂宁县志》载：康熙乙丑二十四年，张鹏翮自兖郡晓发，过御桥，父老子弟俱进酒，歌南北曲一套以饯。其曲曰：[新水令] 喜神君得遇圣明时，洙泗滨失了杜母，看壶浆今日献祝，雨露再来么？只恐鸣珂股肱良，竟入居青琐。我等兖城绅士商民是也。念我郡叠罹灾荒，小民疾苦莫为抚字，幸遇张老大爷，本贯四川潼川州遂宁县人，中庚戌进士，由庶常部郎出守吾兖。上体朝廷，下恤民隐。清正持己，不受属官一钱；仁慈驭众，不取闾阎一物。阖属鼓舞，共谓古今所未有。不意治方一载，擢任河东，攀辕无路，卧辙难留。今当起程之日，聊具水酒一杯，舆歌一曲，乞留遗爱，以志不忘耳！[步步娇] 颂德歌功非轻琐，绩比渔阳过，恩深似大河。感极生悲，不禁泪堕。无从借寇来，且作扳舆卧。[折桂令] 想当初福星一路，道不拾遗，夜不闭户，亲课农桑。栽培庠序，绝无贿赂。这良政升闻黼座，丹诏下建节司鹾。[江儿水]还胜龚黄辈，今将去似梭。后人谁个恩勤我，拜祝苍苍须默助。俾吾邹鲁阳春布，教养惠施黎庶。多少臣工，偏夺我使君一个！[雁儿落带得胜令]看街头采结，多闹耳底笙箫过。望行旌，眼渐迷。欲瞻仰，把音容塑。任百计，总难留，怎打得愁城破？双眉皱似锁，如何教万姓真无错？天啰！快还我贤父母。[叨叨令]分难排帝阙，人尽念弥陀。叩七宝莲花座。早开府，安抚我。收江南呀！皇仁天下尽包罗。这河东路，应沐恩波，就树甘棠，奈迅速抛东鲁，户祝家尸，户祝家尸，忙将德政倩文人谱。[园林好]当日个，竹马迎多；今日里，山叟奔波。携鸠杖，一夕送别咸难却，考盘阿齐，叩首泪滂沱。[沽美酒带太平令]况当初，录文科；更后来，典试科，玉尺冰壶作楷模。因士为民首，特加意搜罗。更百姓群歌来，暮看猛虎，早渡齐河。不禁的衢歌巷舞，待颁扬勒石嵯峨。俺呵，共追随，向前道左。呀！那晓得同心人伙。[尾声]看起来惟有清官好，朝野公评岂舛讹？从今后，万载千年颂不磨。歌毕，士庶环跪而泣，吏胥亦声泪俱下。先生顾而凄然，亦不禁涕泗之横集焉。（光绪本《遂宁县志》卷六《杂记》）

赴任后，赓即修复盐池，疏浚姚暹渠。

九月，督修山西运城。

张烺从兖州由水路回蜀，过湖北汉阳，盛夏水大，登岸暂居八月。后至山西运城张鹏翮河东盐运使署中。

康熙二十五年丙寅（1686）**三十八岁**

三月，督修运城告成，张鹏翮撰《重修运城碑记》，载《山西通志》（文渊阁《四库全书》本）卷二百零八《艺文》。张鹏翮在河东盐运使任内编辑完成《关夫子志》二卷，卷一为图像、本传、年表、世系、辞命、封号、纶绯、祠庙、祀典、古迹、灵异；卷二为艺文，材料丰富，价值颇大。今存康熙四十四年董礼用刻本。

四月，张烺回四川遂宁，旋迁居于成都。

八月，至河南郏县城西北五十里小峨眉山东麓，谒三苏坟。撰《苏坟夜雨次韵》诗云："共识峨眉紫气多，文章千古重东坡。神归天上为霖雨，碧化长空作汝河。马鬣当年埋宋璧，夕阳此日听樵歌。春流不尽忠魂恨，万壑涛声涨绿波。"撰《吊二苏坟用原韵》诗云："双璧佳城在此中，九原并蒂作芙蓉。峨眉月冷鹃声断，南国香销马鬣封。绝代勋名伤往事，千章古木乱疏钟。光芒万丈知难掩，一夜风雷起卧龙。"二诗于是年八月吉日刻于郏县三苏坟，款署："河东督鹾使者前史官张鹏翮题。"

十月，离任河东盐运使，内迁通政司右参议。十一月，转兵部督捕右理事官。（国史馆《张鹏翮传》）

康熙二十六年丁卯（1687）**三十九岁**

任兵部督捕右理事官。

八月，长子张懋诚四川乡试中式。

康熙二十七年戊辰（1688）**四十岁**

五月，出使俄国。八月回京复命，充武殿试读卷官，转左理事，再升大理寺少卿。

二十七年三月己亥，增差督捕理事官张鹏翮、兵部给事中陈世安往俄罗斯会议。（《清圣祖实录》卷一百三十四，第 15 页）

二十七年五月，俄罗斯察罕扰边，我兵困之于雅克萨城，因悔罪乞恩。鹏翮奉使同内臣索额图、都统佟国纲、给事中陈世安等往定界。事竣还，擢大理寺少卿。（国史馆《张鹏翮传》）康熙帝以鹏翮年少，且通满语，特简命出使俄罗斯，勘定中俄疆界。谈判圆满，不辱使命。为尔后正式签订中俄东北边界条约创造了有利条件，还为尔后康熙帝亲征噶尔丹战争的胜利，提供了重要情报。

1688 年，清廷派以索额图为首的使团前往色楞格，与俄国使团商谈边界争端，经使团成员马齐疏请，增派张鹏翮、给事中陈世安两人掌汉文文牍。这次出使（1688 年 5 月 30 日至 9 月 7 日）的详情细节，在张氏所撰写的《奉使俄罗斯行程录》中有清晰记载。使团行至蒙古，却为侵入该地的噶尔丹军所阻，后奉命返回北京。张一回京，即擢为大理寺少卿。（恒慕义主编：《清代名人传略》上册，第 652 页《张鹏翮》，青海人民出版社，1995 年版）

时，上方重于公成龙，问诸臣中谁可继者，众以公应。于是，命与内大臣同使俄罗斯。路经喀尔喀地。初，额诺德与喀尔喀为难，上曾命达赖喇嘛解之。至是复交构喀尔喀，声言王师将援以给敌。公闻之，言于众曰："古人有言，虑善以动，此行适中额诺德之忌，当预计之，毋使生变。"众迂其议。俄而额诺德果执我前军，众惊欲退，公急止之曰："不可，受天子命，当奋不顾身，奈何示小丑怯？且退而彼袭其后，将何以御？莫若陈师固垒以张之，而徐遣一介以通其故，彼若跋扈，再计可也。"众犹豫，公厉声曰："事出危难，正臣子捐躯效命之日，公等皆怯，某独当之！"众不敢拂，于是从公前计，额诺德服罪。使还，转左理事，再迁大理寺少卿。有《出使行程记》一卷。（彭端淑《张文端公传》）

出使俄罗斯期间，张鹏翮作有《奉命出使俄罗斯口占》《早发居庸关》《弹琴峡》《鸡鸣山怀古》《归化城谒关夫子庙》《登归化城楼口占》《归化城郊原蒙古持献清茶炒麋伏迎道左喜而赋之》《塞下曲》《喀尔喀曲》《题昭君青冢》《昭君青冢》《驻军拉拉克泰有作》《中秋前一日同陈掌科使还》诸诗。《奉命出使俄罗斯口占》云："阊阖銮云捧玉皇，同文盛治肃冠裳。一人有道来荒服，两曜无私照万方。威播楼兰能顺命，化行西域自尊王。皇华不暇歌将父，报国丹心日正长。"《早发居庸关》云："谁道边城景物凄？三更斜月早闻鸡。光连古戍摇河影，寒逐清霜入马蹄。龙虎台高秋色迥，军都山晓曙云齐。天公有意怜行役，雨洗征尘路不迷。"《昭君青冢》云："独留青冢古城隅，愧杀当年汉大夫。万里长城凭粉黛，千秋国士老樵渔。溪边流影魂飞动，塞上吹箫凤有无？延寿写真君莫恨，长门空锁月明孤。"

十月二十三日，康熙帝封张鹏翮之父张烺为中宪大夫、兵部督捕左理事官；赠张母景氏为恭人；封张妻唐氏为恭人。

康熙二十八年己巳（1689）**四十一岁**

公年四十一，扈从南巡，阅视中河至支河口，历览名胜，陪祀禹陵。授浙抚，有剔漕弊二十四条，盐弊四条，命案五条；全完钱粮，亲勘海塘等施政。（《张文端公年谱》）

康熙二十八年二月乙未，谕扈从部院诸臣曰："大理寺少卿张鹏翮为人颇优，前任兖州府时，居官素善，着从优升补浙江巡抚，着明日即行赴任。"（《清圣祖实录》卷一百三十九，第26页）

二十八年二月，擢浙江巡抚。（国史馆《张鹏翮传》）

三月戊午，张鹏翮至浙江省接替金鋐，出任浙江巡抚，官至从二品。

己巳，扈从南巡，还至吴门，授浙江巡抚。公之抚浙也，约己率下，兴利剔弊，旌奇节安，流徙七年，士敦实行，人息竞争。会请免捐谷，时议欲中伤，奏上，仍留任。寻迁兵部侍郎，浙民感公德阳，攀辕涕泣，绘其像于竹阁曰："俾亡忘我，公之惠政。"已而旋召督江南学政三年，上嘉其操，赐书奖谕曰："从前作清官者，宋文清一人。近日张某堪与之匹。"遂迁都察院左都御史。（彭端淑《张文端公传》）

张烺捐资修复遂宁学宫。十二月，张烺往浙江抚署。

康熙二十九年庚午（1690）**四十二岁**

任浙江巡抚，驻杭州。

二月七日，撰《皇清诰封奉政大夫吏部稽勋司清吏司员外郎念蓼白公及原配诰封宜人党氏合葬墓志铭》。白公，即白意（1619—1682），陕西省澄城县人，字献赤，号念蓼。顺治戊子科（1648）举人。曾山西安邑知县，首重民教。三年政成，升广西永宁知州。创建圣庙，劝学兴行，民风丕变。六载考绩，擢吏部稽勋司员外郎。言事称旨，主摄铨政。曾典四川己酉科（1669）乡试。张鹏翮乡试考官。庚戌（1670）秋，振衣归里，啸傲烟霞，撰有《性鉴辨疑》。

康熙二十九年三月乙未，浙江巡抚张鹏翮疏请建造定海县城垣、学宫、仓库、监狱。从之。（《清圣祖实录》卷一百四十五，第3页）

二十九年，疏言定海自建县设官，民人渐集，捍卫必赖城垣，教化必资学校，仓储、监狱亦须建立，庶足壮观瞻而副规制。诏允所请。（国史馆《张鹏翮传》）。

七月，撰《重建黄忠端祠堂碑铭》，载清光绪本《余姚县志》卷十一《典祀》。黄忠端，即黄尊素（1584—1626），明末"东林七君子"之一，著名学者黄宗羲之父。浙江余姚人。万历进士，天启初擢御史，力陈时政十失，忤魏忠贤，被削籍归。不久被逮入都下诏狱，受酷刑死。有《忠端公集》。

康熙三十年辛未（1691）**四十三岁**

任浙江巡抚，驻杭州。约己肃下，兴利剔弊，旌奇节，安流徙，剔漕弊二十四条、盐弊四条、命案五条，浙江大治。上谕褒张鹏翮修《浙江通志》。

二月初四日，晤高士黄宗羲。大学者黄宗羲，浙江余杭人，称许张鹏翮是"当代正人"，"造辕请见"，赞誉他为"清正范俗"的表率。光绪本《遂宁县志》载：辛未三十年二月初四日，晤高士黄宗羲。宗羲，字梨洲，闭户著书六十余年。先生尝嘉之曰："荐修国史，群情争赴。宗羲不出，可谓高士矣。"至是年已八十有五，闻先生为当代正人，声名洋溢，故造辕请见。先生见之与语曰："近世讲学者，正多而真人品颇少，无真人品，由无真学问也。

如魏环溪之刚方，汤潜庵之清修，孙征君之行谊，庶几言行相顾者乎？”梨洲云：“若明公清正范俗，村媪黄童莫不知之，才是时习的道理。”先生曰：“圣贤之学，原要坐而言，起而行；在一乡则化一乡，在一国则化一国，非徒讬之空言而已。予亦自揣迂拙，然受朝廷特达之知，义当实心做去，岂肯为习俗所转移哉！”（光绪本《遂宁县志》卷六《杂记》）

撰《登南高峰》：“南山日霁晓烟开，蹑屐攀萝览胜来。城郭参差云影度，江湖映带暮潮回。林香远接翁家桂，峰翠遥连照胆台。极目吴中村落满，作霖谁是出群才？”南高峰系杭州西湖十景之一“双峰插云”的南峰。

六月，张烺回成都。

康熙三十一年壬申（1692）**四十四岁**

任浙江巡抚，驻杭州。元旦日蚀。全完钱粮，亲勘海塘，有《观潮》诗。

览西湖胜景，作《湖上》诗云：“六桥风雨透红霞，一片笙箫傍水涯。春到西湖偏可爱，绿阴深处有桃花。”

康熙三十二年癸酉（1693）**四十五岁**

任浙江巡抚，驻杭州。

二月二十二日，四弟鹏飞生。张鹏飞（1693—1734），字汉青，曾任直隶河间府泊头通判，卒殡苏州虎丘。

公年四十五，上请免捐谷疏，上请陛见疏。部议革职，诏留任。（《张文端公年谱》）

三十二年，疏言浙省夏杪始雨，田虽补种，获米未能坚实，难供漕粮。请将明年轮蠲之粮于今岁免征。又言绍兴府属之余姚、上虞、嵊县，台州府属之临海、太平旱后复遇飓风阴雨，漂没日盛，并请赈济。从之。（国史馆《张鹏翮传》）

设救生船，修育婴堂，放告刁诬者。刻《士镜录》《身镜录》，使各自览省。

仲冬，钱塘县陆梯霞刻《四书大成》，张鹏翮高其行，为之撰《〈四书大成〉序》。

是年，撰《重修卧龙桥碑记》，载乾隆本《新繁县志》卷十二《艺文志（上）·记》。

康熙三十三年甲戌（1694）**四十六岁**

任浙江巡抚，驻杭州。张鹏翮历任浙江巡抚六年，整饬吏治，正身率属，革除陋规，平反冤假错案，兴修水利，发展生产，完纳历年积欠钱粮，浙省大治，“兵民相安，地方宁谧”。其操守治行，不惟百姓“有口皆碑”，更受到康熙帝褒奖。

五月二十九日，长孙勤望生。张勤望（1694—1757），字孚嘉，号莲洲，历官安徽徽州府知府、宁国府知府，山东登州府知府，署登莱青海防兵备道。卒葬两河口人形山（今蓬溪县金桥镇两河口），其墓今存。

公年四十六，升兵部侍郎，改江南学政。（《张文端公年谱》）

三十三年，疏言出洋贸易船必需地方官印烙给票，方准携带军器，恐日久弊生，内地商民在外国造船携带军器，难以稽察，请严禁。部议从之。初，鹏翮奏，浙省绅民愿每亩捐谷四合，力不能者听之。至是又奏，杭嘉等府上年秋收歉薄，请劝输之谷暂免一年。上谕：昨岁浙省被灾，州县地方照例蠲豁，并豁免漕粮，岂有仍强令捐输之理？张鹏翮于原题“力不能输听从其便”之语自相矛盾，下部严加议处。寻议革职。特旨宽免，降五级留任。寻擢兵部右侍郎，命提督江南学政。（国史馆《张鹏翮传》）

十月，迁兵部右侍郎。浙民感其德，攀辕涕泣，绘其像于竹阁，云：“俾无忘我公之惠政而已。”（《锦里新编》）

《杭州府志》载：张鹏翮，字运青，遂宁人，顺治庚戌进士。康熙二十八年以佥都御史巡抚浙江，屏绝各官馈遗，革除一切陋例。于吏治精密谨严，事无巨细，亲为裁决。用法公而不私，宽厚有断，情理既得，则始终持之，确如也。尝曰：“理政之道，以教化为先。”虽政事殷繁，而宣讲圣谕及课督士子，必躬亲训迪。尝筑书院于万松岭，廪饩诸生极厚，而自奉则蔬食菜羹而已。《四川乡贤册》：鹏翮莅浙六载，兵民相安，地方宁谧，升兵部右侍郎，行李萧然。官至文华殿大学士，谥文端。（《浙江通志》卷一百四十九，《四库全书》本）

康熙三十三年十月癸卯，升浙江巡抚张鹏翮为兵部右侍郎。十一月丙子，以兵部右侍郎张鹏翮提督江南学政。（《清圣祖实录》卷一百六十五，第 11 页、第 17 页）

国初，直省学政沿前明旧习，多徇干谒、行苞直，圣祖深嫉之。时大僚中清誉久著者，莫如浙抚张文端公鹏翮，而各行省中积弊最深者，莫如江南，遂特简公视江南学。公信心直行，矢慎矢公，终其任无一幸进者。声华之士偶得京函，踯躅逡巡，不投而去。公去后，多士思之不置，每言及，辄欷歔流涕。如公可谓不负委任矣。（陈康祺：《郎潜纪闻初笔》卷三《张文端清操》，第 62 页，中华书局 1984 年版）

康熙三十四年乙亥（1695）**四十七岁**

任江南学政。刊《学政条约》，行月课，兴社学。

张烺筹划修复成都南门万里桥。

七月十七日，五弟鹏翥生。张鹏翥（1695—1743），字凌青，康熙五十四年（1715）武进士，任銮仪卫左司整仪尉。

九月，谒山东孟夫子庙，撰《谒孟夫子庙》诗。此诗碑现存山东邹城市城南孟庙致敬门内院甬道东北首，款署：“兵部右侍郎、提督江南学政张鹏翮拜手敬书，康熙三十四年岁次乙亥九月吉旦。”

康熙三十五年丙子（1696）**四十八岁**

任江南学政。秉公校士，上嘉其操，赐书奖谕曰：“从前作清官者，宋文清一人，今日张鹏翮堪与之匹。”

四月，识拔张廷玉。张廷玉《澄怀主人自订年谱》云：“康熙三十五年丙子，二十五岁。是岁四月，以岁贡生录科，督学遂宁张公拔置第三名。”张廷玉（1672—1755），字衡臣，号研斋，安徽桐城人，清朝保和殿大学士、军机大臣、太保，封三等伯，三朝元老，居官五十年。

康熙三十六年丁丑（1697）**四十九岁**

五月，召回京师，陛见，蒙奖天下第一等人，拜左都御史，遣祭西岳镇渎，便省亲也。（《张文端公年谱》）

康熙三十六年五月壬寅，升兵部右侍郎张鹏翮为都察院左都御史。（《清圣祖实录》卷一百八十三，第27～28页）

三十六年五月，迁右都御史。疏言淮扬上年被水，及今春夏之交百姓栖至堤上，以鱼虾野菜为食。兹见江苏巡抚宋荦揭称盐城、山阳、高邮、泰州、兴化、宝应六州县积水未消，加以阴雨连绵，麦禾未种，见委道员查勘。臣思此六州县被灾既重，本地仓谷去年支赈无余，今秋成绝望，该抚并未声明作何拯救。伏祈皇上敕该督抚或拨邻郡仓谷，或捐官役俸工买米赈济。下部议行。（国史馆《张鹏翮传》）

七月十九日，康熙帝颁旨，赠封张鹏翮之祖张应礼为资政大夫、都察院左都御史；赠张鹏翮祖母周氏为夫人。封张鹏翮之父张烺为资政大夫、都察院左都御史；赠张母景氏为夫人；封张妻唐氏为夫人。

七月二十五日，张鹏翮奉命使蜀，祭告西岳、江渎。九月至成都，居三日，祭告毕，得便道省觐，持节抵家，侍父张烺从成都历金堂回遂宁故里祭祖。

八月初三日，承旨往祭西岳、西镇及西渎。诏许省亲，发传牌，起至九月十九日，奉光禄公还遂宁祭祖茔，至黑柏沟樟树湾题《大樟祖居》："柏沟樟树荫茅庐，始祖蜀来卜此居。始祖万公明初自楚迁蜀。三派辛勤躬稼穑，始祖三兄弟：一居铜梁，至大司马肖甫公显；一居安岳，自侍御留孺公显；一居遂宁，自景泰时姚安太守至崇祯壬午孝廉，科第联绵。百年清白事诗书。宅心忠厚贻谋在，传世醇良积庆余。佑启后人培福德，常教高大耀门闾。"（清遂宁赤崖沟《张氏族谱》卷首）

寒冬，张鹏翮乘舟由三峡至荆州登陆至京师复命。

康熙三十七年戊寅（1698）**五十岁**

七月庚辰（1698年8月13日）至十一月壬辰（1698年12月23日），任刑部尚书，官至从一品。

公年五十，侍经筵，赐宴太和殿，赴陕审案，归途复赴，督抚道得罪有差。升刑部尚书。（《张文端公年谱》）

康熙三十七年三月庚子，户部议复户科给事中姜肃疏言，陕西长安、永寿、华阴等三县仓米亏空，请严加查核。应如所请，令该督抚查明。得旨：此仓米事情甚属年久，着刑部尚书傅腊塔、左都御史张鹏翮前往，会同该督抚详察，并将借给籽粒事。查明具奏。四月癸亥，刑部尚书傅腊塔、左都御史张鹏翮奉差往陕西审事，恭请训旨。傅腊塔奏曰："臣等往陕西查核长安、华阴、永寿等三县仓米，并察借给籽粒事务。但给民籽粒之案历年已久，当时官员有升迁者，有罢黜者，见任官员不知者多，诚属难查。"上谕之曰："此事日久，株连者亦多，布喀等虽奏给民籽粒，实未给民，所以至今征催不获，反至百姓告理。此项银两，尔等切须详查。"七月庚辰，以左都御史张鹏翮为刑部尚书。己酉，户部题，原任陕西巡抚布喀叩阍，呈告川陕总督吴赫于借给籽种案内，侵蚀四十万余两，请与吴赫等质审。应将布喀发往陕西，交尚书傅腊塔、张鹏翮等与总督吴赫等质审。从之。十一月壬辰，以刑部尚书张鹏翮为江南江西总督。丁酉，户部议复刑部尚书傅腊塔、张鹏翮等疏言，臣等遵旨查陕西长安等三县仓米亏空一案，原任长安县知县谢嵩龄、永寿县知县万廷诏经收米麦，其见存者，与该抚所题之数相符。除折米银十万六千九百两仍贮存布政司库，其各州县寄贮乡村、寺庙等处米麦，应交该督抚严催，限三个月内运入省城、永丰等处。应如所请，从之。十二月丙寅，刑部尚书傅腊塔、刑部尚书授江南江西总督张鹏翮自陕西回京，以所审籽粒事复奏。下户部议。(《清圣祖实录》卷一百九十一，第22页、第2页、第5页、第9页、第13页、第26页)

三十七年七月庚辰，迁刑部尚书。十一月壬辰（1698年12月23日），授江南江西总督。(国史馆《张鹏翮传》)

康熙三十八年己卯（1699）**五十一岁**

任两江总督。

出督两江，春，康熙帝南巡，鹏翮至扬州迎驾，再赴陕结案。

康熙三十八年三月甲申，户部题刑部尚书傅腊塔等察审陕西籽粒一案。上谕大学士等曰："凡审事者，必当审明结案复命，岂可疏略。观傅腊塔等前往陕西察审籽粒一案，畏人怀怨，草率具复。张鹏翮于此事亦稍罢软。俟回京后，再行请旨。"

五月初二，康熙帝第三次南巡回京时命两江总督张鹏翮扈从入京。十七日，返抵北京。

五月庚午，命江南江西总督张鹏翮扈从入京，吏部右侍郎陶岱署理江南江西总督事。六月辛酉，九卿遵旨议复刑部尚书傅腊塔等察审原任陕西巡抚布喀控告川陕总督吴赫等侵蚀籽粒一案，应将原任总督今升尚书佛伦降四级调用，总督吴赫等革职。其籽粒银两应免追征百姓，令在事官员赔偿。上谕大学士等曰："朕详阅此案甚不明晰，以布喀控告，而处分吴赫。若吴赫控告，又将处分布喀乎？况此案每奉批驳，但拟加重，有是理耶。籽粒事及吴秉谦叩阍一案，并仓米事，仍着傅腊塔、张鹏翮赴陕西详审。"七月癸酉，刑部尚书傅腊塔、江南江西总督张鹏翮因差陕西复审散给籽粒等案，奏曰："前布喀状内干连尚书佛伦，应带往。总督吴赫请解任，与佛伦对质。"上曰："吴赫着解任。佛伦年老，县系尚书，不必带往。尔等此行务须从公审理，勿更听人言，徇情面。"(《清圣祖实录》卷一百九十二，第23页；卷一百九十三，第10页、第23页；卷一百九十四，第2页)

三十八年春，上南巡，阅视河工毕，命鹏翮扈从入京，赐朝服、鞍马、弓矢。先是，鹏翮同刑部尚书傅腊塔察审陕西侵蚀贫民籽粒银两一案，经户部题复。上谕大学士曰："傅腊塔畏人怀怨，草率具复，张鹏翮于此事亦稍罢软。六月，命复同傅腊塔赴陕西详审，并原任陕西巡抚布喀控川陕总督吴赫侵蚀，及吴赫与原任宁夏道吴秉谦互参等案。鹏翮等审得醴泉知县张鸣远、泾阳知县刘桂等因公挪用，同州知州蔺佳选、蒲城知县关琇、韩城知县王宗旦皆侵蚀入己。布喀控吴赫侵蚀籽粒银，及秉谦控吴赫浮开草料价值事均虚。吴赫参吴秉谦收受属员馈送属实，余系捏款诬参，均拟罪如律。(国史馆《张鹏翮传》)

是年，张鹏翮刻印《耕织图》，又名《御制耕织图》，康熙帝题诗，焦秉贞绘图，共计46幅图，是中国最早的成套农业生产图像资料。

康熙三十九年庚辰（1700）**五十二岁**

正月，回京师。

三月癸卯，出任河道总督（简称“总河”“河督”）。

公年五十二，回京，寻调河督。（《张文端公年谱》）上《首陈三事疏》。

康熙三十九年正月辛酉，差往陕西审事刑部尚书傅腊塔、江南江西总督张鹏翮回京入奏。上曰：“尔等所审之事，着交九卿议奏。”上谓大学士等曰：“张鹏翮前往陕西，朕留心察访，果一介不取，天下廉吏无出其右者。”三月丙申，九卿等会议刑部尚书傅腊塔、江南江西总督张鹏翮察审陕西散给籽粒等案。癸卯，上谕大学士等曰：“河工钱粮甚不清楚，于成龙病故，江南江西总督张鹏翮操守好，着调补河道总督。”丁未，河道总督张鹏翮请训旨，并题撤回河工效力人员，保请原任河道总督王新命同往。上曰：靳辅治河时，河道甚好，自任王新命后，仅守靳辅成绩，并无别行效力处，于成龙初任总河，已将靳辅所修之处改治一二次。及至董安国则事尽废坏不堪矣。王新命于河务不甚谙练，且见今修理清河，四五月间可成。待完工日，再行定夺。彼处效力官员着撤回。张鹏翮又奏曰：“高家堰宜培修，拦黄坝宜拆毁。至疏通海口宜用河防一览所载水老鹳等器。”上曰：“高家堰见差大臣督修，尔无与焉。海口至清口相隔辽远，今所急者，清黄相会之处，最为紧要。黄水高，故清水不得通泄，以致泛溢。曩者高家堰去水尚远，今与培筑堤岸相平。但今清水何以得出？河身何以得深？此系尔当图划效力者。更楼口亦属紧要，所宜速为修竣。水老鹳等物，靳辅当时亦曾用之，毫无裨益。此数事，尔到任详察，宜作何举行，再为奏闻。朕以尔清廉，因特简任。所发钱粮仍于河工支用，分厘不致空费，堤岸自能坚固，事无不济。尔善行努力，见今钱粮分给各工人员。物料尚未运到，帑金耗费全无着落。尔到任后，严察具奏。”庚戌，工部议复河道总督张鹏翮疏请撤回协理河务徐廷玺，应令徐廷玺将伊任内钱粮事件交代明白回京。又请撤河工效力人员，应令该督将各官所管工程有无完竣、钱粮有无清楚之处逐一查明，即令发回。又称部臣每事掣肘，乞谕部臣宽其文法，责以成功，嗣后凡估修奏销，与例不相符者，具题驳查，若将不应行查、不应驳回之事，任意混驳，该督具题到日，将本内有名堂司官交与该部严加议处。从之。五月壬寅，工部等衙门会议，河道总督张鹏翮疏言，臣过云梯关，阅拦黄坝，巍然如山，中间一线，涓涓细流，下流不畅，无怪乎上流之溃决也。于拦黄坝上流相度，计黄河水面宽八十三丈余，则拦黄坝亦应照丈尺拆挑，一律宽深，方足宣泄。查未拆之坝尚有三十七丈三尺，应尽拆去，挑挖深通，悉与黄河八十三丈之水面相符，亟堵马家港，于月内合龙，使水势不致旁泄，尽由正河而行。俟黄水大长时，将新挑之河始行开放，资其畅流之势，冲刷淤垫，则黄水入海自能畅达。应如所请。从之。又会议河道总督张鹏翮疏言，人字河自金弯闸至孔家渡见今窄狭，宜开广阔。芒稻河两岸亦狭，又有土岭二处，前河臣尚未挖完。目今湖水方盛，宜尽行挖去。水口下，又有芒稻闸，年久塌坏，宜更修。应如所请速行。从之，又会议河道总督张鹏翮疏言，清口为淮黄交会之处，目今粮艘北上最为紧要，河身淤垫，竟成平陆，独有黄水入运河。臣相度形势，博采舆论，佥谓黄河比裴家场引河身高，烂泥浅，系流沙。裴家场与帅家庄相隔不远，即开浚深通，当黄水大长之时，清水不能相敌。应于张福口挑引河一道，身长一千五十丈，面宽十丈，深一丈余或八九尺不等。引清水于黄河口相近处入运河，使之畅达，庶可敌黄。并建闸一座，以时启闭。均应如所请。从之。六月甲子，河道总督张鹏翮疏言，臣遵旨看视海口，将拦黄坝尽行拆去，河身开浚深通，于四月二十一日动工，至五月禄九日完工开放，水势畅流，冲刷泥沙，旬日之间深至三丈，宽及百丈有余，滔滔入海，沛然莫御。且自动工以来，海潮不兴，风涛声不作，得以施工。工程甫竣，即长水二尺，以资开放，畅达入海。此皆我皇上留心国计，轸念民生，至诚上孚天心，海神效灵之所致。应将拦黄坝之名改称大通口，伏乞皇上钦定，以垂永久，建海神庙以答神庥。上准奏，赐名大通口，建造庙宇。乙丑，谕大学士等曰："前张鹏翮赴任时，朕即指示以必毁拦黄坝、挑浚芒稻河、人字河，大抵河工事非身履其地详察形势，无由悉知。初，张鹏翮奏请欲按书上之言，试行修筑。朕谕云，尔身至其地，亲加详阅，则应修之处便可知矣。今毁去拦黄坝而清水遂出，浚通海口而河势亦稍减。观此，则河工大可望也！当于成龙赴任时，朕亦曾谕以宜毁拦黄坝，诚于彼时毁去，早有效矣。观张鹏翮奏章，词简而意明，其办事精详可知矣。朕昔与彼闲论时，彼曾云，在浙八年，每岁钱粮并无缺失。"丙子，工部议复河道总督张鹏翮题请发帑银一百万两为办料趱工之用。应移咨户部，就近拨给五十万两，如果不敷用，再将五十万两拨给。又称运料必须船只，请先借京口，崇明秒船一百只。应准借用。辛卯，河道总督张鹏翮条奏河工九款：一、堤工宜坚筑，加帮之堤，应将原堤重用夯杵密打数遍，俾极坚实，而后于上再加新土。创筑之堤，先将平地夯深数寸，而后于上加土建筑，层层如式夯杵行硪，务期坚固，不许近堤取土，亦不许挖伤民间坟墓。一、桩工宜用整木，签钉入地极深，埽用整柴镶压，极其坚固。一、平常工程概用龙尾埽，稀钉排桩，一遇风浪，即行塌卸，虚糜帑金，应行停止。一、修砌石工宜得法，马牙、梅花等桩皆须用整木密钉，务极坚深，面里丁头等石务极平整，石灰须用重筛筛过，多用米汁，调和捣杵，极其胶粘，以之灌入，令其无缝不到，又用铁锭锔联络上下，合为一片。一、岁抢各工用埽最多，而工程以平报险，用料以少报多，不无虚冒之弊。本年修理，次年估销，新陈相因，易于牵混，嗣后呈报险工，一面估计数日申详，如系假捏，即以谎报题参处分。一、挑河工程，务将挑出之土尽堆于原估堤上，层层夯硪成堤，使之高宽，以资捍御。挖河人员务须照估挑挖宽深，不许将散土堆积，以滋假河之弊。一、臣查阅河工，见顶冲大溜之处，对岸必有沙嘴挺出，此河曲之故也。从此曲处挑挖引河，以杀水势，则对岸险工可平。一、河工官员实心任事、不避劳怨、不侵帑金、修防坚固者，工成之日优叙即用。其怠玩推诿、虚冒钱粮、工程不坚固者，即应纠参，严加治罪。一、挑河筑堤，雇夫动至数千，寒暑风雨，极其劳苦，工成之日，应给印票，该地方查验，免其杂项差徭，以酬其劳。以上各条，仰请天语申饬，勒石河上，永远遵守。得旨：览奏，条陈河工弊端，详悉切要，极其周备，着九卿、詹事、科道会同速行确议具奏。七月乙未，九卿等议复河道总督张鹏翮奏修河工事宜准行。上曰："张鹏翮所奏黄河曲挑挖使直，则对岸险工可平。此说良是。所谓曲处挑挖使直，非谓取直于堤外，乃两堤之间，自四五里至十里，广狭不一，于此内曲者直之耳。张鹏翮遇事精勤，从此久任河务，必能有益，着照所议速行。"九月乙未，工部等衙门题，高家堰工程关系紧要，凡在河工大臣理应和衷，协同办理，使工程速竣。今尚书范承勋等具题王日藻等所遗工程应令河员常维祯等帮筑。而河道总督张鹏翮又称常维祯等有赔修工程，恐顾此失彼，不惟工程两误，且帑银不无牵混。各疏题互异，俱属不合，嗣后务须公同商酌具题，如仍前互异，交该部察议。得旨："总河职任宜专，此遣往督修高家堰范承勋等九臣，俱着撤回。其督修工程，着交与总河张鹏翮。"十月丁卯，谕大学士等曰："臣下之贤否，朕处深宫，何由得知，缘朕不时巡行，凡经历之地必咨询百姓，以是知之。今张鹏翮居官之优，岂朕目击其临事，亦不过得之风闻耳。因此，朕欲开风闻言事之例。"十二月己未，河道总督张鹏翮疏言，臣凛遵圣授方略，次第举行。先疏海口，水有归路。今黄水不出岸矣。继挑芒稻河，引湖水入江，高邮、宝应一带水由地中行，再辟清口，开张福口、裴家场等引河，淮水有出口矣。加修高家堰，堵塞六坝，逼清水复归故道，引张福口等河会入裴家引河，开放清水，流入运河。又将湖头加浚深阔，以迎洪泽湖大溜。将张福口引水入裴家场，再挑宽深，水大势旺，直敌黄水，畅流入黄河矣。运河之中，纯系清水，已无黄水灌入。臣自下河回至清口，见水大半入黄，少半入运，一水两分，若有神助，官民快睹淮黄交会，欢声如雷。丁丑，谕大学士等："张鹏翮奏修筑下河事宜，深为得当，诚如此修筑，钱粮节省，底绩亦易。于成龙为修下河曾屡疏具题，未得其宜，朕俱不允，此并非可徇情面之事。朕于奏章必是非昭然，毫无可疑者，方允举行。虽日后有失，朕直受之，断不委之他人。此等事，谅记注官必备载之。于成龙在日，最有声势，交与亦广，即尔诸臣谁与抗衡？凡于成龙所奏事，于理不符者，朕皆穷诘不行。今张鹏翮所奏，事俱合理，朕皆照所行。今张鹏翮所用钱粮俱非部支，并无掣肘，自到任以来，一文不肥己，正项河银，俱实用于河工，此河事所以得有成效也。"（《清圣祖实录》卷一百九十七，第5～6页；卷一百九十八，第14页、第17页；卷一百九十九，第2～4页，第12～13页，第21～23页；卷二百，第3～4页；卷二百零一，第2页、第23页；卷二百零二，第11页～12页，第20～21页。）

会淮黄泛溢，南北阻绝，运道难通，议者欲改海运。上特调公总河，命经理其事。公博考舆图，遍寻故迹，于河自开归至云梯以下，于淮自洪湖溯盱泗以上，按审形势，叹曰："河性本直而坝曲之，是拂其性也。河流入海而隘其口是咀之流也。昔之淮南高而北下，今之淮南亢而东倾，而以数窦为之牵引，欲其还向清口，不亦难乎？欲疏河必开海口，欲清河必塞六坝。海口不开譬之果腹而尾闾不畅也，六坝不塞譬之卮漏而中无蓄停也。"乃陈十策，愿以便宜行事。上报曰可。于是择人任使，遵王景塞馆陶之法，修明潘季驯、江一麟所筑归仁堤之遗，拆拦黄坝，杜诸决口，倍大河南北之堤，曲者使直而河水朝宗，堵塘埂六坝，开张福口、裴家场、烂泥浅、三汊储及张帅诸庄，挽全湖之水并力敌黄，而清淮以出。是役凡耗帑数百万有奇。公不以钱利己，故下亦感激输情，乐为之用。当是时，水安其道，民宁其居，舟行不惊，淮运乃济。时人为之语曰："昔之帑肥于人，今之帑肥于地。"美公洁也。其居民为之谣曰："塘埂筑兮水不通，白驹开兮下河通，海不扬兮水不涌，民乐其中兮人安而岁丰。"颂公功也。（彭端淑《张文端公传》）

滔滔黄河，是中华民族的摇篮，像伟大的母亲一样哺育了中华儿女，使其以五千年的文明屹立于世界民族之林。但在生产水平低下，技术落后，特别是剥削阶级统治的社会里，黄河也像百兽之王的雄狮一样，在诸河中最难驯服。横行在中原大地，到处咆哮，给人民生命财产造成了极大的威胁。从大禹开始，治河成了历代统治者的试金石和国家的一项重要公共职能。康熙帝任命张鹏翮主治黄河，也是这位有作为的皇帝很想把国家治理好，让百姓不为河患所苦。康熙帝说他从十四岁亲政以后就留心治河的问题，后来发生了三藩之乱，他以三藩及河务、漕运为三大事，写在宫中柱子上，提醒自己。张鹏翮出任河道总督之日，正是黄河、淮河泛滥之时。在许多人束手无策的情况下，张鹏翮作为河道总督走马上任了。

康熙三十九年康熙帝谕大学士曰："鹏翮往陕西，朕留心访察，一介不取，天下廉吏，无出其右。"仅在此一年内，康熙帝称赞张鹏翮为好官、清官即不下十次之多；御赐张鹏翮之诗、联、匾、书画等，多达十余件。

康熙四十年辛巳（1701）**五十三岁**

任河道总督。

公年五十三，在工所指挥治河。有《请免河官赔累疏》《改浚中河》等疏（《张文端公年谱》）。作《三义坝听雨》诗。黄河清三日，蒙赐多品。

康熙四十年正月甲寅，礼部议复河道总督张鹏翮疏言，见今海口疏通，黄淮二水交会，济运神速，皆河伯效灵所致，请加赐河神封号。应如所请。得旨：着封为显佑通济昭灵效顺金龙四大王。乙卯，谕大学士等：张鹏翮任浙江巡抚七载，历年钱粮俱照数清完，并无亏欠。二月丁卯，河道总督张鹏翮疏言，臣按南河志，清口至淮安建有五闸，递相启闭，以防黄河之淤。又虑水发湍急，难于启闭，则筑坝以遏之。每岁粮艘过尽，即于闸外筑坝，以遏横流，一应船只俱暂行盘坝，则是伏秋水发，黄水倒灌，自古已然，故建闸筑坝，以防淤垫之患。今运河初浚，俟清水冲刷使深，河底尺寸既定，方可建闸。兹清水虽已出黄，转盼桃伏秋汛继至，节宣泄之道，预防之法，不可不急为筹也。今于张福口、裴家场中间，开大引河一道，并力敌黄。但黄水会合众流来自万里，频年河身垫高，势大而力强。淮水只发源桐柏，迄今方出清口，一半敌黄，又一半济运，终虑力分而势弱，故蓄高家堰之水，以助其势。幸而黄水不大发，尚足以敌之。若遇黄水大发，在粮船正行之际，将裴家场引河口门暂闭，引清水由三汊河至文华寺入运河，以济漕运。倘运河水大，山阳一带由泾涧二河泄水，宝应一带由子婴沟泄水，俱归射阳湖入海。高邮一带仍由城南柏家墩二大坝泄水。江都一带由人字河，凤凰桥等河泄水入江。若遇黄淮并涨，清水由翟家坝天然滚水坝泄水。黄水由王家营减水坝泄入盐河，至平旺河入海。若粮艘过完，黄水大发，则闭拦黄坝，使不得倒灌，且可以刷深黄河。若黄水不大发，将运河头坝堵塞，令清水全入黄河，以资冲刷。一切官民船只照例盘坝。俟回空粮船到日方启，只留三汊河清水，仍留文华寺入运河，即古人设天妃闸，于粮船过后，闭闸筑坝之意也。得旨：所奏已得河工秘要，着九卿、詹事、科道会同速议具奏。丙戌，上谕大学士等曰："张鹏翮自到河工，在署之日甚少，每日乘马巡视堤岸，不惮劳苦。"三月丁酉，礼部议复河道总督张鹏翮请将上谕治河事宜，敕下史馆纂集成书，永远遵守。应如所请。上谕大学士等曰：朕以河工紧要，凡前代有关河务之书无不披阅，大约泛论则易，而实行则难，河性无定，岂可执一法以治之。惟委任得人，相其机宜，而变通行之，方有益耳。今河工尚未告竣，遽纂成书可乎？纂书之务，且不必交翰林院，即着张鹏翮编呈览。又谕曰："朕听政四十余年，凡条奏之事稍有私意，断不能欺朕，马士芳等特不喜汉军居督抚之任，故将王国昌等俱行参奏。朕所知之汉人数员已尽置外任，今郭琇病甚，欲思一人代之，尚患不得，如张鹏翮、李光地、郭琇者，能有几人？"丁未，谕大学士等曰："近见督抚内，张鹏翮、李光地、郭琇、彭鹏、华显等居官最优。"（《清圣祖实录》卷二百零

三，第 4 页、第 8 页、第 16 页、第 22 页）

五月五日，张鹏翮在江苏淮阴高家堰铸高堰铁牛。高堰铁牛位于洪泽湖大堤高堰街堤段上。《续纂清河县志》记载：清康熙四十年（1701）五月五日，由河道总督张鹏翮主持，在码头镇铸“镇水犀”（俗称铁牛）16 只，分置高家堰和黄、淮、运等河工险要地段，藉以镇堤防浪。今存 7 只，洪泽湖高涧节制闸西首 2 只，三河闸南首 2 只，江都邵伯镇文化站 1 只，高邮县城文游台内 1 只，高堰渡口这只铁牛原位未动。7 只铁牛形制基本相同，大小形同真牛。高堰铁牛长 1.73 米，宽 0.83 米，高 0.81 米，昂首屈膝伏卧在宽 0.83 米、厚 0.07 米的铁板底座上。铁牛与底座连成一体，总重 2400 公斤。铁牛肩部有铭文曰：“维金克木蛟龙藏，维土制水龟蛇降。铸犀作镇奠淮扬，永除昏垫报吾皇。”铭文后有“康熙辛巳年午日铸，监造官王国用。”铭文与志书记载吻合，确证这些铁牛为清代之物，作镇水除患和水位标志之用。铁牛铸造工艺精湛，形象生动，“魁形巨首，垂耳抱角”，憨态可掬。可惜的是铁牛的抱角已遭破坏。铁牛不仅是淮扬地区屡遭水患的历史见证，也寄托了人们降服水患的强烈愿望。铁牛 1982 年被江苏省人民政府公布为省级文物保护单位。

康熙四十一年壬午（1702）**五十四岁**

任河道总督。

十二月，康熙帝御制《除夕书怀》诗赐张鹏翮。诗云：“平生宵旰志，七七又将过。忘寝愁旸雨，精心勉太和。送寒辞故岁，待曙问民疴。莫论新春媚，预怜五噫歌。”

康熙四十二年癸未（1703）**五十五岁**

任河道总督。

正月十五至三月十五日，康熙帝以河工即将告成，进行第四次南巡。二月初四，康熙帝御舟入清口。阅视天妃闸、御坝。颁《奖勉河臣诏》，对河道总督张鹏翮及在河各官亲加奖勉。谕河道总督张鹏翮曰：“仲庄清水出口逼溜使南。运口有碍。应将陶庄以下杨家庄处酌挑引河。令中河从此出口。”康熙帝制《河臣箴》于舟中，御书赐予河臣张鹏翮。《河臣箴》曰：“自古水患，惟河为大。治之有方，民乃无害。禹疏而九，平成攸赖。降及汉唐，决复未艾。渐徙而南，宋元滋溢。今河昔河，议不可一。昔止河防，今兼漕法。既弭其患，复资其力。矧此一方，耕凿失职。泽国波臣，恫瘝已极。肩兹巨任，曷容怠佚。毋俾金堤溃于蚁穴，毋使田庐沦为蛟窟。毋徒糜国帑而势难终日，毋虚动畚筑而功鲜核实。务图先事尽利导策，莫悔后时饬补苴术。勿即私而背公，勿辞劳而就逸。惟洁清而自持，兼集思而广益，则患无不除，绩可光册。示我河臣，敬哉以勖。”

康熙帝过清江浦，幸清宴园。三月初一日，御笔题写“澹泊宁静”匾额赐张鹏翮。这也是康熙帝表彰他清正廉洁，不求名利，淡泊明志。张鹏翮将其泐石成碑。今碑石尚存。

康熙帝历扬州、镇江、苏杭、杭州、江宁等地。回銮途中，三月初二，康熙帝再次视察高家堰堤，驻关帝庙。次日继续视察河堤，命河道总督张鹏翮将堤岸单薄、桩木渐朽、土石残缺各处立即修筑。

康熙帝一路巡视，见河工初步告成，欣然命笔作《览淮黄成》诗赐张鹏翮。诗曰：“殷勤久矣理淮黄，几度风尘授治方。九曲素称天下险，四来实为兆民伤。使清引浊须勤慎，分势开流在不荒。虽奏安澜宽旰食，诫前善后奠金汤。”张鹏翮作《恭和圣制淮黄告成韵》云：“东南大势在淮黄，绩奏平成出尚方。河定不烦劳再计，民安犹自视如伤。舳舻衔尾连千里，江汉朝宗尽八荒。国计苍生均永赖，乾坤万古壮金汤。”

公年五十五，在工所，上南巡视河工，至邵伯更楼，赐淮黄告成诗及封公匾额，加公太子太保，河官各加级有差。（《张文端公年谱》）

康熙四十二年三月辛酉，上召大学士、九卿等谕曰：“朕此番南巡，遍阅河工，大约已成功矣。曩者河道总督于成龙未曾遵朕指授修筑，故未能底绩。今张鹏翮一一遵谕而行，向来黄河水高六尺，淮河水低六尺，不能敌黄，所以常患淤垫。今将六坝堵闭，洪泽湖水高，力能敌黄，则运河不致有倒灌之患，此河工所以能告成也。今四海奠安，民生富庶，而河工适又告成，朕欲颁诏天下，大沛恩赉，故星夜回銮，诏内款项，尔等可会同详阅。”十月戊寅，谕大学士等曰：“朕观河道已治，河道总督张鹏翮及河工官员俱甚效力。黄河一切工程，朕知之最悉。”又谕吏部、工部：“黄淮两河，关系运道民生，最为紧要。及用张鹏翮为河道总督，面谕云，顷已发帑金数百万，令大臣官员往高家堰筑堤，闭六坝，使逼洪泽湖水畅出清口，而清口筑挑水坝，尤为紧要。此坝不筑，则黄水顶冲，断不能使向北岸，湖水必不得畅流。张鹏翮遵奉朕言，坝工筑成，黄溜遂直趋陶庄，清水因以直出，叠经伏秋大涨并无倒灌之事。其浚张福口等引河，筑归仁堤，疏人字，芒稻、泾涧等河，开大通口，皆遵朕旨，一一告竣。今黄河深通，河岸距水面丈余，纵遇大涨，亦可无虞矣。张鹏翮所修工程，虽悉经朕裁断，而在河数载，殚心宣力，不辞难瘁，又清洁自持，一应钱粮，俱实用于河工，无纤毫浮耗，朕心深为嘉悦。所属大小河员并皆勉力赴工，共襄河务，亦属可嘉。自总河以下各官，尔二部即义叙具奏。特谕。”庚寅，吏部题山东巡抚王国昌、河道总督张鹏翮等擅动常平仓米谷赈济，拟各降一级，其所动米粮仍令赔补。上谕大学士等曰：“朕曾谕总漕桑额总河张鹏翮将漕米各转运二万石，一面赈济饥民，俟愿往赈济效力人员到日，交与伊等赈济。谕旨甚明，张鹏翮等亦曾具折奏明，何故擅动常平仓米谷赈济？着将朕原谕并张鹏所奏折子逐一查明具奏。”十一月辛亥，大学士马齐等奏：“臣等以赈济山东饥民原旨并张鹏翮所奏折子启奏。奉旨，着臣等问张鹏翮。彼云，皇上曾面问彼，彼已辞穷矣。”上曰：“朕于众人之前问张鹏翮，尔曾以经义奏对，经义以本心为要，尔河工人员动用常平仓谷赈济，掠取名誉。今令抵偿，则云应令山东官员抵偿。揆之本心，其能忍乎？尔居官清廉，河工效力，告有成绩，是皆尔之善处。朕其嘉之。至尔之所保举者，十之七八，皆徇情面，如索额图家人尔曾保举。可云无此事乎？”时，张鹏翮不能对，惟垂涕而已。此动用仓谷，着张鹏翮、王国昌等均摊赔偿。（《清圣祖实录》卷二百一十一，第21页；卷二百一十三，第19页，第24页；卷二百一十四，第2～3页）

四十二年春，上南巡，周视河工，赐御制河臣箴、淮黄告成诗，并赐鹏翮父张烺“鲐背神清”“养志松龄”匾额。二月，上以山东泰安、沂州等州，新泰、蒙阴、郯城等县民饥，命漕运总督桑额以漕米二万石交鹏翮选贤能官运至济宁州、兖州府等处减价平粜，有应赈处即行赈济。鹏翮委河员程兆麟等动用仓谷二十八万余石散赈，疏称将山东各官俸工补还。上命鹏翮与河员及山东巡抚以下各官分派于四十三年、四十四年内赔完。嗣上复面责之曰：

“尔常以经义奏对，经义以本心为要，尔河工人员动用常平仓谷赈济，邀取名誉。及令抵偿，则诿之山东官员，于心忍乎？”鹏翮叩首谢罪。十月，谕吏工二部曰：“张鹏翮在河数载，殚心宣力，不辞艰瘁，又清洁自持，朕心深为嘉悦。尔部议叙具奏。”寻加太子太保。（国史馆《张鹏翮传》）

癸未，上南巡，自清口至桃源，周行遍视河，黄淮清回。视公曰：“朕三十年前泊舟于此，水不复堤者数寸，今安澜若此，卿之功也。”公顿首谢曰：“此皆奉我皇上经略，非臣力也。”（彭端淑《张文端公传》）

三月初二日，张鹏翮以河工告成，请假省亲。康熙帝云：“朕前差海青自四川回曰：尔父年纪虽高，然精神尚健。今赐尔父匾额一示褒荣。”遂御书“鲐背神清”四大字匾额颁赐张烺。

三月十八日，康熙帝颁旨，赠封张鹏翮之祖父张应礼为资政大夫、兵部尚书兼都察院右都御史、总督河道提督军务；赠张鹏翮祖母周氏为夫人。封张鹏翮之父张烺为资政大夫、兵部尚书兼都察院右都御史、总督河道提督军务；赠张母景氏为夫人；封张妻唐氏为夫人。

康熙四十三年甲申（1704）**五十六岁**

任河道总督。

康熙四十三年二月丁亥，工部议复淮安府山安同知革职佟世禄叩阍，诉河道总督张鹏翮捏伊冒帑误工，拟以重杖。又将他人应赔钱粮坐令伊名下赔补。应令漕运总督行查。得旨：着江南江西总督阿山、河南巡抚徐潮会审具奏。四月戊子，河道总督张鹏翮疏言，山东赈济，臣等误用常平仓谷，今臣属河员愿将俸工清还山东仓粮。得旨：山东省昨岁歉收，若将河员俸工银两解至山东买谷，则谷价必致腾贵。江南产米之地，又水路易于挽送。着总河张鹏翮等即从江南购买谷石，运至山东，交仓还项。十二月丙戌，以河工告成，加河道总督张鹏翮太子太保。（《清圣祖实录》卷二百一十五，第 12 页；卷二百一十六，第 4 页；卷二百一十八，第 16 页）

长子懋诚选授江南怀宁知县。

康熙四十四年乙酉（1705）**五十七岁**

任河道总督。

三月十七日，康熙帝第五次南巡抵苏州。十八日是康熙帝五十二岁生日，午时，康熙帝召张鹏翮及河工人员指示：“河工虽已告成，不可不预为修理防护，以图善后之策。”

公年五十七，在河工指挥所。上复南巡，见于舟中，赐坐，并克食多品。疏荐陈鹏年、蒋陈锡。（《张文端公年谱》）作《德州石佛阁》《安东途中口占》诸诗。

康熙四十四年二月庚寅，谕大学士等曰：“总河张鹏翮昨日来，问以河工形势，河事已大治矣。从前骆马湖口，设竹络坝，湖水大则从坝流入黄河，河水大则溢流入坝内。今竹络坝，只有湖水畅流，黄水并无浸灌，则黄河之深通可知。初次到江南时，船在黄河两岸，人烟树木皆一一在望，康熙三十八年则仅见河岸，四十二年则去岸甚低，是河身日刷深矣。自此日深一日，岂不大治？闻下河连年皆大熟，亦从前所未有也。”三月壬子，上御行宫，召河道总督张鹏翮及河工官员人，谕曰：“今河工虽已告成，不可不预为修理防护，以图善后之策。朕见淮扬一带堤岸单薄，未甚坚固，倘不加保护，以致冲决，则淮扬地方百姓何以能堪？尔等宜急筹之。”张鹏翮奏曰：“皇上指示诚然，臣当竭力以图保守。”上谕曰：“朕至清口，见黄水倒灌，因以问尔，尔赧然不能答，反称不曾倒灌，此即尔大臣毫不认错处。尔居官虽好，却为王谦、张弼所欺，王谦之劣迹，河官及庶民尽皆知之，尔独特加信用。尔等每有私心，故多徇庇，顷令河工应追钱粮，着佟世禄、王谦、张弼均赔，部议其明，尔又奏请欲免其追赔，开捐纳以补原项。此特因王谦亦在数中，故希图脱免赔补耳。尔明系徇庇，尔复何辞？”张鹏翮不能对。又谕曰：“尔自谓居官清廉，一介不取，一介不与。若谓一介不与，尔则有之。一介不取，则未必然，取与不取，惟尔自知之。即司道官之耳目，谁能尽掩？尔乃讲道之人，道学以无私为本。”四月壬辰，上御行宫门外，内大臣、侍卫、内阁院大臣、翰林及江南文武等官皆侍立，谕河道总督张鹏翮曰：“尔前因冲决时家马头，参佟世禄一案，于阿山、徐潮勘奏后，具疏强辩，尔又请开河工捐纳抵补事例，明系脱卸属员王谦等，凡人既读书，先要辨明公私二字。凡事从公起见，方可以服人。尔之名节关系固重，佟世禄之身家，关系独不重乎？王谦为人刻薄，人人怨恨，尔却偏信，任其恣意妄行，以致人心不服。况大臣受朝廷委任，必须为国为民，事事皆有实济。若徒饮食菲薄，自表廉洁，于国事何益耶。”闰四月癸卯，上登陆，幸高家堰，遍阅河堤，谕张鹏翮曰：“康熙四十二年，朕临阅高家堰时，尔奏石堤可于八九月间告成，今已三年，尚未完工，万一大水淹至，恃此草埽，讵能御之？”张鹏翮奏曰：“必能保固，断然无害。”上谕曰：“草埽俱经二三年矣，腐烂沉塌者多。猝遇大水，事难预料，如不谨慎修筑，被水冲决，枉费钱粮姑且勿论，但去年已奏河工告成，今年又奏冲决，其谓之何？尔须日夜谨守保护。”九月丁卯，吏部题，河道总督张鹏翮于河工事务并不尽心预为筹划，以致堤岸冲决，殊属溺职，应将张鹏翮革职。得旨：张鹏翮着革职留任。癸酉，河道总督张鹏翮疏报古沟、唐埂、清水沟、韩家庄四处冲决堤工、尽力堵塞，已次第合龙。十一月戊寅，九卿议复差往江南审事户部尚书徐潮等审革职山安同知佟世禄复行叩阍，告河道总督张鹏翮一案，一议张鹏翮巧饰供词，失人臣礼，应革职，但系革职留任之员，无庸议。解任淮扬道王谦附会张鹏翮，蒙混巧饰，山安同知裘陈佩欺隐应赔银两，俱应革职、杖徒，佟世禄任内并无诳支库银、迟误工程之处，应复原职。又一议工部右侍郎赵世芳议张鹏翮奏销钱粮，浮冒十三万余两应革职，拿交刑部审结，余如前议，上曰：“此案依前议，张鹏翮量甚窄断不肯认错。河工钱粮原不限数，或一年水大，则所需钱粮多，水小则所需钱粮少。谓张鹏翮小有所取，亦未可知。谓以十三万钱粮入己，必无之事也。”（《清圣祖实录》卷二百一十九，第 10 页、第 18 页；卷二百二十，第 11～12 页，第 15 页；卷二百二十二，第 9～10 页；第二百二十三，第 6 页）

康熙四十五年丙戌（1706）**五十八岁**

任河道总督。

康熙四十五年十一月甲戌，工部议复河道总督张鹏翮疏言，黄河之水万里来源，汇聚百川，至清口而与淮水交会。总因众水并归一河，来源多而去路少，一时宣泄不及，所以两年水长，堤工危险。臣率各官往来相度，公同勘议。佥云：去路一畅，则来路可容，惟有仰遵上谕，开鲍家营引河，俾黄河异涨之水藉此减泄，黄河一带工程得以保固，洪泽湖异涨之水藉此畅流，而高家堰一带工程得以平稳。再于中河横堤建草坝二座，于开鲍家营引河之处建草坝一座，相机启闭，中河亦不虞淤塞。开此引河必无去年之漫溢，今岁之在在危险也。今惟恪遵圣训，动帑兴工，于河工大有裨益。应如所请。从之。（《清圣祖实录》卷二百二十七，第21～22页）

康熙四十六年丁亥（1707）**五十九岁**

任河道总督。

公年五十九，东光县接驾，召筹河工善后甚详。时，江督阿山锐开溜淮套工程，公阻之不能，及临视，撤宫保衔，阿山革任。（《张文端公年谱》）

康熙四十六年二月癸卯，上阅视溜淮套，由清口登陆，详看地方形势。是日，上御行宫门外，命扈从文武臣工及地方大小官员，河道总督及河工官员等列跪于前。上问张鹏翮曰："尔何所见奏开溜淮套？"张鹏翮奏曰：我皇上爱民如子，不惜百万帑金拯救群生，黎民皆颂圣恩。上曰：尔所言皆无用闲文，朕所问者，乃河工事务，文章与政事不同。若作文字，牵引典故，便可敷衍成篇。若论政事，必实在可行，然后可言，非虚文可能饰也。凡事在大廷广众可言者，方是至公无私。今满汉文武内外大小诸臣齐集，尔可将此河当开与否，一一明奏，何必牵引问文？张鹏翮奏曰：先因降调通判徐光启呈开溜淮套图样，臣与阿山、桑额会同具奏，奉旨命臣等阅看。臣等因事关重大，所以再四恳请皇上躬临阅示，指授定夺。上曰：今日沿途阅看，见所立标竿错杂，问尔时，全然不知。问河官，亦皆不知。河工系尔专责，此事不留心，何事方留心乎？张鹏翮不能对，免冠叩首。上问刘光美、于准曰：尔等何以亦奏此河应开？刘光美等奏曰：盱眙、清口系臣等所属地方，故会同查看。至于应开河与否，总河久在河工尚不能知，臣等愚昧，何能深悉，但阅河系臣等公同具奏，冒昧之罪，更有何辞。亦免冠叩首。上又问张鹏翮曰：水平是何人看验？张鹏翮奏云：见任清河县主簿方德宏同大计参革主簿郭维藩、降调通判张调鼐、徐光启看验。上问：土方是何人料估？张鹏翮奏云：徐光启料估。上曰：徐光启等皆大计参处，至不堪小人，惟知亡命射利，不得齿于人列。此等重大事情，尔竟委任伊等，是诚何心！因顾诸臣曰：前阿山等察勘泗州水势，奏称溜淮套地方另开一河，出张福口，可以分泄淮水，免洪泽湖之异涨，保高家堰之危险。绘图进呈，请朕亲阅。在廷诸臣亦从河工事关重大，再四恳请，朕始亲行。昨日阅武家墩，朕尚谓果如阿山等所奏，溜淮套可以开成。今日乘骑从清口至曹家庙地方详看，见地势甚高，虽开凿成河，亦不能直达清口，与伊等进呈图样迥乎不同。且所立标竿多有在坟上者，若依所立标竿开河，不独坏民田庐，甚至毁民坟冢。朕惟恐一夫不获其所，时存己饥己溺之心，何忍发此无数枯骨？朕为人君，凡颁发谕旨，倘有差误，尚令人言。张鹏翮身为总河，至欲掘人骸骨，所属人员竟无一敢言者。张鹏翮以读书人而为此残忍之事，读书何为？假令张鹏翮祖坟被人发掘，伊肯默然耶！数年来两河平静，民生安乐，何必多此一事？今欲开溜淮套，必至凿山穿岭，不惟断难成功，即或成功，将来汛水泛溢，不漫入洪泽湖，必致冲决运河矣。上又问张鹏翮及众河官曰："此河若开，尔等能保无事乎？"张鹏翮等奏云："臣等一无所知，数年来，皆仰赖皇上教训指授，此工如何敢保？"上曰："今奏溜淮套开河，非地方官希图射利，即河工官员妄冀升迁。至河工效力人员无一方正者，何故留置河上？"张鹏翮奏云："臣误用小人，罪有何辩。"乙巳，上谕张鹏翮曰："尔身任总河，宜时时巡视堤河，不避风雨，以勉尽职守。乃安居署中，两三月不一出，惟以虚文为事，何事不致耽误？尔惟任用一二不肖汉官，偏听其言，河工事务漫不经心。朕曾谓天地风雷，有不测之变异，不可恃堤岸之坚，须竭尽人力，曲为绸缪，曾经再三训谕，后洪泽湖水涨溢，堤岸危险，河官欲开滚水坝、前土坝，以泄水势，屡次申报，尔置若罔闻，以致古沟一带地方咸被冲决。尔行事刻薄，不以礼待属员，口无忌惮，使众人皆畏惧尔。朕虽加训谕，并不悛改，且语多欺诳。康熙四十四年，朕南巡阅河，问尔高家堰石工何时可以修竣，尔奏云，本年七月内工竣，乃迟延致逾年未完。今又以溜淮套地方可以开河，请朕亲临，更属欺诳。朕之言，无不可向众人言之者。今大小臣工齐集于此，尔有何说，可于众人前直陈。"张鹏翮免冠谢罪。上又谕曰："加筑高家堰堤岸，闭塞减水六坝，使淮水尽出清口，非尔之功。修治挑水坝，逼黄水流向北岸，非尔之功。堵塞仲庄闸，改建杨家闸，令黄水不致倒灌清口，非尔之功。此数大工程皆与尔无涉，更有何勤劳？"张鹏翮奏云："臣实愚昧无知，不能仰体皇上训旨，夙夜恐惧。"上曰："尔不巡视河工，惟夙夜恐惧，徒自苦耳，于地方何益？"张鹏翮奏云："臣罪戾实多，惟仰恳皇上宽宥保全。"庚戌，河道总督张鹏翮以误奏开溜淮套河具疏请罪。得旨：黄淮两河关系运道民生，总河身任河务，必勿惮烦劳，时亲勘阅，将应修应筑之处斟酌合宜，又能任用得人，斯为称职。……张鹏翮轻举妄动，大负职掌，九卿、詹事、科道将张鹏翮并前会题请开溜淮套督抚等俱严加议处具奏。五月丙子，九卿等议河道总督张鹏翮并原任江南江西总督今升刑部尚书仍带革职留任，阿山将溜淮套地势并不确视，以不可开浚者题请开浚，殊为溺职，应将张鹏翮革职，阿山革任，漕运总督桑额、安徽巡抚刘光美、江苏巡抚于准并不详确定议，各降五级调用。上谕大学士等曰："闻验视溜淮套之时，张鹏翮、桑额俱以为不可开，而阿山独强以为可开，公同奏请，着将阿山革任，张鹏翮革去所加宫保，桑额降五级，刘光美、于准各降三级，俱从宽留任。"（《清圣祖实录》卷二百二十八，第 10～14 页，第 17～19 页，第 22～23 页，卷二百二十九，第 17 页）

四月二十二日，康熙帝颁旨，赠封张鹏翮之曾祖张惠为光禄大夫、太子太保、兵部尚书兼都察院右都御史、总督河道提督军务加三级；赠封曾祖母孟氏为一品夫人。

五月二十二日，张烺往江苏清江浦河道总督署中。康熙帝御书"养志松龄"匾额颁赐张烺。

康熙四十七年戊子（1708）**六十岁**

任河道总督至十月乙卯（1708 年 11 月 24 日）。张鹏翮任河督九载，水患悉除，漕运畅通，拯民报国，建立大功。有清一代，康熙朝治河最有成效，论其时治河功绩卓著者，当推靳辅与张鹏翮二人而已。张鹏翮曾作诗记述其治河事，云："九载劳心为治河，栉风沐雨靖洪波。平成奏绩民安乐，感戴尧天祝颂多。"张鹏翮治河，恢复、巩固和扩大了靳辅治河已经取得的成果，稳定了东南地区社会相对安定的局面，保证了河运畅通，南北交流，为"康乾盛世"的出现奠定了坚实的物质基础。张鹏翮是靳辅之后最杰出的治河专家，对清代水利事业的发展做出了卓越贡献，在中国水利事业发展史上占有重要地位。故人们将其比作上古治水英雄大禹。

公年六十，东抚赵世显接河督任，诏免赔款四万余，开复处分。（《张文端公年谱》）

康熙四十七年十月甲辰，河道总督张鹏翮题报秋汛水势情形一疏。得旨：今年秋汛工程平稳，知道了。张鹏翮自任总河以来，克遵朕指示，修筑工程，殚心尽力，动用钱粮绝无糜费，比年两河安晏，堤岸无虞，深为可嘉。所革职，着与开复，应追赔银两，俱着豁免。该部知道。乙卯，升河道总督张鹏翮为刑部尚书。（《清圣祖实录》卷二百三十五，第7页，第11页）

四十七年九月，疏奏黄运湖河修防平稳，得旨：张鹏翮自任总河以来，朕指示修筑工程殚心尽力。动用钱粮绝无糜费。比年两河安定，堤岸无虞，深为可嘉。所带革职，着与开复，应追银两俱着豁免。

十月乙卯（1708年11月24日），内迁刑部尚书。（国史馆《张鹏翮传》）

十二月，张烺回成都。

康熙四十八年己丑（1709）**六十一岁**

正月，撰《己丑元旦》诗。

二月庚午（1709年4月8日），转户部尚书。

公年六十一，回刑部任，旋转户尚，审案江南，复命再往。（《张文端公年谱》）荐凤阳知府为盐法道。

康熙四十八年二月庚午，调刑部尚书张鹏翮为户部尚书。十一月庚寅，户部尚书张鹏翮、学士噶敏图以往审江南江西总督噶礼参江宁布政使宜思恭一案，请训旨。上曰：审事但从公而已，若预存一意，则不可也。谕张鹏翮曰：朕闻江宁盗案尚有八百件，尔到江南，述朕旨意，谕噶礼作速审结。总之罪疑惟轻，功疑惟重。与其杀不辜，宁失不经。凡为督抚者，俱当体此语以行事。又谕曰：河工虽奏绩，然不可一日不防。倘两堤稍有疏忽，则前功尽弃。尔以朕此旨谕总河赵世显时时防之始善。（《清圣祖实录》卷二百三十六，第29页；卷二百四十，第16页）

四十八年二月，调户部尚书。（国史馆《张鹏翮传》）

四月二十八日，张鹏翮撰家书，有云：“闻黑柏沟世产被楚人侵占，十里周围之田地，虽难以尽复。然祖茔之山前山后及大湾，祖基两河口交汇处，二地田土，关系风水，断不可轻失。”“朝中公政繁冗，里中亲友不及逐一修候，晤间惟道我相念之意，安分守贫以享升平之福可也。赤岩第一山读书处关夫子庙，不知可能修建否？有《第一山口占》二律，录以奉闻。如庙成，即刻石庙内，以传于后，见吾兄少时读书处风雨联床，不减东坡兄弟徐州黄楼故事也。诗曰：殷勤学孔颜，寂寞在深山。明月临窗静，清风拂户闲。青灯照四壁，光气彻云间。风雨联床夜，谈经数往还；报国丹忱尽，残年致政还。秋风思故里，晴日爱家山。知止心能静，无机意自闲。归来相聚首，免老别离间！”

作诗《黑柏沟祖茔被楚民侵占蒙制军清还读罢檄语感而泣下》云：“故园西望恨长吞，月近顽云势易昏。旋马久悲无夏屋，圭田何处问荒原？幸归百世岗峦地，得妥当年泉壤魂。日暮秋风生万壑，几回衫袖掩啼痕！”

康熙四十九年庚寅（1710）**六十二岁**

任户部尚书。

康熙四十九年正月戊子，江南江西总督噶礼疏言，臣前因江苏布政使宜思恭贪婪，曾经题参，今查江苏藩库钱粮，宜思恭任内共亏空四十万一千两有零，应请审追。得旨：着差往审事尚书张鹏翮等一并严察究拟具奏。五月癸酉，刑部议复奉差江南审事户部尚书张鹏翮疏言，宜思恭任江苏布政使时，因地方有赈济平祟等事与巡抚于准商议先将司库银垫用，俟扣各属每年俸工等银还库。今补还二十九万七千余两，尚欠一十六万四千余两，并无可以扣抵之项，请在宜思恭、于准名下勒限严追补完。应如所题。从之。（《清圣祖实录》卷二百四十一，第 3 页；卷二百四十二，第 11 页）

四十九年正月，奉命往江南审布政司宜思恭兑收钱粮，勒索火耗，并收属员馈送得实，拟绞。巡抚于准并不纠劾，拟革职。（国史馆《张鹏翮传》）

春日，张鹏翮撰《汉柏》诗云："古柏千年倚碧峦，太平顶上觉天宽。晴空白鹤时来舞，云外逍遥得静观。"款署："康熙庚寅春日，遂宁张鹏翮书。"此碑位于山东泰山岱庙汉柏院。碑高 167 厘米，宽 68 厘米，厚 20 厘米。诗为七言绝句，写汉柏，又与泰山、鹤舞联系起来，显得诗品高旷，且富哲理味。

春日，张鹏翮撰《唐槐》诗云："潇洒名山日正长，烟霞为侣足徜徉。谁能欹枕清风夜，一任槐花满地香。"款署："康熙庚寅春日，遂宁张鹏翮题。"此碑位于岱庙唐槐院。系遂宁张鹏翮于康熙庚寅年（1710）春日题书。碑高 169 厘米，宽 65 厘米，厚 21 厘米。诗文共 5 行，满行 13 字，字径 6 厘米×8 厘米。行书体。

四月，撰《和康熙帝幸阙里》诗。《康熙四十九年张鹏翮和康熙帝幸阙里碑》今存曲阜孔庙内。

十一月十七日，撰《庚寅诞日》诗，有云："频烦雪夜鸡鸣起，深羡姜家布被眠。回首椿庭萦梦寐，彩衣归到浣溪边。"

十一月二十七日，撰《二弟六十初度》诗，祝贺二弟张鹏翼六十岁生日。有云："回思少小嬉游熟，转觉中年隔绝频。羡尔衡门双白发（三弟年近耳顺），怜余廊庙一孤臣。"

是年，张懋诚续修《怀宁县志》。懋诚时任安徽安庆府怀宁县知县。

康熙五十年辛卯（1711）**六十三岁**

任户部尚书。苏抚张伯行参噶礼科场受贿，往江南审理科场案。

五月，文华殿大学士张玉书卒。张鹏翮撰《恭贺圣制挽大学士张玉书》诗云："老成黄阁赞经纶，鹤发丹心恋紫宸。一代文章诗礼旧，千秋事业鼎彝新。生前令望真难掩，殁世贤名自不湮。更有恩光昭异数，天章褒美念元臣。"又撰《挽京江先生》诗悼张玉书。

五月二十三日，张烺年八十五，张鹏翮请假省亲。得旨："闻卿父精力尚健，不必急请归省。"

"江南科场案"案发后，朝廷命户部尚书、钦差大臣张鹏翮作为首席法官至扬州开设特别法庭，开设的日期据《清史稿·圣祖纪》说："十月辛巳，命张鹏翮置狱扬州，处置江南科场案。"据李煦康熙五十年十二月十二日奏折说："张鹏翮十一月二十七日到达扬州，现察审科场事务。”

康熙五十一年壬辰（1712）**六十四岁**

任户部尚书。

康熙五十一年二月丁巳，江苏巡抚张伯行疏参江南江西总督噶礼得银五十万两，徇私贿卖举人程光奎、吴泌等，不肯审明，请将噶礼解任严审。得旨：噶礼着解任，此事着张鹏翮会同总漕赫寿确审具奏，江南江西总督印务着江西巡抚郎廷极署理。江南江西总督噶礼疏参江苏巡抚张伯行诬臣私卖举人，得银五十万两，乞赐对质。得旨：张伯行着解任，此事着张鹏翮会同总漕赫寿确审具奏，江苏巡抚印务着浙江巡抚王度昭署理。上谕九卿等曰：噶礼、张伯行互参一案，噶礼有办事之才，用心缉拿贼盗，然其操守则不可保。张伯行为人老成，操守廉洁，然盗劫伊衙门附近人家，尚不能查拿。噶礼曾参原任知府陈鹏年，陈鹏年居官虽善，乃一胆大强悍之人。噶礼、张伯行互相不睦者，皆陈鹏年怂恿所致。据张伯行参疏云，噶礼得银五十万两，未必全实，亦未必全虚。即噶礼所参张伯行之事，亦必有两三款是实。至海贼一案，命江南、浙江、福建三省督抚前往，乃皆畏惧推诿，惟噶礼至尽山、花鸟缉拿贼盗，因此各省督抚甚怨噶礼。此案察审实难，若命满大臣审则以为徇庇满洲，若命汉大臣审则以为徇庇汉人。至张伯行题参疏内连及张鹏翮者，意欲审理此事时，使张鹏翮回避，故朕仍令张鹏翮前往从公审理。六月丁巳，差往江南审事户部尚书张鹏翮等回奏，查审解任江南江西总督噶礼、江苏巡抚张伯行互参一案，应将张伯行革职，拟徒准赎，噶礼降一级留任。上谕大学士等曰：张伯行参噶礼索银五十万两，审属情虚，江南一省举人能有几何？纵尽行贿买，亦不能至此数。噶礼若受赃，即五万两亦当置之重典。噶礼原非清廉之官，但在地方亦有效力之处。张鹏翮等审噶礼参张伯行，并未审出一款，张伯行原参噶礼内有干系国家之语，亦未讯明审出，似为两边掩饰和解，瞻徇定议。大臣互相参劾，岂可不彻底审明？乃两面调停，草率完结。况督抚等凡遇事故初参之时率张大其事，以极重之词参奏。及至审时，务必开脱消释者甚多。此亦陋习，断不可行。此案发回，着大学士、九卿等详看会议具奏。张鹏翮等又奏，查审正考官左必蕃疏参吴泌等贿买举人一案，将吴泌等拟绞监候秋后处决，副考官赵晋、同考官王曰俞、方名俱革职，佥妻发烟瘴地方充军。正考官所参虽实，而取中举人革退四名，应将左必蕃革职。上谕大学士等曰：考试举人、进士所以为国家遴选人才，关系甚大。世祖章皇帝谕旨炳明，即朕为此事屡有谕旨，亦甚严切。从前科场有此等弊发，俱议军法从事。今赵晋干犯国宪，于考试时，私受贿赂，暗通关节，张鹏翮等并未将伊拿问严审，且赵晋行止不端，举国无不知者。左必蕃昏愚已甚，被赵晋欺弄。今但照革去举人三四名之例，仅以革职军流，草率完结可乎？此案亦发回，着大学士、九卿等详看会议，缮折具奏。庚午，大学士等遵旨议复议处解任总督噶礼、巡抚张伯行、考官左必蕃、赵晋等一案，应仍交与张鹏翮再审具奏。得旨：此案不可仍交与张鹏翮等审理，着户部尚书穆和伦、工部尚书张廷枢前去再行严加审明具奏，穆和伦等不必来请训旨，即带满汉司官速行。（《清圣祖实录》卷二百四十九，第8～9页；卷二百五十，第20～21页，第23页）

秋，在浙江桐庐富春江严陵濑，题《元英先生图像》云：“一壑烟霞作画屏，尚留遗像炳丹青。白云红树严滩月，长映桐江伴客星。”自注：“康熙壬辰秋，余奉使七闽，旋都。舟泊钓台谒子陵祠，方干故居白云源，干二十六世孙方遇光，捧先生图像、诗稿呈谒舟次，爰慕之下，爰赋诗七言绝句一章，书于像巅。”

十一月十七日，撰《壬申诞日述怀二首》，感叹：“览镜自怜憔悴甚，衰庸何以奉宸晖?”

康熙五十二年癸巳（1713）**六十五岁**

任户部尚书至十月丙子（1713年11月19日）。

正月，撰《癸巳元日》《纪梦癸巳正月三日》诗。《纪梦癸巳正月三日》云：“昔年曾向帝城游，孤负青山十二楼。莫问桃源题咏处，风光依旧水东流。”

公年六十五，典顺天乡试，入京恭祝万寿，御赐多品，公升吏尚，充殿试读卷官。（《张文端公年谱》）

康熙五十二年二月甲寅，以户部尚书张鹏翮为顺天乡试正考官，翰林院侍讲文志鲸为副考官。五十二年癸巳万寿恩科乡试。顺天主考：冢宰张鹏翮、侍讲文志鲸。撰《西厂校武》诗。

三月十八日，康熙帝颁旨，赠封张鹏翮之曾祖张惠为光禄大夫、户部尚书加三级；赠封曾祖母孟氏为一品夫人。赠封张鹏翮之祖父张应礼为光禄大夫、户部尚书加三级；赠封祖母周氏为一品夫人。封张鹏翮之父张烺为光禄大夫、户部尚书加三级；赠张母景氏为一品夫人；封张妻唐氏为一品夫人。

三月二十日，为庆祝康熙帝六旬万寿，张烺由蜀抵京师。二十一日，烺诣畅春园恭请圣安，康熙帝询问其家事甚详。二十五日，张烺参加千叟宴，出席宴会的六十五岁以上老人近两千名，餐桌从西直门排到畅春园。张烺与致仕吏部尚书宋荦、徐潮，原任户部尚书王鸿绪、致仕礼部尚书许汝霖及丁忧工部尚书徐元正等名臣东向坐，传为美谈。

四月，诏问张献忠入川始末。康熙帝问张鹏翮：“明末张献忠兵到四川，杀戮甚惨，四川人曾有记其事之书籍否?”张鹏翮奏：“无有记其事者。”上曰：“……尔父今年八十有七，以张献忠入川时计，约已十七八岁，必有确然见闻之处，尔问明缮折进呈。”后来由张烺口述，张鹏翮缮疏上闻。

七月十六日，张烺出京，由天津泛舟而南；十二月十日，抵成都。张鹏翮撰《癸巳七月十六日大人祝圣礼毕还乡》诗，有云：“三峡猿声来远棹，寒潭月色照荒洲。关心此际情难已，岂独离怀叹白头。”

十月丙子（1713年11月19日），转户部尚书张鹏翮为吏部尚书。（《清圣祖实录》卷二百五十三，第12页；卷二百五十六，第26页）

诏为刑部尚书，寻转户部尚书，再迁吏部尚书。上曾以公公直廉明，凡有大疑狱，辄遣判之。前噶礼之参陈鹏年也，公直鹏年而曲礼。公子某牧怀宁县，属礼下，例得荐礼，语同列曰：吾且杀张家子，姑从民望，宽之尚荐乎?公按奸发伏，抉择是非，无所容回多类此。（彭端淑《张文端公传》）

冬，长子懋诚升奉天府辽阳州知州。

岁暮，作《癸巳冬斋宿署中》《癸巳岁暮感怀》诸诗。感怀云：“三百人中最少年，颇思倔强步前贤。今来圭角消磨尽，夙夜伛偻玉殿前。”康熙九年会试，中式299人，张鹏翮年龄最小。

除夕，作《癸巳除夕喜雪》诗。

是年，祝贺户部尚书、同年赵申乔七十生日，撰《寿赵司农七十》诗。为河南南阳武侯祠“宁远楼”题写楼名。

康熙五十三年甲午（1714）**六十六岁**

任吏部尚书。

正月，撰《甲午元夕》诗云：“帝京春色媚新晴，灯月辉辉朗太清。万户烟消悬宝鉴，九衢风暖度箫声。金莲彩映宜春苑，火树光摇不夜城。佳节长安繁盛地，笙歌到处乐升平。”

公年六十六，审案江南复命仍往者，再于山东新城过岁，带张伯行回京。（《张文端公年谱》）

三月十八日，康熙帝生日，张鹏翮撰《甲午万寿节》诗以贺。

四月五日，作《纪梦》诗，有云：“送亲归未得，不忍咏南陔。”

四月二十一日，张鹏翮三弟张鹏举卒于遂宁。

七月初九日，张鹏翮同老臣李光地、吏部侍郎汤右曾二公，共祝刑部尚书赖都母亲寿，赖母称赞张鹏翮是“天下有名第一清官”。光绪本《遂宁县志》载：甲午五十三年七月初九日，同少宰李汤二公，祝赖大司寇令堂寿。赖夫人年九十一，容貌丰满，神气有余。祝寿毕，夫人指公谓其子曰：“阿立昂帮，天下有名第一清官也。”公之誉望，闺阁皆知如此！昔司马温公远方闻其姓名，妇孺咸知畏敬，信然（光绪本《遂宁县志》卷六《杂记》）。赖都，满洲正黄旗人，康熙五十三年（1714）至六十年（1721）任刑部尚书。

八月初三日，文渊阁大学士兼礼部尚书王掞、保和殿大学士兼礼部尚书陈诜、经筵讲官户部尚书赵申乔、文华殿大学士兼吏部尚书李光地、东阁大学士兼工部尚书王顼龄、吏部尚书富宁安、状元礼部侍郎蔡升元、刑部尚书张廷枢、刑部尚书胡会恩、户部尚书穆和伦、礼部尚书许汝霖、都察院左都御史刘谦、吏部左侍郎李旭升、吏部右侍郎汤右曾、户部左侍郎王原祁、户部右侍郎廖腾煃、礼部左侍郎王思轼、礼部右侍郎胡作梅、户部左侍郎噶敏图、兵部左侍郎李先复、左都御史李华之以及许惟模、吴蔚起、马吉兰、杨万春、陈廷纶、佟国琪、张玉典、陈福寿、黄叔王敬、叶宏绶、阿尔泰等30余名朝廷大臣，联名为吏部尚书张鹏翮之三弟张鹏举（字扶青）撰写《祭扶青公文》。

康熙五十三年十月己巳朔，刑部议复江南江西总督赫寿疏言，江苏巡抚张伯行参布政使牟钦元藏匿海贼党羽张令涛一案。查上海县民顾协一因赎房控告张令涛与海贼合伙，见在海内，及审问顾协一，并无证据。又搜查牟钦元署内，亦并无张令涛。讯张令涛子张二称，伊父往湖广、福建，应行文两省巡抚拿解送审。得旨：着吏部尚书张鹏翮、都察院左都御史阿锡鼐前往审明具奏。戊子，刑部议复江苏巡抚张伯行疏言，奸商张元隆广置洋船，海上行走。审据伙党吴良佐供，系原任将军马三奇家人，请饬部将马三奇并船户发至江南质审，应如所请。得旨：着张鹏翮等详审具奏。十二月戊子，上谕大学士等曰：布政使牟钦元居官好，巡抚张伯行题参牟钦元交通海贼，此皆伊多疑所致。朕曾遣张鹏翮往审，寻张鹏翮折奏时，朕批令张鹏翮同张伯行领兵于有海贼之处，亲身往拿。赫寿闻此消息，坐小船往黄天荡探察，方知张伯行所言皆虚妄耳。张伯行又奏噶礼下人甚众，恐欲杀伊，为噶礼报仇，此亦无影响之事。（《清圣祖实录》卷二百六十，第11页、第17页；卷二百六十一，第16～17页）

五十三年十月，上命鹏翮及副都御史阿锡鼐至江南审理，鹏翮等以伯行诬参具奏。上责鹏翮等不能尽心审明原委，令再详审。（国史馆《张鹏翮传》）

康熙五十四年乙未（1715）**六十七岁**

任吏部尚书。

公年六十七，按勘福建运米，镇江闻讣，请奔丧不许，疏凡十余上，终不许。（《张文端公年谱》）

康熙五十四年二月戊辰朔，奉差江南审事吏部尚书张鹏翮等疏参江苏巡抚张伯行捏造无影之事，屡以海中有贼诳奏，请将张伯行暂行革职审理。得旨：张伯行着暂行革职审理，伊疏内有不欺君，并张元隆伙贼甚多，将苏州米粮买去等语。巡抚系地方大吏，管辖文武官员，且有调兵责任。若海中有贼，即应率领官兵亲身察拿。况盛京、山东、闽粤等处沿海地方设立将军、督抚、提镇水师官兵，原为防海，张元隆等银两虽多，沿海一带官兵岂能尽行贿赂？郑尽心、陈尚义等本系海贼头目，朕久已招抚拿获，今张伯行将伊等支吾搪塞，希图完事，与伊不欺君之语殊为乖谬。张伯行必深知贼巢，始奏称海中有贼，务将此贼察拿审明具奏。三月辛亥，奉差江南审事吏部尚书张鹏翮等疏参张伯行现任巡抚，不肯实供，其属员又不敢质证。请将张伯行革职审究。得旨：张鹏翮等系特遣审理此案大臣，钦交事件应尽心审明原委具奏。海中如果有盗贼，张鹏翮等应同伯行亲往贼巢查拿审明。若海中无贼，张伯行前奏不欺君之语乖谬显然。如此则事之是否自明，其有应行请旨之处，宜具奏候旨审理。乃屡次前往未能彻底审明，希图苟且完事，蒙混结案。今又请将张伯行革职严审，殊玷官箴。此事仍着张鹏翮、阿锡鼐前往，彻底审明具奏。五月壬戌，奉差江南审事吏部尚书张鹏翮等题参江苏巡抚张伯行屡奏海中有贼，令其回奏疏内假捏巧饰，奸欺殊甚，已故张元隆案内船户余元亨等，张伯行必欲陷为海贼，五年不结，夹毙十二人，破家者不知凡几，即监犯之存活者亦以拖累日久，疾病冤号者甚多，今已遵旨释放，其在赦后者，俱于张元隆等案内分别定罪。得旨：张伯行着革职，看守审理。九月己酉，刑部等衙门议复吏部尚书张鹏翮疏言，原任江苏巡抚张伯行以海上有贼欺君妄奏，监毙良民数人之处皆实，应照律将张伯行拟斩，监候秋后处决。应如所请。得旨：张鹏翮回京，将张伯行带来，到日再奏。十月丁亥，吏部议复奉差江南审事吏部尚书张鹏翮等疏言，原任江苏布政使牟钦元前经巡抚张伯行以藏匿张令涛题参革职，令张伯行既自认诬参请罪，应将牟钦元照例复职。从之。十二月癸亥，刑部等衙门议复吏部尚书张鹏翮审奏，原任江苏巡抚张伯行将良民张元隆等以窝藏盗贼，招聚匪类题参，殊属不合，应将张伯行照律拟斩，监候秋后处决。应如所拟。得旨：张伯行着从宽免死。（《清圣祖实录》卷二百六十二，第6页、第15页；卷二百六十三，第29页；卷二百六十五，第9页、第17～18页；卷二百六十六，第13页）

五十四年五月，鹏翮等参伯行巧饰奸欺。得旨：张伯行着革职，看守审理。七月，奏伯行自认诬参，应复钦元职。从之。又奏伯行诬陷良民，妄生异议，应斩。上命伯行免罪来京。详《伯行传》。十一月，丁父忧，时尚书富宁安赴西宁剿策妄阿拉布坦，谕鹏翮暂留办部务，俟富宁安回京，再回籍守制。（国史馆《张鹏翮传》）

康熙五十四年春正月，钦差大人张鹏翮、阿锡鼐复来苏问供，公被折参。二月，上沥奏实情疏。夏四月，上明白回奏疏。五月，大人复讯，捏饰口供，折请革职看守。六月，奉旨革职看守，公住镇江。审供时，公曾从容问张大人曰：当日何所见而特荐我？今何所见而必欲置之死？大人曰：当日为官好，应荐。今日不好，应参。公曰：我为官曾有贪赃坏法之事，负朝廷、辱荐举乎？大人曰：尔以为不取钱即是好官乎？好官当为朝廷办事。公曰：然。我诚不能办事，但例应革职，何必致之死？大人曰：尔但认罪，只须问徒折赎，便可回家。既而大人叹曰：我荐尔一番，究竟与我何益！秋九月，大人拟公重辟，疏入留中。冬十一月，奉旨入京。二十二日，至长辛店，公欲随大人至畅春苑陛见。大人曰：彼今有罪，岂可与我同去？圣祖问张伯行来乎？大人曰：进京去矣。圣祖曰：明日同来见。乃遣一司官拉公去。天明至畅春苑，圣祖召见。大人奏曰：他并不认罪。圣祖曰：他原无罪可认。公叩头谢恩。圣祖又曰：此人朕还用他。十二月，奉特旨：补授总督仓场户部侍郎。（《张清恪公年谱》下卷）

四月二十八日夜，作《苏州行台梦见大人》诗，云："行台寂寞夜沉沉，白发思亲意念深。归梦家园天性乐，承颜犹是老人心。"游寒山寺枫桥，作《枫桥》云："阊门阛阓接枫桥，几度经过水月遥。今日重来忆张继，暮烟疏雨草萧萧。"

五月二十三日，张烺九十大寿。张鹏翮作诗《乙未五月读苏颖滨诗传至陟岵章，适值大人九十大庆，以江南之役，不获请假归觐称祝，赋一章以识望云之意》。

七月十七日，在江苏镇江行署，作《梦大人》云："亲老时萦念，身安不厌贫。青云长作客，白发未归人。夜雨和愁落，家山入梦频。故园归未得，西望正伤神。"

八月初二日，张烺卒，卜葬遂宁月山（今重庆市潼南区小渡镇月山村二社庆元山）金簪子坡下第四台土上，张鹏翮《庆元山》诗中所云"他日归来第四台，独寻春色几徘徊"即指此，其墓今存。（清保和殿大学士、礼部尚书陈诜和康熙时状元王敬铭分别撰有《光禄公传》，载于民国本《遂宁县志》和《遂宁张氏族谱》）

十一月，张鹏翮闻父讣告，屡请回籍守制，上《陈情疏》十余，存者三。时尚书富宁安督剿西宁，康熙帝以吏部无人，未准，且促入署办事。张鹏翮呜咽叹曰："君命不敢违，奔丧不自由。"含泪青衣入署。事毕出，即服缟衣回寓。

康熙五十五年丙申（1716）**六十八岁**

任吏部尚书。御赐多品。

三月十八日，康熙帝生日，张鹏翮撰《丙申圣寿节》诗以贺。

七月，直隶献县人（今属河北沧县）纪钰（字润生，纪晓岚之曾祖）病逝，纪容舒（纪晓岚之父）请张鹏翮为其亡祖父纪钰撰写墓志铭，即《纪公润生墓志铭》。

康熙五十六年丁酉（1717）**六十九岁**

任吏部尚书。服满伤怀。懋诚升户部江西清吏司员外郎。

十一月十七日，撰《丁酉诞辰》诗云："岁月蹉跎七十秋，衰残犹滞凤池头。乾坤容易催人老，进退何时得自由？雪岭日融翻浪急，松舟夜雨听猿愁。魂销万里还家梦，风树皋鱼泪未休。”

康熙五十七年戊戌（1718）**七十岁**

任吏部尚书。

公年七十，充会试正考官。（《张文端公年谱》）陪祭新陵，懋诚知辽阳州。

五十七年戊戌会试。主司：吏书张鹏翮、户书赵申乔、刑侍李华之、工侍王懿。中式一百六十五人。状元汪应铨，未散馆即擢庶子，盖异数也。

康熙五十七年二月乙酉，以吏部尚书张鹏翮、户部尚书赵申乔为会试正考官，刑部左侍郎李华之、工部右侍郎王懿为副考官。（《清圣祖实录》卷二百七十七，第20页）

疏请归葬，未许。作《自叹》云："谬忝铨衡愧此官，白头归老息肩难。思亲惟有衰年苦，独寝无如旅夜寒。鬓为忧民催作雪，心思补过炼成丹。天恩若许陈情去，菽水承欢也自安。"恬退之情从肺腑中流出，有张九龄之风。

康熙五十八年己亥（1719）**七十一岁**

任吏部尚书。

元旦日蚀不食，陪祭天坛，懋诚派往陕西军营。

三月十八日，康熙帝生日，张鹏翮撰《己亥岁恭祝万寿》诗以贺。

八月，作《己亥八月二十八日夜梦见大人》诗。

十月，撰《思乡》云："久宦思乡岁月深，几回归梦抵千金。门前江色依然绿，槛外莺声尚满林。漫说申家新使者，更夸乔令旧知音。曙钟乍动惊魂觉，谁识愁人一片心？"撰《己亥十月朔观堂中黄花有感》云："朝回独坐叹伶俜，馆阁同年曙后星。览镜偏惊添白发，挑灯且喜读心经。力衰翻觉衣裳重，身老难邀耳目灵。晚节清香谁得似？堂中黄菊在花瓶。"

冬至，撰《己亥冬至陪祀天坛》诗。

十一月十七日，撰《己亥诞辰》诗，叹云："数茎白发知心苦，一片青山入梦愁。"

除夕，作《己亥除夕梦中得句》云："报国心思切，年衰不自由。欲知万里路，天际一归舟。"

康熙五十九年庚子（1720）**七十二岁**

任吏部尚书。

正月，作《元旦早朝》诗。

三月十八日，康熙帝生日，张鹏翮撰《万寿圣节》诗以贺。

六月初七日，撰诗《庚子六月初七挽裘陈佩》。

六月十五日，张鹏翮撰《家书》，向其二弟张鹏翼询问家乡事及祖宗祠墓。有云："所云懋文看守月山祠墓，懋德看守两河口祠墓，令懋宗董理，俱照议行。黑柏沟有始祖墓，尚未有祠，须令懋德兼看，以防楚人侵占。""我年老矣，屡次陈情，国有师命，未蒙放归。夙夜所关心者，先人之祠墓耳！"

七月，作《庚子七月二十五日出塞偶作》诗："白花绿叶未经寒，风动微香零露团。点缀清秋新气象，天然一幅画图看。"

八月，侄懋文中四川乡试举人，作《庚子中秋忆懋文昆弟》诗。张懋文（1683—1750），张鹏翮二弟鹏翼子。

九月，作《庚子九日》诗。

十一月，赵申乔卒，作《哭大司农赵松武同年》诗。

十一月二十七日，撰《二弟六十初度》诗，祝贺二弟张鹏翼六十岁生日。

撰《庚子夕月坛陪祀忆魏敏果、吴北海》诗、《仆张声之墓志铭》。

康熙六十年辛丑（1721）**七十三岁**

任吏部尚书。

公年七十三，充会试正考官，山东勘河、江南问案。（张文端公年谱）作《复沁河不可入运疏》。

六十年辛丑会试。主司：张鹏翮、户书田从典、户侍张伯行、副宪李绂。中式一百六十三人。所取皆一时俊髦。正黄旗满洲何舍里氏何溥、何浩，宜兴储氏，金溪冯氏，均昆季联镳。落第者喧闹盈门，新中者无由入谒。事久，外间物议始定。会元储大文之弟储郁文、储雄文同登。

康熙六十年二月丁酉，以吏部尚书张鹏翮、户部尚书田从典为会试正考官，户部右侍郎管仓场总督事张伯行、都察院左副都御史李绂为副考官。夏四月丁酉，九卿等议复山东巡抚李树德疏言，汶河沙积，水不盈尺，应行开浚。彭口一带沙淤屡开屡塞，应改挑新河一道，此皆运道所关，挑修难缓。又太行堤为兖西之保障，其坍塌之处亦应修筑。查运河所关甚要，改挑新河，钱粮亦甚浩繁，请差部院堂官会同河道总督、山东巡抚详勘应否挑修之处，确估具题。得旨：着吏部尚书张鹏翮前往会勘具奏。闰六月癸亥，奉差山东阅河吏部尚书张鹏翮等疏言，臣等会同总河赵世显、巡抚李树德，查戴村坝遏汶水，出南旺，南北分流济运，旧设玲珑、乱石、滚水三坝，年久汕刷，应补葺坚实，以资捍御。再，山东运道全赖汶泗二水上流源接济。今天气亢旱，泉流微细。又蜀山、马踏、南旺诸湖贮水无多，臣等遵旨交巡抚，将坎河、鸡爪等泉疏浚，并严禁民间偷截灌田。又查诸湖向筑子堤分别湖地民田界址，亦令巡抚查明，补筑湖堤，严禁侵种。每年蓄积湖水，毋致干涸。至南旺分水口，系南北分流水脊，实为运道要区。见在南北闸口，水深四尺、三尺、六寸不等。臣等谨遵浅于南则闭北闸，浅于北则闭南闸之旨，留主事富明德、御史梅琮住分水龙王庙，管南北各闸，以时启闭。请再于彭口内南岸建挑水坝一座，北岸将沙嘴截去，并将一路淤沙挑净，使彭口之水挟沙畅流，直入微山湖内，则蓄泄有资，运道自有无阻滞之虞矣。再查邳州邱家楼一带低洼之水从新开房停河泄泻，并无积滞。太行堤延袤数百余里，其曹县、单县及江南丰沛二县坍塌之处，交与河道总督修筑，其与直隶、河南接壤者，已行文该抚一体修筑。下部知之。九月壬寅，直隶总督赵弘燮奏，河南黄沁冲决堤岸，水势泛溢至长垣等处。山东巡抚李树德奏，河水泛滥，自直隶开州流入山东张秋镇等处，由盐河入海，以致运河堤决，漕船阻滞。着张鹏翮会同总漕施世纶至张秋镇等处详行查勘料理，使漕船往返不致迟误。十二月乙丑，吏部尚书张鹏翮等疏言，臣等遵旨由山东张秋循流而上，一一查勘，黄河决口在武陟县之钉船帮支河口，由此冲入詹家店之魏家庄及马营口。今副都御史牛钮会同河南巡抚杨宗义于支河口筑拦水坝，魏家庄已经堵塞，马营口之消落指日成功。其引沁入运之处，臣等至武陟县相度地势，西北高而东南下，沁堤内地较沁河涯低有一丈。得旨：前因运河水小，引沁入运，或有裨益，是以下旨。今张鹏翮等回奏甚属明晰，即令照依所奏，不得稍有更改。（《清圣祖实录》卷二百九十二，第5页；卷二百九十三，第11～12页；卷二百九十四，第13～14页；卷二百九十五，第16页）

四月十四日，长曾孙顾鉴生于京师。时张鹏翮喜初得曾孙，遂取张九龄“千秋金鉴”之义以命是名。张顾鉴（1721—1796），字镜千，号冰亭，又号照斋、耐舫，张问陶之父。历任河南安阳、嵩县知县，山东馆陶知县兼冠县事，湖北汉阳同知，云南开化府知府。

六月，作《辛丑季夏三日》诗云：“七十三龄岁月长，思归未遂鬓如霜。一生淡泊无忧惧，乐得清贫晚更香。”

是年，张鹏翮撰《康熙六十年颁历》诗。

康熙六十一年壬寅（1722）**七十四岁**

任吏部尚书。

正月，至乾清宫参加千叟宴，作《千叟宴》诗四首。作《早朝应制》七绝、《自题小像》诸诗。

公年七十四，宴六十岁以上官一百六十七员，与大学士王掞、王顼龄同席。（《张文端公年谱》）

康熙六十一年二月甲申，兵部等衙门议复差往江南吏部尚书张鹏翮等察审松江提督赵珀自到任后，将应给兵丁粮米不行速发，又坐扣空粮九百十名，通共侵蚀银三万四千六百九十二两，米六千九百余石，收各营规礼一万九千四百余两，应将赵珀革职，解部枷号鞭责。得旨：赵珀、师懿德俱着革职，从宽免罪。（《清圣祖实录》卷二百九十六，第19～20页）

十一月十三日，康熙帝病逝。

十二月十九日，命大学士二等伯马齐为《圣祖实录》馆监修总裁官，吏部尚书一等公隆科多、大学士嵩祝、白潢，吏部尚书张鹏翮为总裁官。礼部尚书张廷玉、都察院左都御史朱轼，兵部侍郎励廷仪、阿克敦，内阁学士额黑纳、登德为总裁官。同日，加吏部尚书张鹏翮太子太傅。（《清世宗实录》卷二，第27～28页，台湾华文书局发行）

雍正元年癸卯（1723）**七十五岁**

二月初二日（1723年3月8日），任文华殿大学士兼吏部尚书，成为雍正初期领导集团的核心人物，官至正一品。

公年七十五，拜大学士，仍管吏部事，御赐多品。懋诚升御史。公出勘河，赐路费千金。赐宰辅，诰命四代。命行扫青礼，得假旋蜀，赐诗宠行。（《张文端公年谱》）

雍正元年二月壬子，命吏部尚书张鹏翮为文华殿大学士兼吏部尚书（《清世宗实录》卷四，第2页），赐御书“嘉谟伟量”额；授其长子张懋诚为福建道监察御史；授其长孙张勤望为顺天府通判。父子祖孙一门受封，为从来未有之荣宠，朝野称羡。

世宗即位年，拜内阁大学士。上在藩邸洞悉天下利弊，及中外臣僚淑慝，故初御极即有是命，其子某及孙某各赐爵有差。时，上方励精图治，毅然更新。公亦以身任天下事，因能授职，持大纲，去烦细，时议称贤相焉。公自弱冠入仕及为相，凡五十余年，名满天下。主上不疑，同官不忌，考诸史册，往往难之。（彭端淑《张文端公传》）

三月十五日，雍正敕谕太子太傅、文华殿大学士兼吏部尚书张鹏翮修圣祖仁皇帝《实录》。

雍正元年四月二十日，雍正帝亲自向张家四代发布诰命，分别赠予张鹏翮的曾祖张惠、祖应礼、父张烺以光禄大夫、太子太傅、文华殿大学士兼吏部尚书之爵位。赠予张鹏翮的曾祖母孟氏、祖母周氏、母景氏以一品夫人。特授张鹏翮本人以光禄大夫，特封其妻唐氏为一品夫人。从此，张家可谓荣光之至，享誉巴蜀，名满天下。其中，给予张鹏翮的诰命写道："奉天承运，皇帝制曰：'翼亮天工，象协三台之列；宏敷帝载，位居庶职之先。惟懋丕绩以酬恩，乃沛新纶而锡爵。尔太子太傅、文华殿大学士兼吏部尚书张鹏翮凤阁清才，鸾台雅望。典章练达，服勤匪懈于寅恭；器识渊凝，顾问时资于靖献。属在论思之地，参机务于殷繁；每抒钦翼之忱，佐经猷于密勿。崇阶密陟，载晋公孤，宏奖申嘉，诵昭宠渥。兹以覃恩，特授尔阶光禄大夫，锡之诰命。於戏！启乃心以沃朕心，尚嘉谋之时告；慎厥位以风有位，期庶绩之咸熙。永劭休声，祗膺荣命。'"（《遂宁张氏族谱》卷三，《诰敕》）

四月二十六日，雍正帝敕谕太子太傅、文华殿大学士兼吏部尚书张鹏翮出任《三朝国史》《大清一统志》和《明史》总裁官。

世宗登极，拜内阁大学士仍兼吏部尚书事，以马营决口，复衔命至豫相视。鹏翮议并塞詹家店四口，黄沁合处有沙滩，应加浚刷，绘图以进，悉嘉纳。鹏翮平生居官清俭方整，有器局，于河工最着声绩。（《国史贤良小传》，《清代传记丛刊》第 137 册，第 467 页）

六月，河南黄沁漫溢，决马营口，奉命查筑。（国史馆《张鹏翮传》）

七月，命往河南，查议冲决马营口工程，特赐路费银千两。回京奏准，回籍省墓。作《辞新命疏》《堵塞马营决口疏》《详议筑工疏》《请假省墓疏》。

九月十五日，张鹏翮从北京古玩市场上购买一只铜铸青羊，后赠送给成都青羊宫。底座铭刻记其事，铭文云："京师市上得铜羊，移往成都古道场。出关尹喜似相识。寻到华阳乐未央。"落款为"信阳子题"，信阳子乃张鹏翮之号。此羊为单角，以十二生肖特征合为一体，似羊非羊，形象古怪，俗传摸青羊可求福祛灾，妇女摸青羊可生男孩。民国时文人刘师亮在《成都青羊宫花市竹枝祠》中云："闻说铜羊独出奇，摸能治病祛巫医。求男更有新方法，热手摸它冷肚皮。"

张鹏翮请假回乡省墓，雍正赐张鹏翮回籍诗云："孝思忠悃本相成，蜀道迢迢去帝京。自是白云增恋慕，非关绿野乐幽清。松楸得展酬亲志，魏阙长悬报国情。好待泷冈封马鬣，速还黄阁赞升平。"张鹏翮撰《恭和圣制赐假还乡诗元韵》云："君恩罔极荷生成，白发盈头尚在京。殊遇两朝蒙眷顾，欣逢六宇尽澄清。还乡许遂思亲愿，望阙重申报主情。圣藻光华昭日月，万年讴咏泰阶平。"作《乞还》云："思亲无日不关情，何幸今朝出凤城。风正扬帆知浪静，月明鼓棹觉潮生。年高我喜还乡国，宦久人都识姓名。莫讶元臣无第宅，莱公先已树芳声。”

雍正二年甲辰（1724）**七十六岁**

任文华殿大学士。

正月，张鹏翮抵遂宁。留两月还朝。

二月，在遂宁。至黑柏沟大樟树湾（今蓬溪县任隆镇黑柏沟村五社大樟树湾）谒入川始祖张万墓祠、高祖张尚威墓；至两河口（今蓬溪县金桥镇翰林村两河口）谒曾祖张惠墓、祖父张应礼墓、母亲景太夫人墓；至月山（今重庆市潼南区小渡镇月山村二社庆元山）谒父亲张烺墓。撰《大樟祖居》诗云：“柏沟樟树荫茅庐，始祖由来卜此居。三派辛勤躬稼穑，百年清白事诗书。宅心忠厚贻谋在，传世淳良积庆余。佑启后人培福德，莫忘高大耀门闾。”自注：“始祖万公，明初自楚迁蜀，兄弟三：一居铜梁，至大司马肖甫公（张佳胤）显；一居安岳，至侍御留孺公（张任学）显；一居遂邑，自景泰时姚安太守（张赞）至崇祯壬午，孝廉科第联绵。”（《张文端公全集》卷五）作《月山》云：“过庭犹记闻诗礼，回首白云双鬓丝。明发有怀恩罔极，养亲不逮悔何追！龙章凤诰焚黄日，春露秋霜结梦思。万里归来风木恨，四更吐月旧山时。”作《自遣》云：“七十六龄归故里，双双白发最堪怜。去时锦绣趋庭上，回日祠堂拜影前。伯叔已知零落尽，孙曾又见彩衣翩。老人何幸承恩厚，许放还乡祭祖先。”

在家乡无官一身轻，张鹏翮畅游遂州名山胜水，探亲访友，过着自由自在的生活，遂宁山水，题咏殆遍。如撰有《题鹤鸣山》《庆元山》《暮春归赤崖旧居》《赤崖旧宅》《万里桥》《黉宫古柏》《遂宁城》《题灵泉寺》《书台应瑞》《龙山晓钟》《仙井晴霞》《涪江晚渡》《鹤鸣夜月》《梵云春晓》《云灵仙迹》《旗山钟秀》《灵泉圣境》《春日重游灵泉寺》诸诗。《如意而归》诗云：“临水登山兴未休，闲身乐世更何忧？联裾萧寺探幽径，方驾扁舟泛碧流。尊俎每开长寿酒，寻芳频向浣花游。怡情云外皆无累，弄月吟风得自由！”《遂宁城》云：“十年重到德阳城，人事田畴几变更。仙井晴霞朝气散，鹤鸣夜月野烟轻。郊原几度余烽火，父老频经厌甲兵。所愿残邦沾化雨，桑麻从此乐深耕。”《题灵泉寺》云：“千载灵泉古道场，唐朝名胜冠诸方。云笼野树藏山寺，风送霜钟到德阳。石佛阶前秋月冷，残碑亭下稻花香。梯霞直上高峰顶，万里晴空望帝乡。”《赤崖旧宅》云：“不见田园路，茫然六十春。长为台阁客，每忆故乡人。谁谓公孤贵？依然寒士身。草庐何处在？回首但悲辛。”“尚忆读书处，青毡坐寂寥。窗留山吐月，桂冷露含条。抱膝吟良苦，旷怀思更超。圣贤相晤对，云路不知遥。”

二月十五日，张鹏翮遵旨离别遂宁，启程返京师，撰《奉命还朝留别二弟》《留别舍弟》诸诗。《留别舍弟》云：“春江晴日草芊芊，万里扬帆接楚天。去雁犹思江汉水，离人独上木兰船。棣花暖送青丝转，碧树光摇锦浪悬。莫怪临歧倍惆怅，共君携手在何年？”

《雍正甲辰二月十五日遵旨回京》云：“风雨初晴二月天，行旌又上峡中船。谁怜白发苍颜叟，来往红尘路八千。”民国《遂宁县志》卷一《疆域》载：“遂宁距北京，鸟道一千八百六十三里；人行陆程五千一百二十里，水程一万三千五十里。”可见上京路途之遥远和艰险。

《过重庆寄弟》云：“画船东下雨初晴，日暖风恬客棹轻。大佛寺前看月色，黄萝帐外听琴声。邮亭又送行旌发，驿馆重经候吏迎。迢递千峰随路转，夕阳回首望渝城。"《旅夜书感》云："分水驿连古万州，烽烟无际暮云愁。三军不作刀环梦，一夜边声绕戍楼。"

四月，书《黄州苏文忠公祠碑》，字精句美，今存四川新都桂湖碑林。

五月，张鹏翮假满抵京，任文华殿大学士兼吏部尚书。

五月，张鹏翮为医学家叶其蓁所撰《女科指掌》作《叙》云："《周礼》：医师之政，令邦有疾，则使分而治之，自四海九州岛莫不仰瞻其盛，所以民无夭札，并乐升平迨三代，降而废弃不讲，而《汉史》郭玉、《魏志》华佗、《晋》皇甫士安、孙思邈得龙禁方，皆非常人也。五代至唐而恒不复世观，宜乎居世之士不能留神医学，而斯道之难明也。今吾圣天子废政施仁，睿智好学，经史百家，博极群书，特谕太医将灵、素、金匮药性定为三书，一时医林大振，教饬极其精，风雅极其盛，咸登春台而跻寿域，被乐育而歌不老矣。甲辰春杪楚林王甥，挈伴心培叶子来京就试，叶子复出其尊人手著《脉镜》及《十三科指掌》，缵绪《内经》方，法《金匮》，而药性志在是矣。一览明了，如指诸掌韵叶回言，使读者开卷对镜，心领神会，须眉相映，毫发炳然，亦可云应运挺生仰体。大圣人爰育黎元之至，意播九州岛四海，生生不已，岂仅民无夭札，抑尔共乐，休明之盛也夫。雍正甲辰春五月成都张鹏翮书。"

公年七十六，归于京师，御赐多品，有疾，命御医调治。懋诚转给事中。舟中吟风弄月成帙，有《进海防疏》。（《张文端公年谱》）

十一月，张鹏翮患脾病，雍正遣御医诊治。

十一月十七日，这是张鹏翮最后一个生日，撰《甲辰诞辰》诗云："如意而来天语重，长年黄阁又淹留。总因誓竭丹诚愿，不忍勾牵绿野游。报国欣逢尧舜主，许身窃比稷夔俦。几回梦绕旗山月，衣紫犹疑在遂州。"

张懋成转工科给事中，旋转礼科掌印。

雍正三年乙巳（1725）**七十七岁**

任文华殿大学士。身任天下事，励精图治，持大纲，去烦细，时议称贤相焉。（《锦里新编》）

正月十五日上元节，于京师怀冰雪堂撰成《遂宁张氏家乘》并作《序》。有云："张于姓最著，自黄帝第五子挥为弓正，赐姓张，此吾张始之矣。迨其后显于周，盛于汉唐，望于清河，蔓于晋楚间，其详见于世系。而家于遂宁之慧云山（即黑柏沟）者，则自明初万公迁蜀始之矣。数传后，子孙繁盛，科第蝉联，德泽绵远，称世家焉。旧有族谱，毁于兵燹。今余老且病，率长子诚（张懋诚），共襄而集之，存此大略，使子孙知吾家之所自始，是尊祖、敬宗、敦本、合族之意也。……存孝悌之心，行仁义之事，出为忠臣，处为端人，为士者诗书，为农者勤俭，使称为清白吏，子孙不亦美乎？伏床口授，嘱而笔之，用以书诸谱端，而为之序。"

二月十九日（1725 年 4 月 1 日），张鹏翮病逝于京邸，享年七十七岁，加少保，赐全葬，谥文端。遣亲王大臣致奠谕祭。张鹏翮性恬淡，不事生产，没之日，家无余资，宅舍惟竹楼数间而已。长子张懋诚四顾茫然，幸蒙雍正帝赐白金千两治丧，方扶柩回籍，卜葬张鹏翮于遂宁月山（今重庆市潼南区小渡镇月山村二社所辖）金簪子坡。榇还之日，大小汉官齐集奠送。雍正帝两次谕祭文。初次《谕祭文》有云："张鹏翮秉资贞介，植品端凝。早践清华，洊膺任使。出则分符拥节，治行常优；入则九棘三槐，靖共素励。"雍正帝二次《谕祭文》有云："张鹏翮矢志端方，持身廉洁。早登清秩，洊陟崇班。筹疏浚于河防，克佐澄清之绩；掌铨衡于流品，久彰公正之操。简入纶扉，进参密勿宣劳。五十余载，精白一心。历转二十余官，靖共尔位。"谕旨入祀贤良祠赐《祭文》有云："张鹏翮志行修洁，风度端凝。通籍词垣，旋效旬宣之绩；分司郎署，益征屏翰之才。十年殚力于河渠，疏凿之功丕懋。耆岁洊登于台鼎，敬勤之志弥彰。於戏！流芬竹帛，卓然一代之完人；树范岩廊，允矣千秋之茂典。"雍正帝御制墓碑云："张鹏翮素性恪恭，持躬清介。早登词馆，洊历曹郎。外而绩茂旬宣，内而望高卿尹。"（均载《遂宁张氏族谱》卷三《御书》）评价之高，无出其右。

雍正三年二月辛卯，予故太子太傅文华殿大学士吏部尚书张鹏翮祭葬，加祭一次，赠少保，谥文端。（《清世宗实录》卷二十九，第19页）

张鹏翮孝友持躬，遵循礼法。平居衣冠必整，盛暑未尝跣足露体。终身一茧衾，食无兼味，亦无田庐，仅御书楼数间、荒田数亩而已。

张鹏翮入仕五十余年，一生历官二十四任，即：初任翰林院庶吉士；二任刑部福建司主事；三任刑部山西司员外郎；四任刑部江西司员外郎；五任礼部祠祭司郎中；六任江南苏州府知府；七任山东兖州府知府；八任河东都转运盐使司运使；九任通政使司右参议；十任兵部督捕右理事官；十一任兵部督捕左理事官；十二任大理寺少卿；十三任巡抚浙江等处地方提督军务都察院右佥都御史；十四任兵部右侍郎；十五任提督江南等处学政兵部右侍郎；十六任都察院左都御史；十七任刑部尚书；十八任总督江南江西等处地方军务兼理粮饷操江兵部尚书兼都察院右都御史；十九任兵部尚书兼都察院右都御史总督河道提督军务加一级；二十任太子太保兵部尚书兼都察院右都御史总督河道提督军务加六级；二十一任刑部尚书加三级；二十二任户部尚书加三级；二十三任吏部尚书加三级；二十四任太子太傅文华殿大学士兼吏部尚书。张鹏翮几乎担任过清王朝从统一到走向鼎盛时期内政、外交的各种重要职务，具有非凡的才能和高尚的品格，康熙帝以他为当时名臣的楷模。

清代著名文学家彭端淑《张文端公传》云："公自弱冠入仕及为相，凡五十余年，名满天下，主上不疑，同官不忌，考诸史册，往往难之。"张鹏翮系清代贤相、名臣，康熙帝赞之："天下廉吏，无出其右。"清代昭梿《啸亭续录》："本朝边省绝少调鼎者，四川惟张遂宁、广西惟陈桂林二人。"张鹏翮是与狄仁杰、姚崇、包拯、况钟、于谦、海瑞、于成龙齐名的中国古代最著名的八位清官。

三年二月，进明臣邓钟所著《辞行海图编》，未几卒，遗书入，得旨：张鹏翮秉性孤介，持躬廉洁，前任总河，懋着勤劳，入领铨曹，恪谨供职，因效力有年，简任机务，近值请假养疾，遣医诊视，必整肃衣冠，极其恭敬。忽闻溘逝，朕心深为轸悼。着加少保，于恤典定例外，再加祭一次。并谕致祭日，命大小汉堂官、给事中、御史齐集。赐全葬，谥文端。八年，诏祀贤良祠堂。（国史馆《张鹏翮传》）

清代著名学者赵慎畛《榆巢杂识》卷下《天下第一清官》载："遂宁张文端公鹏翮官巡抚，有清望，圣祖褒之为天下第一清官，至今家堂犹悬此额。累叶外任，皆守清白家风。官开化太守者名顾鉴，船山先生翁也。闻船山少时，御冬曾无絮袍云。”

年七十七卒，遣子以边防、河防、海防三大务遗奏。上悲悼减膳，赠少保，谥文端，赙赐甚厚。公两知贡举及同考官，所拔多知名士。三视河，当为相，上犹遣公曰：以位则卿不当差，然视诸臣无出卿者。盖公长于治河，凡所经划无不完固，至今数十年来遵守，其法不变。某丁未试南宫，上以春寒赐天下贡士棉衣、姜茶。试毕，群诣阙谢恩，大宗伯吴公襄宣于众曰：上有旨，汝辈他日作官，当如张鹏翮、朱轼，方不愧朝廷，其见重如此。（彭端淑《张文端公传》）

公之书有《冰雪堂稿》《如意堂稿》《奉使俄罗斯行程纪略》《治河全书》，皆其自著。至于纂辑者，有《文庙礼乐考》《关夫子志》《兖州府志》《遂宁县志》《信阳子卓录》《身镜士镜治镜等录》《敦行录》《家规辑要》《女诫辑要》等名。至其门人幕僚纂集者，乃有《河防志》《奏议》《年谱》诸书。今二稿与年谱尚行刊行，故今此编之为集，亦断不可少之事，而离年谱为二，删其颂美之词而载入集之前后，观者必自知之。（张知铨：《遂宁张文端公全集凡例》，光绪七年刊本）

公生平不欲以诗文见长，故其所作直抒己意而已，不加雕绘之功。故自《治河全书》奉旨进入四库而外，余惟奏疏、河防志、纪略刊行而板片又未知尚存何处，且非汇集诗文、年谱，则刊行者尚不足以尽心矣。（《遂宁张文端公全集·凡例》）

张鹏翮妻唐氏，遂宁处士唐君伦女，诰封一品夫人，雍正八年（1730）卒于山东曲阜，葬曲阜县之南官府马鞍山。子二人：长子懋诚，康熙二十六年（1687）举人，官至通政使司通政、署工部右侍郎；次子懋龄，监生，官江南淮安府山安河务同知，其妻为山东衍圣公孔毓圻（孔子第六十七代嫡长孙）女，故其后世居山东曲阜县。女三人：长适江南提督夹江王绍绪；次适山东廪生孔传钜；三适江南兴化县廪生吴盘。孙张勤望，官至山东登州府知府、署登莱青海防兵备道。曾孙张顾鉴，乾隆六年（1741）副榜，官至云南开化府知府。玄孙张问陶，号船山，乾隆五十五年（1790）进士，乾嘉诗坛泰斗、著名书画家，著有《船山诗草》，官至山东莱州府知府。嘉庆十七年（1812）三月，船山辞去莱州知府职赴苏州途中，曾绕道至曲阜，拜谒高祖母唐太夫人墓并探望留居曲阜守墓之张懋龄一支后裔。《船山诗草》卷十九有《壬申三月二十二日由兖州绕道曲阜恭谒高祖母唐太夫人墓昔先文端守兖日以少子赘于孔氏太夫人暮年依居曲阜遗命不归蜀卜葬于县南工阜马鞍山下留子孙一支守墓今微矣》诗四首载其事。子孙恪守清白，卓有循声，能世其家。

张鹏翮著作甚富，有三十余种。据《清代蜀人著述总目》载，张鹏翮著有：

《张公奏议》二十四卷，见光绪《遂宁县志》卷三，光绪《新修潼川府志》卷一六。今存嘉庆五年江南河库道刻本（国图，上图，北大）；清刻本（南大）。

《张公奏议》，今存康熙间刻本（上图）。

《江防述略》一卷，今存学海类编（道光本、景道光本）集余二（丛书综录）；民国九年上海涵芬楼影印学海类编本。

《河防志》十二卷，今存清刻本（北师大）。

《河防志》，今存 1969 年台北文海出版社影印中国水利要籍丛编本。

《黄河全图》，今存康熙间绘本（国图）。

《黄河运河全图》，今存嘉庆间绘本（国图）。

《治河奏牍》，今存清抄本（国图）。

《圣谟治河全书》二十四卷，光绪《遂宁县志》卷三著录作《治河书》十卷，光绪《新修潼川府志》卷一六作《治河方略》二十四卷。今存清抄本（北大）。

《治河全书》二十四卷，今存清抄本（津图）；1995 年上海古籍出版社据清抄本影《续修四库全书》本；2007 年天津古籍出版社影印本。《治河全书》共二十四卷，卷一至二，辑录自康熙二十三至四十二年间治河上谕；卷三至十三，记载了我国运河、黄河、淮河三大水域的源流、支派、地理位置及历年对其治理的情况等，其中对各河道的形成、流向、堤坝修筑、防汛事宜等所记尤为详细。卷十四至二十四，系历任河道总督靳辅、王新命、张鹏翮等人有关治河章奏，而以张鹏翮为最多。所附彩色绘图，工细精致，精确地反映了三大河流及各支流的全貌。《治河全书》内容翔实，史料性强，是研究清代初期治河工程的重要参考资料，对当前治河水利工程和水利史的研究以及大运河的修浚，都颇有借鉴参考价值。

《治下河论》一卷，今存光绪十七年上海着易堂铅印小方壶斋舆地丛抄第四帙（丛书综录）。

《治下河水论》一卷，今存民国间扬州陈恒和书林刻扬州丛刻本（《丛书综录》）；1980 年扬州江苏广陵古籍刻印社影印扬州丛刻本。

《河决考》，今存雍正间抄本（北大）。

《奉使倭罗斯日记》一卷，今存说铃（康熙本、道光本）前集。

《奉使俄罗斯行程录》一卷，今存艺海珠尘竹集（丁集）本（《丛书综录》）；满蒙丛书第二集（丛书综录）。

《奉使俄罗斯日记》一卷，今存清刻本（上图）；说铃（《丛书综录》）；小方壶舆地丛抄第三帙（丛书综目）；中国内乱外祸历史丛书第十一辑（《丛书综录》）。

《奉使俄罗斯行程录》，今存同治四年京都龙威阁刻北徼汇编本（《丛书综录》）；丛书集成初编本。

《奉使俄罗斯国》，今存清抄本（国图）。

《出使倭罗斯纪略（使俄罗斯纪略）》二卷，见嘉庆《四川通志》卷一八四，光绪《新修潼川府志》卷一六。按：光绪《遂宁县志》卷三作《使俄罗斯》一卷。

康熙《兖州府志》四十卷首一卷（张鹏翮修　叶鸣銮纂），今存康熙二十四年刻本（方志联合目录）；康熙五十八年兖州府署重印康熙二十四年刻本（北大）。

《文庙礼乐考》二卷，《文庙礼乐考》成书于康熙年间，时张鹏翮巡抚浙江，有鉴于孔庙礼乐间有错乱，于是集学博及郡之文献家，取姑苏刘氏《礼乐全书》，删繁补缺，正谬订讹，撰成此书。卷首有张鹏翮、马如龙序，末有苏良嗣后叙。正文分为二部：一为礼考，二为乐考。对于孔庙礼乐沿革、礼乐器形制、配祀位次、典礼仪式、乐舞技法都有详列，有图有文，极便读者观览。

康熙《遂宁县志》四卷，今存康熙二十九年刻本（方志联合目录）。

《敦行录》二卷，见光绪《遂宁县志》卷三。按：光绪《新修潼川府志》卷一六著录作一卷。今存康熙间刻燕山于氏易简堂祥刑要览（清于琨辑）（国图）。是书辑古来嘉言善行，以敦本适用分上下卷，中间又分二十一门。书成于康熙丁巳。后十年丁卯，慈溪县知县方允献为之注，盖鹏翮官浙江巡抚时也。所纪皆厚德之事，而以征验一篇终之，则近乎因果之说，涉于有为而为矣。故列之杂家类焉。

《信阳子卓录》八卷，见光绪《新修潼川府志》卷一六，《清人别集总目》第 1194 页。今存康熙五十五年刻本（西安文管会，上图，北师大）；康熙间刻本（国图）。

《信阳子卓录》八卷《补遗》二卷，今存康熙间刻本（北大）；上海古籍出版社据康熙间刻本影印《续修四库全书》本；山东齐鲁书社据康熙间刻本影印《四库全书存目丛书》本。

《三才儒要》，见光绪《遂宁县志》卷三，光绪《新修潼川府志》卷一六。

《忠武志》，见光绪《遂宁县志》卷三。

《忠武志》八卷，今存康熙四十四年冰雪堂刻本（上图，辽图，北大，南大）；康熙四十五年遂宁张氏刻本（北大）；康熙五十一年刻本（北大）；康熙间麻城周氏刻本（北师大）；康熙间刻本（国图）；嘉庆十九年重刻本（上图）；山东齐鲁书社据冰雪堂刻本影印《四库全书存目丛书》本。是编载汉诸葛亮始末。首《本传》，次《年表》，次《世系》，次《心书》，次《新书》，次《遗文》，次《遗制》，次《遗事》，次《用人》，次《胜迹》，次为后人诗文。卷首有诸葛武侯小像及卧龙图三幅。

《诸葛忠武志》十卷（《忠武志》十卷），今存嘉庆十九年麻城周畹兰刻本（上图，国图，南大，北大）；清刻本（国图）。

《三国蜀诸葛忠武侯亮年表》（辑），今存 1978 年台湾商务印书馆印《新编中国名人年谱集成》本。

《关夫子志》（辑），今存康熙四十四年董礼用刻本（上图）。

《治镜录集解》，张鹏翮撰，隋人鹏集解，有道光十三年刻本。后收入《政治宝鉴》丛书，四川大学古籍所选编；《官箴书集成》第三册，1997 年黄山书社出版。

《张文端公集》（《遂宁张文端公全集》）八卷。见光绪《新修潼川府志》卷一六，《清诗汇》卷三六，《清人别集总目》第 1194 页。按：光绪《遂宁县志》卷三录作《如意堂诗文集》。今存光绪三年张氏刻本（北师大），光绪七年刻本（国图，上图，南图，皖图，鲁图，中科院，人大，天津师大，华东师大，北大，台湾史语，日本国会），光绪八年刻本（国图）。

其中《治河全书》24 卷、《信阳子卓录》8 卷、《补遗》2 卷，收入了《续修四库全书》中；《奉使俄罗斯日记》是中国人旅欧的最早日记，收入《小方壶舆地丛钞》，1983 年由中华书局出版，后收入《历代日记丛钞》；《诸葛忠武侯年表》收入《北京图书馆古籍珍本丛刊》《汉晋名人年谱》，由北京图书馆出版社出版；《治下河水论》收入民国本《扬州丛刻》；《河防志略》收入《清经世文编》卷一百零三，1992 年中华书局出版；《治河全书》24 卷，收入《续修四库全书》。

现存最重要的作品集为《张文端公全集》，系光绪八年（1882）刊本，由张知铨（张鹏翮之弟张鹏翼六世孙）依照张鹏翮手稿刊出，十分珍贵。内有诗两卷，共 600 余首，胡传淮编选《张鹏翮诗选》，精选张鹏翮诗 288 首，银河出版社 2006 年 6 月出版。胡传淮主编《遂宁张文端公全集》，列入巴蜀全书《蜀学丛刊》。

李调元《蜀雅》称“文端论诗，以性情为主”。孙桐生《国朝全蜀诗钞》卷五载：“文端平生居官，以清节重，扬历中外，早着循声”，“诗亦纯实简质，自是正声”。清人梁章钜《楹联丛话》卷四云：“眉州三苏祠中，楹联林立，殊少佳构，惟大门有张鹏翮一联曰‘一门父子三词客；千古文章四大家’，最为大雅。”沈德潜《清诗别裁集》、孙桐生《国朝全蜀诗钞》、李调元《蜀雅》、徐世昌《晚晴簃诗汇》、胡传淮《张鹏翮年谱》《蓬溪诗存》以及清代、民国《遂宁县志》录有其诗。《四库全书》和《续修四库全书》收录其著作多种。钱仲联主编《中国文学家大辞典》（清代卷）载有其生平成就。

（作者单位：四川省遂宁市蓬溪县政协）

阳翰笙评传（三）

徐志福

内容提要：《阳翰笙评传》第五章讲述了阳翰笙在抗战时期参与筹建戏剧、电影等文化、文艺各界抗敌协会，以及在军委会政治部第三厅、文艺工作委员会奋斗和奉献的事迹。

关键词：阳翰笙；抗战；“第三厅”；文工会

第五章　团结奋斗　迎接解放

1937 年 9 月，阳翰笙从南京来到武汉，向中共长江局报到，恢复了党的组织生活。

20 世纪 30 年代，中华大地，烽烟顿起。那久久悬于中国人民头上的东洋之剑变成血淋淋的杀人武器。1931 年“九一八”沈阳北大营的枪声响后，日本军队占领了东北大部分疆土，既而觊觎华北，图谋华东乃至全中国。1937 年 7 月，日寇一手制造了卢沟桥事件，大举向中国进攻。祖国在流血，人民在遭难。覆巢之下，焉有完卵！抗日的血浪，冲刷着每一个中国作家的灵魂，迅速分离着泥沙与金粒。在这民族生死存亡之秋，有为的热血男儿“在斗争里，胜利或者死”，其他别无选择。阳翰笙积极响应时代的召唤，迅速投入抗日大潮，谱写了一曲激昂的民族解放之歌。

（一）出狱受命，不负周公厚望；反对控制，建成“统战堡垒”

“七七事变”的第二天，中国共产党向全国发出通电，倡导“建筑民族统一战线的坚固长城”。7 月 17 日，蒋介石在庐山与中共代表周恩来会晤，明确了抗日立场。8 月 25 日，毛泽东提出抗日“十大救国纲领”。9 月 23 日蒋介石发表谈话，公开承认中共的合法地位。至此，在民族解放的旗帜下，第二次国共合作正式形成。同年 9 月，中共代表董必武来武汉，10 月下旬“八路军武汉办事处”成立。周恩来也从延安抵达武汉，出任国民政府军事委员会政治部副部长（陈诚是部长）。

周恩来带来了中共中央关于建立统一战线的指示：“各地此时最要紧的任务，是迅速地切实地组织抗日统一战线，扩大救亡运动……共产党员应实际成为各地救亡运动与救亡组织之发起人、宣传者、组织者，以坦白谦逊之态度与努力的工作，以取得信仰及这类团体中的领导位置。”还在延安时，周恩来就考虑了做这些工作的人选。他深知，要在文艺各界都有感召力，自然非郭沫若莫属；而要把文化文艺界组织起来，同仇敌忾共赴国难，这一人选首推阳翰笙。早年在成都与李硕勋一起搞“学运”，阳翰笙就展示出组织才能；“五卅”运动前后在上海从事“工运”，他当萧楚女、刘华的助手，发动工人斗争，出色完成任务；黄埔军校时，在恩来同志领导下做政治工作，他原则性强，避免了损失；南昌起义后的南征，他做叶挺、郭沫若助手，配合默契，颇多智谋，赢得叶、郭的信赖和重视；1928年底，应郭沫若之邀，经周恩来批准去后期创造社搞组织工作，阳翰笙团结同志，不搞“左”的一套，在“平息”后期创造社、太阳社与鲁迅的论争中发挥了积极作用；在任“左联”党团书记期间，注意政策策略，有理有节地开展了斗争，得到大家的拥护；1935年2月，上海党组织遭破坏，他同田汉一起被捕，后解送南京软禁，他除写剧本外，还秘密为《新民报》编副刊，化名写了几十篇杂文，在南京掀起一个“打狗”（汉奸、特务）运动……这一切，周恩来了如指掌，在他心目中，阳翰笙是一位“有胆有识有经验、有组织才能，原则性灵活性兼而有之，经过考验的不可多得的成熟的党的好干部”。（《阳翰笙访谈录》）

就这样，一项具有历史意义的伟大任务——在文化、文艺界“组织扩大救亡运动”的重任，就落到阳翰笙身上了！

此时的武汉，已荟萃了从东北、平津、沪宁等沦陷区逃亡来的近千名作家、艺术家及其他文艺工作者。抗战炮响，国土沦陷，群情激愤。他们亟待团结起来、组织起来，投身于民族救亡运动中去。1937年11月16日，阳翰笙发表论文《抗战戏剧运动应做到的几件事》（载《抗战戏剧》），号召戏剧界精诚团结，一致对外，为他后来动议成立“剧协”作了理论上的阐述，因为此时武汉已汇集近二十种剧种的500名戏剧界人士，人才济济、明星闪耀，但群龙无首。这样，成立联合组织以适应抗战需要就是当务之急了。

1937年12月下旬，长江局和周恩来交给阳翰笙两项任务时（一是筹建文艺界各抗敌组织，二是筹建第三厅），周恩来语重心长地说：“抗日战争谁来领导？从组织上说将是以国共合作为基础的抗日民族统一战线；但从政治上说，我们要争取领导权。”停了停，恩来具体布置任务：“要把文化文艺界各种抗日群团先组织起来，我们要争取主动。还有‘第三厅’，蒋介石想借此笼络住文化人，证明他是‘抗日领袖’。你协助郭沫若去组建‘三厅’，就是要去占领这块挂着政府招牌的阵地，为我所用。”恩来同志把做法、措施都详细地做了交代，并告诉阳翰笙：“第三厅”领导层成立特别党支部直属长江局领导，由阳与他联络。①

任重道远，这种感受阳翰笙已经不是第一次了，无论如何艰难的任务，都得全力以赴地去完成。雷厉风行，讲求高效益，工作富有创造性，这是他的一贯作风。好在他在广州、上海、南京期间，结识了不少朋友，关系熟，门路多。

1937年12月的武汉，江风习习，凛冽的寒冬到来了。

武汉——1937年12月的武汉，民情振奋，热血沸腾。诗人在呼唤：“武汉/抖一抖身子

① 阳翰笙：《风雨五十年》，人民文学出版社，1986年版。

站起来/振去你身上的腐臭和颓废……/放开你的喉咙/唤起救亡的热情/大时代的洪流/已盈近了你——起来/给祖国再造一个新生。”

12月下旬，荟萃到武汉的全国戏剧界人士为了鼓舞各战区将士在艰苦环境中努力杀敌，举行了有14个剧团院队的大型公演，演出与抗日有关的评剧、话剧、汉剧。演出五天几乎场场爆满。演毕，于12月27日由国民党的“中国文艺社”（负责人张道藩、王平陵）发起，在汉口普海春酒家举行了有300人（戏剧界）的公宴。席间，阳翰笙握杯走到老朋友王平陵面前，对他说：此次演出盛况空前，大家热情很高，我们何不趁机联合各团体，搞一个戏剧界的统一组织？王平陵满口答应（此前，国民党也想抢先在文艺界办个组织，但未得到响应，成立不起来）。两人一起去找张道藩（“中国文艺社”主要负责人，曾任国民党教育部长，后接替邵力子任国民党宣传部长），继而找田汉、洪深、马彦祥、应云卫（“左翼”戏剧主要人物），得到6位先生的附议。洪深性格果敢，当即建议成立筹备委员会，推荐张道藩、阳翰笙、余上沅、熊佛西等二十余人为筹备委员。大会宣言由王平陵、阳翰笙、田汉三人起草。28日晚6时继续在普海春举行第一次筹委会，通过了会章、宣言、工作方案，通过了91人的理事名单，确定了成立日期。

“中华全国戏剧界抗敌协会”——抗战开始后文艺界第一个抗日统战组织于12月31日在汉口光明大戏院成立。是日，到会四百余人，这是戏剧界空前的盛会。能在三天多时间，号召在武汉的全国戏剧界代表人物成立统一组织，以团结抗日为宗旨，这充分说明群众抗日情绪高涨，其工作速度之快也是超常规的！就在31日晚“剧协”成立的聚餐会上，阳翰笙又采取主动，倡议成立“文协”的事。他想：戏剧界的朋友都能精诚团结，为什么作家、文艺家之间不能团结呢？何不趁热打铁，把文化、文艺界的同仁全部组织起来，成立个统一组织。他又去找王平陵。当听了阳翰笙的建议后，这位“中国文艺社”骨干、《文艺》主编（他是能代表国民党文人说话的，因为他有张道藩、邵力子做后楯）立即笑嘻嘻地说：“赞成！赞成！兄弟非常赞成！”二人当即商定：由王去征求张道藩、邵力子意见；由阳翰笙去征求周恩来及其他作家的意见。得到双方负责人的同意后，周恩来指示阳邀请老舍、穆木天、端木蕻良、冯乃超等人也参加，而王平陵则邀约了梁实秋、陈西滢、胡秋原等与会。1938年1月初，双方骨干都邀约齐后，阳翰笙用自己电影剧本《八百壮士》的稿费，借座蜀珍酒家，宴请双方主要成员三十余人。会上，阳翰笙全面阐述组建“中华全国文艺界抗敌协会”的宗旨（“团结抗日”），大家充分讨论后，得出共同结论：在抗战阵营上，团结是急需；在文艺本身发展上，团结是必须。会后，分头去联络准备。到一月中旬，由“中国文艺社”召集十余人，正式组成了“筹委会”（阳翰笙是“筹委”之一）。后又经过五次会议的充分协商讨论，“中华全国文艺界抗敌协会”于1938年3月27日在汉口总商会隆重举行成立大会，与会四百余人，大会产生理事45人。大会推举蔡元培、周恩来、罗曼·罗兰、史沫特莱、鹿地亘、陈立夫等13人组成名誉主席团成员；邵力子、冯玉祥、郭沫若、张道藩、胡风等为主席团成员。大会提出了“团结抗日”的宗旨、“文章下乡入伍”的口号，由双方商量（实际是周恩来、阳翰笙等提出，张道藩、邵力子赞同）请老舍任总务部主任。“文协”的成立，标志着最广泛的统一战线的形成，是中华民族同仇敌忾、团结对敌的伟大壮举，因为它包括了除汉奸以外的左、中、右作家，占了全国主要作家的大部分。成立会场群情激奋，尽管日机在武昌轰炸扫射，周恩来、冯玉祥、张道藩、郭沫若、胡秋原等仍相继上台发表激昂慷慨的演说，赢得一阵阵掌声。欢呼声与武汉对空射击的高射炮声汇成一曲雄壮的抗日交响曲，响彻武汉三镇。会议开了整整一天，到下午5时结束，可以说是一次誓师会、动员会。“文协”到抗战胜利结束，历时7年半，在一些省会成立分会，它团结面之广，凝聚力之强，影响之深远，可以说是空前的。

这期间，阳翰笙除倡导成立“文协”外，还联合郑君里、孙师毅、唐纳、姚秋风等人，于1938年1月29日，筹建成立了中华全国电影界抗敌协会，他是“宣言”起草人之一，被选为该协会的常务理事。

“剧协”“电协”“文协”是文艺界三个规模较大、影响较广的抗日统战组织，它们在团结上率先垂范，其他如歌咏、书画等界也纷纷成立了相应组织。从周恩来那里接受任务到1938年3月27日“文协”成立，只用了一百多天时间，阳翰笙工作效率之高，组织能力之强，人所公认。抗战初，在武汉成立的十多个文艺界抗日组织特点是：组织广泛——除汉奸以外的各派；宗旨鲜明——团结抗日；倾向明显——进步势力是主流，共产人和左派人士占主导地位，控制了各协会的要害部门，为文艺界抗战文艺运动的政治领导打下坚实的基础。

文化、文艺界各抗敌协会的成立是共产党人争取主动、因势利导、积极动议组织的结果，是党的抗日统战政策的初步胜利，相对说来还比较容易。那军委会政治部第三厅的成立，就困难得多、复杂得多，整个成立过程都充满控制与反控制的斗争。军委会政治部及政治部下设的第三厅，都是蒋介石收揽人心的“改组政府机构”的产物。抗战军兴，国共合作，蒋介石口头表示要抗日，同时想借此机会笼络人心，抓实力，抬高自己威望。于是叫铁杆反共人物陈诚任政治部长，请在全国人民中享有崇高威望的周恩来任有名无实的副部长，同时，还希望有一位在思想、文化界都有较高威望的人任第三厅空头厅长，这人选就是郭沫若。如果有这两位在他新设机构中装璜门面，那蒋介石不是“全国人民的抗日领袖”了吗？要堂而皇之打招牌，又要牢牢控制，其焦点就是第三厅（其他厅已被他控制）。1938年1月，在第三厅副厅长人选上，就产生尖锐矛盾。周恩来叫郭沫若向陈诚直接提人选，郭提了潘汉年，理由是北伐时潘任郭的秘书，后又参加创造社。陈诚当然知道潘是共产党，坚决抵制，对郭沫若说：“委员长的意思是请刘建群任副厅长。”郭沫若一听不由火冒三丈。他知道刘建群是蒋介石的“十三太保”（蒋的十三个学生），是大特务组织“蓝衣社”的头头之一，是五次“围剿”共产党的反共老手，这样的人来当副厅长，那不是来监视和控制吗？郭沫若对陈诚说：“在朝也是抗战，在野也是抗战，何必谁当厅长。”北伐时期，郭沫若任政治部副主任，陈诚是他手下一个团长。陈诚靠反共起家，时任六战区司令长官（管四省军务）兼湖北省主席，集军政大权于一身，现在要郭沫若听他的，而且是强加于人的“任命”（指任命副厅长），这行吗？第一次人选谈判就“崩”了。

1938年1月31日，郭沫若突然接到通知，政治部要他去参加部务会议，郭沫若不想去，阳翰笙建议请长江局领导来商量决定。下午，在武汉太和街25号郭沫若家（阳翰笙也住那里），长江局的周恩来、董必武、王明、博古，还有郭沫若、阳翰笙在座，由周恩来主持会议，商量郭沫若出席部务会问题。周恩来主张去，他说：“还是要去，看他们搞什么名堂。”郭沫若沉吟半晌，不无疑惑地问：“去持什么态度？是我一个人去吗？”他把眼往阳翰笙这边一瞟，恩来同志就猜透了他心思：“去观察动静，不表态。”旋即把眼光转向阳翰笙：“让翰笙跟你一道去吧。”大家开玩笑说：“阳翰笙明天是保刘皇叔过江，扮赵云的角色。”

第二天上午，郭、阳过江到了政治部。陈诚主持会议，劈头就介绍张厉生——秘书长，贺衷寒——第一厅厅长，康泽——第二厅厅长；顿了一会，他强调：“我要特别介绍一下，这位是刘建群，我们准备他到第三厅任副厅长，帮郭先生的忙。”显然，陈诚要武断地将职位强加于人，根本不听郭沫若意见。而那几个厅长，张厉生是CC系统特务头子，康泽、贺衷寒、刘建群都是蒋介石的学生、“蓝衣社”的“十三太保”。这伙人在会上大骂群众抗日运动过火，重弹“宣传一个主义、一个政府、一个领袖”的老调，气焰十分嚣张，根本不容郭、阳分说。不等中午会餐，二人就匆匆撤离会场，回到郭沫若家里。此时周公、董老、博古等长江局的领导已在那里等候多时了，听了二人带愤怒情绪的汇报后，大家进行一番议论和分析，周公问：“你们看怎么办?”郭老激动地说：“还有什么看法？我当着大家表示：我干不了，不能干！”缓了口气接着说：“寿昌（田汉）在长沙办《抗战日报》，我去帮他的忙，今晚就走。”阳翰笙也接着说：“去宣传他们的大纲，画地为牢，让他们牵着走，这样不行！让刘建群来控制监督，我们没人事自主权，绝对不能接受。”稍停，阳翰笙向周公投去请求的目光：“我四个孩子在重庆，近期得悉死了两个，我想回去看看。”恩来同志同其他领导交换了一下意见，觉得晾陈诚他们一下也好，没有我方参与，谅他也成立不起来。“好吧，你们都去吧，尽快走，但有一条，接到我的电报，得马上回来。”周公对二人作了指示。

果然不出所料，由于郭、阳出走，我方态度坚决，第三厅无法成立，蒋介石着了慌，答应撤走刘建群，请郭沫若回来。二月底，郭、阳被电召回来。陈诚接受了郭老提名：请武汉大学教授范寿康任副厅长。范是郭老日本帝国大学的同学，是无党派的著名学者。同时，我方还获得了各处、科的人事推荐权。1938年3月份，武汉太汉街26号郭老住处，成了长江局活动中心，恩来、董老、博古等领导多次在这里召开会议，制定组建第三厅的方针，即充分利用这一政权机构体现党关于民族统一战线政策。三厅必须建设成以共产党为核心的、动员各民主党派、人民团体和民主人士来参加的抗日民族统一战线的机构。第三厅重点管宣传，不宣传他们的“三个一”的宣传大纲，而是宣传我党的“十大纲领”，长江局周恩来等领导还逐一讨论机构设置、任务、人选等问题，经过反复讨论研究，最后经恩来同志集中各方意见决定，设一办公室，三个处。办公室由阳翰笙负责（主任秘书），五处（管一般宣传）由沈钧儒领导的救国会负责，六处（管艺术宣传）由田汉负责，七处管对外宣传，由范寿康兼任。各处的各科科长，由共产党人或民主党派以及同情党的民主人士担任。从人选名单看，第三厅基本上建成以“共产党”为核心的统一战线的“战斗堡垒”，被控制在我方手里。各科室虽也有陈诚安排的特务、侦探等，但他们是少数，一来就被孤立，后来有的反被我们利用，为我方提供情报。

人选虽已定下，关键是落实到位，恩来同志又把这一艰巨的任务交给了阳翰笙，阳翰笙四处奔波，一个个说服落实。当时的国民政府所有机构，在群众中威信丧失，有人一听说要他到里面工作，就很反感，不愿去“同流合污”。“如何把我党进入第三厅的意图，特别要开展的工作巧妙地让对方明白，又不要说得太露骨，这就是恩来指示的，要有‘耐心和策略’。”阳翰笙回忆说（《阳翰笙访谈录》）。

比如，第五处处长，周恩来集中大家意见决定由沈钧儒的救国会人员来担任。阳翰笙先找邹韬奋，邹骂了一通国民党后婉言谢绝；又找该会的金仲华，金也不愿干；又拜托金去说服胡愈之，几经曲折，苦口婆心地解释，最后才定了下来，答应就任。经过近一个月的艰苦细致的工作，人员总算落实了。我们团结了各民主党派、各人民团体；团结了思想、文化、学术界著名人士、社会贤达，组成了强大阵容，社会上称第三厅为“名流内阁”。当三月下旬把名单报上去时，蒋介石也不得不承认，郭、阳等团结了各界人士，工作效率高。

第三厅于1938年4月1日成立，标志我党抗日统一战线方针政策的又一巨大胜利。党充分利用夹在国民党政权中的这一合法阵地，和文艺界抗敌协会一起，广泛开展抗日统一战线工作，使它成为抗战初期团结抗日的“战斗堡垒”。直至1940年秋，由于国民党一再迫害，我方才被迫撤离，一部分骨干进入“文化工作委员会”。

（二）首战告捷，宣传周掀起高潮；抗日豪情，激荡武汉市三镇

能基本上按我方旨意，很快成立了第三厅，这充分说明中国共产党在人民群众中的崇高威望，同时反映出炎黄子孙强烈的爱国激情。从成立到我方撤离的三年多时间，长江局周恩来等领导可以说直接领导着第三厅。党的意图，是通过三厅的特别支部贯彻的。由于郭沫若党员身份未公开，周公的许多指示是通过阳翰笙传达的。第三厅刚成立，周恩来就作了如下指示：

当务之急是突破反动派的封锁，到街上去，到前线去，到后方去，去宣传群众、发动群众、组织群众，使大家团结起来，共同抗击日本侵略者；

我们拿着三厅这块招牌，就可以用政府的名义，组织团体到前线、到后方、到大小城镇乡村，去公开、合法、名正言顺进行宣传；

我们去三厅，不是去做官而是去工作，去斗争，斗争尖锐复杂。你宣传十大纲领，敌人可能下毒手，甚至把你杀掉，要有高度的警惕性和策略思想。

恩来同志这些指示，是使第三厅成为统一战线“战斗堡垒”的根本保证（在政权组织上，周恩来是政治部副部长，领导三厅是公开的；在中共长江局，周恩来分管三厅，党的方针政策，通过特别支部传达，这政治领导是秘密的）。

阳翰笙后来总结三厅所做十件大事中，有关掀起抗战文艺运动的就有四条，都是周恩来指示，由郭沫若、阳翰笙具体组织发动并参与完成的。

比如，第三厅刚成立一周，就办了一件震撼武汉三镇的大事，即举办了声势浩大的“抗战扩大宣传周”。

那是在第三厅成立以前的三月下旬，八路军在鲁南、党领导的游击队在晋中一带取得了胜利，周恩来传达长江局指示：在三厅成立之后，乘胜举行一次“抗日扩大宣传周”，以“鼓励民众同仇敌忾，坚定民众抗敌救亡意志。”周恩来责成阳翰笙负责筹备。此时的武汉，文化文艺界各抗敌协会已经成立，一百多个民众抗日救亡团体开展了工作。阳翰笙受命以后，立即与中共湖北省委宣传部长何伟（周恩来党内指示，由他转阳）具体商量发动工人市民参加宣传周事宜，并于3月31日举行了有党政军人士及百余团体参加的筹备会，会后发布了消息。宣传决定搞7天，一天一个宣传重点。可以说，三厅成立以前我方就做好了“扩大宣传周”的一切准备。

4月1日，第三厅成立，陈诚向郭沫若提出：三五天内在武汉搞一次扩大宣传，要用政治部的名义，答应拨款1万元作活动经费。司马昭之心路人皆知：陈诚任政治部部长已经两个月，搞了几次冷清活动，很不光彩，想借第三厅发动宣传，借以装点门面。郭沫若问阳翰笙来不来得及，阳翰笙把这意图不同却不谋而合的筹备情况汇报后，二人去请示周公。恩来作了如下指示：一要扩大宣传对象，二要扩大宣传范围，三要用群众易接受的形式。宣传周时间定为七天。第一天文字宣传日和开幕大会，第二天是口头宣传日，第三天是歌咏日，第四天美术日，第五天戏剧日，第六天电影日，第七天武汉三镇大游行。

群众抗日热情似火，熊熊燃烧。党在群众中有坚实而广泛的基础，只经过六天的发动组织，第一天的火炬游行，就汇聚了十万之众。4月7日，恰好遇上台儿庄大捷，人心备受鼓舞，武汉三镇沸腾了，鞭炮声整日不停，欢呼声响彻长空。十万余人于下午四点多汇聚体育场，准备开过庆祝胜利大会后分头高举火把游行。当阳翰笙赶到会场，发现大多数人没带火把，着急万分之际，有人建议到江边买废纤藤替代。他立即带着一伙人奔赴汉阳，江边的渔民、船夫热情地代为收购，很快就收齐了所需的火把。到会议开完，火把准时发到了群众手里。游行路线早已布置好，路上的救护、保卫、茶水供应等事先已安排就绪。入夜，华灯初上，无数条火龙游进了武汉三镇的大街小巷。阳翰笙回忆说："我和指挥部的一些同志在黄鹤楼上，只见长江两岸数十条火龙蜿蜒不断，万点灯火映红了江水。口号声、救亡歌声响彻天空，到处洋溢着万众坚决抗日的热烈气氛，体现了深厚的抗日伟力。"（《阳翰笙选集》第5卷第190页）正如当时流行的一首抗日歌词所唱："杀杀杀一声声整齐的步伐/一二三四唤起了老大的中华/看千万条腿臂组成的行列/雄赳赳的队伍赛过铁甲列车。"这便是抗战初期武汉三镇群众的抗日呼声！

头一晚上的祝捷火炬大游行，使广大人民欢欣鼓舞，而少数心怀叵测的人却恐惧异常，那个"蓝衣社"的"十三太保"头目康泽（二厅长）就在政治部会议上叫嚷："半夜三更还在那里喊口号，这叫什么宣传！"腾腾杀气已露端倪。

第二天是口头宣传日。第三厅、"文协"等单位的人出动到大街小巷即兴演说，郭沫若等也在大的群众场合演讲，使群众深受鼓舞。第三天是歌咏日。冼星海、张曙亲自指挥大型合唱，一时，学校、工厂、机关都在街头巷尾、公园、广场设点歌唱，抗日歌声震荡武汉三镇。美术、戏剧、电影，一天天把群众抗日情绪推向高潮，这就为最后一天的大游行，做好了组织准备，郭沫若、阳翰笙等通过湖北省委的发动，"中国工人抗敌总会"几天前召集起八十多个行业的工会做好游行的一切准备，约计有60万人参加。

到游行（13号）的头天晚上，陈诚给郭老来了封亲笔信，说是得到情报：游行那天将有奸人捣乱，特派康泽来帮忙，其恶毒用意不言自明。

游行这天下着蒙蒙细雨，成千上万群众仍热情地拥进广场，身上淋湿了，高昂情绪却未消减，歌声、口号声此起彼伏。阳翰笙与郭沫若站在主席台上，欣喜地望着这海潮般的沸腾的场面，等待大会开始后一起游行。突然，空袭警报声震耳欲聋，大家惊愕之际，康泽带着宪兵团长急匆匆、凶狠狠地走上主席台。宪兵团长抢过话筒就大声宣布大会解散，说是日机要轰炸。几十万人的大会和游行，就被他们破坏掉了。事后得知，空袭是假，陈诚之流害怕群众游行是真。于此可见他们口口声声扬言的"抗日"之虚伪，在抗战初期就已露出马脚来。

（三）“七七”献金，唤醒民族意识；香港购药，争分自家军队

1938年5月19日，徐州失守，南京势危，武汉局势险恶。国民党口喊“保卫大武汉”，实无抵抗准备，忙着迁重庆抢地盘了。“七七事变”周年纪念即将到来，第三厅党组织接恩来同志指示：开展大规模纪念活动，唤起民众抗战意识，推动“全民抗战”。郭沫若、阳翰笙立即制定计划，交政治部副部长周恩来转蒋介石，得到批准，抢先陈诚一步，他后来想反对也无济于事了。6月底，阳翰笙主持了有武汉三镇三军、人民团体及各界代表参加的筹备会，商讨了纪念活动的各项内容和细节，其中最突出感人的一幕是“七七献金”活动。由于发动得力，“有钱出钱，有力出力”的口号深入人心，更由于“中共献金团”的带动，使献金活动掀起高潮，这是周恩来精心安排的。是日，八路军办事处全体成员乘坐一辆大卡车来到献金台前，群众将他们围得水泄不通。周恩来率先将他在政治部当副部长的两个月薪金240元交管理员投柜；接着董必武、秦邦宪、邓颖超等6位中共的国民参政员将每月350元薪金（包括国民参政员毛泽东的）捐献台上；叶剑英、钱之光代表八路军办事处二十多位同志将当月工资捐献。当群众得知他们每月工资最高5元，最低才2元5角时，都惊讶又感动，纷纷把身上的耳环、戒指、首饰及其他值钱物品取下捐献。从富翁到乞丐，从老人到小孩，人人献出一颗爱国心。原设六个献金台，根本无法接纳如潮涌的群众，阳翰笙和大家商量，又增加了十几个点，即使这样，台前仍排了一条条长龙。从清晨到华灯初上，人群川流不息。献金后一结算，总数达一百万元之多，足见武汉人民抗日情绪之热烈高涨，群众的抗战意识的确是被唤醒了！

当时，前线最缺乏的是医药和医疗器材，郭老提出将部分捐款用到购药上，大家一致赞同。经周恩来批准，派阳翰笙带程步高、雷平一起赴香港采购。他们9月中旬到香港，除买齐医药、器械外，还主动买了十辆大卡车装运。后经过种种波折，十辆卡车经越南转滇缅路到达昆明，又经几番周折，半年后才到达重庆。十辆车的东西来之不易，陈诚之流却把功劳归政治部向蒋邀功，而且只把药物分给国民党的十个战区。阳翰笙据理力争，坚决要求分成十二份，给八路军、新四军各一份。当郭沫若、阳轮笙将两份医药、器材清单交八路军办事处叶剑英参谋长时，他十分高兴，立即派人接收了这批药物，旋即送上前线。

（四）组织团队，深入基层宣传；退出三厅，“文工会”大显身手

另外由周恩来亲自领导、阳翰笙参与组织的10个抗敌演剧队、4个抗敌宣传队和“孩子剧团”，深入前线和后方城乡，进行了艰苦卓绝、出生入死的抗日宣传工作。阳还协助文艺界各抗敌协会开展工作，对促进国统区文艺界的团结和抗敌文艺的发展，起到了重要作用。这些演出队、团深入前线基层所遇到的各种困难，都在周恩来的有理有礼有节的斗争策略指导下，由阳翰笙积极而巧妙地采取具体措施解决了，甚至想方设法让前线的演剧队秘密突破敌人封锁线到延安演出，毛泽东主席亲临观看，评价说：“在三厅的人穿着国民党的衣服，吃着国民党的饭，为人民工作，这多好！”之后，抗演三队的13名队员，因带着宣传十大纲领的传单到观众中抛撒，于1945年被阎锡山手下的特务头子逮捕。队长派了史民同志到重庆求援，到了郭老家见到阳翰笙同志，他详细了解了相关情况，并对营救工作做了具体安排。除了由第三厅致电阎锡山要求说明原委，发动大后方舆论界公开披露，还召开了中华全国剧协理事会，通电抗议阎锡山，要求对剧人的迫害。通过各种渠道，请社会名流纷纷致电阎锡山，要求释放被扣人员，连陈诚、张治中都向阎锡山发去了询问电报。在社会各方压力下，阎锡山不得不无条件释放全部被扣人员。当时人们看到的是社会的声援活动，却很少人知道后面的指挥、组织者之一的阳翰笙。确实，有功不居，虚怀若谷是翰老的品性，且看他在《革命回忆录》中说："演剧 3 队 13 人，被阎锡山借故逮捕监禁了一年零两个月，并受到严刑拷打，经党组织和重庆以及各地方文化艺术界抗议、营救后才释放。"在他所撰写的回忆录中，谈三厅、谈文工委，都把功劳归于党、归于恩来同志和沫若同志的领导，很少谈自己的业绩，即使有也轻描淡写地带过。这正如一位著名的戏剧家所说："翰老一生都站在巨人背后作陪衬，做实际工作，从不突出自己。"后来，蒋介石发现三厅已被中共控制，勃然大怒，立即指示张治中，要求三厅全体人员集体加入国民党，否则一律开除。在周公指示下，郭沫若、阳翰笙等带领一些人集体退出第三厅。

退出第三厅后，在南方局周恩来同志的巧妙斗争、积极争取下，又成立了仍属于政治部管辖，由郭沫若任主任、阳翰笙任副主任的学术性机构——文化工作委员会（蒋介石怕这些文化知名人士去延安于己不利，同意成立学术机构借以羁留这些人）。

"文工会"成立于 1940 年 10 月 1 日，1945 年 3 月 30 日被迫解散。它在名义上是个学术团体，但实际上是直接在我党南方局和周恩来同志领导下开展工作的。它坚决贯彻了共产党的指示和斗争方略，领导了国统区的进步文艺运动，使抗战文艺运动与民主运动结合走向新的高潮，是党在国统区的一个文化战斗堡垒。当时它被群众称为"第三红岩"。

阳翰笙参加组建并一直承担繁重的行政、组织工作，在郭沫若出国访问期间，曾代理主任，主持会务。"文工会"虽是我党领导的第三厅的延续，但它的性质、任务和斗争方式却与前不同。它不能以国家行政机关的名义来公开宣传群众、组织群众，而只能作为一个学术研究团体，在艰苦复杂的条件下更加巧妙灵活地领导文艺运动，开展斗争。

戈宝权回忆说："我们采用所谓举办'红白喜事'来进行活动，如每年都要举行鲁迅和高尔基的逝世纪念会，每逢端午节举行纪念屈原的诗人节。'皖南事变'后，又采取祝寿办法，如先后为郭老、茅盾、老舍、洪深、叶圣陶等人祝寿，把大家团结起来，壮大文艺界气势，这是一种很巧妙的政治斗争方式。"另外，还通过一系列的讨论会、读书会、研讨会、专题讲座、座谈会等多种形式抨击敌人、增强团结、鼓舞斗志，把抗战文艺运动引向深入。

在我谒访阳翰笙时，曾问及他在"文工会"期间亲自主持的一些活动背景和目的，他激动地回忆说："那是为了扬正气、斗邪恶；树典型，批反面；是党在特殊环境下的一种战术，即周恩来同志指示的，跳出圈子，以学术、文艺等多种活动方式进行斗争，实际是将抗战文艺运动纳入争民主的轨道。"

比如 1941 年 11 月，在重庆举行了盛况空前的郭沫若诞辰 50 周年和创作生活 25 周年庆祝会、展览会、演出会，为什么国统区各地、香港乃至南洋一带会同时举行类似的大规模的庆祝集会？各地报刊为什么几乎是同时刊出一批纪念文章？这是党领导和发动的结果。早在 10 月上旬，周恩来在郭沫若家就把这个重大任务交阳翰笙去组织筹办，恩来同志说："这是一场重大的政治斗争，通过这次斗争，我们可以发动一切民主进步力量来冲破敌人在政治上和文化上的法西斯统治。"要阳翰笙"建立一个广泛的统一战线的筹备组织，由各方面的人来参加”。

阳翰笙先将文工会冯乃超等20余人组成一个工作班子，而后找到“文协”的老舍、“救国会”的沈钧儒和陶行知、“中苏文协”的王昆仑及各民主党派、无党派著名人士，组成一个筹备委员会，包括了国民党的张治中、邵力子、冯玉祥等人。又按恩来同志指示，代南方局起草为郭沫若祝寿的通知，该通知印发至成都、昆明、桂林、香港等地中共地下组织。16日这天，重庆各界两千余人举行庆祝大会，其余各地也同时举行庆祝。各种报纸杂志作了报道，发了诗文，重庆还办了展览，搞了专场演出。周恩来给阳翰笙下达指示：“对郭老，《棠棣之花》只准演好，不准演坏。”阳为配合这次祝寿，专门写了历史剧《天国春秋》，演出轰动了山城，这是对蒋介石同室操戈、破坏抗日之罪行的愤怒声讨。

这次祝寿活动进一步发动了文化文艺界的抗日民主力量，增强了队伍的团结，加强了抗日民族统一战线，壮大了文艺队伍，冲破了国民党文化专制，使国统区抗战文艺运动获得蓬勃生气。

这里特别要提一下关于《屈原》的演出。

祝寿的成功，激发了郭老的热情，只用十天就写成了《屈原》的剧本。周恩来嘱咐阳翰笙：“配置强有力的演出阵容，保证剧本的演出效果。”他不负厚望，在演员配置上下了大工夫。四处奔走请名演员，请名家导演、监场、配曲和美术设计，做了大量准备工作，累得吐血。而当《屈原》演出轰动山城，在重庆举行庆功宴时，他却病倒在赖家桥乡下。后来他在《回忆录》中说：“郭老以他的才情学力做了贡献，而周恩来同志和党组织为剧本的创作和演出付出了巨大的心血。”阳翰笙无私奉献，却把功劳归于党。

如果说，《屈原》演出是投向国民党顽固派的一枚重型炸弹，那其他方面的配合作战也必不可少。1946年6月18日，“中苏文协”和“文协”重庆分会举行高尔基逝世10周年纪念会，阳翰笙任主席。他在报告中提到了高尔基一生伟大的贡献，说他开创了一个新世纪的革命文学，一面是对旧沙皇时代的专制黑暗横暴作了尖锐的批判与揭露，一面是对新的人民的时代，新的劳动阶级作了伟大的号召，我们今天学习高尔基文学的遗产是为“增强中苏两国的文化合作及对苏联的认识”①。这些讲话对国民党的文化专制无疑是一个猛烈冲击。

抗战时期的戏剧运动，是抗战文运最有力的方面军。无论从戏剧组织、戏剧理论、剧本创作、演出团体还是演出活动，都达到空前的高度。阳翰笙是戏剧运动的发动者、领导者和实践者之一，其卓越的贡献有目共睹。

阳翰笙于抗战初，奉命组织了全国“剧协”，这是最早的文艺界积极抗敌组织，它开展了一些活动。“皖南事变”后，戏剧界人士转移外地，初期的热劲降温。阳翰笙时刻牢记周恩来“以戏剧为突破口”的指示，1941年3月从高县老家探亲回来，就考虑如何将几个电影厂的戏剧人才，如编剧、导演、演员、舞台美术人员等“采取适当方式把他们组织起来，给反动派以有力反击”（在“三厅”时，阳兼任中国电影制片厂编导委员会主任，关系很熟）。他把组织属于自己的新剧团的设想向周恩来汇报，得到周恩来的赞同并要他拟计划着手成立。阳翰笙经过几个月的奔波筹措，终于在同年10月建立了以应云卫任社长的中华剧

---

① 《纪念高尔基》，载《阳翰笙研究资料》，潘光武著，中国戏剧出版社，1992年版。

艺社，直到 1946 年 5 月结束，这个团体是党领导重庆“剧运”的中坚阵地。陈白尘在《阳翰笙与中华剧艺社》一文中写道：“‘中艺’能在敌人心脏地区辗转达 6 年之久，演出了包括在戏剧文学史中将长放光辉的大型剧本不下五十多种（包括《天国春秋》《屈原》在内），演出场次在三千场以上，观众约二百多万人次，而且为未来的新中国锻炼出一批戏剧骨干。这一伟大成绩的取得，归根结底是由于有党的领导。上有‘胡公’（周恩来）这‘总司令’，而始终具体领导着‘中艺’的则是阳翰笙同志。”（《戏剧论丛》1982 年第 2 辑）“总之，把重庆和整个大后方戏剧运动推向高潮，起核心和骨干作用的就是中国剧艺社。而阳翰笙不仅领导了‘中艺’，他对当时重庆其他戏剧演出团体，包括‘中万’、（中国万岁剧团）、‘中青’（中国青年剧社）、‘中电’（中央电影剧团）都起着直接或间接的指导影响作用。”当时在重庆的五大剧团，有“五中战山城”之美称，它们演出的剧本包括了所有进步剧作的大部分，是党领导的“剧运”结出的又一批硕果。

阳翰笙 1927 年底进入后期创造社，提倡无产阶级革命文学，写革命小说，他的《地泉》三部曲曾受到瞿秋白、茅盾等人的批评，说他是“公式化”“概念化”的典范。阳翰笙虚怀若谷，勇于接受批评，经过几年的实践，在抗战期间无论理论、创作上都以崭新面貌出现在文坛，脱离幼稚，走向成熟，完成了他从革命浪漫主义到革命现实主义的过渡，从而在抗战文艺运动中起到了一定的带头作用，这主要体现在戏剧理论和创作上。他发表了多篇谈戏剧的论文，提倡戏剧走民族化、大众化、多样化的新路，主张内容上“适应抗日需要通过演出去组织民众”。他在“一九四一年文学趋向的展望”座谈会上，总结抗战初期戏剧创作有不深刻、不真实的弊端，最大问题是脸谱化：“把日本人写成天生恶魔，拖着长长的舌头，是天生的混蛋，这是把抗战中的善与恶、美与丑定型化了”，而这都是“对现实理解的简单化造成。”（1941 年 1 月 1 日《抗战文艺》7 卷 1 期）这些理论也是对他早年创作方法的否定。而他以其辉煌的戏剧创作，特别是历史剧的创作为抗战文艺增添了光彩。抗战初，他写《八百壮士》电影，歌颂以谢晋元为首的国民党抗日官兵。抗战期间，他总共写过七个大型话剧，而以历史剧《李秀成之死》《天国春秋》《草莽英雄》最为著名，三部剧作强烈的现实性、战斗性与艺术性和谐统一，达到一定高度。他和郭沫若都以各自的史剧理论与史剧创作，影响和推动一个时期历史剧创作竞写热潮，写下中国现代史剧创作史上光辉的一页。

标志着国统区抗战文艺运动与民主运动的结合走向新高潮的是 1945 年春文化、文艺界要求民主的签名运动和宣言书的公开发表，那是“文工会”郭沫若、阳翰笙等人奉党的指示进行商议后由郭沫若起草的《对时局进言》，并由郭沫若、阳翰笙等人逐一登门征求文艺界名流 300 多人签名。《进言》的发表，标志着国统区抗战文艺运动已进入争民主的崭新阶段。

（五）奔赴上海，抢占电影阵地；筹拍好片，抵制“戡乱”影片

抗战胜利后，阳翰笙遵从党的使命，在上海影剧界朋友的热望催促下，于 1946 年 7 月到上海，旋即投入电影界做争取人和成立组织的工作。要发展进步的电影事业，必须要有基地，寄人篱下的“钻空子”战术，终归是权宜之计。还在重庆时，阳翰笙就向恩来同志提过自己办电影公司并建立我们的制片厂的设想，恩来同志对建立民营公司表示赞同，建议待中国电影制片厂把全部人员撤回上海后再逐步抽出集中。要自己办制片厂，首先要解决资金问题，这就得同资本家打交道，这方面阳翰笙积累了丰富的经验。他先找支持办《新华日报》

的资本家任宗德，任宗德是郭沫若的老乡，比较开明，答应加入一些股份（投资占30%）。接着又去找老朋友夏云瑚。在重庆时，夏云瑚经营国泰大戏院，为20多出进步戏剧上演提供过场地（包括《屈原》《天国春秋》等戏），他是一位进步资本家。经阳翰笙动员，夏拿出50根金条投资，占总数的51%，后来任“昆仑”总经理。后又去找章乃器、蔡叔厚，他们都投了资（章占20%，蔡占10%）。1946年5月，这些集资工作在重庆基本就绪。1946年7月，阳翰笙离渝到沪，此时，所有的电影公司摄影场几乎全被国民党劫收控制，只剩下原联华影业公司厂址（属左翼）未被占领，而此时敌人的手已伸向“联华”了。到上海后的当务之急是争电影阵地，阳翰笙首先组织原“联华”成员史东山、郑君里等人组成“联华同人保产委员会”，向国民党接收当局要求发还“联华”厂业。阳翰笙接着又去找“中制”厂长罗静予（和他有多年交情的朋友），要他去国民党总参谋长陈诚处做工作。经多方活动，终于争回了产权，并立即在“联华”旧址上成立联华影业社，并建立了党组织。刚成立就打锣开张，偷偷地向“中制”借来机器，拍摄《八千里路云和月》《一江春水向东流》，这两部很受欢迎的片子都是在设备极差的条件下拍成的。

1947年5月，眼看条件已经成熟，阳翰笙通过种种努力，将联华影艺社改组成昆仑影业公司，他担任编辑委员会主任。“昆仑”荟萃了电影界的精英，编、导、演、摄、录、美等电影从业员都是中国第一流的：编剧有田汉、夏衍、欧阳予倩、阳翰笙；导演有蔡楚生、史东山、沈浮、陈鲤庭、应云卫等；演员有舒绣文、白杨、吴茵、上官云珠、陶金、赵丹、蓝马等；摄影有吴蔚云、朱今明等；美术有丁派、韩尚义等。这些我们熟悉的名字，都是新中国成立后电影事业的骨干。单就为新中国保留住这些人才而论，“昆仑”的功劳理当名垂青史。“昆仑”的成立，击碎了国民党反动派对电影的垄断，这是经十多年艰苦斗争建立起来的自己的阵地。“昆仑”一建立，就制定了制片方针，即站在人民立场，暴露与控诉国民党反动统治的罪恶和在这种统治下广大人民所受的灾害与痛苦，并进一步暗示广大人民一条斗争的道路。

遵循这一制片方针，“昆仑”在短短的两年多时间里，拍出了《万家灯火》《希望在人间》《乌鸦与麻雀》《丽人行》《关不住的春光》《新闺怨》《三毛流浪记》以及后来的《武训传》等优秀影片，以压倒的优势战胜了国民党反动腐朽的电影文化，成为左翼电影史上最辉煌的一页。

阳翰笙曾为左翼电影发展，总结了“八条经验”，这是老一辈电影工作者艰苦卓绝的拓荒、创业的经验结晶，弥足珍贵。

这里要专门谈谈阳翰笙争取策划拍摄《武训传》，借以抵制拍“戡乱”影片的事。抗战胜利后的中国电影制片厂业已迁至南京，张治中见厂长吴树勋等无所作为反招众议，就任命罗静予为厂长，王瑞麟留任副厂长。罗静予早年参加过共青团，大革命时期、十年内战时期和革命有过关系，抗战后是阳翰笙的部下。尽管此时控制中国电影制片厂的是陈诚手下、蒋介石的得意门生、十三太保之一特务头子邓文仪，但他控制不了业务，实权仍落到左派手里。1947年，国民党反动派策划大规模反共，国防部总参谋长陈诚试图以“中制”为反共基地，以政训处令该厂赶拍反共的“戡乱”影片，并限期完成。作为厂长、副厂长的罗静予、王瑞麟受命后像手上端了两盆炭火。不拍这些反共影片会掉脑袋，拍了这些片子就成人民罪人，他们急得像热锅上的蚂蚁，便一起秘密来上海找阳翰笙拿主意。他们相会在虹桥公寓的咖啡馆内，两位厂长谈了他们面临的危难：如拍了反共影片，有何面目见周先生（恩来）和江东父老；如不拍，特务头子邓文仪会枪毙他们。阳翰笙当即给他们出了“拖垮”的四条主意：一、厂长罗静予马上去英国考察（原订的工作）；二、王瑞麟千方百计拖时间，并故意将片子拍得模糊不清，甚至拍坏；三、不找好演员扮演角色；四、在南京拍（因南京正在建厂，设备不全）。两人同意这些办法，王瑞麟再次表态说：我一定拖，如果被枪毙，请告诉周先生，为革命我总算做了这件事。两个厂长在阳翰笙筹建昆仑影业公司时，还给予了大力帮助。1949 年夏天，孙瑜将电影剧本《武训传》送“昆仑”请阳翰笙帮忙拍摄，时任昆仑影业公司编导委员会主任的阳翰笙动员孙瑜将《武训传》交中国制片厂拍摄，同时请“中制”副厂长王瑞麟接受拍摄此片，并推荐赵丹主演武训，并嘱咐王瑞麟与赵丹等：一、“狮子大开口”索高片酬，要大派头，消耗该厂流动资金；二、占用该厂尽可能多的精良设备；三、团结并网罗优秀摄、录、美人才，建立庞大的摄制班，以使该厂无可遣之将、无可用之兵。李、赵、孙等人不负厚望。用拍《武训传》去拖拍“戡战片”的后腿，直至南京解放，我们接收“中制”时，片库中的片子被拍得乌七八糟，始终还是一堆零碎的资料，当然，《武训传》也只拍了三分之一。两位党外厂长拖拍“戡乱片”及支持建立昆仑公司的事，由阳翰笙等向周恩来做了汇报。新中国成立后，罗静予被安排在电影局技术处当处长，后又调北影制片厂任总工程师；王瑞麟被委任为长春电影制片厂副厂长兼吉林省文化局长。①

这期间阳翰笙挽留了一大批电影、戏剧骨干留在大陆，避免他们流亡海外。上海即将解放时，国民党反动政府面临覆灭命运，正垂死挣扎，上海一片白色恐怖。南方局通知阳翰笙立即转移北上，参与新中国首届文代会的筹备工作。他在朋友帮助下，先秘密飞广州，在澳门因病住院，病愈后转道香港而后北上，为迎接新中国的成立又开始了新的征程。

（作者单位：四川省政府文史研究馆）

① 此章参考书：阳翰笙《从第三厅到文工会》，原载《新文学史科》，1984 年第 1 期。胡绍轩《现代文坛风云录》，重庆出版社，1991 年版。徐志福《抗战时期阳翰生活动纪实》，载《阳翰笙研究》一书，四川大学出版社，1994 年版。《阳翰笙日记选》，四川文艺出版社，1985 年版。

区域文化研究

"一带一路"背景下内蒙古地区对外文化发展的战略意义与路径选择

翟 禹

内容摘要：构建"中蒙俄合作走廊"是"一带一路"倡议的重要一环，内蒙古在其中占有重要地位，是中国向北开放的战略支点和桥头堡。内蒙古地区对外文化发展要秉持互利共赢、开放包容等基本原则，在对外文化交流合作机制与平台、基础建设、对外文化贸易和文化产业等方面开展各项工作，并依靠组织、政策法规、资金和安全等方面的举措对其实施保障。

关键词：一带一路；内蒙古；文化交流；中蒙俄合作走廊

绪 论

（一）研究背景

2013 年，习近平主席在访问中亚和东南亚国家时先后提出了共建"丝绸之路经济带"和"21 世纪海上丝绸之路"的倡议（合称"一带一路"），为中国与周边国家进一步扩大互利共赢、提升合作潜力提供了新的契机。《推动共建丝绸之路经济带和 21 世纪海上丝绸之路的愿景与行动》提出：根据"一带一路"走向，陆上依托国际大通道，以沿线中心城市为支撑，以重点经贸产业园区为合作平台，共同打造新亚欧大陆桥、中蒙俄、中国—中亚—西亚、中国—中南半岛等国际经济合作走廊。① 其中，构建"中蒙俄国际经济合作走廊"是其中的重要一环，内蒙古在"中蒙俄合作走廊"中是中国向北开放的战略支点和桥头堡。文化是民族的血脉，是人民的精神家园，是国家强盛的重要支撑。促进边疆少数民族内蒙古地区对外文化发展，对于助推"一带一路"建设，加强民族团结、巩固边疆稳定，转变经济社会

① 《推动共建丝绸之路经济带和 21 世纪海上丝绸之路的愿景与行动》，人民出版社，2015 年版，第 6 页。

发展方式，增强地区综合实力，保障国家文化安全等诸多方面，都具有非常重要的意义。

2016 年 6 月 23 日签订的《建设中蒙俄经济走廊规划纲要》，是“一带一路”首个多边合作经济走廊，可以说是中蒙俄经济走廊建设的纲领性文件。内蒙古是向北开放的重要桥头堡和战略支点，在中蒙俄经济走廊建设中发挥着关键作用，《规划纲要》的出台也为内蒙古经济建设发展提供了绝佳的机遇。从积极参与“一带一路”战略的建设上来说，内蒙古地区拥有显著的区位优势：内蒙古地处中国最北方，横跨中国东北、华北、西北，外接俄罗斯、蒙古国，具有联通俄蒙的不可替代的战略地位。内蒙古在中蒙俄经济走廊建设中也具有突出的文化优势，如内蒙古与蒙古国在民族文化上有着高度的共通性，这是毋庸置疑的。而内蒙古地区在历史上历来与俄罗斯联邦内的诸多地区，如布里亚特、西伯利亚等地有着较为频繁的交流往来，这些都构成了中蒙俄三国文化交流合作的良好基础。

（二）研究现状

近些年来有关中蒙俄经济走廊建设问题的研究成果大量涌现，这些成果均是从中蒙俄全面合作的视角来进行研究的，学者们尤其重视经济贸易合作问题，对中蒙俄经济走廊建设和三国的经济贸易合作问题提出了许多新的观点和认识。中国社会科学院亚太与全球战略研究院的郑伟先生出版的智库报告《“一带一路”倡议下构建中蒙俄经济走廊的战略意义及路径选择》① 是近些年出版问世的“一带一路”倡议背景下的关于中蒙俄经济走廊建设的最新的研究成果，但专门研究其中的文化发展与交流的尚不多见，亦鲜见有关研究报告问世。

就笔者目力所及，2016 年内蒙古自治区发展研究中心组织承担了一项中蒙俄经济走廊建设课题，最终成果为《中蒙俄经济走廊建设重点问题研究》② 一书，其中第七章“丝绸之路经济带历史价值及开发草原丝路特色精品旅游研究”、第八章“中俄文化交流与丝绸之路经济带建设研究”涉及本文所关注的“内蒙古文化发展与对外交流”主题。由内蒙古财经大学中蒙俄经贸合作与草原丝绸之路经济带构建研究协同创新中心等部门联合召开学术研讨会，后将会议论文汇集成《“中蒙俄经济走廊”学术论丛》③ 一书，重点围绕“一带一路”倡议下的地区、行业承接与推进，加强内蒙古“中蒙俄经济走廊”建设、强化沿线各国政府及企业务实合作、推动中国企业的国际化发展等问题，进行了交流和探讨。

关于中蒙文化交流关系的研究，张智荣、柴国君主编的《中蒙文化交流与文化产业合作研究》④ 一书从中蒙文化交流与文化产业合作的现实选择、基础与制约因素、合作的效应分析、战略构想、路径以及合作政策等方面进行了全面详细的研究，又对内蒙古地区在中蒙文化交流合作与产业合作中的特殊地位进行了论述，提出了许多颇有创见的观点。内蒙古社会科学院近年来同蒙古国科研机构开展中蒙关系的历史与现状研究项目，目前出版了《中蒙关系研究（一）》和《中蒙历史学研究文集》两部论文集。⑤ 其中，《中蒙关系研究（一）》中，

---

① 社会科学文献出版社，2016 年版。该书的部分内容同时亦在报纸杂志发表，见《“一带一路”倡议下构建中蒙俄经济走廊的路径选择》，《北京工商大学学报》2016 年第 5 期。

② 人民出版社，2016 年版。

③ 侯淑霞、孙国辉主编，经济管理出版社，2016 年版。

④ 经济管理出版社，2017 年版。

⑤ 本书编委会主编：《中蒙关系研究（一）》，内蒙古大学出版社，2015 年版；本书编委会主编：《中蒙历史学研究文集》，内蒙古大学出版社，2015 年版。

有多篇论文涉及中蒙文化交流合作的专题，如《消除文化认同差异，促进中蒙双边关系发展》《内蒙古在对蒙人文交流与合作中的地位和作用》《蒙中新千年的文艺交流与合作》《蒙中文化关系的新方向》等，分别由中方和蒙方学者从不同角度对中蒙文化关系的历史与未来进行了研究讨论。这项从学术角度开展的中蒙文化合作还将长期继续进行下去，相信会收到显著的成效。

关于中俄文化合作，郄力等人的著作《中俄人文合作历史与现实》① 一书较为全面地介绍和评述了中俄两国在人文合作各个领域的历史，这是国内第一部比较系统研究中俄人文合作的专著，全书分别对中俄之间的文学、美术及音乐、教育、法律、传媒、体育、旅游、卫生、青年等领域的交流合作历史和现状进行了研究，同时对其中存在的问题和发展趋势做了分析，并在此基础上提出了一些对策和建议。要掌握中蒙俄合作的现状并把握未来，对于中蒙俄三国合作交流的历史应有一定的了解和认知，上述这部专著就是这方面研究成果的代表，值得借鉴。由黑龙江大学牵头成立的中俄全面战略协作协同创新中心出版了系列丛书，其中《文明的对话——俄罗斯与中国》② 为首届俄罗斯学会议论文集，其中有“中俄人文合作研究专题”收录了有关中俄旅游、教育、艺术、法律、青年、卫生、传媒等多个领域的合作专题研究论文。

由于本文主要立足“一带一路”背景下的内蒙古地区在“中蒙俄经济走廊”建设中如何开展对外文化发展的问题，故重点介绍和评论了上述相关成果，实际上有关中蒙俄诸领域合作的研究成果是非常多的。

（三）研究内容

本文是一篇关于内蒙古地区“一带一路”对外文化发展的研究报告，主要探讨在当前“一带一路”建设的大背景下，作为“中蒙俄经济合作走廊”建设的国内重点区域内蒙古地区，其对外文化发展的战略意义和路径选择，具体从对外文化发展的基本原则、实现目标、文化交流合作机制建设、平台建设、各项基础文化建设与发展工程以及对外文化贸易与文化产业的发展等几个方面进行梳理和讨论，此外还对内蒙古对外文化发展的保障机制进行了研究。希冀能够通过本报告的研究，为在“一带一路”建设大背景下的内蒙古地区对外文化发展提供有益借鉴。

一、内蒙古对外文化发展的基本原则和实现目标

（一）基本原则

1．坚持“和平合作、开放包容、互学互鉴、互利共赢”的丝路精神

“一带一路”建设的社会根基是民心相通，发展对外文化就是传承和弘扬丝绸之路友好合作的精神，广泛开展文化交流、学术往来、人才交流合作、媒体合作，可以为深化多边和双边合作奠定坚实的民意基础，力争创建属于中蒙俄三国的“文明共同体”。在时代大背景

---

① 黑龙江大学出版社，2013 年版。

② 黑龙江大学出版社，2014 年版。

下积极开展与俄罗斯、蒙古等“一带一路”沿线国家和地区的交流与合作，达到共同参与、共同建设、共享利益的目的。

2. 坚持“积极参与、主动融入、科学评估、防控风险”的行动原则

应充分认识到开展国际合作对于经济社会发展的积极作用，主动在“一带一路”文化交流合作机制、平台建设和重点项目实施等方面积极响应国家号召，顺应国家层面宏观战略，主动与“一带一路”沿线国家和地区开展交流合作，为实现兴边富民、睦邻友好奠定文化合作基础。加强文化交流过程中的科学论证，做好风险评估，努力排除“一带一路”文化发展过程中的风险因素，同时提高监管能力，确保国家文化和社会安全。

3. 坚持“崇尚自然、践行开放、恪守信义”的草原文化核心理念

“崇尚自然、践行开放、恪守信义”的草原文化核心理念是内蒙古地区最典型的文化特征，这与丝绸之路精神保持一致，并在此基础上正确分析、研判内蒙古在“一带一路”建设中的地位和作用，以打造中蒙俄国际经济合作走廊为契机，充分发挥内蒙古联通俄蒙的区位优势。

4. 以全球视野、战略思维和大局意识作为开展“一带一路”文化交流的国际准则

加强国际国内文化交流合作，把内蒙古地域文化、民族文化和传统文化优势转化为开放型、发展型和持续型对外交流优势。树立正确的义利观，兼顾各方利益和关切，在文化交流合作中，应考虑经济社会文化发展程度不同的实际情况，寻求最佳合作内容与方式。

5. 坚持“发挥优势、市场引导、开放发展、持续交流”的文化走出去原则

秉承“创新、协调、绿色、开放、共享”的发展理念，把内蒙古地域文化、民族文化和传统文化优势转化为开放型、发展型和持续型对外文化交流优势，将内蒙古建成我国向北开放的战略支点，发挥市场在资源配置中的基础性作用，开展文化贸易，推动内蒙古文化“走出去”，开拓国际市场。

6. 坚持文化安全、维护稳定从而促进经济社会进步的发展原则

文化发展具有促进经济发展、维护地区稳定的重要作用。利用文化的力量维护区域稳定，反过来通过经济发展促进地区稳定来维护文化安全。因此，维护稳定、经济发展和文化安全是一环套一环，前后相续而又浑然一体、密不可分。

（二）实现目标

区域发展离不开国家整体的发展和进步，要想确立内蒙古地区对外文化发展的总体目标，就需要准确把握国家“一带一路”的总体战略，全方位提升内蒙古自治区文化领域开放水平，发挥联通俄罗斯、蒙古国的区位优势，秉承立足北疆、面向俄蒙、连结全国的方针，辐射“一带一路”有关国家，构建开放包容、互利共赢、交融创新的“利益共同体”“责任共同体”和“命运共同体”，把内蒙古建成向北开放的重要窗口、中蒙俄经济走廊的重要支点以及中蒙俄人文交流平台。具体来说，需着力实现以下目标：

1. 文化交流合作机制与平台建成体系并逐步完善

与蒙古、俄罗斯及其他有关“一带一路”国家之间的文化合作交流合作机制进一步健全，政府及各部门之间、企事业单位之间、民间社团之间的合作工作机制进一步完善，形成政府主导、部门合作、社会参与、市场运作的良好运行机制。建成分布广泛的中国文化艺术

和交流中心，以"一带一路"为主题的艺术节、博览会、论坛等文化交流平台建成体系，力争各类文化艺术活动平台建设逐步实现规范化和常态化，并产生良好的社会效益。总体要构建政府与民间并举、引导社会多方参与的对外文化交流格局，文化产业国际合作、对外文化贸易、文化领域人员往来等便利化水平显著提高。

2. 文化交流合作基础建设成就优势充分显现

体现草原文化、欧亚大陆传统与现代主题文化的艺术创作、非物质文化遗产和物质文化遗产等重大文化交流品牌的载体作用充分发挥，不同领域和不同形式的文化交流进一步密切深化。

3. 对外文化贸易显著发展，深具内蒙古特色的文化产业逐渐形成

充分利用国际、国内两个市场、两种资源，面向俄蒙，推出更多体现内蒙古民族、地域特色的文化产品和服务。初步形成有内蒙古积极参与的沿边文化产业带，推动内蒙古文化"走出去"。全面贯彻落实国家关于加快发展对外文化贸易的战略部署，以改革创新为动力，以完善对外文化贸易发展环境为保障，坚持统筹发展、政策引导、企业主体、市场运作的原则，优化对外文化贸易结构，创新对外文化贸易发展模式，推动内蒙古文化"走出去"，开拓国际市场，扩大文化产品和服务出口，提升内蒙古自治区对外文化贸易的国际影响力，推进民族文化繁荣发展，实现内蒙古自治区从民族文化大区向民族文化贸易强区的跨越。

4. 文化交流和文化产业人才集聚

以全球视野和战略眼光充分开发利用国内国际文化领域各类人才，能够在"一带一路"文化发展大框架之下主动参与国际人才竞争，促进更加灵活、完善和开放的文化人才培养、吸引和使用机制逐渐形成，使得优秀文化交流和文化产业贸易人才集聚，做到能够"引得进、留得住、留得动、用得好"。

二、内蒙古对外文化发展的路径选择

（一）构建内蒙古"一带一路"对外文化交流合作机制

积极构建政府部门和社会团体多层次宏观政策沟通交流机制，促成中国、蒙古、俄罗斯三国政府签署相关文化交流合作协议，贯彻落实《中华人民共和国和蒙古国战略伙伴关系中长期发展纲要》（2013 年）、《内蒙古自治区深化与蒙古国全面合作规划纲要》（2014 年）、《建设中蒙俄经济走廊规划纲要》（2016 年）、《内蒙古自治区人民政府办公厅关于进一步加强与俄蒙文化交流的意见》（内政办发〔2016〕25 号）、《内蒙古自治区加快发展对外文化贸易实施方案》（内政办发〔2016〕24 号）等文件内容和指导思路。深化政府部门间人文合作委员会等合作机制，制定"中蒙俄经济走廊"文化合作详细措施和年度计划，为内蒙古"一带一路"文化发展提供机制保障，引导和扶持社会力量参与"一带一路"文化交流合作。

在中蒙全面战略伙伴关系和中俄全面战略协作伙伴关系的框架下，建立内蒙古与蒙古、俄罗斯常态化文化合作交流机制，加强与中国文化部外联局、中国驻俄罗斯、蒙古国使馆及俄蒙中国文化中心的联系，密切配合，建立中蒙俄三方定期会晤工作机制，商讨工作，互通情况，交换意见，明确任务，达成共识，并制订行之有效的年度中蒙俄文化交流计划。促进

国际合作机制水平显著提升，建成内蒙古沿边开放和区域文化交流合作与文化贸易示范区，依托沿边口岸、边境城市开展文化交流和文化产业合作与对外文化贸易，打造沿边文化交流带。

加强与俄罗斯联邦外贝加尔边疆区、伊尔库茨克、布里亚特、图瓦、卡尔梅克等地区以及蒙古国诸次级区域的文化交流合作。积极组织创办中蒙俄文化交流区域性联席会议，组织举办少数民族地区文化交流与发展经验交流会，特别加强民族特色和地区特色文化交流。建立完善中蒙俄地方文化交流和专题文化交流协商机制和互动合作机制，定期举办中蒙俄文化发展论坛，开展专题文化研讨。

（二）发展内蒙古“一带一路”对外文化交流合作平台

推动海外中国文化中心建设，稳定和加强中蒙俄三国文化艺术交流的广度和深度，打造以“一带一路”为主题的国际文化节、博览会等国际交流合作平台。定期举办并完善内蒙古“文化那达慕”活动平台，组织文艺演出、文化论坛、非物质文化遗产展览、文化贸易等活动。积极参与、组织中蒙、中俄“文化年”活动，定期在蒙古国、俄罗斯举办文化周、文化日等大型文化交流活动，与蒙古国合作举办国际蒙古语戏曲节、国际蒙古族舞蹈艺术节。积极参与国家分别在俄罗斯和蒙古国举办的“欢乐春节”等大型活动，充分利用国家层面的高端平台，以展现和宣传内蒙古民族特色文化。积极鼓励内蒙古地区与俄罗斯、蒙古国边境毗邻的相关盟市、旗县文化机构与俄、蒙相关对口部门之间建立直接的联系，构建形式多样的合作交流平台。

1. 建设文化交流中心

内蒙古应与国家文化部在蒙古国乌兰巴托合作共同筹建“中国·乌兰巴托中国文化中心”，以此为平台全面开展与蒙古国的文化交流活动，同时邀请蒙古、俄罗斯的各种文化艺术团体赴内蒙古开展文化交流活动。建议在呼和浩特设立俄罗斯、蒙古国文化中心，在内蒙古重点边境口岸二连浩特、满洲里等城市建设对外文化交流艺术中心，并以此带动其他边境城市的文化中心建设步伐，力争实现内蒙古边境城市与俄、蒙对口城市中国文化中心交流便利化。

2. 发展文化交流合作品牌项目

以内蒙古草原文化节、乌兰牧骑艺术节等品牌文化节活动为依托，发掘具有浓郁“草原丝绸之路”民族和地域特色的文化节目，与蒙古、俄罗斯等国家合作，推动内蒙古文化节目走出去，并引进国外优秀节目来内蒙古巡演，加强文化艺术交流。推动内蒙古草原文化节升格为中国草原文化旅游节，提升国际交流深度和广度，增强国际影响力。发挥乌兰牧骑的草原文艺轻骑兵品牌作用，组织全区乌兰牧骑在“草原丝绸之路”和“一带一路”沿线地区进行巡回演出。可尝试推出“乌兰牧骑丝绸之路”活动，充分发挥乌兰牧骑“小型多样、一专多能”的特点和民族文化品牌优势，开展对外文化交流，开拓国外演出市场，扩大乌兰牧骑的知名度和影响力，推动内蒙古民族文化艺术走向世界。

3. 扶持文化交流艺术创作

可定期举办中蒙俄文化艺术节，进行独具特色的中蒙俄戏剧和舞蹈展演、国际呼麦大赛等，各项活动由中蒙俄三国每年轮流举办一届。对现有“草原丝绸之路”主题舞台剧深加工、再打磨，使其更好参与“一带一路”区域文化交流。开展草原画派美术创作和美术展览等合作项目。鼓励引导和支持内蒙古各类文艺院团与蒙古国、俄罗斯及相邻省区文化机构开展联合创作。将边境重点口岸城市二连浩特“茶叶之路”文化旅游节、中蒙友城二连浩特文化周（日）等活动作为内蒙古对外文化交流的重点项目。应充分利用国家艺术基金平台，积极申报“一带一路”题材舞台剧及“一带一路”合作交流项目，包括民族歌舞、民乐、无伴奏合唱、地方戏剧等，可以在“一带一路”沿线国家和地区进行巡回演出。

（三）夯实内蒙古“一带一路”文化交流建设基础

注重文化艺术创作与国家“一带一路”发展战略相结合，弘扬草原文化核心理念，大力加强“草原丝绸之路”题材文艺作品的创作、演出和交流，开展文化交流基础设施建设，加强“草原丝绸之路”重点文化遗产保护管理，促进以“草原丝绸之路”为主题的物质文化遗产与非物质文化遗产的传承保护和创新发展，加强蒙古文图书、影视音像翻译出版发行等合作，夯实“一带一路”文化交流建设基础。

1. 加强文化交流基础设施建设

加强内蒙古北部边境旗县文化艺术项目建设，便于中蒙俄国际友好往来，改善提升边境旗县演出剧场及文艺院团排练厅建设。在满洲里、额尔古纳市、阿尔山市、东乌珠穆沁旗、二连浩特市等五个重点口岸城市、旗县建设综合文化中心，在其他普通旗县建设相应演出剧场，在边境旗县建设一定规模面积的乌兰牧骑排练厅，配备文化艺术交流演出交通工具。同时，允许在边境重点口岸城市二连浩特、满洲里等地设立外资经营的演艺机构、演出单位和娱乐场所。

2. 开展非物质文化遗产的联合保护与开发

基于《中华人民共和国文化部与蒙古国教育文化科学部联合保护非物质文化遗产合作协议》，在中蒙联合保护非物质文化遗产合作框架下，双方继续加强交流沟通，共同开展共享非物质文化遗产的联合保护、申遗和学术交流工作。内蒙古将计划与蒙古国联合向联合国教科文组织申报“蒙医药”项目为“人类非物质文化遗产代表作”。项目成果为中蒙联合申报、保护共有，已于2017年启动此项工作，力争申报成功。

组织内蒙古地区蒙古族、达斡尔族、鄂温克族、鄂伦春族和俄罗斯族等具有浓郁地域和民族特色的优秀传统工艺类非物质文化遗产代表性项目，开展对外交流展览，同时邀请蒙古国和俄罗斯联邦所属三个蒙古族部落共和国选派蒙古族非物质文化遗产代表性项目来中国举办展览，此外还应采取展演、展销及讲座等多种其他形式，促进中蒙俄非物质文化遗产广泛、深入交流。

3. 合作开展草原历史文化遗产保护与利用工作

开展“万里茶道（内蒙古段）”申报世界文化遗产项目以及“草原丝绸之路”文物考古调查研究与保护工作。与蒙古国、俄罗斯研究机构开展有关万里茶道和草原丝绸之路的文物展览、文物保护和学术交流活动，适时召开以“蒙古、贝加尔湖、西伯利亚及中国北方地区古代文化”为主题的国际研讨会，邀请俄罗斯、蒙古国机构和个人参加学术交流。同时，要继续推进“一带一路”沿线重点项目——元上都遗址申遗后的文物保护建设，以使其产生国际影响，并成为中蒙俄三国联合文化遗产保护的典范。

积极推进辽代上京城与辽祖陵遗址群、红山文化遗址群、阴山岩刻遗址群申报世界文化遗产工作。目前内蒙古地区准备申报世界文化遗产的项目一共有四个，分别是红山文化遗址、辽代上京城及辽祖陵遗址、阴山岩刻遗址和万里茶道内蒙古段。2016 年，内蒙古自治区文化厅（文物局）成立申遗办公室，办公室的职责：（1）负责四项申遗工作的总体部署。研究申遗工作重大事项。（2）负责组织、协调相关申遗单位开展工作。（3）负责万里茶道内蒙古段申遗工作；负责与八省区联合申遗办的相关协调工作；负责组织协调与蒙古国、俄罗斯联合申遗工作。（4）负责申遗相关文件处理工作；负责申遗档案建立、资料收集、遗址调查、考古发掘、专家考察、文本资料等具体工作。（5）完成其他申遗相关工作。①

继续实施中蒙联合开展的“蒙古国境内游牧文化考古合作项目”，并加强合作研究成果的宣传力度。在自治区、盟市重点博物馆开展智慧博物馆体系建设，让文物展览“活起来”。

4. 开展图书典籍领域的国际合作

内蒙古地区发挥蒙古学、民族和边疆图书文献的优势，可以搭建内蒙古图书馆、内蒙古社会科学院图书馆等特色馆藏图书为主体的图书领域，加强同蒙古国国家图书馆、俄罗斯国立图书馆的交流合作，同时与俄罗斯布里亚特、图瓦、卡尔梅克等国家图书馆、科学宫，莫斯科列宁图书馆、圣彼得堡大学东方学院等开展广泛的交流合作。联合开展海外民族古籍普查工作，编制海外民族古籍文献资源联合目录，实现互惠共享。开展“数字文化走进蒙古包——中蒙俄技术交流与推广项目”和“中俄蒙数字文化资源共建共享合作项目”，构建中俄蒙三国蒙古语数字文化资源共建共享机制。

5. 推进边境公共文化服务建设

扎实推进城镇居民与农村社区文化建设，实现每个社区、嘎查都有文化室、文化体育广场等活动场所，加强基层公共文化服务设施建设，实施“两馆一站”（文化馆、图书馆、乡镇综合文化站）标准化、基层文化长廊等工程，着力增加弘扬社会主义核心价值观和体现内蒙古民族特色的优秀文化产品供给，满足边境居民基本文化消费需求。

（四）制订对外文化贸易和文化产业发展计划

“一带一路”超越了西部大开发，将中国内部市场一体化提升为欧亚大市场建设②，这对于作为欠发达西部地区的内蒙古是一个极佳的机遇。内蒙古地区应当抓住机遇，依托区位优势加快发展对外文化贸易，培育文化产业主体，充分发挥大企业大项目的带动作用，扶持发展特色文化企业和中、小微文化企业，形成一批具有核心竞争力的特色文化企业和品牌，积极推进文化“走出去”战略，拓展我区民族文化发展空间，提高对外文化贸易发展质量。鼓励和扶持自治区优秀文化企业、个人参加海外文化精品推介会，将区内文化精品项目推向世界，扩大国际市场空间；鼓励支持自治区文化企业对外兼并、重组，提升区内文化企业国际影响力。

1. 通过有效平台和机制构建中蒙俄文化产业带

中蒙俄文化产业带是中蒙俄合作走廊的重要组成部分，既是国际市场化的重要一步，也

---

① 《关于成立自治区文化厅、文物局申遗工作办公室的通知》（内文办字〔2016〕319 号）。

② 王义桅：《“一带一路”：机遇与挑战》，人民出版社，2015 年版，第 6 页。

是奠定人文交流基础的关键环节，故不能忽视。首先，可通过完善深圳国际文化产业博览会、北京国际文化产业博览会、敦煌国际文化博览会等参展机制，积极搭建合作平台，支持民族文化企业在文艺演出、工艺美术、文化旅游、非物质文化遗产生产性保护、文化会展等方面积极寻求对外合作。其次，要建设重点文化产业园区，支持内蒙古文化企业在蒙古国、俄罗斯兴办实体，引导和扶持文化企业参与“一带一路”文化贸易，培育形成一批“专、精、特、新”的深具内蒙古民族和地域文化特色的中小企业，引导民间文化企业提升竞争力，培养文化企业开拓国内国际市场的能力。第三，还要鼓励国有和民营文化企业积极参与“一带一路”文化贸易，依托对外文化贸易展会及对外贸易基地，推动骨干和中小文化企业的创新发展，促进文化消费和生产良性互动。

2. 积极促进中蒙俄经济合作走廊中文化贸易的拓展

拓宽文化贸易和交流渠道，应以演艺、创意设计制作、艺术授权、版权贸易、数字内容等新兴产业为主，拓展学术交流、人员流动、信息共享等国际合作渠道。定期组织文化行政管理部门、重点文化企业赴国外开展文化产业调研，参加文化产业培训，吸引外商投资法律法规许可的文化贸易领域。

3. 建设运行良好的对外文化传播和贸易基地

建设文化传播和贸易基地，在近期应重点抓住重要口岸城市，尤其以满洲里市、二连浩特市为中心，依靠边境口岸和区位优势，以对俄蒙文化展示、文化贸易交流、生态文化旅游为重点，开展中俄蒙三国旅游节、冰雪节、选美大赛等品牌文化交流活动，把满洲里市、二连浩特市建设成草原文化展示窗口和中俄蒙文化交汇融通的示范基地。带动自治区其他边境城市挖掘地区优势，加大对俄蒙文化传播和文化贸易力度。

三、内蒙古文化发展的基本保障

实现内蒙古地区文化的长远持续有效发展，离不开各项保障措施。本报告主要从组织保障、政策法规保障、资金保障和安全保障四个方面来进行研究。

（一）组织保障

推进内蒙古“一带一路”对外文化发展战略是一项长期、涉及面广的系统工程，需要得到诸多领域的联合协调，以此形成合力，建设完善、高效、有力的组织保障，共同推进这一工程的实施。可成立内蒙古自治区“一带一路”文化发展专项工作领导小组，设立专门办公机构，加强战略谋划、组织领导，并协调推进内蒙古“一带一路”对外文化发展工作，尤其是对重大政策、重大项目和重大问题需格外重视，实施宏观调控与有效管理，统筹兼顾做好对内、对外两方面的工作。内蒙古次级区域可根据自身发展需求，将“一带一路”文化发展计划纳入本级政府未来工作的重要内容，进入议事日程，纳入各地社会经济全局之中，并研究本地区实际情况，更进一步制定具体措施，并将“一带一路”文化发展工作纳入领导干部工作实绩考核。

（二）政策法规保障

积极促成有关政府文化合作协议的签署，并努力落实国家和内蒙古地区有关文化、外交和贸易等相关政策。成立对俄、蒙文化交流专家委员会，由国家和内蒙古有关专家组成，负责对内蒙古同俄、蒙文化交流、文化贸易提供决策参考，对方案和项目进行可行性研究论证，同时积极会同有关科研部门和区内外智库，开展“一带一路”对外文化发展政策的前瞻性研究，对热点、难点问题进行专项调研，为更准确的实施奠定政策理论基础。对内蒙古“一带一路”文化发展进展情况进行定期科学评估，对实施效果进行跟踪监测。建立内蒙古“一带一路”文化发展重点项目库，定期对文化项目落实情况进行检查，总结经验教训，推广成功案例。建立和完善文化事业、文化产业和对外文化贸易的法律法规体系，引导企业自觉遵守国际规章制度和国际贸易规则，规避文化贸易的法律风险。加强文化领域知识产权保护，大力加强普法宣传，加强文化执法力度。简化出访俄罗斯、蒙古国的程序，保障和支持出访人员出访的顺利进行，为高效开展国际文化交流提供便利。

（三）资金保障

加大对“一带一路”文化工作的财政投入，发挥公共财政的示范引导作用，促使国家、自治区和地方文化发展资金向“一带一路”倾斜，设立“一带一路”文化发展专项资金，要专款专用。各盟市旗县应充分利用现有文化发展资金，大力支持对俄蒙的文化交流。有条件的地方应设立专项资金，用于对俄罗斯和蒙古国相关政策和情况的研究，推动人才培养，引导和资助各项文化交流和贸易活动。扩大“一带一路”资金筹集来源渠道，在争取国家和自治区财政支持的基础上，鼓励社会资本投入“一带一路”文化发展建设。

（四）安全保障

建立重大文化风险安全防范机制和应急预案，引导文化事业机构和文化企业用好各类避险工具，提高风险防范能力。落实国际文化交流安全审查制度，加强对国际文化交流合作的监督管理，支持边境地区和文化部门与俄、蒙边境和文化部门建立对口合作机制，加强文化执法合作，依法打击非法文化产品流入，确保国家和自治区文化安全。

（作者单位：内蒙古社会科学院历史研究所）

汉中文化刍论

姚诗聪

内容提要：汉中三堰是继张骞墓之后汉中的又一处世界遗产，其申遗成功意味着距离汉中文化研究可被名正言顺地命名为“汉中学”越来越近。汉中文化在丰富多彩的中国地域文化中占有一席之地。以作为地域文化研究的学科概念——“汉中学”来命名汉中文化研究，对于汉中文化研究的发展无疑具有十分重要的建设意义和积极的导向意义。即使说现在汉中学这一学科概念得以确立还为时尚早，但对于汉中文化的特征发表相关见解和观点，无疑会具有建设性的学术意义与价值，对于未来的“汉中学”学科建设能有所裨益。

关键词：汉中文化；汉中学；中心的边缘；边缘的中心；自然地理属性；文化断层

2017年10月10日23时，在第23届灌排大会暨68届国际执行理事会上，陕西“汉中三堰”（山河堰、五门堰、杨填堰）与宁夏引黄古灌区、福建黄鞠灌溉工程3处古代水利工程，被成功确认为世界灌溉工程遗产。汉中三堰是继张骞墓之后汉中的又一处世界遗产，其申遗成功标志着汉中距离拥有四处世界遗产（张骞墓、汉中三堰、蜀道、汉中天坑群）的文化宏图的实现更近了一步，届时汉中将成为中国拥有最多世界遗产的地级市（非省会）。近年来，地域文化研究在中国大陆学界的发展可谓如火如荼、蔚然成风。继享誉世界的国内地域文化三大显学（敦煌学、藏学、徽学）以及在海内外学界同样影响巨大的长安学、洛阳学之后，一批以地域或城市命名的学科概念如雨后春笋般应运而生，有如桂学、宝学、北京学、潮学、澳门学、上海学、幽州学、湖南学、滇学、江右学、南浔学、武汉学、成都学，等等，数不胜数。汉中文化作为中国地域文化中颇具个性的一支，因为是中国自然地理的交汇性决定人文地理融合性的典范，在丰富多彩的中国地域文化中占有一席之地。汉中三堰的申遗成功也就意味着距离汉中地域文化研究可被名正言顺地命名为“汉中学”越来越近。若以作为地域文化研究的学科概念——“汉中学”来命名汉中地域文化研究，也就意味着汉中文化研究由一般普通的地方文史研究上升到了具有正规严谨专业性的地域文化学科研究层面，对于汉中地域文化研究的发展无疑具有十分重要的建设意义和积极的导向意义。“汉中学”作为研究汉中地域文化的学科概念，在进行汉中学研究之前，自然是应对汉中文化的总体特征有一个高度精练、概括性的把握。如果要用一句话来形容汉中以及汉中文化，那便是人文地理融合性的典范，汉中文化因此颇具个性，独树一帜，在丰富多元的中国地域文化中占有一席之地。除此之外，笔者对于汉中文化特征的见解与观点大致可分为三点，即中心的边缘、边缘的中心，成也地理、败也地理，以及汉代之后长期人才寥落、文化严重断层这三点。即使说现在汉中学这一学科概念得以确立还为时尚早、难以服众，但对于汉中文化的特征发表相关见解和观点，无疑具有建设性的学术意义与价值，对于未来的“汉中学”学科建设能有所裨益。

一、中心的边缘，边缘的中心

汉中作为中国历史文化名城，北倚秦岭、南屏巴山，汉水横贯其间。从自然区划的维度考量，汉中属于西南地区，从行政区划的维度考量，汉中属于西北地区。在自然地理上自古以来便作为四川屏障、与四川属于同一自然区划的汉中却和与其不属于同一自然区划的关中同属陕西，因此汉中成为中国省界划分时考虑区域制衡原则的“犬牙交错”式行政区的典型。汉中位于中国版图的地理中心，地处陕、川、甘三省交界地带，东距重庆、湖北乃至于河南都不很远。连接南北、承启东西的地理区位条件，决定了汉中文化势必会呈现出融合东南西北各大区域文化特性的复杂性。先秦时期汉中曾先后或同时属于蜀国、巴国、秦国，并距离楚国亦不远，古国最初的文明光辉在这里留下深深烙印，但因为汉中距离此四国的政治文化中心都比较遥远，故汉中之于此四国故地所形成的秦陇文化区域、巴蜀文化区域、荆楚文化区域都不过只是边缘地带。汉中在历史上曾长期作为一级或二级行政单位治所，并长期与安康同属于同一行政区域内。汉中作为一级行政单位治所时期，其行政区域多与今天的湖北地区毗邻，故长期受到荆楚文化的影响，直至清代乾隆四十七年（1782）安康从汉中划出设立兴安府至今，汉中所在的行政区域不再与湖北地区接壤。地理区位的交汇性决定了汉中文化呈现出融合秦陇文化、巴蜀文化、荆楚文化、中原文化四大区域文化特性的复杂性，这种融合性和复杂性体现在汉中文化的方方面面，比如汉中方言、民俗以及历史时期的迁入人口构成。汉中作为万里长江第一大支流——三千里汉江的发源地以及中国当之无愧、名副其实的“栈道之乡”，雄浑的蜀道和缱绻的汉水共同构筑起汉中的文化地理坐标。汉中既拥有北国的阳刚之壮美，更不乏南国的阴柔之秀美，因此被誉为“西北小江南”，是极具代表性的北国之南国、南国之北国。但又因为汉中在地理上距离这四大文化地理区域的中心区域都比较遥远，交通不便，就是距离最近的秦陇文化区域、巴蜀文化区域也有秦岭、巴山的天堑阻隔，这就导致了汉中之于此四大文化地理区域其实都只是处于边缘地带，这便是所谓“中心的边缘”。中国城市中不乏处于某一文化地理区域边缘地带的城市，但是像汉中这样之于四大文化地理区域都是处于边缘地带的城市实在是少之又少，汉中的典型性与代表性因此凸显。汉中文化呈现出融合秦陇文化、巴蜀文化、荆楚文化、中原文化等四大区域文化特性的复杂性，汉中文化因此在表面上也就不可避免地呈现出四不像、个性不突出、缺少具有鲜明地域属性的精神文化内核特征。但并不是说汉中就没有自己地域文化所属的文化地理区域，也不是说汉中文化就没有自己的文化地域属性。汉中历史上曾长期与川北地区乃至于四川地区同属于同一行政区域内，直至今日汉中民俗都与川北地区最为接近，自然区划上汉中与四川同属西南地区，汉中话与成都话同属西南官话川黔片，人口构成上汉中也与四川相近，今天的汉中人和四川人主要都是“湖广填四川”的移民后裔，故汉中地域文化所属的文化地理区域只能是巴蜀文化区域，汉中文化的地域文化归属只能是巴蜀文化。[①] 虽然自元代开始汉中归属陕西后，汉中文化确实是经历了一个不断去巴蜀化、向关中化的缓慢历程，尤其是现在的汉中话，已具有相当的关中方言色彩，与四川方言尤其是成渝方言相比已体现出较大的差异。但至少在元代之前，汉中地域文化所属的文化地理区域无疑只能是巴蜀文化区域，汉中文化的地域文化归属只能是巴蜀文化，直到今天其实都依然如此，只是相似程度被弱化了许多罢了。汉中文化在表面上呈现出四不像、个性不突出、缺少具有鲜明地域属性的精神文化内核的显著特征，既和巴蜀文化地区具有高度的相似性却又不完全一样，与秦陇文化地区、荆楚文化地区接近但也不完全相同，甚至与中原文化地区也具有一定的相似之处，尤其是体现在十分复杂的汉中方言上。其实这也正是汉中文化最大的个性，是其独树一帜、区别于他地的特性。与汉中接壤的地级市分别为西安、宝鸡、广元、巴中、达州、安康、陇南，除去西安、宝鸡、达州，其余与汉中接壤的地级市实际上在各自省份中都是处于被边缘化的地位，经济都处在各自省内末流甚至最末流的地位。广元、巴中、达州、安康、陇南以及宝鸡的凤县、太白县和汉中的相似之处是都处在秦陇文化、巴蜀文化、荆楚文化、中原文化等四大文化区域中相关文化区域的交汇之处，但各自在地理上距离相关文化地理区域的中心区域都相对比较遥远，交通不便，这就导致了这些地方之于相关文化地理区域其实都只是处在边缘地带。和汉中一样，这些地方都是相关文化地理区域的边缘地区，与汉中文化无论是特性还是内涵都十分相近。其中安康与汉中的相似度最高，也是处在秦陇文化、巴蜀文化、荆楚文化、中原文化等四大文化区域的交汇之处，安康文化亦呈现出融合了这四大区域文化特性的复杂性，安康和汉中的关系就像是重庆与四川的关系。除此之外，广元、巴中、达州、安康、陇南以及宝鸡的凤县、太白县在历史上的政治地位以及经济地位都比不上汉中，在历史上的重要程度、文化积淀的厚度也都不如汉中，所以才说汉中是“边缘的中心”，指的是汉中在这些文化边缘地区中，当之无愧是处于文化中心的地位。汉中具有之于四大文化地理区域都是处于边缘地带的典型性与代表性已属不易，又能作为边缘区域的中心存在，更显得可贵，这一切都是由汉中的自然地理属性所决定的，汉中独一无二的特殊性进一步得到彰显。中心的边缘、边缘的中心，这也正是汉中的城市地位和定位所在，更是当下汉中经济社会的发展现状与目标所在。正是因为汉中是“边缘的中心”，汉中才能成为盛传于学界、坊间的中国行政区划改革中未来汉中省省会的不二之选。[②] 汉中省的设立之所以是大势所趋，且省会非汉中莫属，其根源即在于此。

---

① 马强：《汉水上游与蜀道历史地理研究》，四川人民出版社，2004年版，第9页。

② 浦善新：《中国行政区划改革研究》，商务印书馆，2006年版，第233页。

二、成也地理，败也地理

汉中历史上最辉煌的时期莫过于两汉三国时期，因此汉中近年来才会以“两汉三国，真美汉中”作为城市品牌形象宣传语。如果说，历史上有过辉煌时期的城市都有属于自己文化的王朝（时代）属性，或是说某一城市曾是某一王朝时期或时代的重要城市，那么该王朝或时代便是该城市的文化王朝（时代）属性，至于若某城市曾为多个王朝时期或时代的重要城市，那么则选择其中最重要的王朝时期或时代作为该城市的文化王朝（时代）属性。比如西安、洛阳的文化王朝属性是汉唐，南京的文化王朝属性是六朝和明代，北京、苏州的文化王朝属性是明清，开封的文化王朝属性是北宋，杭州的文化王朝属性是南宋，扬州的文化王朝属性是唐代，成都、宁波的文化王朝属性是唐宋，泉州的文化王朝属性是宋元。汉中的文化王朝属性就是两汉三国，除此之外，汉中历史上的辉煌期还有唐宋时期。

两汉三国时期之所以能成为汉中历史上的最辉煌时期更是与汉中的地理属性密切相关，三国时期汉中重要的战略地位是因其交通军事地理的重要性自不必说。汉中之所以能成为汉家发祥地，除了它交通上军事地理的重要性，更因其地理区位的偏僻与闭塞。项羽将刘邦分封到当时较为蛮荒的汉中、巴蜀一带为汉中王的初衷，其实就只是想困死刘邦，不曾想后来刘邦却能为逆境所逼、奋起反抗，最终取得天下。所以说正是汉中地理属性中的劣势，反而激发了刘邦成就帝业的雄心壮志，也成就了汉中历史上最辉煌的时期和最显赫的荣光。试想如果没有汉中作为汉家发祥地，那么汉代之于汉中的意义势必会大打折扣。

唐代汉中因其自然地理的交汇性所决定的交通军事地理的重要性，而成为山南西道治所所在，并能先后三次成为唐朝皇帝的避难地，且在兴元元年（784）升为兴元府，开中国历史上用帝王年号命府名之先河①，兴元府地位同于京都长安、东都洛阳、北都太原，可谓汉中历史上政治地位最高的时期。宋代汉中同样是因其交通军事地理的重要性，而成为北宋利州路、南宋利州东路和利州西路的治所所在，并能成为南宋抗金前线上的军事重镇。

因此可以看到，汉中在历史上所有的辉煌时期——两汉、三国、唐宋，之所以能在相应历史时期的中国政治舞台上占有一席之地甚至是留下浓墨重彩的一笔，其根源在于汉中的地理属性，尤其要归功于其自然地理的交汇性所决定的交通军事地理的重要性。不仅于此，汉中地理属性里的劣势方面有时还能在历史发展中起到意想不到、远胜于前者的促进作用。这正是所谓“成也地理”，主要体现于政治军事方面。

但是事物都具有两面性，自然地理的交汇性所决定的交通军事地理的重要性固然赠予汉中政治军事史上的辉煌与显赫，但给汉中带来更多的却是不幸，是经济文化方面的灾难。西晋以降至隋初、南宋时期，汉中作为南北政权对峙的主战场，多次沦为战区，社会动荡，战乱频繁。元末、明末清初、清末也屡遭战乱。这对于生态条件和经济条件本就脆弱、经济恢复能力极其孱弱的汉中无疑是莫大的悲哀。尤其是在 1127—1276 年间因为宋金、宋元对峙而使汉中城多次毁于战火；明末清初特别是清初时期，汉中再次遭遇毁灭性打击，人口流

① 方孝文编著：《魅力汉中》，华夏出版社，2008 年版，第 85 页。

亡，土地荒芜现象十分严重；康熙时期汉中府的人口逃亡率高达近 50%，尤其是宁羌州，逃亡率竟高达 92%，可谓十室九空[①]。这对于经济文化底子本就薄弱的汉中无异于灭顶之灾，极不利于汉中的经济文化与社会的正常发展。

应该说，在直接关系到现实民生的经济文化方面，汉中的地理特性所起到的作用更多的是负面的，而且是严重负面的。其地理特性中的劣势方面所起到的负面作用无疑是致命的，在汉中的地理特性所起到的作用中占据着主导地位，尤其是体现于经济与文教方面，直接导致了汉中历史上自汉代之后长期经济落后、文教不兴、人才寥落、文化断层的惨淡局面。

汉中地域文化研究界尤其是汉中地方文史研究界一直存在着一个很大的误区，那就是言及汉中，就说汉中是盆地地形。涉及汉中古代经济发展状况的研究多只重视汉中盆地古代经济的相对发达，而忽视淡化汉中山地丘陵地区古代经济的严重落后，这种报喜不报忧的做法无疑有失客观严谨与公允，会给人深深的误导，实不可取。用盆地来代指汉中地形实在是以偏概全、大错特错。汉中作为山区城市，地貌类型多样，但以山地为主，占总土地面积的 75.2%（其中低山占 18.2%，高中山占 57%），丘陵占 14.6%，平坝仅占 10.2%，然而就是约占汉中总面积十分之一的平坝地形也并不全部属于汉中盆地，汉中盆地面积 1170 平方公里[②]，仅约占汉中总面积的 4%，故用盆地来代指汉中地形明显偏颇。当下汉中全域经济发展水平的严重滞后，无论是在陕西还是全国都是处于下游偏末流的水平，今天这一惨淡尴尬局面的出现绝不是突如其来的，而是具有长期的历史连贯性和传承性。可以说，正是由于根深蒂固、难以改变的历史原因，才最终导致了当下汉中全域经济发展水平严重滞后的局面出现。一言以蔽之，导致汉中全域整体经济发展水平自古以来（至少是南宋元明清以来）长期严重落后的根源，自始至终都在于山地丘陵地形的比重过大而导致生态条件和经济条件脆弱、经济恢复能力十分薄弱，以及相对偏僻、封闭的自然地理属性。正是汉中地形结构以山地丘陵为主的自然地理属性制约了汉中从古到今长期的经济发展，这是难以改变的状况。此正是所谓“败也地理”。

汉中古代经济相对发达的地区非汉中盆地莫属，汉中盆地在战国时期与关中盆地、四川盆地并为中国西部的重要产粮区。关中平原至今都是中国的四大平原之一，自古灌溉发达，盛产小麦、棉花等，是中国重要的商品粮产区，更是中国最早被称为“金城千里，天府之国”的地方。四川盆地则是中国四大盆地之一，成都平原是中国西南地区面积最大的平原和重要的商品粮、棉、油基地，成都平原在东汉初年的富庶程度便已超过关中地区，成为中国古往今来、最负盛名的“天府之国”。而今天的汉中盆地只在陕西省内算是比较重要的产粮区，其农业地位与关中盆地、四川盆地没有可比性。汉中盆地在此三大产粮区中面积是最小的，且与关中盆地、四川盆地面积相差甚远，汉中盆地面积仅约为关中盆地面积的三十三分之一，更仅约为四川盆地（广义）面积的二百二十分之一。就算是作为四川盆地一小部分的成都平原的面积都是汉中盆地面积的将近 20 倍，故足见汉中盆地的面积与关中盆地、四川盆地相差悬殊，完全没有可比性。汉中盆地的总面积都如此狭小，其可用来作为耕地和产粮

① 胡阳：《清代汉中地区农业开发研究》，西北师范大学硕士学位论文，2014 年，第 21 页。
② 刘清河主编：《汉水文化史》，陕西人民出版社，2013 年版，第 218 页。

区的土地面积只会更小，故汉中盆地在西部都根本算不上是较大的产粮区，更不必说其在全国的地位能有多高。就算假使汉中盆地全部都适宜用来作为耕地，都能得到很好的开发，成为产粮区，但其经济发展水平注定是极其有限的。更何况汉中盆地的综合自然条件（面积、气候、水流、土壤）即农业生产条件与关中盆地和四川盆地都明显存在更大的差距，尤其是和成都平原的农业生产条件差距极大。成都平原所在的四川盆地是中国著名红层盆地。地表岩石主要为紫红色砂岩和页岩，这两种岩石极易风化发育成紫色土，紫色土含有丰富的钙、磷、钾等营养元素，是中国最肥沃的自然土壤。成都平原四季分明，日照少、气候温和，降雨充沛，属暖湿亚热带太平洋东南季风气候区；其水系格局特殊，呈纺锤形，河流出山口后分成许多支流奔向平原，分支交错，河渠纵横。又有自古闻名的都江堰灌溉工程，水渠纵横，农业发达，物产富饶，人口稠密。这些优越的农业生产条件都是汉中盆地望尘莫及的，而绝不是某些学者所谓“自然及经济环境与成都平原相类”[①] 的溢美之词，这纯属不负责任、不切实际、只为过度拔高的谬论。汉中的农业自然生产条件最多也就只能说是和同处秦巴之间、汉水横贯其间的安康相类，就是与广元相比其实都存在明显的差异，毕竟分处巴山北麓、南麓，试问又怎么可能和相距约五百公里、相差约 3 个纬度的成都平原相类？汉中盆地农业生产条件的相对恶劣与落后也就注定了其经济恢复能力较弱，再加上汉中山地丘陵地形占总面积的 90%左右，比重过大，而汉中盆地仅占汉中总面积的 4%左右，故从整体来看，汉中全域的生态条件和经济条件是很脆弱的，经济恢复能力更是相当薄弱。可以说，汉中经济发展的先天条件是很不充足的，是极不利于全域经济整体高水平发展的，何况是在古代以小农经济为主的经济结构中，经济发展先天条件的劣势只会更加凸显，只会注定严重制约汉中地区全域整体经济的高水平发展，更何况汉中历史上长期因为交通军事地理的重要性而罹受兵祸之害，明清时期又饱受旱涝灾害，只能说是加剧了其悲剧与不幸，导致汉中全域整体经济发展水平的加速衰落。

可以说，汉中从古到今，全域经济整体发展水平的长期滞后，在很大程度上来说是不可抗拒的宿命，是自然地理属性所决定的，正是所谓“败也地理”。就算汉中历史上没有长期罹受兵祸之害，明清时期也没有饱受旱涝灾害，但是古代汉中地区全域的整体经济发展水平注定是比较有限的。古代汉中盆地的经济发展水平相较于汉中山地丘陵地区是处于比较发达的水平，但是毕竟汉中盆地面积仅占汉中总面积的百分之四左右，汉中面积的十分之九都是山地丘陵地形，刀耕火种这一原始落后生产方式直到清代中叶依然广泛分布于汉中的山区丘陵地区，足见古代汉中地区整体的经济发展水平与关中平原、成都平原的经济发展水平是不具可比性的。就算汉中盆地在历史上农业发展水平较为发达的秦汉时期，其实并不是真的就说明当时汉中盆地的农业发展水平很高，更多的只是因为经济发展的先天条件优于汉中的地区比如长三角地区，因为距离当时的政治经济中心比较遥远、交通不便而仍未被大规模开发，因此稍显落后，但日后一旦时机成熟、被大规模开发，则是潜力无穷，注定大有作为，凭借其远胜于汉中的区位条件与经济发展的先天条件很轻易就后来者居上，汉中全域本就不

① 马强：《文同仕宦汉中时期的政治实践与心态》，载孙启祥、傅兴林主编：《文同与汉中》，陕西人民出版社，2017 年版，第 25 页。

高的整体经济发展水平被拉开巨大差距实属意料之中。

直接说汉中全域古代经济整体发展水平的落后或许会显得空泛抽象，但有一个最直接的指标可以十分有力地体现出古代汉中全域整体经济发展水平的落后，这个指标便是进士人数。经济基础决定上层建筑。地域经济发展水平只要相对较高，就必定会促进文教发展，文教繁荣势必会体现在科举层面。进士作为中国古代科举制度中的最高等级，进士人数自然也就最具代表性和说服力，最能体现一地的文教水平。进士人数的多少无疑是反映地域文教发展水平高低的最佳指标，进士人数较多说明该地文教发展水平相对较高，进一步也就说明该地的经济发展水平较高，反之亦然。

考察汉中古代的进士人数便能明显看出，汉中在古代的科举表现实在是惨淡不堪，令人遗憾。隋代开中国古代科举制度之先河，但国祚短暂，开科次数不详，见诸文字资料的隋代进士只有 7 人①，唐代继承和完善了隋代的科举制度。唐代将近三百年，共出进士 6427 名，汉中只产生了 2 名进士②，无疑是处在全国最末流的水平上。宋代三百二十年，共取进士 40733 名，宋代汉中进士人数多于唐代，但也只有 22 名③，增幅虽高于全国平均水平，但基数实在太少，故依然处于全国最末流的水平。唐代进士人数与汉中情况相似的重庆也只有 3 名进士④，说明唐代重庆地区的经济、文教水平与汉中相差不大。唐代汉中是山南西道治所梁州所在，在兴元元年（784）升为兴元府，地位同于京都长安、东都洛阳、北都太原。梁州之外，今天的汉中地区还分属洋州（山南西道）、兴州（山南西道）。而今天重庆地区在唐代分属渝州（剑南道）、开州（山南西道）、夔州（山南东道）、忠州（山南东道）、万州（山南东道）、涪州（山南东道）、黔州（黔中道）。唐代汉中的政治军事地位明显高于重庆，且今天重庆地区的面积本就远大于汉中，唐代重庆所属 7 州才产出进士 3 名，汉中所属 3 州产出进士 2 名，故可见唐代重庆地区的经济文教发展水平甚至是还远不如汉中。但是宋代重庆共出进士 277 名⑤，约是其唐代进士人数的 92 倍，增幅远远高于全国平均水平，无疑是创造了科举史上的奇迹，实现了华丽转身，由此足见宋代重庆地区文教之空前繁荣，进一步体现了宋代重庆经济发展水平的相对发达，可见重庆经济在宋代得到了很好的发展。考察重庆城市历史，重庆之崛起，正是始于宋代。而汉中在宋代的进士人数情况与唐代基本持平，仍处于全国最末流的水平，文教发展水平依然惨淡不堪，说明汉中全域在宋代的整体经济发展水平和重庆已产生明显差距，也可以说是已不具有可比性。宋代汉中的经济文教发展水平与重庆的惊人差距，用天壤之别来形容，绝不为过。北宋文同任兴元府知府时，看到兴元府学破败不堪，连学官竟然都没配备，便上《奏为乞置兴元府学教授状》，极言汉中之府学不振，科举无人⑥，可见北宋汉中的官方教育被政府置于半抛弃的惨淡地位，足以窥见宋代汉中文教发展水平和全域经济整体发展水平之落后不堪。在北宋，对于远在汴梁的京官来说，差遣汉中无异于畏途。北宋时代用来形容汉中的流行词汇中，往往有“西鄙”“偏地”等，梅尧

① 郎菁：《陕西历代进士数量及地理分布统计分析》，《长安大学学报》2011 年第 2 期。
② 孙启祥：《汉中历史文化论集》，陕西人民出版社，2011 年版，第 21 页。
③ 同上。
④ 李良品、彭规荣：《科举制度影响下的明代重庆教育》，《教育评论》2005 年第 1 期。
⑤ 同上。
⑥ 孙启祥：《汉中历史文化论集》，陕西人民出版社，2011 年版，第 21 页。

臣赠别友人赴南郑任诗有“苍烟古柏汉高庙，落日荒茆韩信坛”，凸显的仍是汉中古老苍凉的地理意象。更有甚者，在北宋时期还发生过吏部官员胡枚因畏惧赴任兴元知府郁郁而终的悲剧，因而北宋时在兴元府为官，绝非荣耀之事。[①] 凡此种种，从侧面亦可窥见宋代汉中地区文教发展水平和全域经济整体发展水平之落后不堪。试问，假使宋代汉中经济发达、文教繁荣、人才显赫，真如某些学者所谓农业发展水平在川峡四路中仅次于成都府路[②]，是和成都相差不大的名城巨邑，那么又怎会出现在兴元府为官绝非荣耀之事的怪象，甚至发生有官员竟然能因畏惧赴任兴元知府郁郁而终的悲剧，岂不显得过于矛盾与荒谬。宋代是汉中盆地农业的重大发展时期固然不能否认，但毕竟只是地形面积仅占汉中全域总面积百分之四的汉中盆地，而非汉中全域。汉中山地丘陵地区的经济发展水平依然十分落后，且南宋时期汉中始终处于战争阴影的笼罩之下。在 1127—1276 年间因为宋金、宋元对峙而使汉中城多次毁于战火，这对于生态条件和经济条件本就脆弱、经济恢复能力极低的汉中只能说是灭顶之灾，一旦战火燃及境内，多年农业的积累很快便会化为灰烬，经济发展极不稳定，故宋代汉中全域的整体经济发展水平不可能有多高。元代是科举制度的中衰期，不具有代表性。元朝灭亡后，明朝建立，科举制度进入了它的鼎盛时期。然而汉中在明代的科举表现依然是惨淡不堪。明代汉中府管辖今天的汉中、安康二地级市，外加宝鸡凤县，面积不可谓不辽阔，却只产出进士 46 名[③]，甚至还不如自古以来素为边陲、文教发展水平一向为陕西省内乃至全国最末流水平的陕北地区，今天汉中地区范围内在明代的进士人数只会更少。无论是生态条件、经济条件还是经济恢复能力，陕北地区都远比汉中更加脆弱。明代陕北地区大部分属于延安府，明代延安府产出进士 54 名[④]，多于汉中府，故更不必说明代汉中地区的进士人数能和经济文化自古发达的关中地区相比。虽说明代延安府人口约是汉中府人口的三倍有余，但若以今天陕西的行政区划范围作为标准进行排名，汉中在明代陕西十地市中进士人数排名也只能是处在下游水平，由此足见明代汉中地区文教发展水平之惨淡不堪、严重滞后。明代汉中进士人数在进士人数全国排名倒数第四的陕西省省内的地位都尚且不高，更不必奢望其在全国的地位能有多高。不算云南、贵州，明代其余 13 省共有府州 141 个，进士人数低于 46 名的府州有 47 个，汉中一府的进士人数还比不上东南地区一般州县的进士人数[⑤]，而明代汉中地区的进士人数还少于 46 名，故地位虽然是有一定的上升，但明代汉中进士人数的地位仍处在全国下游水平，由此足见明代汉中地区的文教发展水平与全域经济整体发展水平之滞后。还是拿重庆与汉中比较，今天的重庆地区在明代分属重庆府、夔州府、忠州、酉阳厅、石砫厅管辖。单就明代重庆府而言，进士人数就多达 308 名，全国排名第 22 位[⑥]，是汉中府进士人数的将近 7 倍，何况明代重庆地区的进士人数不止 308 名，汉中地区的进士人数还少于 46 名，可以说明代汉中地区的文教发展水平、全域经济整体发展水平和重庆地区

---

① 马强：《文同仕宦汉中时期的政治实践与心态》，载孙启祥、傅兴林主编：《文同与汉中》，陕西人民出版社，2017 年版，第 25 页。

② 孙可之：《孙可之文集》，上海古籍出版社，2013 年版，第 54 页。

③ 方志远：《明代城市与市民文学》，中华书局，2004 年版，第 53 页。

④ 同上。

⑤ 同上，第 52～54 页。

⑥ 同上，第 54～55 页。

已经没有多少可比性可言。更何况明代继宋代之后是重庆历史上的又一个人才井喷期，出现了如蹇义、张佳胤、来知德、秦良玉等一批拥有较大影响力的人才，这说明明代重庆地区的文教发展水平、经济发展水平都达到了一个新的高度，而明代汉中地区依然人才寂寂，在将近三百年的中国政治、军事、经济、文化的舞台上都不见汉中籍人士的身影，更没有产生在全国具有知名度和影响力的人才，文教之极度落后可见一斑，进一步说明了明代汉中全域整体经济发展水平的惨淡不堪。宋代汉中的经济文教发展水平与重庆的差距便已是天壤之别，至于明代，更是如此。清代陕西进士人数总计 1043 名，全国排名第 11 位，排名上比明代升一位，明代陕西进士人数总计 870 名。陕西在明代 15 省中的进士人数排名第 12 位，处于最末流行列，在清代 19 省中的进士人数排名第 11 位，处于中游偏下游的行列①，科举人数排名的上升说明清代陕西文教发展水平相较于明代有较大的提升，进一步说明清代陕西经济整体发展水平相较于明代也有较大的提升。清代汉中产出进士 69 名②，在陕西省内排名有所上升，排在西安、渭南、咸阳、榆林之后，说明清代汉中地区文教发展水平以及全域经济整体发展水平相较于明代都有较大的提升。清代汉中地区全域经济整体发展水平的提升自然是与大量外来流民涌入秦巴山地、土地垦殖规模前所未有密切相关。但是清代汉中地区的进士人数在全国依然是处于下游的地位，相比明代并没有多么明显的改变，说明清代汉中地区文教发展水平以及全域经济整体发展水平依然不高。这说明尽管汉中地区在清代有大量外来流民涌入秦巴山地、土地垦殖规模达到了前所未有的程度，短时间内的确是较大促进了经济的发展，然而由于汉中在明末清初屡遭兵乱与旱涝之害，使得生态条件、经济条件和经济恢复能力本就都很薄弱的汉中的经济基础更为脆弱。特别是清初，汉中因为战乱再次遭遇毁灭性打击，人口流亡，十室九空，土地荒芜现象十分严重，经济底子极其薄弱，也就是说大量流民涌入汉中面对的经济有待开发局面实则就是个烂摊子，故就整体而言，清代汉中全域的经济整体发展水平不可能有多高。更何况由于大量流民涌入造成土地过度垦殖，且由于垦殖方式多采取落后的轮耕制，使得汉中的生态条件、经济条件和经济恢复能力更为孱弱。大量移民疯狂地毁林开荒、滥砍滥垦，山区森林植被锐减，水土流失严重，江河淤积，洪涝灾害加剧，农业生态环境不断恶化，农业生态地理环境问题格外突出。③

经济自我修复能力一旦达到极限，便会导致难以修复的恶果，经济发展与生态维持之间的平衡被不可逆打破，经济水平不但不会再继续提升，相反只会加速衰落。因此汉中盆地农业经济在清代后期进一步加速走向衰落，汉中全域经济整体发展水平更为落后，所以清代汉中地区才会出现大量外来流民涌入秦巴山地、土地垦殖规模达到了前所未有的程度，文教水平却依然不高、进士人数不多的表面矛盾的现象。汉中古代进士人数仅有 134 名④，在全国地级市中处于最末流的惨淡地位，不过只相当于科举制度鼎盛时期——明代一朝东南地区科举比较兴盛的县级单位的进士人数，甚至仅约为宁波千年古村——走马塘截至乾隆四十四年

---

① 沈登苗：《明清全国进士与人才的时空分布及其相互关系》，《中国文化研究》1999 年第 4 期。
② 郎菁：《陕西历代进士数量及地理分布统计分析》，《长安大学学报》2011 年第 2 期。
③ 马强：《论宋元至明清汉中盆地农业经济的发展》，《中国社会经济史研究》2007 年第 3 期。
④ 孙启祥：《汉中文化的内涵和特点（下）》，《陕西档案》2014 年第 6 期。

(1779年）所出进士人数的1.8倍[①]，由此可见，古代汉中的文教发展处于长期严重滞后的水平，进一步反映的是古代汉中全域经济整体发展水平同样长期落后的历史事实。汉中全域整体经济发展水平从古到今长期落后的根源自始至终都在于山地丘陵地形比重过大而导致的生态条件和经济条件脆弱、经济恢复能力薄弱，以及相对偏僻封闭的自然地理属性，此正是所谓“败也地理”。

三、汉代之后，长期人才寥落，文化严重断层

交通军事地理的重要性固然可以成就地域或城市历史上的辉煌，政治地位的高贵、经济的发达也确实可以彰显地域或城市曾经的荣光，但毕竟都只能作为一时的荣耀与光芒，终会成为历史长河中的过眼云烟。毋庸置疑，唯有文化繁荣、人才显赫才最能体现地域或城市的包容性、开放度与生命力，思想艺术文化的力量是可以穿越时空界限，注定永垂不朽的，是一个地域或城市真正可以实现永恒的生命力，真正教人心悦诚服的软实力。经济基础决定上层建筑，地域经济的发达势必会促进当地文教的繁荣，文教繁荣到较高的程度便会产生人才，产生杰出人才，甚至会形成令人瞩目的杰出人才群体。杰出人才或杰出人才群体作为社会精英及精英群体，是社会经济与文化发展到较高水平的必然结果与集中体现，更是最佳的见证和象征。杰出人才或杰出人才群的出现在极大程度上便足以说明该地域文教的繁荣与经济的发达。杰出人才越多，其贡献度、影响力越大，自然也就越具有说服力和代表性，反之亦然。如果某地曾出现过杰出人才或杰出人才群，哪怕持续的时间短暂，只要出现过就说明曾经有过一个人才的高峰期也就是文化的高峰期，但在此之后长期文风不兴、人才寥落、默默无闻，几乎再也没有产生过拥有较大影响力的历史人物，那么便足以说明该地是出现了典型的文化断层或者说是文化断代，反映出该地在此时段的文教发展水平以及经济发展水平的严重滞后，而汉中便是中国这一类城市中最具代表性的典型城市。汉中自汉代之后长期人才寥落、文化严重断层基本贯穿了余下的整个封建社会，长达近1700年，约占到汉中近2500年建城史的70%，不可谓不长。在中国所有城市中能出现如此长期人才寥落、文化严重断层的城市实属罕见，故才称汉中为其中的典型，这也是汉中自身又一个十分典型的文化特征属性和非常突出的城市定位。而这所反映出的汉中在此长时段中，文教发展水平以及全域整体经济发展水平的严重滞后，前文已经谈到，在很大程度上来说是不可抗拒的宿命，是自然地理属性所决定的，此正是所谓“败也地理”。所以说汉中在汉代之后长期人才寥落、文化严重断层所体现出的“败也地理”特征其实是应当置于第二大特征之下的，但是因为汉中历史上长期文化严重断层的文化特征实在过于突出与明显，不能跳过，故将其单独列为第三大特征。

汉中历史上最辉煌的时期莫过于两汉三国时期，而在汉代与三国之中，无疑汉代才是汉中历史上真正的也是唯一的黄金期。两汉时期的汉中作为汉家发祥地，是大汉雄风的发源地，也是以蜀道为轴线的“天府之国”的枢纽。作为丝绸之路凿空者张骞的诞生地和归葬

① 彭鲜红：《浙东宁波历代状元考》，《宁波高等专科学校学报》2003年第3期。

地，同时也是“世修文教”“异人并挺”“群儒修业”“冠盖相继”的文化高地，在世界汉文化发展史上拥有不可替代的地位与影响。[①] 之所以说汉代才是汉中历史上真正的也是唯一的黄金期，不仅仅在于汉中是汉家发祥地，更重要的是汉代是汉中历史上唯一的人才井喷期。汉代汉中人才济济，形成了汉中历史上唯一的人才群分布期。但其实除了张骞，其余人才都称不上杰出人才，不具有多少影响力，多属仅仅在汉中当地具有一定影响的乡贤级别，并且其中多人身上的传说色彩和道教色彩、隐逸风过重，如杨王孙、唐公房、樊志张，这可以说是汉中人才的一个显著特征，体现出汉中历史上深受道教尤其是五斗米教的影响。这个影响延及后世，如唐人崔觐。[②] 除了赫赫有名的张骞，人才质量最高，贡献度、影响力、知名度最大，西汉汉中人才群还有如邓公、杨王孙，但人才质量要低于张骞许多。西汉时期汉中得以出现人才群，其中更有张骞这一中国历史上的伟大人物，便足以说明西汉时期汉中经济发展水平达到了相对较高的程度，但仅限于汉中盆地，绝非汉中全域。东汉汉中人才群在数量上超过西汉时期，但人才质量远远不及。《华阳国志·先贤仕女总赞》中记载的东汉汉中人才多达 16 人，说明东汉时期汉中盆地的文教发展水平和经济发展水平胜于西汉。事实也的确如此，东汉时期确实是汉中盆地历史上农业最发达的时期之一甚至为最。[③] 东汉汉中人才群，其中以李固及其家族最为杰出。李固家族名义上作为赵郡李氏的汉中房，是汉中历史上唯一具有较大影响力的本土家族，也是汉中历史上唯一有希望发展成为中古士族的家族，只可惜并未真正发展开来便已中衰。但必须指出的是，汉中汉代人才群之所以显得弥足珍贵，汉代成为汉中历史上真正的也是唯一的黄金期，只是相对于汉中在此之后的历史而言的，是由于汉代之后汉中长期人才寥落、文化断层惨淡才会比较耀眼，并不是说其本身的人才群质量真就有多高，更不是说汉代汉中全域经济文教发展水平有多高。若从横向进行比较，汉中汉代人才群无论是数量还是质量与距离最近的长安人才群、成都人才群都是不具有可比性的，原因在于汉代汉中的文教发展水平以及包括汉中盆地在内的汉中全域的经济发展水平都不可能与作为帝都的长安以及作为全国通都巨邑的成都相比拟的。

三国时期虽然作为汉中历史上最辉煌的时期之一，自然地理的交汇性所决定的交通军事地理的重要性固然赋予汉中以政治军事史上的辉煌与显赫，却也给汉中带来更多的战争，及经济文化方面的不幸与灾难。虽然不可否认，张鲁在汉中时，大量难民逃奔汉中，汉中（郡）人口相较东汉后期的确是有明显的增加[④]，但是三国时期的汉中毕竟作为蜀汉北伐基地，汉中盆地农业以军士屯田性质为主，带有浓重的军事农业色彩，决定了该时期汉中盆地的农业注定不可能有多大发展，更何况汉中盆地仅占汉中面积的百分之四，其余山地丘陵地区的经济发展水平还远不如汉中盆地，故三国时期汉中全域的整体经济发展水平不可能多高，文教更是不可能得到多少发展，人才自然也就寥落不兴。因此才会出现汉中虽作为风云变幻的三国历史上的军事重镇，但三国历史人物中却不见汉中籍人士的怪象。可以说汉中在历史上长期的人才寥落、文化断层正是始于作为其历史上最辉煌时期之一的三国时期，颇为

---

① 梁中效：《两汉时期汉中郡的战略地位》，《咸阳师范学院学报》2015 年第 3 期。
② 孙启祥：《汉中文化的内涵和特点（下）》，《陕西档案》2014 年第 6 期。
③ 马强：《北宋以前汉中地区的农业开发》，《中国农史》，1999 年第 2 期。
④ 同上。

反讽，但又实属自然。其实从东汉到三国，就算是在东汉即将覆灭的最后几年，汉中都依然有人才群存在，如张则、陈纲、阎宪，但当历史的车轮一迈进三国时期，汉中人才群便瞬间不复存在，人才群的再生与维系在顷刻间戛然而止，并且几乎是一直停止到唐代甚至是到封建社会结束，只能说惨淡不堪，令人瞠目，文化断层之严重在中国城市中实属罕见，由此足见汉中的经济条件以及经济恢复能力的无比脆弱，还有文化再生力的严重欠缺，也可看出汉代汉中的文化积淀与底蕴实则并不深厚。与唐代灭亡后失去国都地位、经济实力大幅衰落的西安依然可以维系人才辈出的盛况形成了鲜明的对比，五代北宋距离唐代最近，但西安并未出现人才寥落、文化断层的惨状。五代西安有著名画家关仝，北宋西安有杰出书法家薛绍彭，还有闻名全国的蓝田吕氏家族。汉中的经济条件以及经济恢复能力的脆弱无比，还有文化再生力的严重欠缺再次可见。

所谓汉中历史上的辉煌时期，其实都是由其自然地理属性铸就的政治军事史上的辉煌，而不是经济文化的辉煌，这同样是由汉中的自然地理属性所决定的。汉代汉中经济文化的相对发达，也是相对于其自身而言，尤其是文化方面。其实只属于历史上的非常态、非正常时期，或者说是变态时期，因为汉中自然地理属性的劣势对其全域经济整体发展始终起到主要甚至是决定性的作用，负面影响实在过于恶劣，直至今日都不可能从根源上将其完全消除。汉代汉中固然是出现了其历史上唯一的人才群，且人才数量不少，但是大多人才差强人意、真正拥有较大影响力的人才其实也就只有张骞一人而已，故该人才群的人才质量其实具有相当的局限性。张骞的出现固然能在一定程度上反映出汉代汉中经济文教发展的繁荣，但是真正杰出的人物毕竟只此一人，且汉代汉中如张骞般具有开拓进取精神的杰出人物也仅此一人，故可见张骞精神在其身后的汉代汉中便已无觅，也可说是精神传承层面的文化断层。所以说，张骞所能反映出的汉代汉中经济文教繁荣的程度能有多少，张骞精神是否就是能代言汉代汉中的普遍精神而非其个人精神，张骞对于代表汉代汉中的代表性和说服力又能有多少，这些都是非常值得深思和反省的问题，但学界罕有真正涉及。张骞的出现更多的只能归因于其个人或家族，而非汉中的地域原因，张骞出现在汉代汉中更多的只属于偶然性，而非必然，因为他过于孤立，只是特例个案，其精神难以找到地域发展脉络，他的出现显得过于突兀，在其生前身后的汉中都不存在类似人物，很难具有真正的说服力和代表性，更像是上苍对于汉中的眷顾，然而却似一道流星划过，太过短暂便不见踪影，再也找寻不到，无法重现。汉代汉中的经济文教发展水平不见得就真有多高。汉中经济发展的先天条件实在算不上充分，汉代汉中经济文化的相对发达更多的只是因为经济发展先天条件远胜于汉中的东南地区，因后者仍未得到大规模的经济开发而产生的错觉，可谓虚伪的黄金期。假使汉中历史上连这一段真正堪称黄金期的唯一时段都不曾存在的话，那么汉中也就不存在所谓的汉代之后长期人才寥落、文化严重断层，而应是历史上长期的文风不兴、人才寂寂、默默无闻，用寸草不生的文化沙漠来形容一点也不为过。汉中是中国典型的因为自然地理属性而兴的城市，即因为自然地理的交汇性所决定的交通军事地理的重要性在历史上出现过几度辉煌，而绝非拥有多少文化自发生产力的城市。所谓拥有文化自发生产力的城市，即因自身经济发展先天条件优良经济自然而然发达，因而文教繁荣、科举兴盛、人才辈出、城市显赫、声名远播，是典型的科举型人才型学术型艺术型文化型城市，这类城市最具文化软实力，也最具真正教人心悦诚服、叹为观止、心向往之的强大实力。这类城市在中国城市中较多分布，除去作为典型政治中心存在的西安、洛阳等城市之外，尤其是广泛分布于东南地区，其中最具有代表性的城市便是苏州，其余较为突出的还有南京、杭州、上海、扬州、常州、无锡、宁波、绍兴、湖州、嘉兴、温州、金华、安庆、黄山、吉安、九江、抚州、泉州、福州，内陆如成都、眉山等，灿若繁星。正是由于这些城市经济发展先天条件的优良，从而经济自然发达，文教因此繁荣。文风鼎盛必然会孕育出人才辈出的文化盛景，城市因此显赫辉煌，声名远播，令人心驰神往，形成一种良性循环，而汉中则更像是走进了死胡同，令人压抑绝望至极。经济发达、文教繁荣、科举鼎盛，只要有此良好环境的建立，人才辈出甚至井喷而出不过是迟早会出现、再自然不过的文化正常现象，不出现反属异常。一部中国文化史尤其是唐代之后的篇幅可以说绝大多数都是由这些城市书写的，共同撑起了中国文化的半片天空，而几乎不可能是由汉中这种经济发展先天条件十分恶劣落后、文化自发生产力严重低下的城市书写。汉中历史上所谓的辉煌归根到底多是因自然地理的交汇性而来的交通军事地理的重要性所决定的，但对其历史辉煌的评价却又明显存在过度拔高的嫌疑，以及过于浓重的恭维色彩，比如称汉中是汉家发祥地、是中国人的老家，甚至说汉人、汉族、汉语、汉字等词汇都得名于汉中，汉中是汉族、汉语、汉文化发祥地[①]，或者说汉朝、汉人、汉族、汉语、汉文化等称谓与汉中一脉相承。汉中历史上的辉煌都不是因为其自身文化自发生产力的强大而声名显赫，这是其固有的自然属性所决定的，是汉中难以改变的宿命。

两晋南北朝，汉中地区变乱纷呈，常有战事，社会动荡，经济发展水平较高的汉中盆地的传统农业尚且处于衰退状态[②]，更为广大的山地丘陵地区远比汉中盆地经济落后自不必说，故汉中全域两晋南北朝时期的整体经济发展水平远不如汉代甚至三国是不争的历史事实。该时段继三国之后继续人才寥落、文化断层自然也就是再正常不过的现象。隋唐五代时期，汉中盆地农业从整体上看也仍处于落后状态，没有恢复到东汉繁荣发达的水平。该时期汉中人口远少于两汉三国时期，尽管唐代天宝年间较唐初有所增加，但尚不及汉末三国汉中人口的三分之一。安史之乱后，大量农户逃难入蜀，或隐匿秦巴山中，在籍人口又大幅度下降。农业劳动力的过度减少，使汉中一度出现“汉川行人少，巴山客舍稀”的萧疏景象。[③]《资治通鉴》中说汉中地区“自安史之后，多为山贼剽掠，户口流散大半。虽节察十五郡，而赋额不敌中原三数县”。户口大量流散，赋税过低，足见唐代汉中地区全域经济整体发展水平之严重落后。唐德宗避朱泚之乱南奔汉中，当时汉中地区的农业状况严重落后，竟至“山南地贫，粮食难给……梁、汉之间，刀耕火耨，民以采稆为食”的惨淡境地，粮食无法自给，百姓以野生禾本植物——稆为食，原始落后的生产方式——刀耕火种，依然被广泛运用，唐代汉中盆地农业经济的严重衰落以及汉中全域经济整体发展水平的无比低下被暴露无遗。更何况畲田经济在唐代汉中山地地区的兴起，对于汉中地区经济的正常发展与长远发展毫无裨益。再加上五代时期汉中又几经战乱，对于经济恢复能力本就低下的汉中而言更是不小的灾难，故隋唐五代时期汉中全域经济整体发展水平无疑是极其低下的，远不如两汉时

① 孙启祥：《汉中历史文化论集》，陕西人民出版社，2011 年版，第 25 页。
② 马强：《北宋以前汉中地区的农业开发》，《中国农史》1999 年第 2 期。
③ 同上。

期。但就是在汉中经济整体发展水平持续严重衰退、文教落后不兴、科举惨淡的唐代，汉中却意外出现了自汉代张骞之后又一位、也是汉中古代历史上最后一位具有较大影响力的历史人——法照，但仅限于此，并没有人才群出现，也不可能出现。法照的影响力也只是相对于汉中长期人才寥落、文化严重断层的惨况而言，其影响力与张骞是没有可比性的，置于唐代历史人物中也不过在三流之列。法照的出现在一定程度上稍稍缓解了汉中自汉代之后长期人才寥落、文化断层的惨淡程度，但是由于该时期汉中经济文化落后不堪的残酷现实，所以在本质上对于汉中长期文化断层的现状和文化属性并没有任何的改变。法照作为中国佛教净土宗第四代祖师，主要生活在中唐时期。法照的出现注定绝对不可能是汉中经济发达、文教繁荣的必然结果，只能是唐代尤其是中唐时期汉中地区佛教较为兴盛的体现。而唐代汉中地区佛教的兴盛，其实从侧面又足以窥见唐代汉中地区的经济文化落后不堪的残酷现实，尤其是反映出中唐时期汉中地区社会的动荡[①]，百姓需要从佛教教义中获取精神慰藉与心灵皈依，法照因此才会出现。

宋代汉中全域的整体经济发展水平不可能有多高，前文已阐述，在此不再赘述。元代汉中农业与三国时期情况类似，都以屯田戍防军事性质为主，带有浓重的军事农业色彩，决定了该时期汉中全域的整体经济发展水平也不可能多高。[②] 元末、明末清初、清末汉中社会动荡、战乱频繁，特别是清初时期，汉中再次遭遇毁灭性打击，这对于生态条件和经济条件本就脆弱、经济恢复能力极其孱弱的汉中无疑是灭顶之灾。再加上明清时期汉中饱受旱涝之害，仅就水灾来看，有明一代，汉中境内光是汉江（不算支流）就曾发生洪水 18 次，平均 15 年 1 次，清代更是发生洪水多达 40 次，平均 6.7 年 1 次。除了旱涝之灾，明清汉中瘟疫、地震、蝗虫等灾害同样频繁。[③] 尤其是由于清代中期大量流民涌入的过度垦殖，且由于垦殖方式多采取落后的轮耕制，使得汉中本就极其孱弱的生态条件、经济条件和经济恢复能力再次受到重创。洪涝灾害加剧，农业生态环境不断恶化，农业生态地理环境问题格外突出，直接导致了汉中盆地农业经济在清代后期进一步加速衰落，汉中全域经济整体发展水平更为落后。宋元明清四代汉中经济发展水平的严重滞后、惨淡不堪，尤其是汉中地区自古以来发展得最好的汉中盆地也进一步加速走向衰落，这就必然导致了汉中在封建社会后期继续延续前代惨况，长期文教不兴、科举水平处于全国下游甚至最末流，因而人才寥落、文化断层，自是意料之中的。

正是汉中的固有自然地理属性决定了古代汉中全域整体经济发展水平的长期落后。汉中古代全域整体经济发展水平的长期落后，导致了汉中地区古代文教发展水平的严重滞后，科举水平长期处于全国下游甚至最末流的惨淡地位，这是后天文教氛围的不足，自然也就没有形成孕育人才的氛围，也就不可能形成人才群以及文脉，这是主因。汉中古代全域整体经济发展水平的长期落后，也导致了汉中在先秦时期没有形成可与秦巴蜀楚等古国比拟的较为强势的古国文化，而是只能处于十分尴尬的边缘地位，也就意味着汉中文化底蕴的先天不足。本土杰出人物的产生体现着当地的文化底蕴，本土杰出人物的思想与精神会沉淀为该地的文

---

① 马强：《北宋以前汉中地区的农业开发》，《中国农史》1999 年第 2 期。
② 马强：《论宋元至明清汉中盆地农业经济的发展》，《中国社会经济史研究》2007 年第 3 期。
③ 刘清河主编：《汉水文化史》，陕西人民出版社，2013 年版，第 351 页。

化底蕴，是真正属于当地、为当地所独有的文化底蕴，作为真正称得上强大的文化软实力与文化生产力所在，进而再激发促进后世本土杰出人才的出现。但汉中仅有的可作为杰出乡贤、起到榜样教育作用的张骞、李固等人因为历史过于遥远，且人才群延续时间不长，影响力毕竟十分有限。汉代汉中的文化积淀与底蕴也谈不上丰厚，更何况汉代之后的汉中屡遭战火摧残甚至毁灭，使得汉中的文化积淀和底蕴所剩寥寥，文化出现严重断层，尤其是经历清初战乱、大量流民涌入后的汉中与中古时期的汉中的文化风貌出现了很大差异。汉中本就寡淡的文化底蕴再加上未经历长期有效的人才积累，显得更加孱弱不堪，也就更不会促进人才的产生，尤其是高质量人才的产生，这是次因。因此汉中才会出现自汉代之后长期人才寥落、文化断层的局面，无疑是恶性循环，可谓文化的悲剧。最终导致了汉中文化就整体而言只能是处于中心的边缘、边缘的中心的尴尬地位，呈现出四不像、个性不突出、缺少具有鲜明地域属性的精神文化内核的显著特征，并未创造出具有鲜明个性、强大影响力、影响周边地域的本土地域文化，或者说汉中文化中真正属于源自本土地域、蕴含着地域本土所特有的精神文化特质的内容是少之又少、寥寥无几，自然也就更不可能形成以汉中为中心的独立区域文化版块。汉中文化将来的发展方向，正如李锐在《汉中文化刍议》一文中说的，“善于吸取不同文化的养料并结合自己的生存环境进行文化整合，呈现出借用外地文化资源，利用本地环境资源，在生活中实现文化创新”。①

（作者单位：韩国岭南大学汉文学科）

① 付兴林主编：《文学类专业素质教育讲演录》，中国社会科学出版社，2010年版，第263页。

南方丝绸之路著名碑刻书法简述
——云南汉唐段①

王万洪　宋思静

内容提要：在南方丝绸之路上，从古至今，诞生了许多著名的碑刻书法。本文集中笔力于今云南省境内，简述汉代《孟孝琚碑》、东晋《爨宝子碑》、南朝宋初《爨龙颜碑》和唐代《王仁求碑》四块著名古碑，它们均为国家重点保护文物，在历史文献、民族文化、书法学、金石学等方面有着极高的价值。

关键词：南方丝绸之路；碑刻；书法；云南；汉唐

一、《孟孝琚碑》

《孟孝琚碑》刻于东汉永寿三年（157），距今1800多年，是云南省今存唯一汉碑，碑在昭通第三中学。碑文叙述了南中大姓之一的孟广宗（字孝琚）12岁随父到武阳县学《韩诗》《孝经》，博览群书，后未婚而死，其父之下属为表示哀悼而刻此碑送回他的家乡昭通。碑的形体、文辞、书法都是东汉盛行的风格，是研究古代西南民族史的珍贵实物史料。云南昭通古属犍为郡，孟孝琚之父时任武阳县令，孟孝琚学儒学于武阳，聘"蜀郡何彦珍女"，未娶而夭亡于斯。此碑刻制于武阳，故归入巴蜀汉碑之内。光绪二十七年（1901）五月，于昭通白泥井出土。《孟孝琚碑》书法苍劲，文辞典雅，浑朴古茂，现嵌于昭通实验小学北校区壁。近似于东汉著名摩崖刻石《西狭颂》，是东汉成熟隶书的典型代表。

---

① 基金项目：四川省教育厅2017人文社科重点研究项目"四川题刻书法及其文化旅游价值研究"。

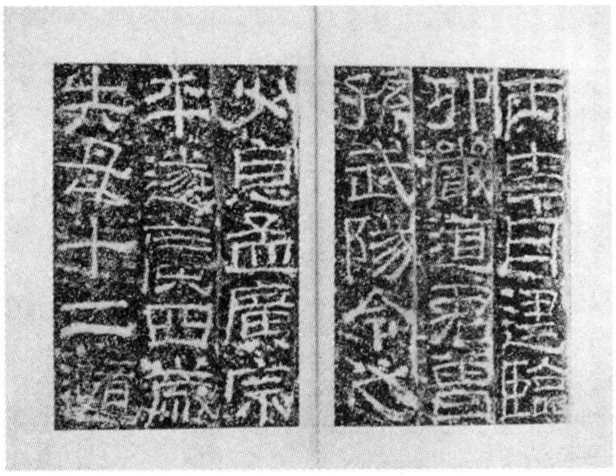

汉《孟孝琚碑》

汉《西狭颂》

现存之《孟孝琚碑》，上端断残，下端完整，左有龙纹，右有虎纹，下有龟纹。残碑高1.33米，宽0.96米，碑文共15行，每行残存21字（按上下文意推测，每行上缺7字），隶书。由于碑文残缺，仅有“丙申”“十月癸卯于茔西起攒，十一月乙卯平下”等字样，给确定建碑时间带来困难。学者们考证各抒己见，聚讼纷纭，主要有西汉河平四年（前25），东汉建武十二年（36）、永元八年（96）、永寿二年（156）、永寿三年（157）、建安二十一年（216）等六说。前后相差竟达230年之久。据原碑的官刻、字体、文风来考查，以永寿二至三年立碑较为可信。2006年5月25日，《孟孝琚碑》作为汉代文物，被国务院批准列入第六批全国重点文物保护单位名单。《孟孝琚碑》的价值是多方面的。从内容上看，它主要记述孟孝琚的生平。孟孝琚，原名孟广宗，未娶而夭亡于武阳。其父的下属官员刻此碑送孝琚归葬朱提朱茔，以纪念死者，安慰亲属。由此可见当时的边疆少年是如何用心学习中原文化，钻研典籍，也透露出当时婚、丧习俗。从碑四周所刻的龙、虎、龟纹，可以窥见汉代当地人民的宗教信仰和石刻艺术水平。从书法上看，碑文系方笔隶书，取势横扁，左右舒展，笔画瘦劲古朴。它的发现，不仅打破了“北方南圆”的陋说，而且可以探索“汉隶与今隶递嬗之痕迹”（梁启超语）。

二、《爨宝子碑》

《爨宝子碑》，全称《晋故振威将军建宁太守爨府君墓碑》，碑质为沙石。乾隆四十三年（1778）出土于今云南省曲靖市扬旗田村，1852年移置曲靖城内，现存于曲靖一中爨轩内爨碑亭，为全国首批重点保护文物。《爨宝子碑》全称为《晋故振威将军建宁太守爨府君墓碑》，东晋安帝乙巳年（405）刻，用笔结体与《中岳嵩高灵庙碑》极相似，在隶楷之间，碑石现在云南曲靖市第一中学校园内。

此碑出土当时并未引起人们的重视，后来被一乡民用做压豆腐的石板。咸丰二年，曲靖知府邓尔恒发现豆腐上有字迹，大为惊异，急忙派人找到卖豆腐之人。将碑石运回府中，后置于城中武侯祠。当时，正是碑学大兴而帖学告退的时代。所以，它一经发现，其怪诞的用笔，随意的结体所表现出的古朴味道，立刻引起人们极大的兴趣，被视为书法作品中的奇珍异宝，阮元称它为滇中第一石，康有为誉为“已冠古今”。

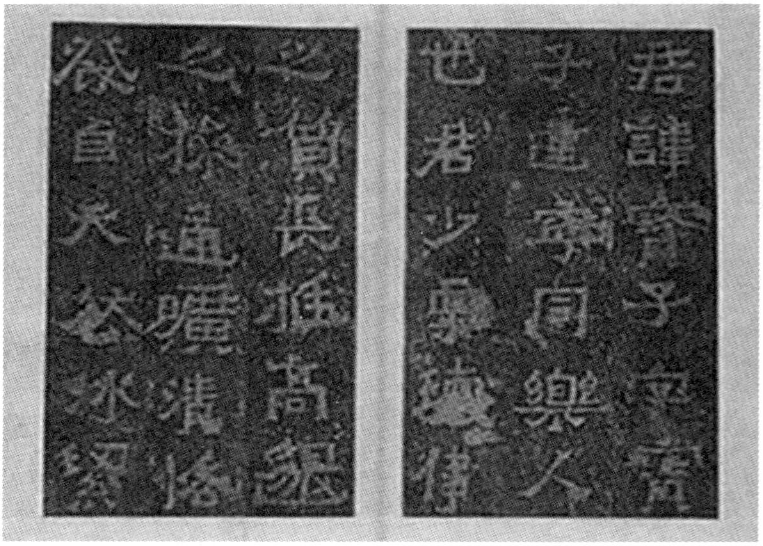

东晋《爨宝子碑》

碑首为半圆形，整碑呈长方形，高 1.83 米，宽 0.68 米，厚 0.21 米。碑文计 13 行，每行 30 字。碑尾有题名 13 行，每行 4 字，额 15 字，均正书。碑刻署年为“太亨四年岁在乙巳”，即东晋义熙元年（405），立碑至现在，已有 1600 多年历史，碑文共有 388 字。太亨是晋安帝壬寅年（402）改的年号，次年又改称元兴，至乙巳（405）又改号义熙。云南远在边陲，不知内地年号的更迭，故仍沿用。

因两晋有禁碑之令，故当时刻石极少，相对于当时社会大量流行的手札、墨迹来说，它是东晋碑版书法中一颗灿若繁星的明珠。《爨宝子碑》为云南边陲少数民族首领受汉文化熏陶，仿效汉制而树碑立传的。碑文记述爨宝子生平，系爨部族首领，世袭建宁郡太守。爨氏作为南中大姓、豪族，有着悠久的历史。早在三国时代，诸葛亮亲征云南，平定南中大姓叛乱后，“收其俊杰”为地方官吏，其中就有“建宁爨习”，官至领军；诸葛亮又移南中劲卒，充实蜀汉军队，“分其羸弱，配大姓焦、雍、娄、爨、孟、量、毛、李为部”。至南北朝，爨氏已称雄南中。1971 年陆良县曾出土石刻一方，上书“泰（太）和五年岁在亲（辛）未正月八日戊寅立爨龙骧之墓”。龙骧是晋将军名，地位略低于三公，晋南北朝在南中的统治者，多加封龙骧将军。这碑石虽仅寥寥数语，但证明在爨宝子碑之前 80 余年，爨氏就有人做龙骧将军，其家族早已显赫一时，称霸一方了。

三国时期，今云南、贵州和四川南部称为南中，是蜀国的一部分。南中地区的豪族大姓主要集中在朱提（今昭通）、建宁（今曲靖）两郡。南中最有势力的大姓为霍、爨、孟三姓，公元 399 年，霍、孟二姓火拼同归于尽后，爨姓成为最强大的势力。汉族移民带进南中的汉文化在豪强大姓统治者中，部分被长期保存下来，并与当地土著文化相融合，今天我们所见到的《爨宝子碑》则是这种融和的结晶。

此碑具有较高的书法艺术价值，康有为在《广艺舟双楫》中评价说："《爨宝子》端朴若古佛之容"（《碑评第十八》），又称其"朴厚古茂，奇态百出，与魏碑之《灵庙》《鞠彦云》皆在隶楷之间，可以考见变体源流"（《宝南第九》），盛赞此碑与另十一块著名六朝碑刻"上为汉分之别子，下为真书之鼻祖也"（《体系第十三》），论曰："吾爱古碑，莫如……《爨宝子》……以其由隶变楷，足考源流也"（《取隋第十一》）。它与书刻于公元456年的北魏《嵩高灵庙碑》风格接近。其立碑之时距书圣王羲之死时仅30年，却与世传右军法帖书风之清雅俊逸大为迥异。此碑朴茂古厚，大巧若拙，率真硬朗，气度高华，气魄雄强，奇姿尽现。究其渊源，因属隶变时期的作品，体势情趣、情态均在隶楷之间。寓飘然于挺劲，杂灵动于木讷。由于其脱胎于汉隶笔法，故而波磔犹存，相较于《张黑女》《元怀墓志》等成熟的魏碑，它则更显得原生态，具有典型的民间书风特色。此碑刻字用笔方峻，起收果断，似昆刀切玉，字的造型奇特自由，似天马行空，神秘莫测，令人产生丰富联想。

《爨宝子碑》的书法在隶楷之间，体现了隶书向楷书过渡的一种风格，为汉字的演变和书法研究提供了宝贵资料，以其极高的民间书法地位，在书法史上与《爨龙颜碑》并称为"二爨"，前者因字多碑大称"大爨"，此碑则被称为"小爨"。1961年3月，被国务院正式批准为全国首批重点文物保护单位，拨款重新修建碑亭，加固碑座。

三、《爨龙颜碑》

《爨龙颜碑》，全称《宋故龙骧将军护镇蛮校尉宁州刺史邓都县侯爨使君之碑》，始建于南朝刘宋孝武帝大明二年（458），距今1500多年，碑在今云南省陆良县彩色沙林西面约二三公里的薛官堡斗阁寺大殿内，距今为一千五百余年。它是现存晋宋间云南最有价值的碑刻之一。

此碑是宁州刺史爨龙颜的墓碑，与《爨宝子碑》相比，此碑较大，字数亦多，碑高3.38米，宽1.46米，又称大爨碑。碑额呈半圆形，上部浮雕青龙、白虎、朱雀、玄武，下部正中穿孔，左右刻日、月，日中刻俊乌（三足乌），月中有蟾蜍。中题"宋故龙骧将军护镇蛮校尉宁州刺史邛都县侯爨使君之碑"。碑阳正文24行，行45字，共927字，爨道庆撰文。碑阴刻职官题名3列，上列15行，中列17行，下列16行。碑阳左边刻清阮元、邱均恩、杨爨三跋及"道光七年知州张浩建亭"字1行。碑文书体属楷书，但保留有隶书风格，笔力遒劲，向为金石学家和书法家所推崇。碑文追溯了爨换家族的历史，记述了爨龙颜的事迹。为后人研究爨换家族及晋南北朝时期的云南历史，提供了宝贵的资料。碑文说：爨氏的祖先，最早为颛顼，战国为郢楚，汉代为班固，至汉末采邑于爨，以为姓。虽其先祖是否为颛顼、郢楚、班固，难以考查，但爨氏是中原流播南中的汉人则较为明显。

南朝宋《爨龙颜碑》

碑刻主人爨龙颜不见史籍记载，历任建宁、晋宁二郡太守及宁州刺史。碑文详细记载了爨氏的历史和墓主人祖孙三代的仕历，还记载了元嘉九年（432）益州赵广起义波及宁州地区，爨龙颜曾参与镇压活动的史实。爨氏为东汉末至唐初著名的南中大姓之一，是当时滇东和滇池地区的世袭统治者。此碑对于研究爨氏历史及其政权的组织机构、礼乐制度和民族关系等具有重要价值。

此碑在元李京《云南志略》中已有著录。清道光七年（1827），金石学家、云贵总督阮元在贞元堡荒丘之上发现此碑，即令知州张浩建亭保护。1961 年被国务院公布为全国重点文物保护单位。1962 年国家拨款修缮碑亭，并加固碑座。1986 年将此碑移入邻近新修复的大殿内。该碑目前已风化严重，文字剥蚀较多。

《爨龙颜碑》词采富丽，文笔凝练，富于感情，反映出南中知识分子爨道庆有相当高的文学修养。就书法而言，笔力雄强，结体茂密，继承汉碑法度，有隶书遗意，运笔方中带圆，笔画沉毅雄拔，兴酣趣足，意态奇逸。有人将它与《嵩高灵庙碑》相比，认为“淳朴之气则灵庙为胜，隽逸之姿则爨碑为长”，“魏晋以还，此两碑为书家之鼻祖。”（范寿铭：《爨龙颜碑跋》）康有为对此碑推崇备至，他在《广艺舟双楫·碑品》中将《爨龙颜碑》列为“神品第一”（《碑品第十七》），最为重视该碑，称其“若轩辕古圣，端冕垂裳”（《碑评第十八》），论曰：“吾爱精丽之碑，莫若《爨龙颜》……以其为隶、楷之极则也”（《取隋第十一》），赞其为“雄强茂美之宗”，与《石门铭》等同为“三宗上”者，且居于第一之位（《十六宗第十六》），又说此碑“与灵庙碑同体，浑金璞玉，皆师元常（钟繇），实承中郎之正统”（《体系第十三》），“下笔如昆刀刻玉，但见浑美；布势如精工画人，各有意度。当为隶、楷极则”（《宝南第九》）。最后在《论书绝句第二十七》中赞美该碑说：

> 铁石纵横体势奇，相斯笔法孰传之？汉经以后音尘绝，惟有《龙颜》第一碑。
>
> 解说曰：宋《爨龙颜碑》浑厚生动，兼茂密雄强之胜，为正书第一。昔人称李斯篆画若铁石，体若飞动，可以形容之。[①]

《爨龙颜碑》《爨宝子碑》是两块南碑瑰宝。《爨龙颜碑》立于南朝宋大明二年，比《爨

① 康有为辑，崔尔平注：《广艺舟双楫注》，上海书画出版社，1981 年版，第 252 页。

宝子碑》晚五十三年，可以说这两块碑是同时代的作品。“二爨”碑书法字体介于隶楷之间，书法风格独特，被称为爨体。用笔古雅，结体茂密，虽为楷书，却饶有隶意，笔力遒劲，意态奇逸，结体多变，是隶书至楷书过渡的典型。

四、《王仁求碑》

《王仁求碑》，全称《大周故河东州刺史之碑》，由王善宝立于唐武周圣历元年（698）十月十日，成都闾丘均撰文，王善宝书丹，距今1300多年。碑砂石质，通高4.01米，碑身高2.03米，宽1.17米，厚0.36米，赑屃座，长2.6米，高0.89米。上镌碑名10字，并浮雕双龙及佛像一龛，碑文正书34行，行17~51字不等，计1628字，加碑名10字，合计1638字。碑文赞述王仁求任河东州刺史期间，一面建议唐廷设置姚府以西20余州，并对之开发管理；一面又助唐将讨平阳瓜州刺史蒙俭与土酋和舍之乱，而立有战功。

碑文主人王仁求，生年不详，安宁郡人，西爨白蛮大姓酋长，出身使持节河东州诸军事，河东州刺史，加上护军。卒于咸亨五年（高宗上元元年，674），王氏死后24年，王善宝始为之安葬、立碑。碑文中使用了武则天创造的新字。河东州建置不见于新旧《唐书》，其地当在元代赵州（今大理市凤仪镇）一带，地处西爨白蛮与阳瓜州乌蛮辖地之间。

王仁求虽处边地，却处处关心唐王朝的疆土开拓，曾以此处土地肥美，生产丰饶为由，于龙朔中（约662），建议唐王朝对云南“宜郡县以从事”。唐咸亨间，阳瓜州（今巍山县北）刺史蒙俭，对姚州发动军事进攻，王仁求慨然率领劲旅身先士卒，为唐王朝奋力作战。咸亨五年，王仁求病殁，终年44岁。其子王善宝袭父职，也受到唐王朝的信任，曾“宿卫京都”。王仁求活动的年代，云南正处于两爨没落，南诏逐渐兴起之际。碑文虽为王仁求而写，却涉及当时云南的重大史实，从多方面给我们提供了宝贵的史料。碑文夹有许多武则天时代改造的新字，足见王善宝等是如何执行和贯彻唐王朝的政令。碑文“字画古劲”，反映了中原文化在连续地传播。

碑文所记此史实可补正史缺遗，同时亦证明了唐廷对云南边疆的治理及其政令的实施，另外，也反映了王仁求对唐廷的忠贞。

王善宝，为王仁求长子，曾宿卫京师，后承袭父职。出身云麾将军行左鹰杨卫翊府中郎将，使持节河东州诸军事，兼河东州刺史，上轻车都尉，新昌县开国子，公士，擅书法。碑文作者闾丘均，生卒不详，成都人，武后时官博士，寻罢。后因事贬为循州司仓。又从唐九征为管记。闾丘氏能文善诗，唯以文章著称。与诗人杜审言、陈子昂齐名。此碑之文当是应王善宝之请而作。

1965年，云南省人民政府公布此碑为第一批省级文物保护单位。2006年5月25日，《王仁求碑》作为唐代文物，被国务院批准列入第六批全国重点文物保护单位名单。

五、四块云南名碑的价值

上述四块保存于今云南省境内的著名碑刻，其存世价值体现在以下几个方面：

一是历史文献与民族文化价值。东汉《孟孝琚碑》实际上属于儒家文献碑刻，记载了南中大姓孟氏家族的子弟孟孝琚到犍为郡武阳县学习儒家经典《孝经》等文献的经过，后来孟孝琚去世，他父亲的下属根据当时东汉政府颁行的礼制，为他刻制了这块记述生平事迹的碑刻，送回他的家乡，安置在他的坟墓边上。这表明：犍为郡当时管辖的地域极为宽广，今云南省昭通市属其辖境，东汉政府为团结边疆少数民族下了很大的功夫，他们所学的儒家文献、所练习的官方隶书，与中原地区、中央政府是完全一致的。至于“小爨碑”和“大爨碑”，则分别记载了当时属于益州的曲靖市爨氏家族几代人的生活和他们管辖、统治边疆地区，并接受中央政府封赏的历史。举世闻名的两块爨碑，无论是行文风格、职官提名，还是碑的形制，以及大爨碑碑额的饰物朱雀、玄武、穿耳等都有明显的汉文化特征，它又带有南方民族特有的野、蛮、怪的气质风格，既含有农耕民族严谨务实的文化心理，又有游牧民族粗犷奔放的蛮夷之气。《王仁求碑》之主人是西爨白蛮大姓酋长，碑文所记史实可补正史缺遗，核心在于边疆将领反对分裂、希望国家统一，同时亦证明了盛唐时期朝廷对云南边疆的治理及其政令的实施情况。这四块碑刻，是云南早已属于中央政府、紧密团结在中央政府周围的历史见证，更是当地少数民族与汉族友好共处、和谐共存、共同发展进步的历史见证。

二是书法学价值与金石学价值。《孟孝琚碑》是东汉隶书成熟时期的典型代表，笔法方整，笔力雄肆，金石味极浓，在汉碑主要保存在中原、山东区域的现实情况下，西南汉碑极少，《孟孝琚碑》至今清晰可辨，为研究汉代南方隶书提供了最直接的实物范本，是非常珍贵的。魏晋南北朝时期的大小爨碑，则是隶书向楷书过渡时期的典型范本，在晋代与南朝均有禁碑之令的背景下，具有不可替代的珍贵价值，因为北方与中原地区早已沦陷，东南无碑，只有西南边陲的曲靖，出现了两块风格近似、书法成就极高的晋碑与刘宋碑，填补了这段历史无碑的空白，为中国书法续脉，为汉字演变存证。二爨碑以实物证据的形式证明：东晋南朝书法，不只是王羲之父子帖学之飘逸新变一派，官方主流书法仍是隶楷之间的正书。二爨碑蕴含着艺术本真和人性原朴，是官书与俗书结合的经典，没有帖学书法讲究法度又潇洒妩媚的书卷气，更多的是任性为之的霸悍雄强之气，在形态上不同于、滞后于帖学流行书风。《王仁求碑》虽然因为各种原因已经漫漶不清，但它的存世价值依然很高。上述碑刻，在书法学、金石学领域具有不可替代的独特价值，是中国书法史上风格独特、地域色彩极为鲜明的传世名作。

（作者单位：西华大学文学与新闻传播学院）

名人形象的层累建构探析

——以扬雄在绵州的形象形成为例

肖佳忆

内容提要：扬雄作为四川首批历史文化名人，绵州历史名人的核心人物，其独特的形象生成与演变过程漫长而曲折，反映了历代绵州文人学士、官绅百姓在特定时期的价值观。本文拟从乾隆、嘉庆、同治版《直隶绵州志》、民国版《绵阳县志》等地方史料，历史遗迹、民间传说、诗词文赋中对扬雄形象的刻画及相关叙述进行剖析，从文献的角度考察扬雄形象在历代绵州的嬗变，探讨其形象层累性建构的形成和表现。

关键词：名人形象；层累建构；扬雄；绵州

绵州史料记载扬雄寓涪、西蜀子云亭，多为转载的“相传证据”。经过历代层累性建构和衍变，扬雄的历史形象逐渐成为绵州民众广泛认可的“绵州先贤”。史料和传说中扬雄与绵州的关联等真伪难分，至今仍然存在诸多迷雾和质疑的声音。有鉴于此，今考其有关资料，相较比而辨析，逐参己见，以期抛砖引玉，并对研究的后继者能有所启发。

一、扬雄身后形象的褒贬评价

扬雄是一个极具争议性的人物。身后两千年来，人们对扬雄形象的评价也褒贬不一，“褒贬任声，抑扬过实，可谓鉴而弗精，玩而未核者也”[①]，成为中国学术史上的奇特现象。

（一）《汉书》中的扬雄形象

东汉的班固在《汉书》中用了两卷的篇幅来写《扬雄传》，足证对扬雄的重视和扬雄在

① （南朝梁）刘勰：《文心雕龙·辩骚》，周振甫：《文心雕龙今译》，中华书局，1986年版。

当时的影响。简单梳理，班固在《汉书·扬雄传》中“赞曰”才智殊异的扬雄形象有三个特点：

1. 清静湛思，安贫乐道。扬雄“为人简易佚荡，口吃不能剧谈，默而好深湛之思，清静无为，少嗜欲，不汲汲于富贵，不戚戚于贫贱，不修廉隅以徼名当世。”① 简易佚荡、清静无为、少嗜寡欲等，身在朝堂却淡泊名利。

2. 为人清高，舍生取义。扬雄“恬于势利”，“三代不徙官”，“非其意，虽富贵不事也”。有大志，是一位有高尚修养的儒者。《汉书·扬雄传》充满了同情和敬重记述“时雄校书天禄阁上，治狱使者来，欲收雄，雄恐不能自免，乃从阁上自投下，几死”。为维护自己尊严，舍生取义。

3. 好学博览，烦琐章句。“自有大度，非圣哲之书不好也。”扬雄与俗儒志向不同，虽“博览无所不见”但“不为章句”。

（二）褒扬者尊扬雄为“圣人”

汉朝的桓谭、王充、张衡，魏晋的陆绩、常璩，唐朝的李白、韩愈、柳宗元，宋朝的王安石、司马光、曾巩，明朝的杨慎、费密，清朝的李调元等是忠实的“褒扬者”。桓谭著《新论》赞他是“西道孔子”，王充著《论衡·超奇》说他具有“鸿茂参圣之才”，陆绩曾为《太玄经》做注，称扬雄为“圣人”，韩愈著《读〈荀子〉》赞他是“大纯而小疵”的“圣人之徒”②，司马光更推尊他为孔子之后超荀越孟的一代“大儒”，王安石在其《临川文集》中盛赞“儒者凌夷此道穷，千秋止有一扬雄”。

（三）贬抑者斥扬雄为“小人”

班固的父亲班彪对扬雄续撰《史记》，作《剧秦美新》《元后诔》极为不满，认为“其言鄙俗，不足以踵前史。（扬）雄、（刘）歆褒美伪新（王莽），误后惑众，不当垂之后代者也”。北齐的颜之推对扬雄亦有微词，说他“著《剧秦美新》，妄投于阁，周章怖慴，不达天命，童子之为尔”。南宋朱熹在其《楚汉后语》说“王莽为安汉公时，雄作《法言》，已称其美，比于伊尹、周公，及莽篡汉窃帝号，雄遂臣之，以耆老久次转为大夫。又仿相如《封禅文》，献《剧秦美新》以媚莽意，得校书天禄阁上”。朱熹在给司马光的《资治通鉴》编写“纲目”时，又批“莽大夫扬雄死”。明代罗贯中在编写《三国演义》第四十三回“诸葛亮舌战群儒”中，借诸葛亮口云：“儒有君子、小人之别。君子之儒，忠君爱国，守正恶邪……若夫小人之儒，为务雕虫……且如扬雄以文章名世，而屈身事莽，不免投阁而死，此所谓小人之儒也；虽日赋万言，亦何取哉。”把扬雄作为一个反面人物来论证“小儒”的可恶。清光绪秀才蔡东藩撰《后汉演义》诗咏扬雄道：“才高依马算文豪，一落尘污便失操。赢得头衔三字在，千秋笔伐总难逃。”贬斥“扬雄甘为莽大夫，投阁不死，反为《美新》之文以谄媚之，老而不死是为贼，区区文名，何足道乎？揭而出之，亦维持廉耻之一端也”。

（四）川人力挺扬雄为“儒者”

因扬雄“事莽”，明朝洪武年间，朱元璋颁诏将全国各地孔庙中的扬雄神主牌位全部撤

① （汉）班固：《汉书》卷八十七《扬雄传》，中华书局，1962 年版，第 3513 页。
② （唐）韩愈：《读荀》，马其昶校注：《韩昌黎文集校注》，上海古籍出版社，1986 年版。

除。清朝康熙年间，康熙皇帝御批朱熹主撰的《资治通鉴纲目》时说："雄以一身事二姓，大节已亏，况于称莽功德与，夫《剧秦美新》等作，又君子之所病者。因宜直笔深贬之也……程颐子有言：饿死最轻，失节事最大。观纲目所书莽大夫扬雄死，则雄之失身于莽，尽东海之波不足以湔其耻矣。"由此可知，扬雄在清代身价已一落千丈。

明、清时期，四川曾多次出现决心驳倒加在扬雄头上那些诬陷不实之词，为其平反昭雪甘当先锋的一些地方执政官员。明朝万历二十四年（1596），安徽屯溪籍进士范涞入蜀主持四川民政大事，不顾当时"贬雄"的风气，筹款在成都修建纪念扬雄的建筑物，提出"稽古证今，知子云必不仕莽"。清嘉庆二十四年（1819），湖南籍进士聂铣敏任四川提督学政，拿出自己的俸禄和养廉银，创建墨池书院。畅谈"得书院之地，复子云之迹"的喜悦，期望"从此蜀之人士聚处其中，从容涵泳，载酒问奇，与古相晤对，务求明体达用之实学，而不以急功近名为务，则又扬子云所遥遥相望于千载以上，而以贻之蜀人，非偶然也"。同治十二年（1873），出身满族、内务府正白旗汉军贡生的绵州知州文棨编修《绵州志》为扬雄鸣不平。

川籍官绅、百姓更把扬雄视为"乡贤"，明代曹学佺的《蜀中名胜记》、清乾隆版《犍为县志》《郫县志》《屏山县志》、嘉庆版《成都县志》、同治版《嘉定府志》《绵州志》中，力排众议将扬雄视为家乡人的骄傲，赞誉颇多。郫县出土的乾隆十八年（1753）创建岷阳书院石碑文："前代如何君、扬子云，节义文章彪炳史册，亦宇宙萃灵之区也。"清乾隆版《郫县志》说："扬子云、何汜乡文章忠节，彪炳岷峨。"清乾隆版《犍为县志》评说颇有见地："扬子云，儒者耳，位不过给事黄门。然千古以下，莫不悲而吊之。身之所履，皆成名迹，传为美谈。彼王侯公卿，歌楼舞馆，百年之后化为荒丘者，不知其几矣？求如子云者，何可得乎？故生前之乐不如身后之荣也。"清嘉庆版《新都志》载明代文学家新都人杨慎《人日草堂诗引》："何时一棹穿巴峡，得就扬雄问太玄。"清代诗人遂宁籍张船山题写郫县子云亭联："高文不让贤臣颂，胜迹曾传陋室铭。"直把扬雄作品与西汉文学家蜀中资中人王褒名篇《圣主得贤臣颂》相提并论。清道光五年（1825）拔贡、四川酉阳县籍儒生冉瑞岱云呐喊"千古沉冤莽大夫"。

（五）绵州层累包装的扬雄形象

在世人訾议扬雄的讥诮声中，清代绵州知州文棨对扬雄的才能和道德推崇备至、褒而赞之，编修同治版《直隶绵州志》时对扬雄一生的遭际充满了同情。历代绵人在肯定《汉书·扬雄传》中的"褒赞"形象外，还通过诗词文赋、民间传说等不同体裁的表现形式，展开丰富的想象和联想，使"层累包装"的扬雄形象更具传说、实用和参与性。一是仙。扬雄身穿道服与众仙共坐享"仙苑"，道儒难分，接受供奉朝拜。二是情。相传扬雄在涪读书时，玉女钦慕、朝思暮想单相思的浪漫神话传说《玉女窥书》，生动诠释了"书中自有颜如玉"。三是脉。绵州将扬雄作为两千年绵州文脉正源，视绵州出生的唐代李白、宋代欧阳修、清代李调元等是其文脉的延续传承，为体现绵州文化"脉正清畅"，绵州建子云亭，借刘禹锡《陋室铭》"南阳诸葛庐，西蜀子云亭"称赞扬雄俭朴、高洁的品质，体现先贤感召力与影响力，以其达到"崇敬先贤，重视劝学"的目的。

绵州的扬雄形象形成与四川成都、郫县、犍为县等地方史志记载中有一定的相似，都是由扬雄本人和后来的人们共同创造的。扬雄形象既包括扬雄著述文献以及从中折射出的其文学、哲学与儒学思想，也包含了扬雄的历史遗迹和延伸至与其有关的民间传说、民间信仰，还涵盖了后世世人对其著述、思想的研究及其所产生的社会影响等内容。由此可见，扬雄形象是一个动态变化的概念范畴，不仅仅包括扬雄生活的时代内容，也包含后世不断对其“层累包装”的文化事项。

二、《绵州志》中涉及扬雄的篇目

史载，西汉高祖六年（公元前 201）置涪县。绵州自隋开皇五年（585）至民国二十年（1931）裁撤，共 1328 年。嘉庆十七年（1812），绵州知州李在文在修州志时云：“左绵为三国要郡，有明之季遭寇变而文献无征。”当代著名方志学家、历史学家陈光贻查阅北京图书馆藏《直隶绵州志十九卷清乾隆元年刊本》后，著《稀见地方志提要》述：绵州旧志，此志以前未可考焉……《绵州志》（乾隆《直隶绵州志》）自此志后，有嘉庆间知州李在文修州志，同治间知州文棨修州志。

绵州历史上现存有三部《直隶绵州志》。乾隆三年（1738）编纂的《直隶绵州志清乾隆年刊本》，开绵州志之先河。其后才有嘉庆十九年（1814）成书的《直隶绵州志清嘉庆年刊本》和同治十二年（1873）的《直隶绵州志清同治年刊本》。

（一）清初慎涉扬雄名

康熙二十五年（1686），朝廷为程朱理学各设专祠。五十二年（1713），官方全面认可了二程和朱熹等人对扬雄的全面攻击和诬蔑言辞。雍正十一年（1733），调任绵州知州的屠用谦为康熙六十年进士，在编纂乾隆版《直隶绵州志》[①] 中仅在卷一“思贤堂”、卷四“以事王莽黜”两处引文谨慎提及扬雄名字。

（二）清中期官绅礼遇

乾嘉时期，理学一度衰微，汉学鼎盛，扬雄渐为官绅推崇。嘉庆年后，扬雄作为相传留迹绵州的历史文化名人，逐渐受到绵州文人学士、官绅百姓的尊重和礼遇。同治十二年（1873），曾三度任绵州知州，正白旗汉军人文棨奉清王朝纂修州志之命而设局编修同治《直隶绵州志》[②]。清同治版《直隶绵州志》是记载扬雄最为详尽的一部，是绵阳方家“扬雄寓涪”“西蜀子云亭说”引用最多的“权威州志”。该书有关扬雄词条录入七卷 15 条，录扬雄短箴 1 篇，选引后人有关扬雄艺文 9 篇，主要内容和结构如下：

卷数	卷内细目
卷七	山川：玉屏山，扬子云读书台、寻子云洗墨池一绝
卷七	山川：西山，子云亭、彭锡珖古体
卷七	山川：洗墨池

① （清）屠用谦：《乾隆直隶绵州志》，绵阳市地方志办公室整理重刊，2001 年。

② （清）文棨纂修、绵阳市地方志办公室整理：《同治直隶绵州志》，方志出版社，2012 年版。

续表

卷数	卷内细目
卷十四	古迹：思贤堂
卷十四	古迹：扬子云读书台
卷十六	学校：罢祀十一人/扬雄以事莽黜
卷十六	学校：历代褒崇孔圣典礼考
卷四十二	流寓：扬雄
卷四十九	艺文：《扬雄》（周洪谟）、《游西山》（尹衮）、《游西山》（苏民望）、《游西山》（周淑）、《西山留题》（白翱）
卷四十九	艺文：《扬子云遗像》（李调元）
卷四十九	艺文：《载酒亭画像记》（范镇）
卷四十九	艺文：《酒箴》，扬雄作酒箴以讽谏成帝
卷五十	典籍：《法言》十卷、《太元经》十卷、《扬子云家》六卷（《四库全书简明目录》）
卷五十四	杂识：古今广姓名录（参《通志》：尝客游涪，著《太元经》）
卷五十四	杂识：新修扬子云草元堂记（元范深）

（三）流寓涪县多相传

清同治版《直隶绵州志·杂识》，参照《四川通志》雍正十一年（1733）刻本云："汉扬雄字子云，成都郫县人。尝客游涪，著《太元经》。""皆土著。""扬子云入《州志·流寓》""实我绵之光也。"清同治版《直隶绵州志·古迹》在考《汉书·扬雄》本传后曰："雄为今之郫县人，或曾侨寓左绵。后人即其所至之地，标名氏以志芳躅，皆事理所有[①]。"扬雄其独特的经历、高深的学术造诣和极高的文化声望，吸引绵州文人学士、官绅百姓在古籍中寻章摘句、考证校勘，希图以"修志建亭"提高和巩固扬雄"侨寓左绵"的社会认同度，将其再次塑造为先贤形象，扩大扬雄形象在本地区影响，以得后图。

三、扬雄身后的绵州认同建构

《绵州志》对扬雄身后的形象建构，切合了绵州特定历史时期的人文需要。在前后转变过程中，绵州官绅、文人是推动扬雄形象进行重构以及得到州人认同的关键力量。

（一）先贤首位

嘉靖二十年（1541）编撰的《嘉靖四川总志》卷之三成都府载："思贤堂，绵州治东，绘扬雄、杜甫、李白、樊绍述、苏易简、欧阳修、司马光、苏轼、唐庚九贤之像，祀之。"乾隆版《直隶绵州志》引录："思贤堂，绵州治东，绘扬雄、杜甫、李白、樊绍述、苏易简、欧阳修、司马光、苏轼、唐庚九贤之像，祀之。"同治版《直隶绵州志·学校》载《历代褒

① （清）文棨纂修、绵阳市地方志办公室整理：《同治直隶绵州志》，方志出版社，2012 年版，第 193 页。

崇孔圣典礼考》记："神宗元丰七年（1084），诏封荀况兰陵伯、扬雄成都伯、韩愈昌黎伯，从祀。"

宋代，扬雄在绵州声誉臻于极点。朝廷以荀况、扬雄、韩愈从祀孔庙。扬雄以"仰眷德、维风教"被请进绵州文庙陪祀"至圣先师"孔夫子，享受最高规格的尊崇。淳熙九年（1182），绵州知州史祁倡导兴修贤祠，推崇扬雄"先贤表率"安排入贤祠首席，祭祀以表尊奉。绵州官绅希望通过对扬雄等贤士大夫的朔望参拜，起到崇德、报功、尚贤的作用，激励后人以他们为榜样，勤勉向上，造福一方。在绵州思贤堂的九贤中，李白、苏易简、欧阳修为绵州土著贤哲，杜甫、樊绍述、唐庚曾仕宦或寓居绵州，而司马光、苏轼突破了"祭不越望"的限制，与绵州全无关系。这反映出宋代州县士民并没有把受祭者是否本地所出、任职、寓居等作为必要条件，而是以声名显赫、能激励本地士民和被社会认可，作为选择祭祀名贤的重要标准。

（二）三黜庙廷

乾隆版《直隶绵州志》载："明洪武三年（1370），嘉靖九年（1530）二次罢。扬雄字子云，汉成都人。以事王莽黜。"同治版《直隶绵州志》卷十六《历代褒崇孔圣典礼考》："二十九年（1396），罢扬雄，进董仲舒，从行人杨砥议也。"

明初，朝廷对于和忠君思想相违的祭祀进行更正，扬雄首当其冲。洪武二十九年，行人司副杨砥奏"孔子庙庭从祀诸贤皆有功世教，若汉扬雄，臣事贼莽，忝列从祀，以董仲舒之贤反不与焉，事干名教，甚为乖错，宜黜雄进仲舒，则礼典明矣。"明朝官修的《礼部志稿》云："弘治二年（1489）礼科给事中张九功言，文庙从祀，世教所关，不可不慎……成都伯扬雄俱得罪名教，宜黜之。"嘉靖时，国家祭礼改制，以"明道之儒"取代"传经之儒"，在此价值的取舍下，扬雄与戴圣、刘向、贾逵、马融、何休、王弼、杜预等"注疏之儒"以"德行不检"之由再次遭到罢祀。

扬雄曾被授予的"先儒""先贤"尊号被取消后，"木主"牌位也从文庙撤出。据绵州志载，扬雄在1370年、1396年、1530年被三次"罢祀"的原由是"以事莽黜"，其"事莽"之因是"谀莽"而"得罪名教"。

（三）景仰风才

同治版《直隶绵州志·艺文》转录北宋文学家、史学家、翰林学士范镇《载酒亭画像记》文，引《钦定四库全书·全蜀艺文志》中明代鸿儒、四川长宁人周洪谟称赏扬雄之文："墨池染奇字，可但书八分。法言准论语，太元索羲文。"时任礼部尚书的周洪谟，对扬雄之文非常推崇，在题记中面对明代一片贬雄之声，力排众议，为扬雄叫屈："论其世，文高而行朴，视孟氏为醇大而疵小也。概以投阁藐之，过矣"。"天械脱已晚，投阁非其君。"

同治版《直隶绵州志·艺文》载，明成化二十三年（1487），绵州籍进士白翱西山留题诗："歇马独来寻故事，文章西汉愧扬雄。"《艺文》还以《游西山》为题，选录了明正德十五年（1520）绵州知州尹衮、万历年绵州训导苏民望、绵州学正周淑等名诗，录入了清代绵州籍著名诗人李调元的《扬子云遗像》，表达了绵州文人学士、官绅百姓凭吊扬雄寓居地的感慨和对扬雄的仰慕。扬雄在绵州文人学士、官绅百姓的追崇下，声名不断扩大，为清代中期扬雄的身后命运逆转做好了铺垫。

（四）辩白雪诬

同治版《直隶绵州志》在卷十四古迹《扬子云读书台》，卷四十二流寓《扬雄》，卷五十四杂识《新修扬子云草元堂记》，民国版《绵阳县志》子云亭附《读史管见》等“辨数千言”为扬雄雪诬，有“张冠李戴说”“阴差阳错说”等。

同治版《直隶绵州志·古迹》扬子云读书台一文中转引，明嘉靖年间（1522—1566年），郫县绅士简绍芳在其《杂著》为扬雄之节辩白，时任四川参议的吉安泰和（今江西泰和县）人胡直引申其说。隆庆（1567—1572）初，南直隶长洲（今江苏苏州）人杨成转任四川参政，曾作郫县扬子云《祠堂记》。清初，长洲（今江苏苏州）人、官宦学者汪琬在《尧峰诗文钞》卷三十九《跋汉书扬雄传》，文章皆“辨子云未尝事莽”。

同治版《直隶绵州志·杂识》引《钦定四库全书四川通志》范涞《新修扬子云草玄堂记》云：“旨确有根据，足为古人雪诬。”1596年，范涞入蜀主持四川民政大事。他崇拜扬雄，说自己“久愤扬氏覆盆”，要为扬雄申辩白冤。在成都新修扬子云草玄堂之举，正是为了“表彰先哲，范兹来许”。

同治版《直隶绵州志·流寓》摘引班固《汉书·扬雄传》，民国版《绵阳县志》转引四川巴县（今重庆）人、康熙四十五年（1706）进士龙为霖的《读史管见》，评述扬雄云：“其不屑媚莽，固可深信无疑。”

1. “阴差阳错说。”考辨扬雄与王莽篡权时间偏误较早的有简绍芳，“谓扬雄之卒在永始四年，去莽篡位尚远”。胡直在《衡庐精舍藏稿》曰：“若复仕莽，讵止三世哉？由是知雄决无投阁美新之事。”杨成作郫县扬子云《祠堂记》以“班孟坚去子云时已远，其传讹固宜，桓谭亲见子云，何以差谬乃尔，始不可解也”。汪琬《跋雄本传》：“考雄至西京年四十余，自成帝建始元年（前32）至天凤五年（18），计五十年，以五十合四十余，不将百年乎？则传言七十一者恐误。”龙为霖《读史管见》云：“前贤王介甫、孙明复辈核算年数，谓雄与莽篡时不相及，辨之甚详，世犹不无疑《汉书》耳。”

唐儒刘知几著《史通》卷十二《古今正史》，引最早贬损扬雄的是东汉初的史学家班彪之文：“雄、歆褒美伪新，误后惑众，不当垂之后代。”班彪认为扬雄与刘歆一样，无论其著作如何，首先大节有亏，人无足取。班彪子班固（孟坚）承其遗志续完《汉书》，内中的《扬雄传》对扬雄的评述比较客观。班固《汉书·扬雄传》引有桓谭之言，桓谭与扬雄同时而略年少，唐代马总在《意林》曾引桓谭语曰：“张子候曰：‘扬子云西道孔子也，乃贤如此。’吾应曰：‘子云亦东道孔子也。昔仲尼岂独是鲁孔子？亦齐、楚圣人也。’”至北宋，由孙复、王安石等继承韩愈道统而尊扬雄为儒家正统，对扬雄的赞颂达到顶峰。孙复（明复）将扬雄视为西汉继承儒家道统的关键性人物，王安石（介甫）《临川先生文集》卷七十二《答龚深父书》言之：“孟子没，能言大人而不放于老庄者，扬子而已。”

2. “张冠李戴说。”简绍芳言“剧秦美新”或出于谷子云。龙为霖《读史管见》：“剧秦美新”之说，又胡为来哉？或曰，谷子云作也。雄字子云，故讹传附会之，想或然耶？同治版《直隶绵州志·杂识》摘引范涞《新修扬子云草元堂记》：“范记则以扬雄、谷永并字子云，《剧秦美新》，乃永文，非雄作。”查考《汉书·谷永传》记，“永知凤方见柄用，阴欲自托”，“永奏书谢凤，凤遂厚之”，“专攻上身与后宫而已，党于王氏”。公元前32年，王凤掌权后，谷永见风使舵想依附王凤，四处游说，上书感谢厚待。王氏集团作为外戚辅政，从王凤开始到王莽止，前后达34年之久，谷永作为王氏党羽，上奏四十多件专门指责成帝和后宫，被王氏所袒护纵容。

明万历年间，扬雄的身后命运再次出现转机。从现存资料看，范涞《新修扬子云草玄堂记》是四川首次由政府官员出面参与抬升扬雄地位，也是扬雄在川地位变化的转折点。据民国版《绵阳县志》记，光绪三十一年（1905）绵州籍进士陈漳在钟阳镇子云亭为扬雄竖碑鸣不平，在其“记跋”中对扬雄媚莽、考辨甚详，有理有据，批驳“剧秦美新”之说。从县志的记载得知，早在清初绵州思贤堂即已湮灭，甚至连遗址和史祁作的记亦散失，无从寻找。清光绪五年（1879），候选教谕、郡人吴开聪复祀扬雄等九贤于治经书院（今绵阳市涪城区南街小学），继移于文昌宫东厢。民国初年，军阀混战，文昌宫奉祀毁废。

由上可知，清代中期以后，扬雄重新得到了绵州文人学士、官绅百姓的认可。绵州人喜欢扬雄的学术主张、思想观念、理论、为人、文章，为扬雄辩冤，逐步恢复和重建了扬雄的先贤地位。

四、绵州的扬雄物态形象表达

绵州的扬雄纪念遗迹其真实性有待考证，或许有先贤为了让后人不忘掉扬雄而附会产生的可能。其载体作为历代绵州文人学士、官绅百姓累积想象中的综合性文化构想物，经后世长期层累建构和衍变，最终形成具有多时代性、混杂融汇的形象。其不断的更替提升，完成了扬雄人物形象的祛魅，增强了绵州人的主体意识。

（一）唐无雄迹

扬雄作为唐代普遍尊崇的先贤，几乎在每位文人的文集里都可以看到扬雄的大名，仅称引扬雄事典的诗人就有86位，诗作180首。诗人们赞美仰慕扬雄，纷纷以扬雄宅自比。如绵州籍的李白《淮南卧病书怀寄蜀中赵征君蕤》[①] 诗：“朝忆相如台，夜梦子云宅”，曾寓居绵州的杜甫《堂成》诗：“旁人错比扬雄宅，懒惰无心作《解嘲》”，王勃《赠李十四四首》诗：“从来扬子宅，别有尚玄人。”卢照邻《长安古意》诗：“寂寂寥寥扬子居，年年岁岁一床书。”

李白诗12处提及扬雄，引领诗坛趋向。《车武吟》云：“因学扬子云，献赋甘泉宫。”李白以扬雄献赋或草《玄》之事自比8次。从李白居绵的诗中看，他游遍蜀中名胜，访司马相如琴台，拜扬雄故宅，探剑阁蜀道等地，怎能遗漏了近在咫尺的扬雄涪县侨寓地?

杜甫对扬雄评价甚高，20首誉扬雄诗歌居中唐高峰。《奉赠韦左丞丈二十二韵》云：“赋料扬雄敌。”762年，杜甫在避往梓州（今绵阳市三台县）途中作《客亭》。763年，在绵州作《巴西驿亭观江涨呈窦十五使君二首》，在梓州新亭作《随章留后新亭会送诸君》，城南橘亭作《章梓州橘亭饯成都窦少尹得凉字》，西溪河作《江亭送眉州辛别驾升之得芜字》，西芰荷塘作《章梓州水亭》。杜甫流寓绵阳期间，作诗129首。创作《越王楼歌》等诗歌140

---

① 瞿蜕园、朱合诚：《李白集校注》，上海古籍出版社，2016年版，第975页。

余首，留下7首咏亭诗，唯独少了绵州“子云亭”。

绵州遗存诗文最早为唐朝诗文，李白在绵州昌明县生活了20年，初唐四杰的王勃、卢照邻，中唐杜甫，晚唐罗隐尝客寓绵州，创作了《绵州北亭群公宴序》等数百篇题咏绵州诗文。若绵州有扬雄“寓涪著书”地和刘禹锡《陋室铭》“斯是陋室，惟吾德馨”的“西蜀子云亭”，好游的唐人定有寻访遗踪、凭吊之作。由此，可反证唐代绵州实无扬雄行迹。

（二）宋现道像

明正德十五年（1520）绵州知州尹衮《游西山》诗：“扬子仙游不可从，涪西山下访遗踪。”万历年绵州训导苏民望诗：“远骑西山访隐论，洞门深锁鸟声频。”清嘉庆九年（1804）绵州知州彭锡珖《游西山寺》诗云：“千佛自知面目非，子云犹作草元记。”

1983年文物普查时，在西山发现离扬雄读书台咫尺石崖上的题记：“淳熙十四年（1187）……仙云游，访子云像，酌玉女泉。”同治版《直隶绵州志·古迹》记：“（扬子云读书台）台前石壁右镌雄像，左镌扬子真像四字尚存。”扬雄道冠青石端坐像，像高一米，旁立二侍童，后州人在造像左肩后壁上，补刻有“扬子真像”楷书字迹。

20世纪20年代，法国考古学家色迦兰曾对这处造像作过调查，在其《中国西部考古记》著作中，有隋“大业六年”（610）的题记。与扬雄像同存的道教造像建造时间主要为唐代，共计25龛，造像百余尊，各龛造像大致是中央坐一本尊，两侧立二仙人的布局，本尊神态庄严、肃穆，仙人虔诚地呈作揖状。扬雄像原本就是道教造像，还是后人牵强附会的臆想，待查。西山仙云道观借扬雄蛰居地相邻而名益彰，却未将他奉祀为仙人，更无玄秘附会之说。仙云道观认为扬雄是大儒，始终是人不是仙佛。

（三）明慕书台

同治版《直隶绵州志·古迹》记：“州西五里许西山观……山腰磐石，相传为子云读书台。按，子云读书台，州境有二。一在州西南三十里皂角铺……古钟阳镇其南不数武，扬子云读书台在焉。一即此。”明万历年间，绵州训导苏民望诗云：“出尘风景追三岛，入画书台胜五城。”

玉女慕书台。绵州民间流传千年的浪漫神话传说《玉女窥书》，相传扬雄在涪县西山读书时，深为毗邻玉女钦慕、暗中爱恋。后扬雄去了京师，玉女来到读书台前，睹物思人，无限伤感，泪水汇入了清泉，玉女泉由此而得名。

（四）清题亭匾

有地方学者言，绵州子云亭“初创于隋”，查无所见。《越王楼概览》录有明代四川状元杨慎嘉靖三年（1524）贬官赴云南途经绵州时，创作《早发子云亭》诗：“夜宿杨云阁，晨游帝子城。”考杨慎此年到绵有误。倪宗新《杨升庵年谱》① 考证，嘉靖三年七月末，升庵第六次出京，船由潞河（今北京通州）而南行，至临清（山东），溯江西上至江陵驿（今湖北荆州），升庵登陆南行，历湘黔入滇，夫人黄峨乃孤舟归蜀。嘉靖四年六月，杨慎父亲杨廷和应邀撰绵州《新建宋忠献张公（张浚）父子祠堂记》。

同治版《直隶绵州志》记：州治亦有两子云亭，一在西山观，一在钟阳镇。又载：西

① 倪宗新：《杨开庵年谱》“年表（五）”，中央文献出版社，2013年版。

山，路左有子云亭，州别驾刘廷枢题，亭中石刻子云像，游人诗刻甚夥，字半残缺。

绵州子云亭最早文字记载为乾隆六十年。据乾隆三年（1738）编纂的《直隶绵州志清乾隆年刊本》载，绵州治地和属县共有亭12座，无“子云亭”。计有州治地春酣亭、北亭，安县玉亭、御箴亭，绵竹县止止亭、冠鳌亭、雁峰亭、射箭亭，梓潼县卧游亭，罗江县潺亭，彰明县折柳亭、文光亭。乾隆六十年（1795），时任绵州州判的刘廷枢为“子云亭”题匾。

清嘉庆戊午年（1798）举人黄玉珍有《寻子云洗墨池一绝》：“遗踪倩得山灵护，一任沧桑变古今。”清同治元年（1862），绵州知州文棨题诗：“偶向西山深处去？子云亭上共登高。”绵州建造的子云亭、洗墨池，使传说中的扬雄寓涪遗迹更加具象化。子云亭文化作为绵州最具代表性和影响力的文化表征，其在时间维度上持续传承，在空间维度上广泛传播，已成为绵州历史文化的集大成者。

结　语

现代著名历史学家、民俗学家、古史辨学派创始人顾颉刚先生认为，“自从盘古开天地，三皇五帝到如今”的古史知识谱系，是“层累地”“慢慢地”“逐步逐步地”演化、添加、拉长起来的。[①] 顾先生的“层累说”与绵州历代官绅百姓先后相承、层层推衍的再解释、再创造而产生新意义的扬雄形象有着极为相似的形成过程。

扬雄是一位颇受后人争议的人物。在班固心目中，扬雄是一位有大智、大度、大志的人。而明清两代，扬雄却被朝廷当成“忠孝节义”的反面典型，口诛笔伐“封杀”的对象。绵州的扬雄形象虽多褒而赞之，但也存在着贬抑微议，反映了时代背景要求。绵州被称赞为“人杰地灵”，除夸耀在此诞生、成长的李白、欧阳修等地方名人外，“西道孔子”扬雄行迹地的特殊荣誉和优越感，也是其历史文化遗产中最值得骄傲的一部分。绵州能在一片“贬雄”之声中，记扬雄寓涪，建纪念遗踪，以“道仙”“相思”等“接地气”民间传说、诗词文赋，创造性保护传播扬雄文化，“层累包装”民众认同和传播的扬雄“先贤”楷模形象，目的是“后人即其所至之地，标名氏以志芳躅”。[②]“层累建构”扬雄寓涪“褒赞”形象的根本魅力，在于扬雄“著书立说”“淡泊名利”代表着明清以来绵州主流文化的价值取向。探讨扬雄身后在绵州文化形象的形成，实际是对地方史上有“争议”的名人经过“层累包装”认同所反映的地方文化价值观的关注和思考。

（作者单位：西南大学历史文化学院）

① 顾颉刚：《答李玄伯先生》，《古史辨》（第一册），上海古籍出版社，1982年版，第273页。
② （清）文棨纂修，绵阳市地方志办公室整理：《同治直隶绵州志》，方志出版社，2012年版，第193页。

论小说《玛曲》的地域性与民族性[①]

张宗福

内容提要：羌族作家张翔里的《玛曲》是当代四川作家以岷江上游“灌松茶马古道”为“文学地理空间”进行书写的第一部长篇小说，入选“阿坝作家书系”（第一辑）。作家着力呈现岷江上游的历史文化、民风民俗、逸闻趣事，为小说的书写构筑了特定的“文学地理空间”，突出了小说的地域性、民族性特征。然而，作为文化小说的《玛曲》，在文化呈现与人物塑造、人物关系的处理方面还为我们留有思考的余地。

关键词：玛曲；地域性；民族性；文学地理空间；人物塑造

羌族作家张翔里《玛曲》是当代四川作家以岷江上游的“灌松茶马古道”为“文学地理空间”进行书写对象的第一部长篇小说，小说的地域性与民族性特征非常明显。本文拟从地域性与民族性两个方面对该小说进行深入探讨。

一

地域性一直与文学创作发生着密切的联系，这是一个值得长期研究的问题。现代作家鲁迅、郁达夫、沈从文、萧红等人的创作都带有地域性特征，鲁迅的系列小说具有清晰的家乡地域性特征，沈从文的小说具有鲜明的湘西地域性特征。地域性特征的呈现也成为当代作家小说蔚为大观的风景，莫言的高密东北乡、阿来的机村、苏童的香椿树街、贾平凹的商州、王安忆的上海里弄、冯骥才的天津、迟子建的东北边地，都构成了作家自由放飞灵感的专属的“文学地理空间”。

① 基金项目：四川省教育厅重点课题“新时期阿坝羌族文学研究”（18SA0002）、阿坝州社科联一般课题“地域性、民族性视域下的阿坝文学研究”（ABKT2018064）阶段性成果。

阿坝是一块神奇的土地，这里的地理地貌复杂多样，既有高峻的山峰与绵延的山脉，又有深深的峡谷与宽阔的谷地；既有“天苍苍，野茫茫，风吹草低见牛羊”的川西北草原，又有映照日月星辰的湖光山色；既有岷江的气势恢宏，又有梭磨河的奔腾不息，地域性特征非常明显。与此同时，这里居住着藏羌回汉多个民族，民族文化特色浓厚，因此，特定的地域性与鲜明的民族性，为阿坝作家的创作培植了一片神奇的沃土。纵观近年来的阿坝作家的创作，几乎都与这里特定的地域性与民族性发生着深刻的关系，以“阿坝作家书系”（第一辑）为例，谷运龙、张翔里、雷子、任冬生四位羌族作家、诗人以岷江流域这一“文学地理空间”进行书写，扎西措、康若文琴、文君等作家、诗人则以藏区、阿坝草地这一“文学地理空间”进行书写。

张翔里是阿坝本土的作家，他出生在岷江上游的松潘县，对岷江上游的历史文化、风土人情了然于心，这为他的文学地理空间的构筑准备了充分的条件。从地理空间上看，岷江上游是指岷江源头的弓杠岭至都江堰的紫坪铺，“灌松茶马古道”的终点在松潘县城，而起点在都江堰老城区，二者几乎完全重合。“灌松茶马古道”贯穿于整个岷江上游，从都江堰到松潘，有七百余里，它既是一条商贸通道，又是一条文化通道。由于岷江上游聚居着藏羌回汉等多个民族，文化形态丰富，不同文化之间有着广泛的交流，历史文化的地域性、民族性都十分鲜明，因此要写一部呈现这一丰富复杂的文化形态的小说并非易事，应该说，张翔里的《玛曲》在这方面做了有益的探索和尝试。

“茶马古道”古称“五尺道”，《史记·西南夷列传》：“秦时常頞略通五尺道，诸此国颇置吏焉。十余岁，秦灭。及汉兴，皆弃此国而开蜀故徼。巴、蜀民或窃出商贾，取其笮马、僰僮、牦牛，以此巴蜀殷富。”①“灌松茶马古道”就是这种“五尺道”的其中之一，它沟通了藏区与巴蜀内地，既开展了财物的贸易，又输入了新的文化因素，它为藏区与巴蜀各民族的发展打开了一条文化与商贸的通道，古蜀文明、三星堆文明与金沙文明都与这条通道有天然的联系，至今还留存着古蜀文明的遗迹——蚕陵、云盘山遗址、布瓦山墓葬群，它清晰地勾勒出民族迁徙与文明演进的轨迹。生活在这一通道上的少数民族既保持自身文化的独特性，又不断吸纳其他文化，文化形态丰富多彩，充满少数民族文化的“边缘活力”。它既是一条商贸通道，又是一条文化通道，它既承担着茶马互市的功能，也承担着文化交流的功能。随着时间的推移与历史的演进，这种“五尺道”逐渐成为丝绸之路的一部分，成为内地与边疆少数民族地区以及域外地区进行商贸与文化交流的重要通道。成都是南方丝绸之路的起点，“天府之国”为南方丝绸之路的商贸往来奠定了坚实的物质基础。自汉代至明清，四川经济发展一直处于全国的领先地位，成都一直都是国际大都会，它的经济与文化影响力不断向外辐射，南方丝绸之路就是这种辐射的重要通道。而“灌松茶马古道”在这种商贸与文化交流中扮演着重要角色，茶马互市、巴蜀文化的辐射以及对岷江上游藏羌少数民族文化的吸纳，都是由这条茶马古道来完成的。

在这一背景之下，“灌松茶马古道”自然成为作家、诗人关注的“文学地理空间”。一百多年前的羌族诗人董湘琴沿着这条茶马古道，由灌县（今都江堰市）至松潘，随游随唱，即

① 司马迁：《史记》卷一百一十六，中华书局，1959 年版，第 2993～2994 页。

景抒情，遇事成篇，写下著名的旅游长诗《松游小唱》。今天，在探讨“阿坝文学走向”的时候，阿坝作家文学创作的地域性与民族性，再一次成为人们讨论的话题，因为阿坝作为一个“文学地理空间”的确太特殊了，太值得书写了。“灌松茶马古道”也成为当下作家、诗人关注的文学地理空间，比如：羌族诗人羊子的《一只凤凰飞起来》《汶川羌》《静静巍峨》《汶川年代：生长在昆仑》等多部诗集，“骏马奖”获得者、羌族诗人雷子的诗集《雪灼》《逆时光》，都以岷江上游作为“文学地理空间”进行书写，其地域性、民族性的特征相当明显，他们的创作实践对其他作家的启发是不容置疑的。

张翔里的长篇小说《玛曲》试图呈现“灌松茶马古道”的茶马互市与文化交流。岷江上游文化的多样性，使这一区域文化形态极为活跃，文化交融互动，你中有我，我中有你。小说主人公“木比尼玛”这个名字很特殊，很有来历，充分体现了这一区域文化的交融互动。小说写道：“自从这个孩子出生不久，阿妈就给他取了一个汉人名字叫张仕德，而阿爸认为自己的祖先是尔玛夷人，就得按日麦人的习俗给儿子取名，于是请释比按照古老的铁板算并用羊角卜，通过打卦后给儿子取名木比（意为天之子），后来一个草地西番活佛经过这里用串珠卜算又给儿子取了一个西番语名叫尼玛（意为太阳）。如今阿爸就将日麦人语、西番语合名，这不就成了木比尼玛了吗！为此经常走草地与西番交往接触多的马、牛帮的大掌柜和伙计都认为这个名字取得好、孩子长大以后一定是有出息的。”① 如此说来，“木比尼玛”这个名字，是岷江上游乃至草地普遍接受的，“日麦人语”与“西番语”合名，实际上是对两种不同文化的认同，同时，“张仕德”这个名字，在汉区再普通不过了，很明显，这是作者有意为之。“木比尼玛”与“张仕德”，同一个人却有两个名字，这就为小说的主人公“木比尼玛”提供了广阔的活动空间，他既可以在岷江上游的“灌松茶马古道”自由行走，也可以在广袤无边的川西北草原上自由行走，也可以在沃野千里的成都平原上自由行走。

当然，仅仅依靠取一个好听的名字，还是不行的，如果要在岷江上游、川西北草原以及成都平原自由行走，那么就要对这一区域不同的文化做广泛的认知和深刻的理解，因此，小说《玛曲》中的“木比尼玛”对汉文化、羌文化、藏文化都有一定的了解，他的老师既有精通《四书》《五经》的，也有懂“日麦语”和“西番语”的。“木比尼玛”要重振家声，建立自己的商号，建立自己的马帮，在“灌松茶马古道”上进行商贸活动，他必然要与不同文化背景的各色人物进行接触、交往。如果对这些人物的文化背景一无所知，那么，这种接触、交往只能是浅表层次的，而事实正与之相反，可以说，他早年所受的教育，为他日后的商贸活动提供了丰富的文化背景，因此，他在与各色人物进行交往的过程中如鱼得水，能妥善处理与他们的复杂关系。这就是说，在商贸往来的背后，更多的是文化交流与互动。

从《玛曲》一系列人物的活动轨迹看，小说的书写主要放在岷江上游的“灌松茶马古道”之上，作家的意图是十分明显的，那就是把“灌松茶马古道”作为自己特定的“文学地理空间”，突出文学表达的地域性特征。作家对岷江上游“灌松茶马古道”地形地貌的书写，受到一百多年前的羌族诗人董湘琴的旅游长诗《松游小唱》的启发，对茶马古道上的“三塪九坪十八关”都进行了细致的描绘，如果说“灌松茶马古道”是一条线，那么“三塪九坪十

① 张翔里：《玛曲》，中国文联出版社，2016年版，第7页。

八关”就是三十颗珍珠，二者正好是岷江上游的一串美丽无比的珠链，《玛曲》的故事基本上在这一串“珠链”上展开。

二

对于长篇小说《玛曲》而言，要突出其地域性特征，如果只是对岷江上游“灌松茶马古道”上的地形地貌进行描写，是远远不够的，因为在某种程度上说，“文化”在“文学地理空间”中扮演着主要角色，张翔里在这方面有充分的认知。同时，他作为阿坝本土的作家，对岷江流域的历史文化有比较深入的了解，为小说《玛曲》的“文学地理空间”的建构提供了得天独厚的条件，这就决定了他把《玛曲》作为文化小说进行书写。

岷江上游呈现着多样性的文化形态，表现为民族文化与宗教文化的多样性，多种文化并存，而又相互交融、沟通，文化态势十分活跃，小说《玛曲》着力呈现这样一种文化态势，比如小说通过青城山道长与释比的谈经论道来表现两种不同文化之间的交流互动，小说中这样写道：“道教是直接从川西日麦人的所谓鬼道而来，现如今日麦人区，不少释比还经常到大邑鹤鸣山、邛崃天台山、灌口青城山谈经论道。相传在明朝中叶，有一位名叫黑洛的日麦人大释比在如达（羌语：川西成都附近）地方，与道教第二十七代道长对念了七天七夜的经典，这次交流可谓是日麦羌夷人有史载的一次空前无比的交流，那时的羌夷人经典一定浩瀚无比。”[①] 道教是不是从川西日麦人的所谓鬼道而来，我们姑且不论，但道教是可以与羌夷人经典进行对话的，说明它们之间有共同的话题，这是岷江流域不同区域之间的宗教文化进行交流的明证。青城道长与“木比尼玛”也有一种特殊关系，在他们身上体现出不同民族文化之间的交融，从谈论“华夏茶道”，到赐予特制的乳酒，再告知其祖上在玉堂的金矿开采的情况，种种迹象表明，这位青城道长对“木比尼玛”整个家族的情况是比较了解的。在青城道长的指引下，“木比尼玛”果真得到这笔黄金，并以此作为启动资金建立自己的商号与马帮。小说的末尾，“木比尼玛”又到青城山拜访道长，道长向他说出实情，原来道长是他的幺爷，并将画好的图纸交给他，并嘱咐他按图纸在灌口修建张氏大院。

在茶马互市的过程中，“茶”扮演着十分重要的角色，作家有意识地呈现茶马古道中的茶文化，借青城道长之口描述青城“茶道”：第一是讲究茶的品质，所谓“这细茶的嫩芽生长在春风下的云雾中，采摘回来经过多道工序加工后，在锅里微火焙炒，发酵后才能泡茶”；第二讲究水质与茶具；第三是用陈樟树碳烧的水来泡茶，其色令人赏心悦目，其味芳香四溢。

然而，这并不是茶马互市中的边茶，小说叙写了边茶的加工制作过程，即使用硬杂木制作压榨成型机，将收购的边茶用刀具切碎后进行加工处理，在不影响礼品茶的色香味的前提下，将一定浓度和适当剂量的中药大黄和辅料浸出液，均匀地洒于茶叶上，进行上蒸杀青软化发酵，发酵好后，进行拼配，最后将碎茶原料压成方砖型，用夹江的牛皮包装纸，按五市斤一块包装。马茶与糌粑都燥火，在马茶中加入大黄水及其他辅料可调节人的肠胃分泌物，

① 张翔里：《玛曲》，中国文联出版社，2016年版，第25页。

可以促进消化，降解虚火，这是张姓家族制作边茶的秘方。这种边茶受到川、甘、青、藏地区民众的喜爱，成为相互赠送的礼品。边茶加工包装好之后，再用竹制茶包打包，最后由背夫、马帮来完成边茶的运输。

小说追溯了茶马互市的历史，唐王朝在松州设立“茶马司”，每年运往羌、西番的茶叶达30万担，而换回的战马达数十万匹。松州销往番地的茶称为“边茶”，吐蕃攻陷松州，松州的官茶贸易转移到雅安，雅安输入番地的茶称“茯茶”。“边茶”主要销往川、甘、青、藏等地，“茯茶”主要销往康区、昌都等地。清顺治皇帝废除官营，改为民营，由官方配额，商家凭“茶引”运输，官府按“茶引”收税，于是，民间大办商号，“盛元号”以及后来的“九天至诚号”都是“灌松茶马古道”上的著名商号。

“木比尼玛”在“灌松茶马古道”进行着他的商贸活动，作家以其行踪进行架构，透过小说中的人物，呈现“灌松茶马古道”上的历史文化。比如：对“西川锁钥”的玉垒关、灵岩山、圣塔寺、伏龙观、凤栖窝、夫妻桥以及都江堰水利工程的客观描述；对姜维城的来龙去脉进行梳理；对姜维城与李德裕的筹边、薛涛的《筹边楼》诗进行巧妙勾连；对茂州的“神禹乡邦”的由来追溯，都体现了作家在小说中呈现岷江上游历史文化的意图。又如作家在介绍镇番堡时，说这里是西汉时期的白马县所在地，引《山海经·海内经》载：黄帝生骆明，骆明生白马，白马是为鲧。传说大禹治水时得到白色神马所助，为纪念白马之功，将此地命名为白马县。也有说此地为白马羌活动的主要区域，历史遗迹多与白马有关，如马鸣、白马坪、白马庙遗址等。作家致力于对“灌松茶马古道”历史文化的呈现，对名物、事典都进行了历时性的梳理和考辨，如擂鼓山，本名为嫘祖山，嫘祖是华夏民族始祖黄帝的正妃，在叠溪出生，与蚕丛同时。又如小说叙写了叠溪县的历史沿革以及此地发生的诸多历史事件，那些早已尘封的历史又重现在读者的面前。“高屯子”是松潘的一个极为普通的地方，而历史上围绕此地发生了诸多历史事件，从唐剑南节度使韦皋派重兵驻守松州高屯子抵御吐蕃东侵，到薛涛因得罪韦皋，先后两次被罚到高屯子充当歌妓，再到薛涛学习羌族民歌而作《十离诗》，收集一种叫“桫椤栅栅”的植物的粉红色的小花晒干后制作“薛涛笺”。同样，松潘的“元坝子”，据《禹贡》载：该地系梁州西北境，商周氐羌地，秦置湔氐道，西汉改为湔氐县。“元坝子”是羊博岭东北面和西北面流出的两条河流的冲积扇，秦朝军队在这里休整后，一举攻占巴蜀。唐朝军队亦如法炮制，并在离“元坝子”以南的金蓬山脚下的二级台阶上修筑松州城，公元663年，松赞干布在松州以北、元坝子以西屯兵二十万，与唐军形成对垒之势，以及后来的文成公主入藏，等等，都与“元坝子”发生着密切的关系。“元坝子”地方虽小，但它囊括的历史文化时空却很辽阔。由此可见，作家惯用的这种书写方式为小说构筑起一种特有的历史文化背景。另外，在作家笔下，飞沙关杨贵妃的传说，雁门关周仓的传说，犁渊沱司马错建造方头大船的传说，茂州有关“午时风”的传说，二十四个望娘滩的传说，等等，总是那么绘声绘色，让人难以忘怀。

张翔里既是一位作家，又是一位文化学者，在小说创作中，他将少数民族的宗教信仰、民风民俗作为书写的重要内容。岷江上游是羌族的集聚之地，羌民族的宗教信仰、民风民俗在这里得到集中体现，为《玛曲》的书写提供了丰富的文化资源。如：羌人的白石崇拜，白色代表一种神性的本色，将白石放在房顶和神塔之上象征天神，放在山顶象征山神，放在水边象征水神，放在林中象征树神……逢年过节送上一块白石代表财神。小说还用很大的篇幅对羌人一年一小祭、三年一大祭场面进行描绘："队伍行进到神塔'纳萨'前，释比然后便庄重地手持神棍，跨着沉稳的禹步，他头上的法冠和身上的法衣上叮咚作响的法器闪着幽幽的蓝光，他用古羌语像是在高歌一段念诵着开天辟地的古老的上坛经文……这座高高屹立的山脊的纳萨，象征着邀请归位的众多神灵表征的看得见的神……感恩天神在一年中给人类带来的风调雨顺，人畜平安"[①]，"寨子里一位老人从神树林中牵出一只用作还愿的成年山羊。羌人以羊为图腾，以尚白的成年公山羊作为还愿祭天的祭品……释比左手抓住山羊的一只角，同时面向纳萨高声念着长长的一段经文，随后将一把青稞粒塞进牺牲的双耳，释比再次念经，牺牲颤抖不已，颤抖的力度预示神灵领受的程度，如若此时牺牲不颤抖那么神灵就未领受，这时的释比就得再次作法诵经请求神灵"。[②] 小说还叙写了日麦人对火的崇拜，"自古以来，日麦人就崇拜火，以致在野外用火都不能用水将火星扑灭，而是采取中性的手段捡一块石板将火星盖住或者地上挖一个坑将火星埋葬，绝对不允许用尿灭火……据释比史诗透露，火是一个叫燃比娃的历尽千辛万苦……先后三次从天庭将不灭的火种偷盗回人间。……日麦人普遍认为火塘里住着火神，人是绝对不能从火塘上跨过，火塘上大大的铁三角的一角穿有一个铁环，这个铁环正对着主宾位置，汉人称之为上把位的地方"。[③]

"毒药猫"是岷江上游独特的文化现象，王明珂在《羌在汉藏之间》一书的第四章"结构下的情感与行为"[④] 用大量篇幅研究这一文化现象，学者张曦、陈安强都对这一文化现象作过深入探讨。小说《玛曲》绘声绘色地呈现了这一文化现象，"在岷江流域的日麦人中，数千年就有毒药猫这一怪异的人存在了。在日麦人中有无毒不成寨的说法。每当夜晚这种人的灵魂就可以变化成各种动物、植物去吓唬、捉弄、伤害人。一般说来毒药猫都是女人，男人较少。他们或者以毒害人，包括指甲、眼光、呼气；或者变化成动物。太阳落山后就会出来吓人、害人，置人死地"，这些具有特异性身体和行为特征的人，就是现实中的鬼。"在传授这种特异功能的时候，一般做阿妈的选择自己男人或家里其他人都不在家的深夜进行，当晚阿妈洗完手用柏香枝烟熏双手和全身，然后，取出铁锅架在铁三角上，火塘里烧起熊熊大火，待铁锅烧红，将小女孩置放于锅里，口中念念有词，对小女孩进行功能性训练，这时的小女孩自动会在烧红的锅里舞蹈不止，小女孩在红锅里舞蹈得大汗淋漓时，阿妈取出一只雪猪皮口袋，打开口袋绳让小女孩伸手进口袋里摸索，她从口袋里摸出什么东西，马上小女孩就能变什么，一次只能摸一样，如此反复一晚只能学会三样，而这种人最多只能学会三十六种功能，也就是三十六变"，"学会这种特异功能的人，以后一个月不使用一次全身就不舒服，尤其是万物复苏的二月和果实累累收获的八月，是毒药猫突发的高峰期……在这期间她们盼望陌生人来访，只要她们为这些陌生人煮一顿饭或烧一次茶端给陌生人吃了，那么她们的毒也就自然排泄出来了，身体各部位也就自然恢复和舒服了，而那吃下毒的人就会一天一

① 张翔里：《玛曲》，中国文联出版社，2016 年版，第 122～123 页。
② 同上，第 123 页。
③ 同上，第 95～96 页。
④ 王明珂：《羌在汉藏之间》，中华书局，2009 年版，第 77～111 页。

天感到身体不安稳，腹腔胀痛难忍”[①]，除非请有经验的“毒药王”化水治疗，方能痊愈，如果不及时治疗，中毒者就会在数月里死亡。

小说详尽呈现了抢婚的风俗、“浪寨子”以及“一妻多夫制”现象。不相识的男女青年相遇，如果男人看上姑娘，就会趁她不备抢走她的头帕或其他物品，如果姑娘看上了抢她物品的男人，就会假意前来要回物品，经男女双方交流达成协议就要邀约抢亲，“男方会邀请亲朋好友数十人骑上快马，于黎明前到达相约地点等候，而女方便会背着家里所有人，穿戴一新以去背水为借口，等待男方抢亲队伍的到来。双方会面后，会将空背水桶置放于水井边的台子上，然后骑上男方准备的马，跟随男方抢亲队伍浩浩荡荡地前往男方家里”，“当晚抢亲的男女双方不同房，次日送女方回娘家。女方在娘家仍然参加所有的劳动，男方可随时去女方家过夜并进行性生活。寨子里相好男人随时会偷视，一旦抢婚男人没有来过夜，他就会在家里事先准备一坨肉，加了花椒粉的糌粑坨坨揣在怀里，在夜幕的掩护下偷偷地翻墙进入该女人寝室偷食禁果”[②]，这一现象被松潘人称为“浪寨子”。所谓“一妻多夫制”，就是一个家庭中不管有几弟兄，由长兄娶女人，弟弟们都可以到嫂子那里过性生活，女人在家庭中有很高的地位，金钱、财产都由她支配。

由于作家长期生活在岷江上游，他对这一区域的民族风情了如指掌，小说《玛曲》对民间对歌写得尤为精彩，如“曹付义”扯开嗓子用松州方言与薅草妇女对歌：“贤妹薅草往前薅，前头有窝酸葡萄。心想摘颗葡萄吃，人又矮来树又高。”薅草妇女高声唱道：“我不唱来你要逗，把你拉来戴笼头。戴上笼头备上鞍，把你拉来上松潘。老娘没得盘缠钱，把你卖了做盘缠。”[③] 歌词幽默风趣，富有生活气息。又如“二基姆”与“木比尼玛”的对歌，“二基姆”唱道：“天高高哟，云飘飘/茶马古道山腰腰/古部落，古栈道哟/半山之中悬儿棺吊。”“木比尼玛”唱道：“山青青哎，水滔滔/茶马古道真奇妙/白石神，古群碉哎/寨楼下面白云儿飘/姑娘们月下把花绣/释比祭祀把羊皮鼓儿敲。”[④] 歌词中的“茶马古道”“古部落”“古栈道”“悬棺”“白石神”“古群碉”“释比”“羊皮鼓”，都是羌文化的特定符号。

综上所述，小说《玛曲》不仅要呈现岷江上游“灌松茶马古道”的历史文化，而且也要呈现岷江流域少数民族宗教信仰、民风民俗，作家以此来构筑小说的地域性、民族性的“文化地理空间”，并试图在这一特定的“文化地理空间”中使自己笔下的人物尽量活跃起来。

三

岷江上游的“灌松茶马古道”既是一条商贸通道，又是一条文化通道，因而不同文化身份的人物都有可能出现在这一条通道之上。在作家张翔里的眼里，这是一个被主流社会边缘化的十足的“边地”，它显得相对狭窄、封闭，但它同时又是十分开放，小说《玛曲》中粉墨登场的各色人物，足以证实作家的这一看法。小说中出现的“少女格格”“威廉·吉克尔

① 张翔里：《玛曲》，中国文联出版社，2016年，第91～94页。
② 同上，第154～156页。
③ 同上，第52页。
④ 同上，第65～66页。

逊”“二基姆”等一系列人物都有着各自的文化身份，透过这一系列人物完成不同文化的植入。诗人徐良在评价长篇小说《玛曲》时说，“（作家）用不同身份的人物来完成不同领域的文化植入，最终达到作者极其强烈的宏大叙述”。①

小说《玛曲》是如何实现不同身份的人物来完成文化植入并进行宏大叙述的呢？我们不妨结合具体人物进行分析。在十一个人组成的马帮中，“少女格格”具有皇室背景，她跟着马帮走过“灌松茶马古道”，之后又离奇被劫，被朝廷嫁给“伊犁王子”，她与“木比尼玛”日久生情，帮他在灌口拿到一百多亩官地，对他建立九天至诚商号与川西第一帮的马帮起到了至关重要的作用。“少女格格”的介入，将朝廷与商界、官方与民间紧密联系在一起，为“木比尼玛”打开了一条有效利用政府资源、实现自己的商业梦想的通道。无论是川陕总督，还是川甘青宣慰使，还是松潘总兵，他们背后都拥有丰富的政府资源，“木比尼玛”得到“少女格格”的帮助，充分利用这些资源，获取灌口的土地，建立九天至诚商号与自己的马帮。“少女格格”这一人物具有特殊的文化背景，她在小说中的出场，实际上是作家的“文化植入”，同时也把“灌松茶马古道”的商贸往来与文化交流，与整个清代社会的政治经济形成一种互动关系，作家要告诉读者，这块十足的“边地”并没有真正被边缘化。

小说中的“威廉·吉克尔逊”，带有一点英国植物学家欧内斯特·亨利·威尔逊的影子。威尔逊曾经两次来到岷江流域，把岷江百合（亦称“帝王百合”）的球茎运回英国，培育出百合杂交品种。小说中的“威廉”跟随“曹付义”的马帮在“灌松茶马古道”上行进的线路，与威尔逊在岷江上游考察的线路有惊人的相似，不得不说，小说中出现的“威廉”这一人物，在很大程度上是受到威尔逊这一历史人物的启发，这一人物的出现也绝非偶然，这是作者有意为之，是对外来文化的植入，小说中的“威廉”实际上成为西方文化的代名词。“威廉”这一人物出现，使这一区域的人们知道了贝多芬、莎士比亚、巴尔扎克等世界文化名人，这意味着岷江上游“灌松茶马古道”这一相对狭小的空间已经向整个世界开放，在这里，我们看到的更多的是中西方文化的交流与互动。在小说中，“威廉”与“木比尼玛”“少女格格”“二基姆”“麻二爷”等各色人物都能友好相处，这说明不同文化可以彼此接纳、进行对话，当然，小说也描述了因文化差异而引起的冲突，如：“威廉”在西川大餐馆喝酒之后，拉着一个卖唱的女人狂吻，招来一顿拳脚。在西方文化背景中，威廉的这一行为被普遍接受，而在中国，这就是一种不道德行为。“威廉”这一人物完成了西方文化的植入，这块十足的“边地”其实与外部世界发生着密切的关系。

值得注意的是，小说还叙写了英国商人在松潘开办“大英伦商号”一事，为了保护本地的商贸业，由“李老太爷”出面与传教士“霍斯·德尔克”进行交涉，规定“大英伦商号”只能涉足矿业开采、票号和典当三个行业。作家对庆典酒会进行了细致的描绘，酒会以及留声机使松潘本地人大开眼界。在“大英伦商号”存放银子，按时间的长短将给予一定的回报收益，这具有现代票号的特点，这就对以“九天至诚号”为代表的商号构成实质性的威胁，最终引发了松潘商界对“德尔克”的教派和有拉拢性质的商业活动的抵制，“德尔克”在松

① 《四川作家》编辑部：《文学阿坝，新风扑面来——阿坝作家书系（第一辑）评论摘登》，《四川作家》2017年第4期。

潘汉民中只发展了二十多个信徒，“大英伦商号”的生意也越来越差，漳腊金矿也被清军接管，后来，“德尔克”不得不离开松潘。小说还叙写了英国入侵、松潘土兵参加抗英战斗的历史事实，这说明作家有意识地将小说置于中国社会大变迁的宏大背景之下进行书写，实现强烈的“宏大叙事”。这个十足的“边地”的社会性质正在发生前所未有的变化，一方面是西方列强殖民文化对中国社会全方位的、无孔不入的侵入，另一方面是中国传统社会的强烈对抗，两种力量对抗的结果最终导致中国半封建半殖民地社会程度的加深。在中国，岷江上游总的来说是一个极为狭小、极为封闭的空间，作家眼里的十足的“边地”，却遍布洋人的足迹，有的来考察，有的来传教，有的来开矿、经商，作家的意图是显而易见的，那就是通过这些人物来完成“文化植入”，将这一区域与西方世界连在一起，这样，“边地”就没有被边缘化，而是回到了“世界的中心”，成为人们关注的焦点。

小说《玛曲》在呈现岷江上游的“灌松茶马古道”文化方面是比较成功的，其地域性、民族性特征较为突出，作家构筑了一个可以自由书写的“文学地理空间”。同时，这一“文学地理空间”应该为小说中的人物而设。作为文化小说，作家要处理好“文化”与“小说”之间的关系，否则“文化”与“小说”就是两张皮，《玛曲》在处理二者的关系上还是有待商榷的。

作家为小说《玛曲》中的人物活动构筑了特定的“文学地理空间”，以“木比尼玛”为例，小说的前五章基本上还是围绕“木比尼玛”这个人物来写的，写他的家世、出生、所受的教育、名字的由来，写十三娶亲，到“盛元号”去当学徒，写对大掌柜的精心照料、对做人要宽厚与仁义的领悟。宽厚仁义的表爷爷的去世与尖酸刻薄的元顺表叔对“盛元号”的接管，可以说是“木比尼玛”命运的转折点，他的处境发生了根本性的变化，可以说距他当大掌柜、拥有自己的马帮的梦想越来越远，中间穿插了乾隆金川平叛的历史事件，主要是因为他的二弟与元顺表叔参与了此次平叛，这样写的目的是把“木比尼玛”这一人物置于具体的历史事件中，揭示其内在心理。“木比尼玛”担任协理之后，因自己与“盛元号”前台伙计“卷银潜逃事件”有关而最终被赶出“盛元号”，这一事件彻底改变了他的命运，最终促使他独自建立自己的商号与马队。从某种程度上说，小说前五章的故事推动着人物性格与命运变化，这是小说《玛曲》可圈可点之处。然而，从第六章起，人物的命运没有因具体的事件而发生变化，小说不是通过故事的叙写来塑造人物的性格，展示人物的命运，而是通过人物讲故事，至于这些人物与故事的关系有多大，作家考虑得不多。纵观整部小说，作家呈现岷江上游“灌松茶马古道”历史文化、民风民俗、逸闻趣事的意图十分明显，这是作家为了突出小说的地域性与民族性而做出的努力，但小说的人物塑造、人物命运如何与文化的呈现进行“捏合”，作家思考得却不够深入。

由于《玛曲》立足于文化的呈现，人物之间的关系处理得相对薄弱，这里以“木比尼玛”与三个女人之间的关系加以说明。第一个是他十三岁时娶进门的、整整大他七岁的女子，作者没有对这个人物的来龙去脉作进一步的交代，“木比尼玛”只跟她做过几个晚上的夫妻，二者的关系把握得不是很好。第二个是“木比尼玛”在灌口遇到的“少女格格”，这个具有皇室血统的女子一直陪他走完“灌松茶马古道”，可惜的是这个人物的形象不鲜明，性格也有前后不一致的地方，一会儿有侠女的风范，一会儿又娇弱不堪，特别是她与“木比尼玛”的关系不清不楚，用现在的话来说就是玩暧昧，其实在漫长而单调的茶马古道的行走中，作者完全可以设置特定的场景，为二人构筑一系列私密的空间，用人物的行动、语言来描写人物的所思所想，刻画人物的内心世界，这是读者阅读所期待的东西，而作者在叙事过程中平均使用笔墨，没有强化叙事的内在节奏，致使小说主要人物之间的关系不清晰、不突出。“少女格格”被不明身份的人劫走之后，“木比尼玛”才朝思暮想，并且到草地一路寻找，因为小说的前面部分对二人的关系交代得并不清楚，二人的情感缺乏应有的铺垫，因此，“木比尼玛”后面的一系列行为都显得比较突兀。给人印象更深的是，“少女格格”为“木比尼玛”在灌口拿到一块一百多亩的官地，作家却没有把她与“木比尼玛”置于两性关系上进行深入把握。第三个是草地的女土司“卓玛翁姆”，她是“木比尼玛”到草地寻找“少女格格”过程中出现的，她从沼泽中救起“木比尼玛”，精心照料，使他康复。“木比尼玛”的出现，唤醒了女土司沉睡的原始情欲与母性的温柔，相比而言，作者的这一部分还算是写得不错的。

至于“木比尼玛”与其他几个人物的关系也是比较松散的。“曹付义”是马帮的头头，几乎看不到他与“木比尼玛”有什么冲突；“威廉”除了几个典型的摇头、耸肩、摊手的动作之外，就是醉心于茶马古道的文物古玩，也与“木比尼玛”没有发生太多的关系；棒老二头目“二基姆”突然充当商队的保护神，除了与“木比尼玛”有主仆关系外，看不到他们之间有什么冲突，因为一个是饱读诗书的儒商，一个是野性难驯的土匪，他们之间不产生冲突是不可能的；高先生的出现也不过是讲述松潘的历史文化、人物事典，他与“木比尼玛”究竟有什么关系呢？至少从小说中是看不出来的，人物形象要靠人物之间的关系来塑造，人物性格要靠人物之间的冲突来呈现，小说《玛曲》还做得不够。另外，小说《玛曲》以“木比尼玛”的行踪作为线索进行叙写，叙事线索单一，而且这一线索还不断被小说的文化呈现所打断，缺乏现代小说为叙事策略提供的多种可能性。

（作者单位：阿坝师范学院）

彝族习惯法对凉山彝区乡村治理的影响与对策[①]

张邦铺

内容提要：本文运用法学、人类学、社会学、文化学、民族学等诸多领域的相关理论和方法，主要围绕彝族习惯法对凉山彝区乡村治理的影响与对策进行研究，以田野调查为研究基础，就彝族习惯法对凉山彝区乡村治理的影响状况进行调查，并分析其积极作用与消极影响，提出一些对策建议。

关键词：彝族；习惯法；乡村治理

当前，对我国少数民族地区乡村治理的研究尤为不足。我国各少数民族都有本族群的独特而丰富的传统文化，在乡村治理的过程中，少数民族乡村治理模式的形成发展与各少数民族的传统文化应该发生特定的联系，甚至有的少数民族的乡村治理可能会受到传统文化的巨大影响。彝族传统法文化包含习惯法、家支和“德古”等内容。家支、“德古”和习惯法乃是凉山彝族社会的核心范畴。在历经社会变革之后，它们依然共同支撑着该社会的基本结构，依然共同维持着该文化的传统价值。但另一方面，凉山彝区乡村彝族民众的政治和法律生活已实际处于双重或多元状态，却也是不争的事实。乡村的基层行政系统、干部作为正式权威、国家法分别和家支、“德古”及习惯法相互纠葛、相互介入，当然也每每相互抵消，在当前的凉山这几乎是随时随地都在发生着的现实。一般而言，越往基层，人们越倾向于依赖家支、“德古”和习惯法。

由于各少数民族具有不同的文化特质，传统文化观念在治理过程中影响着各自的制度设计与秩序形成，造就了各具特色的乡村治理类型。传统的乡村治理模式（比如村规民约、传

① 基金项目：国家民委人文社会科学重点研究基地——中国彝学研究中心资助项目“彝族习惯法对彝区乡村治理的影响与对策研究”（项目编号：YXJDY1811）的成果之一。

统习惯、地方性道德观念、宗族、乡土精英）在乡村治理中仍然发挥着不可替代的作用。同时，仅仅依靠国家的各项制度进行乡治，不能解决乡村社会的一切问题和矛盾。在很多情况下，运用传统治理模式及方式方法往往可以有效解决问题。如果能充分挖掘习惯法中的合理内核，促进人们对彝族习惯法对凉山彝区乡村治理中的积极作用和消极作用的了解和把握，为建构凉山彝区乡村治理提供对策与可行的建议，将有助于为彝区乡村治理提供多元化路径。

一、彝族习惯法的一般法理分析

（一）彝族习惯法的含义

“简伟”[①] 最早出现在两千多年前彝族史诗《勒俄特依》所记载的时代，为彝族世代继承和完善。彝族习惯法是以维护家支利益和传统道德为宗旨，是调解纠纷的主要依据，是评价善恶的主要标准。[②]

彝族习惯法经历了由简单到复杂，由原始习惯到兹莫节威，再到诺合节威的发展过程。节威最先由兹莫政权制定，诺合节威是兹莫节威的发展和延续，兹莫节威相对而言比较古老，处理比较简单。诺合节威则在条款内容、赔偿金额及项目上比兹莫节威更加复杂。总体而言，依诺（大裤脚）地区沿用诺合节威，阿都（小裤脚）地区沿用兹莫节威，因而形成了不同的调解习惯、不同的调解项目、不同的赔偿金额。

（二）彝族习惯法的特点

彝族历史悠久，其传统文化不仅具有极高的研究价值，还是其民族的代表和象征。彝族文化是伴随彝族社会发展而产生的，彝族习惯法是彝族文化的典型代表，很多具体规范虽然没有明确的文字记录，千百年来却一直维系着彝族社会的稳定，传承至今。总体上说，彝族习惯法有如下几个特点：

1. 浓厚的民族性

彝族习惯法不是外部强加的，是自然而然形成的，并已成为彝族人生活的一部分。彝族习惯法是彝族的内部文化，我们可以说它是民族文化也可以称其为内部文化，因为它仅仅适用于彝族内部社会，解决本民族内部社会矛盾，对其行为的约束也仅仅针对彝族人有效。此外，法律用语也是极具有民族特色的，特别是对于这样一个有自己语言的民族来说，彝族习惯法处处都体现着浓厚的民族特性，譬如“德古”、家支等都是彝族社会所特有的用语。

2. 强烈的家支观念

家支组织是凉山主要的政权组织，兹莫家支、诺和家支和白彝家支（曲诺、阿加和部分呷西）长期存在，影响至今。家支内部不论贫富一律平等。此外，彝族社会最严厉的处罚就是开除出家支。每当自己家支的成员与另一家支的人发生纠纷时，同一家支的人有力出力，

---

① 习惯法彝语称为“简伟”“节威”。

② 也有学者认为：彝族习惯法是独立于国家制定法之外，彝族人民在长期的社会实践中约定俗成，主要调整彝族民众内部社会关系，具有强制性和习惯性的规则的总和。参见王明雯：《凉山彝族习惯法研究》，光明日报出版社，2008年版，第31页。

有财出财，各尽其能。

彝族习惯法实质上是家支习惯法，它是依附于家支制度的，习惯法要产生效力必须依赖于家支的权威。习惯法也被用作解决家支成员内部以及各家支之间的各种纠纷。因为每一个彝族人都有所属的一个家支，所以每一个案件的发生也以家支的内外关系为纽带展开，在处理时，相同的行为会因为发生在家支内部还是家支之间而产生不同的处理结果。习惯法也具有家支的等级性，不同等级之间的处罚方式和程度不同。“德古”是家支组织最重要的自然领袖之一，他们熟识彝族习惯法，擅长处理纠纷，受人尊敬和信任。自古以来，家支头人的产生都为自然显现、众望所归，他们无须选举，更不用加封且不会世袭。“发生案件服从德古，病魔缠身毕摩治愈。”一个彝族家支头人，在旧时可以指挥冤家械斗，决定作战时间等，他们最主要的职能是执行和应用习惯法。

3. 可继承性

文化可以通过学习和实际践行某种行为来得以延续，彝族习惯法在彝族社会里占据重要位置，家支、“德古”等在重要场合宣讲和普及传统法律文化，实际上是在传播传统文化，从而获得文化的“追随者”，使其文化获得社会大众的认同，得以继续向前发展，把传统文化传承下去。就实际来看，彝族习惯法从未中断发展，在当今彝族社会里仍然具有相当的影响力，并且被广泛知晓和认同，人们的社会生活中处处都有传统文化的烙印。我们不得不承认，彝族习惯法有强大的生命力和优良的继承方式。

4. 稳定性

文化有其自身的变化发展规律，它可能随着时间的推移愈发茁壮，也可能面临失传的风险。古往今来，文化失传现象何其多，彝族习惯法却并没有随着社会的发展变迁而中断，反而表现出了蓬勃的生机和极强的生命力：不管是在原始社会、奴隶社会还是现代社会，彝族习惯法都一如既往地发挥着它的作用，始终是规范彝族社会秩序的主要准则。

5. 全面性

随着彝族社会的发展，彝族习惯法的内容也随之丰富起来，社会生活的各个方面，小到家庭矛盾，大到刑事纠纷都可以通过内部调解来解决。对于彝族人来说，基本没有不可以通过调解来解决的，对于所有的纠纷，调解都是前置条件。[①] 所以，在彝族人的生活中，民间调解是解决纠纷的重要途径，遇到任何矛盾都要找“德古”先行调解，调解的事件有大有小，涉及的内容也日益增多，因此，彝族习惯法内容全面，具有概括性。

二、彝族习惯法对凉山彝区乡村治理的积极影响

马克斯·韦伯曾指出：“在共同体中被认为有效的规范不一定都是‘法律规范’。构成共同体强制力机制的人所引起的官方功能并不都是与法律强制力有关。”[②]

（一）习惯法是乡村治理创新的文化基因和实现载体

费孝通先生的《乡土中国》对中国基层的社会格局已经分析得比较透彻，将这种基层控

① 张晓辉、方慧：《彝族法律文化研究》，民族出版社，2005年版，第271页。
② ［德］马克斯·韦伯：《论经济与社会中的法律》，张乃根译，中国大百科全书出版社，1998年版，第15页。

制权力称为“教育化的权力，或是说爸爸式的，英文里是 Paternalism”。头人、“德古”等民间权威所使用的民族习惯法无疑是一种宝贵的文化基因。

民族习惯法在运用时的有效性除了人们对它的广泛认同外，还有一个重要因素就在于其体现的地方权威掌握的惩治手段很容易实现：对违背民族习惯法的惩罚往往具有弥散性，这样的地方治权，淡化了规则的刚性，从处理过程到结果都灵活多变但又渗透着权威，这是硬性的国家制度无法简单地将之废除或取代的。所以，在乡村治理创新中应充分结合民族习惯法这种地方治权实现的有效载体，寻求制度化配置。

（二）习惯法是“德古”调解的主要依据，结合合理的习惯法①，有效化解矛盾

在彝族地区，社会基础、经济基础、交通、通讯、教育等与外地发达地区都有很大差异，如果完全按国家法来调解各种纠纷，彝族当事人一时无法适应。法院在案件审理中，主动邀请特邀人民陪审员参加调解，结合习惯法，化解矛盾。

案例：吉拿某某故意伤害尔其某某一案中，刑事附带民事诉讼的原告要求被告赔偿各类损失 456648 元，法院在审查过程中认为原告要求赔偿金额过高，超出法律规定范围，也超出了被告赔偿能力。而彝族习惯法规定，右手骨折伤的赔偿范围是：2 匹马折成人民币 2000 元、牵马人 5 锭银子折成人民币 500 元、9 丈丝绸折成人民币 900 元、包扎费 5 两银子折成人民币 50 元、赔礼道歉 1 头牛折成人民币 3000 元、白酒 100 斤折成人民币 200 元、送鬼迷信费人民币 1000 元、受害人妻子赔礼费一锭银子折成人民币 100 元。以上共折成人民币 7750 元。参加调解的法官和当地党委政府领导及“德古”认为，以上习惯法规定赔偿范围，除不合理的送鬼迷信费 1000 元外，其余 6750 元应予赔偿。而原告的手已被法医鉴定为重伤伤残，丧失部分劳动能力，被告还应按法律规定赔偿原告伤残补助费 35350 元，最后综合调解认为由被告吉拿某某赔偿各种损失费用 6750 元，伤残补助费 35350 元，共计 42100 元。调解协议达成后，被告及其家属当场兑现。这种以国家法为指导，结合部分合理的民间习惯法的案件调解方式，取得了很好的社会效果。

（三）习惯法是彝人日常生活的行为规范，对乡村治理发挥重要作用

彝族习惯法在彝族中仍有较深的影响，特别是在边远山区，彝人遇到纠纷不找政府和政法部门调解，而是靠家支、“德古”来调解。从影响的深度来看，彝族习惯法在彝族人民中广为流传，家喻户晓，也就是说它在民间有广泛的社会基础。法制宣传、普法教育还有死角。另一方面，政法部门编制有限、警力不足。彝族地区居住分散，交通不便，有了纠纷要找政府或政法部门解决需走一两天的路，不如找当地的家支按彝族习惯法解决方便。

总之，彝族习惯法的积极作用，一是在及时调解民间纠纷方面起着不可低估的作用；二是减少民间争讼，维护社会稳定，减轻政法部门的压力；三是防止矛盾激化，推进社会治安的综合治理。

---

① 彝族习惯法的司法适用方式：一是作为调解的辅助工具；二是判决说理的辅助工具；三是作为判决的证据；四是作为判决的依据。

三、彝族习惯法对凉山彝区乡村治理的消极影响

（一）乡村治理中不时出现相关彝族习惯法和国家法冲突的情况

彝族习惯法的实施在于人们内心深处的认同，但彝族习惯法与国家法存在一些冲突。个别人利用习惯法的某些内容翻历史老案，算人命金，扬言“同态复仇”“子报父仇”。过去受自然环境以及经济等因素影响，除家支内部恶劣的杀人和不同等级间的杀人案件，“德古”在调解中都不会要求以命抵命，而是以适当的赔偿受害方来结案。受这种思想的影响和束缚，彝族民间发生刑事案件，“德古”会按民事案件来处理，即以被告向原告赔钱了结。

案例：2011 年 11 月 28 日，凉山州金阳县四嘎浦乡阿嘎某某和吉克某某因口角发生争执，两人打斗起来，吉克某某当场受伤，后两人被乡亲们劝开。吉克某某回到家后，越想越生气，觉得自己被当众打伤，受了奇耻大辱。于是，吉克某某在深夜潜入阿嘎某某家，趁其熟睡之际将阿嘎某某和他的妻子打成重伤。阿嘎某某的妻子在慌乱之余跑到了阿嘎某某弟弟的家中求救。阿嘎某某的弟弟认为吉克某某在深夜入室打人，不仅打伤了自己的哥哥，连嫂子也被打了（在彝族看来，男人是不能打女人的）。这是吉克某某看不起阿嘎家，是对阿嘎家的严重挑衅，于是阿嘎某某的弟弟立马纠集附近所有阿嘎家支的男性，连夜冲到吉克某某家。吉克家支的不少男性也闻讯赶来，于是两大家族发生械斗。在打斗中，多人受伤，阿嘎某某的弟弟将吉克某某当场打死。械斗在武警赶来镇压后才平息，阿嘎某某的弟弟及多人被当场逮捕。

事后，阿嘎家主动找到当地的“德古”调解纠纷，经吉克家同意，双方达成一致。“德古”认为，本案起因错在吉克某某，他不该在半夜闯入阿嘎某某家打人，还对阿嘎家的女人也下手，犯了彝族习惯法的两大禁忌。但事后，阿嘎某某的弟弟纠集人到吉克某某家打人，并将阿嘎某某当场打死，出了人命，理当赔偿，但事出有因，可以从轻处罚。因此，判定：阿嘎某某的弟弟赔偿 8 锭古银锭子[①]给吉克某某家；阿嘎某某的弟弟杀牛、买酒给吉克某某家支的人吃，以示赔罪。杀牛吃酒后，两大家支表示，此事就此结束，永不反悔。

然而，虽然吉克家支宽恕了阿嘎某某的弟弟，但并不代表国家法律也能宽恕阿嘎某某的弟弟，阿嘎某某的弟弟最终被一审法院以故意杀人罪判处死刑，缓期两年执行。审判结果下来后，整个阿嘎家支的人都无法接受。他们认为，首先，他们与吉克家已经达成和解，双方都已承诺不再追究；其次，阿嘎某某的弟弟的确是杀了人，但事出有因，是吉克某某犯下了彝人无法容忍的过错才导致悲剧的发生。就算阿嘎某某的弟弟有错，但也罪不至死，判死缓太重了；再次，阿嘎家支的部分人已经怀疑是不是吉克家有人在暗中找司法机关帮忙重判，吉克家的人也觉得很是冤枉，气愤阿嘎家的人竟然怀疑他们。而这显然只会让双方的矛盾进一步激化。

于是，阿嘎家召开家支大会，“莫格”过后，家支大多数人认为阿嘎某某的弟弟杀人是为了捍卫家支的荣誉和利益，决定凡是阿嘎家支的人都必须出钱出力，力图通过各种方法解

① 折合人民币 10 万。

救出阿嘎某某的弟弟，大会上做出了详细的规定。根据经济情况的不同，将阿嘎家分为三类，每一类每一家至少得出多少钱都有约定。

本案就是一个很典型的国家法和习惯法冲突的案例。按照习惯法规定，阿嘎某某的弟弟纠集家支成员与吉克家发生械斗不足为过，甚至还被家支人员看作是捍卫家族荣誉的行为，只是因为打死了吉克某某，出了人命，还是需要赔偿。但是依照习惯法这件命案顶多就是个“花案”，双方达成了赔偿协议，杀了牛，喝了赔罪酒就该就此作罢，纠纷就此平息。虽然国家法的规定不是这样，但在纠纷双方看来，他们都更愿意接受习惯法，认为习惯法才是公正合理的。而国家法的强行干涉不仅没能让双方平息纠纷，反而让矛盾有愈演愈烈的趋势。

（二）与现行法相冲突的彝族广为盛行的恶俗纠纷仍然难以有效治理

彝族很多风俗长期演化成恶俗习惯，与现行法律背道而驰。彝族习惯法在彝族人内心早已根深蒂固，渗透到他们的婚丧嫁娶、生老病死以及生活的方方面面，甚至是精神领域。他们遵循习惯法就如同遵循生存所必须遵循的基本法则，信仰习惯法就如同信仰本民族崇拜的鬼神之说。但彝族习惯法又和国家法存在必然的冲突，在国家在强行全面推行国家法的同时，转型时期的彝族还固守着传统的习惯法观念。在他们看来有些“合理的诉求”“理所应当的诉求”却得不到国家法的回应，加上法律知识的淡薄，使得对他们而言国家法没有预期性，进而转变为不信任国家法，甚至是抵触。而因为彝族地区的家支特性，又使得个体的不满，极易演变为群体性的反抗或者冲突。

（三）彝族习惯法缺少关注和研究，对习惯法认识不足和吸收利用不够

当前我们对彝区民间演化形成的“自生秩序”“内生制度”，包括彝族习惯法仍然缺少关注和研究。其实，为了自身的生存和发展，彝区民众作为当地资源的开发者，比政府或外来专家更熟知自身赖以生存和发展的资源情况，对关乎子孙后代的家园治理也更有感情和更加关注。村民彼此之间的认同信任和共同愿景，通过协商、合作，更能够创造出适宜自身和当地境况的规则来解决问题。所演化形成的“自生秩序”“内生制度”，对自身社会的治理和彼此利益关系的协调必然更为有效，更具有约束力。但是，由于我们长期只看重政府的管控，而轻视民间的自主治理，很少去关心民间治理的建设，包括对民间纠纷调解方式长处与短处的研究和优化，国家法与习惯法仍然存在诸多断裂和冲突。

在少数民族地区乡村治理中，对传统法文化认识不足和吸收利用不够是一个不能忽视的问题。由于认识的不足，存在一些观念上的错误，认为所有习惯法都是过时的或与国家法格格不入的，导致在村民自治和乡村治理中看不到习惯法作用的发挥，也没有有效地加以吸收、利用。主要涉及乡村治理、文化事业、精神文明建设、法制建设等方面的彝族传统法文化，在少数民族地区乡村治理中具有重要地位，然而，在当前少数民族地区乡村治理中，却忽略了少数民族传统习惯法的作用。

（四）乡村治理法治化缺失的问题

受习惯法影响的村规民约过于倚重重罚和声誉罚，违背法律的原则。村规民约中习惯性的一些处罚方式实际上变成了超越法律的乱加处罚和代法行罚。

对故意杀人，当事人双方最关心的是“赔命价”，他们通过请“德古”进行调解，只要价钱赔偿到被害人家属满意，就可以不再惩罚杀人者；对强奸案件，彝族习惯法持比较宽容的态度，一般只要赔“赔奸价”就行了，因为他们认为如果按照法律对强奸案件进行判决后，受害人会受到歧视和嘲讽，出不了门，嫁不了人。对故意伤害案件，不同阶层和等级的人采用不同的标准计算赔偿金。

“德古”调解大多沿用民主改革前的旧法与旧习俗，这不仅有碍国家法制的统一，也阻碍了彝族地区的法治化进程。由于刑事案件也采用民间调解的方式，甚至刑事附带民事诉讼判决后仍要民间调解赔偿才能最后解决纠纷，使得国家有关规定形同虚设，干扰了法院的审判。

经法院判决后仍按习惯法解决的“二次司法”、“血亲复仇”、报复式处罚而诱发打砸抢，婚姻家庭方面的结婚不登记、早婚、包办婚姻、嫁出去的女儿不能继承父母遗产等歧视妇女的不平等规定、做法，都是彝区乡村治理中习惯法与国家法冲突的情况。与国家法冲突的习惯法内容，是在我国法治建设过程中没有进行自身改良和扬弃的那部分习惯法，当前一般以习俗、惯例等形式存在于广大农村中，在当前的乡村治理中起着消极的作用，要构建农村法治秩序，主要就是消除习惯法中与国家法冲突的消极因素，朝依法治理的方向努力。

随着彝区社会经济的发展、国家法制宣传和法治建设的进一步展开，今天的彝族地区已不同于传统，民间“德古”不可能化解所有的纠纷，“习惯法”也不应凌驾于国家法律之上。在人们的日常生活当中乃至内心深处，国家法正占据着越来越重要的地位。但由于历史文化的特殊性，国家法在彝区的实施显得异常复杂。例如，国家法的推行无法忽视习惯法的存在；维系法律权威的同时，还必须考虑纠纷解决的社会效果；在彝区，司法工作者还需克服物质条件匮乏、山高路远等常人难以想象的艰难……在长期的司法实践中，基层司法工作者逐渐摸索出许多宝贵的经验：例如，在司法活动中，在纠纷调解的实际过程中如何做到既不违反国家法的规定，同时又尊重彝族的风俗习惯；如何通过“送法下乡”的过程宣传国家法律，树立国家法的权威；如何利用民间法律权威、吸收传统习惯法中的有益因素化解纠纷，等等。

四、彝族习惯法对凉山彝区乡村治理的对策建议

（一）现代法治文化与传统习俗文化的融合

在基层民间治理的微观方面，要从强化民间自治的角度，坚持传统与现代相结合，搞好传统与现代的对接、国家法与习惯法的对接。因此，可以加强文化建设，促进包括现代法治文化与传统习俗文化的融合。人具有目标导向性和反应性，并能够与其他行为人进行互动，从环境中获得信息，识别所处环境的状态，根据目标与环境特征决定采取何种行为。而现代文化与传统文化融合而构建的文化氛围，则是构成个体的场景约束或“行动情景”的主要因素，影响个体的认知与信念以及行为方式的改变。因此，政府一方面既要积极推进新彝寨建设和扶贫开发，改善彝民生存条件，也要重视精神文明建设，弘扬科学精神，加强人文关怀，注重心理疏导，培育开放包容、理性和平、积极进取的社会心态，为彝区减少纷争、自我调处、解纷止争打下良好的意识形态基础。另一方面既要注重传统美德的传承和弘扬，也要重视对彝族习惯法和调解方式的改造、优化及其与国家法的对接，消除传统解纷文化落后

因素的消极影响，构建良好的现代与传统结合的法治文化氛围，逐步把彝区基层各项社会管理和民间调解活动纳入法制轨道。

（二）重视乡规民约的作用

大多数乡规民约都拥有较完整的形式，内容涉及少数民族生活中的常见问题。乡规民约可以说是国家法与习惯法进行融合与对接的一个很好的平台。国家机关可以对比较合理的乡规民约予以保护与承认，并在乡规民约里渐渐灌输现代法的东西，这样就更容易实现国家法的“软着陆”，实现少数民族习惯法与国家法的良性互动与价值融合。将家支制度融入当地新型村规民约，积极扭转家支观念中的遗风陋俗。

（三）发挥习惯法对乡村治理的功能，实现国家法与习惯法的良性互动

发挥习惯法对乡村治理功能，可为彝族地区构建社会控制体系，解决当前彝区乡村实际存在的“国家法下不去，习惯法上不来”的社会失控问题。在公权力之外，还有很多其他类型的指导人们行为的准则。习惯法就是国家法律法规以外的很重要的法律形式，特别是在民族地区或者偏远山区，更应当重视习惯法的历史渊源，发挥其长久作用，以法律多元化的视角，不断思考以促成更高的效力。凉山彝族地区是彝族习惯法和国家法共存的特别典型的地区。一方面，习惯法到现在仍旧是彝区的重要规范，是他们生产生活中不可缺少的一部分，在社会的微观秩序构建层面发挥了重要作用；另一方面，随着社会的不断发展，彝人与外界交流的不断深入，他们对于国家法的认同感越来越强，因此逐渐有较多的人选择按照国家法来解决纠纷。尽管在国家法和习惯法两者间在一些具体的矛盾处理中会存在冲突的地方，但是这样的冲突是温和型的，是可以通过商量、协调解决的，因为它并不是国家法的对立面。

彝族习惯法体系完整、内容丰富，已深深地融于彝人的日常生活之中，但在乡村治理中还远远没有发挥其应有的作用。在“多元一体”的法律格局中，我们既需反对狭隘民族主义的“分裂”与“多极”，又需反对消灭一切差别、敌视一切多元存在的“同一”，而应当做到既能够正视、宽容、尊重秩序的多元与文化的多元，同时又不懈追求“多元”之间的沟通、理解与融合。只有在尊重彝族人民的生活习俗、充分利用彝族本土传统文化、结合当地实际、寻求彝族习惯法和国家法平衡点的基础上，才能达到法治和谐的理性状态。具体举措包括：

1. 观念的更新：对彝族习惯法的尊重和认可

不能忽视国家法具有普遍性，但很难顾及每个地区、每个民族的特殊情况，由于国家法在彝族地区本土化程度较低，因此难免会“水土不服”。彝族司法机关在调解时由法官与“德古”相配合，将法律与传统习惯相结合，以达到更符合彝族群众预期的效果。如有些案例，当出现困惑时，司法机关不会因为不符合国家法的规定而拒绝受理，也不会因为对习惯法的尊重和认可将定纷止争的工作完全推脱给习惯法来解决，而成为国家司法权不作为的借口。因此，“尊重和认可”有个度的问题，既不能由国家法完全止息习惯法的适用，也不能完全依赖习惯法而导致国家法的不作为，这两种极端做法都是很有害的。

2. 收集、整理、编辑、筛选彝族习惯法

怎样传承和发展这些优秀的传统文化应该是另外一个系统的工程。收集、整理、编辑习惯法，筛选与法律相适应的部分，经法定程序进行立法。彝区应当积极发挥地方授权立法的权力[①]，适当地考虑少数民族习惯法。根据《中华人民共和国民族区域自治法》的规定[②]，对于那些确实有利于法制实践的习惯法规范，倘若被上级机关以不适当的命令、决议等限制适用时，可通过变通补充规定的方式为其“松绑”。

3. 在“扬弃”中传承习惯法，实现彝族习惯法与国家法的调适

充分考虑到不同文化背景下人们对正义和权利的不同理解和需求，重视习惯法、变通习惯法，逐步地融入国家法。彝族习惯法是在彝族历史上经过长期的积淀而形成的，具有一定的合理部分。要挖掘传统文化，充分发挥习惯法的优势，吸收习惯法的合理部分。

(1) 构建习惯法传承的良性机制

法律是一种“地方性知识”，它表现出不同民族生活方式和思想观念的特性。而“地方知识的特定持有者通常最善于与专业知识的持有者打交道”，专家的知识和群众的观念都有其合理性，专家和社会成员沟通有助于克服相对主义和普遍主义的相互对立。在彝区，“德古”等纠纷解决主体不仅自身价值重大，而且能更进一步网罗其他的纠纷解决主体参与到具体案件的纠纷解决程序中。因此，构建良性的习惯法传承机制，是一个高效整合资源并保护和传承习惯法的好办法。目前，彝族地区的社会纠纷有多种解决方式，这些纠纷解决方式之间并不是平行无涉、互不相关，而是相互之间有着妥协、调适、竞争和互动的关系。

(2) 承认合理的习惯法，促进习惯法规范的合理延用，优先适用某些合理的习惯法

我国属于成文法国家，习惯法不被看作是正式的法源，所以只有对合理的彝族习惯法予以认可，并以条文的形式呈现出来才能使合理的彝族习惯法成为正式的法源而作为司法机关解决纠纷的直接依据。这样做的直接后果是使以前仅在民间适用的彝族婚姻习惯法可以作为国家正式司法机关判案决断的依据。而从长远的角度来看，则可以不断地丰富国家法的内涵与外延，这无疑对构建国家实质上的法制统一具有积极的作用。

结合彝族特有的文化背景以及社会环境，将家支与习惯法这一根植于彝族同胞心目中并且充分反映其地区文化背景与经济发展状况的“地方性法律”与国家法进行融合，从而对该地区进行更有效的管理。国家机关在具体案件的处理中可以考虑优先适用某些比较合理的习惯法。彝族习惯法要得以传承和发展，必须在平等与尊重的平台上，实现和国家法的充分沟通与良性互动。充分利用少数民族地区的法律本土化资源，使之与国家法形成二元的调整模式，有利于构建少数民族纠纷大调解格局。

调查反映出：经济发展越快的地区以及受教育程度越高、见识越广的彝族群众，他们的法治观念越强，对于家支以及原有习惯法弊端的自我修复改造能力越强。因此，在彝区法治建设的过程中，培养彝族地区当地的知晓国家基本法律且熟知彝族原有家支制度及习惯法制度的法律工作者是一个切实有效的方法。这样的法律工作者在处理彝族间纠纷以及当地其他法律事件的过程中，能够在不违背国家法律基本原则的情况下寻找到一个传统习惯法（具有明显地方性与历史性的“法律”）与国家现行法律完美统一的处理方法。同时我们应当加大

① 《中华人民共和国民族区域自治法》第十九条：民族自治地方的人民代表大会有权依照当地民族的政治、经济和文化的特点，制定自治条例和单行条例。

② 《中华人民共和国民族区域自治法》第二十条：上级国家机关的决议、决定、命令和指示，如有不适合民族自治地方实际情况的，自治机关可以报经该上级国家机关批准，变通执行或者停止执行。

法制宣传力度，使彝族群众的法律常识逐渐提高，使国家法不远离他们的生活。

（四）善于利用家支头人和“德古”的权威性，积极吸纳“德古”等加入乡村治理队伍，推动村民自治的实施

“德古”是一个重要的人物，是一切民间纠纷和矛盾的调解者，其本身在彝族社会就是一种法律权威的象征。在彝族传统社会里，地位最高的莫过于家支头人和“德古”，如果能够吸纳这两股力量参与其中，乡村治理的效果将大大提高。家支制度作为一种等级制度，是彝族社会的血缘联系，关系密切，影响重大，具有权威性，家支头人对家支成员的影响是绝对的；而“德古”作为民间调解的权威，代表着公平、正义，其社会地位较高。无论是从家支的影响还是“德古”的地位来说，这两类人对每个彝族人来说都是应该遵从的权威，这样一来，乡村治理的关键人物就是其传统社会里的重要人物了。

（作者单位：西华大学法学院）

开发与应用研究

建立四川现代文学馆的可行性座谈会纪实

赵海海

内容提要：四川历来为我国文学重地，在中国现代文学史上曾有郭沫若、巴金、李劼人、沙汀、艾芜、阳翰笙、林如稷、何其芳、陈翔鹤、陈炜谟等组成的“文学川军”，他们中不乏对中国现代文学有突出贡献的作家。但是四川一直以来缺少对他们进行集中介绍、研究与宣传，因此四川省人民政府文史研究馆建议建立四川现代文学馆，并组织省内文学界的专家召开座谈会，就现代文学馆的意义、年代划分、功能与选址等问题进行研讨。

关键词：四川现代文学馆；可行性分析；意义；断限；功能；选址

在中国现代文学史上，四川与浙江、江苏鼎足而立，1919 年至 1950 年这三十二年是四川文学最活跃、最辉煌，在全国最有影响的时期，特别是“抗战文学”更是四川继汉、唐、宋之后的第四个高峰。20 世纪 20 年代，川人在文学的多个领域是当之无愧的先锋、旗手。在新诗界，康伯情是中国白话诗的开拓者；而郭沫若的自由体诗《女神》是中国现代白话诗的奠基之作。在小说界，郭沫若的《牧羊哀歌》（1919）是最早以反帝爱国为主题的，他的《残春》是最早尝试意识流手法的；四川的乡土文学更为辉煌，1920 年林如稷就发表了短篇小说《伊的母亲》，1928 年陈铨发表了长篇小说《天问》，这期间更有被收入《新文学大系·小说二集》的陈炜谟的《狼筅将军》、高世华的《沉自己的船》等大批优秀作品。单就时间来说，四川的乡土文学是与鲁迅开创的中国现代乡土小说流派并肩的。在话剧界，1920 年郭沫若的《棠棣之花》是现代文学中最早的历史剧。在文学社团界，“为艺术而艺术”的浅草社是林如稷会同陈翔鹤、陈炜谟等川人发起的；郭沫若更为创造社的开创者。20 世纪 30 年代，四川也有不少里程碑式的作品，如巴金的《家》，他所创造的“青年世界”是 30 年代艺术画廊中最具有吸引力的一部分；还有堪称“小说的近代史”“小说的华阳国志”的李劼人的《死水微澜》《暴风雨前》《大波》。“九一八事变”之后，四川很大一部分作家在爱国主义精神的感召下开始创作抗战文学，沈起予是最早开始在创作中反映局部抗战的，他的短篇小说《火线外》与《火线内》，以日本民众抵制政府侵华运动为切入点，别开生面；沙汀的《法律外的航线》是最早反映国民党抗战的重要作品；艾芜的《咆哮的许家屯》《不作汉奸的李二狗》《孤儿》，阳翰笙的《死线上》《义勇军》，王余杞的《欢呼声中的低泣》《急湍》等都是抗战前期非常重要的作品。抗战进入相持阶段，爱国主题更为纵深，此时川籍作家在两方面可以代表全国水平：一是郭沫若的历史剧《屈原》；二是沙汀的讽刺小说《淘金记》，他用讽刺、诙谐的笔调尽力揭露民族性格的黑暗面，是抗战时期我国最杰出的讽刺小说家之一。四川的现代文学灿若星河，却一直都缺乏宣传与弘扬，这和四川没有文学馆作为集中展示的场所有很大的关系。因此，四川省人民政府文史研究馆提议建立四川现代文学馆，为此组织相关馆员，邀请四川大学、四川师范大学、成都大学、西华大学、四川省社会科学院的众专家共聚一堂，于 2017 年 3 月 16 日下午在文史研究馆进行座谈。以下为座谈会实录。

何天谷：今天请了省政府文史研究馆馆员和相关高校、省社会科学院的专家，召开一个“建立四川现代文学馆可行性分析座谈会”。出席座谈会的有关人员我做一个简单介绍：首先是我们省政府参事室主任、文史馆副馆长吴显奎，在座的对他应该是比较熟悉的，他是 80 年代我们四川很有影响的科幻作家，也是编审。还有我们省政府文史研究馆副馆长徐万华。我是省政府文史研究馆馆长何天谷。下面我把几位馆员做个介绍：谢桃坊先生，原为省社会科学院的研究员；徐志福先生，宜宾师范高等专科学校的教授，也是中国作家协会会员；王定璋先生，是省社科联研究员；还有张在德先生，原四川省文史研究馆馆长，我省的著名书法家。省内现代文学研究专家有：四川大学文学与新闻学院教授、博士生导师陈思广，四川师范大学文学院教授龚明德，四川师范大学文学院教授白浩，西华大学人文学院院长、教授谢应光，成都大学文学与新闻传播学院教授张剑锋，四川省社科院文学研究所原所长、研究员苏宁，四川省社科院文学研究所所长、副研究员艾莲，四川省社科院文学研究所研究员魏红珊，四川省文艺出版社编辑室主任、编审林文询，还有四川省社科院文学研究所工作人员赵海海。另外还有我们文史馆文史处的几位工作人员：这位是文史处主持工作的副处长伍文，后面坐的还有黎明春、薛晶、龚政。这个会的缘起呢，是我们的几位馆员包括谢桃坊老师、徐志福老师在内，他们在去年年底文史馆的馆员会议上提出这样一个建议：四川是一个文学大省，应该建立一个文学馆。我们省政府文史研究馆的宗旨就是“敬老从文，存史资政，统战联谊，建言献策”。还有就是围绕文化建设的重大问题建言献策，建设文学馆这个问题应该是文化建设的重大问题，而建言献策是我们的应尽职责，所以显奎书记和我以及万华馆长都非常重视这个建议。但是关于这个文学馆如何来建，提出什么思路供省委省政府和相关的职能部门来参考，我们还没有太多的思路。为了拓展思路，我委托谢桃坊老师邀请了一部分高校和科研院所文学、社科类的研究专家来共同为我们出谋划策。这是第一个背景，即提出这个问题的缘起。第二个背景是：2016 年初四川省作家协会召开了一个座谈会，分管教育、文化等工作的杨兴平副省长也参加了这个会，在这个座谈会上省作家协会就提出要争取立项、建立四川文学馆（暂定名）。兴平副省长表示赞同和支持。第三个背景是：国家有一个中国现代文学馆，它是 1981 年著名文学家巴金先生倡议建立的，收集中国现当代作家的手稿、著作还有影像资料，另外也从事编辑出版和研究相关方面的工作，是一个集博物馆、资料馆、编辑出版馆和研究馆多功能为一体的文学馆。提案在20世纪80年代初的中国作家协会主席团扩大会议上讨论通过，申报中央并获得批准。最初选北京万寿寺西院为临时馆址，80年代中期正式建成。之后现当代作家本人或者后人都捐赠了大批的书籍和资料，研究出版工作和展示工作都开展得有声有色。到1996年，由于旧馆万寿寺已经承载不下逐年增加的文物、书籍，以及考虑到对书信、手稿的更好保护，希望能够建成独立新馆。在巴金先生的再次积极争取下，国家在朝阳区芍药居地区为文学馆开辟新址，新馆计划得以实施。1996年开始筹建，1999年正式完工，新馆占地面积46亩，总建筑面积3万余平方米，已完工的一期工程建筑面积1.4万平方米，包括有文学博物馆、图书馆、档案馆等。吴显奎先生到中国作家协会之后向其捐赠了24本书。第四个背景也是最后一个背景是：四川省政府参事室和文史研究馆前两年通过向省委、省政府报告启动了四川国学馆的建设。这是对应中央文史馆在建的国学馆而提出的，它的选址工作、报备立项工作都在正常的执行中，主要用于收集、整理、保存省政府文史研究馆建立以来700多位馆员的资料，并用于展示他们的研究成果。国学馆和今天要讨论的现代文学馆并没有冲突。我把以上的背景介绍了以后，希望大家在以下几个方面给我们提一些建议和意见：第一是意义问题。因为在几千年历史长河中，我省的文学泰斗可以说是灿若群星，古代的司马相如、扬雄、三苏……现当代的巴金、郭沫若、艾芜等，都是在全国乃至世界上享有盛名的。文学馆需要传承四川文学精髓，弘扬四川文学的独特精神，展示四川文学界的群体形象。这一点众所周知，不需要多说，但希望大家能够从更多的角度提议，让其意义更为充实。第二是年代的划分问题。省作家协会他们提出的叫“四川文学馆”（没有划分时代）。这个问题直接决定我们收集资料和展示的对象，具体是现代的？还是包括当代的？这个也要听听各位专家、学者的建议。第三是功能问题。它应该是像中国现代文学馆那样包括范围更广还是其他？第四是选址的问题。省作家协会他们的意见是在巴金文学院的基础上扩建。那么我们是采取他们的建议还是对应城市建设规划的需要来重新选址？还有最后一个是成果转化问题。今天的座谈会开了之后要整理出来，可以以参事室、文史馆的名义，也可以以馆员的名义，还可以以政协委员的途径来申报，都可以。我们到时候根据座谈会的情况来决定。我想以馆员和专家的名义更有说服力！我先抛砖引玉，将今天要讨论的事情和大家做一个交流。座谈会最后由显奎书记做总结，请各位专家将发言时间控制在5分钟左右。现在就请各位馆员、专家发表意见。

徐志福：我先说。我先向大家汇报一下我所了解到的情况。关于建“四川现代文学馆”有些领导是否定的，他说：“北京已经成立了现代文学馆，四川再成立是不是重复？也没有这么多条件。”关于谁来建，有人说：“这个事情应该让四川作家协会去搞。”关于选址，省作家协会认为可以在“巴金文学院”的基础上建。这是一些我听到的观点。此外，全国暂时还没有先例。所以我们要搞就要做好充分的条件，还要得到领导的充分重视。我认为今天这个会就开得非常好！我们百花潭公园有巴金的“慧园”，现在龙泉驿又有一个“巴金文学馆”，但是就我所知，参观的人很少，就只有几个研究员在那里。郭沫若也是很寂寞！哪个到你那里去呢？在这些情况下，我们若要提出建四川现当代文学馆，就一定要说清楚我们有什么条件！我看啊，我们的条件应该是充分的。在中国现代文学史上，开宗立派的作家在四川是很多的。我们要立馆，就要把可以立馆的作家举出来，才能博得别人的同意。第一，康伯情是中国白话诗的开创者。他为响应胡、陈的文学革命号召，倡导并写了大量的白话诗。与其一起写白话诗的还有叶伯和、吴芳吉，他们三人还创办《新四川》。这三位中国现代文学馆都有收藏。第二，最早的“为艺术而艺术”的文学社团——1922 年在上海成立的“浅草社”和以后更名的“沉钟社”，主要发起人是四川的林如稷（新中国成立后四川大学中文系主任）以及陈炜谟、陈翔鹤等，他们写现代小说、诗歌，办刊物，受到鲁迅的赞扬。第三，郭沫若是我国自由体新诗奠基者，也是浪漫主义流派的开创者。巴金的反帝反封建的现代小说就更不用说了。第四，成立于 1930 年 3 月 2 日的“左翼”文学社团，四川有 12 人参加，其中阳翰笙、沈起予、陈正道三位是发起者。第五，就抗战时期来说：郭沫若、阳翰笙等利用已掌握的第三厅（国民党宣传部）文工会（学术机构）团结组织作家进行抗日救亡、反分裂的文学创作；所产生的抗战文学有艾芜、沙汀、李劼人、巴金、陈铨等的小说，何其芳的诗，郭沫若、陈铨、阳翰笙等的戏剧、电影……这些都要说透了。最后，我觉得可以入馆的作家有 17 人，其中作品多的有 11 位。这些确定了之后，通过他们的家属全方位地收集资料可能还有点希望。以后我们全方位地提供资料，郭沫若我有全套的，他的全部作品、包括他的研究作品我都有，我都可以提供。

何天谷：你的观点还是现当代文学馆是吗?

徐志福：是的。就现代文学要成立一个馆，确实有点单薄了，现当代就要充实得多。成立一个机构，要一批人可能有点难，因为全国没有先例。就在省作家协会里设一个分管机构可能比较容易。好了，我就说到这里。

苏宁：我来谈一下。巴蜀自古人文荟萃，许多文豪大家、文学名著出自四川，四川文学对中国文学的发展有重要的建树，建立文学纪念馆是极有必要的。纪念馆是文化载体建设。四川要建设文化强省，缺少载体是不行的。四川文学基础厚重，但又有重点。汉赋、唐宋诗词、川剧艺术、抗战文学……无不堪称翘楚。从历史上看，唐宋八大家，有三家在四川。隋唐五代时期，中原许多文学家、艺术家流寓四川。“唐衣冠士族多避难在蜀。”（《资治通鉴》）大批文人雅士、乐工舞伎进入蜀地，使之形成高峰。扬雄、司马相如、李白、三苏是四川的。杜甫、黄庭坚、陆游、范成大等流寓或宦游四川多年，留下大量脍炙人口的佳作。现代文学阶段，抗战时期是重点。抗战时期的文学文化，是继五四时期、左联时期以来，中国现代文化发展的第三个高峰。四川是当时政治文化的中心。四川的抗战文化内容非常丰富，产生出许多重要的文学大家和文学流派，产生了重大影响，聚焦于中国现代文化多义项的重建与复兴。四川现代的郭沫若、巴金、沙汀、艾芜、李劼人，当代周克芹、马识途、阿来等作家作品为代表的四川文学，是中国文学的重要组成部分。除了历史悠久之外，四川文学还有一个重要特点：多种类型汇聚，风格独特，民族民间文学文化的融合，形成四川文学的鲜明特征。这一点是我们文学所在梳理《四川文学史》时发现的，是其他任何一个省都没法和我们比的，也是缺少宣传和展示去让外界知道的。四川的确是一个非常独特的文学大省，20 世纪以来四川文学经历了从古典中嬗变，拥抱现代的过程。悠久的文学积淀，在四川现当代文学中有辉煌的反映。四川从古至今的文学发展星河璀璨，用纪念馆等现代文化手段将其呈现出来，有价值、有意义。建设四川现当代文学纪念馆，可以更好地展示四川文学发展史以及重要作家、文学流派的文学成就，对四川的文化建设有良好的支撑作用。但建立什么样的纪念馆，是拉通古今的四川文学馆，还是四川现代文学馆，应该根据功能决定。如果建研究性质为主的纪念馆，如北京的中国现代文学馆那样，可以考虑建四川现代文学馆，使之成为四川现当代文学的研究中心、资料中心，同时兼顾图书馆、档案馆的功能。如果突出教育普及的阵地、文化交流的窗口这样的功能，可以建四川文学馆，从古到今，但突出几个重点阶段。这样可以集博物馆、图书馆、档案馆，以及研究、交流、休闲、展示于一身。我个人倾向于后者。建设的关键是要挖掘四川文学的内涵。因此有关方向的文学专家要进入设计。不久前我去日本北海道，参观了渡边淳一纪念馆。他们把一个类似社区文化站的小楼，改造成纪念馆。地方不大但看得出是专业人士做的，引入文学地理学方法，在展览内容、设计、参观路线，重要节点等方面都做得很专业，看起来很舒服，效果很好，值得借鉴。我支持四川文学馆的建设，愿为其尽绵薄之力。

林文询：我觉得今天座谈会的主题词很明确，共有两个主题词，第一是“现代文学”，这就确定了我们讨论的范围，刚才徐老师还涉及其他部分。第二个主题词是“可行性”，可行性主体的部分刚才何馆长已经说了，至于具体的落实问题徐老师也谈到一些看法，这也是一家之言。我认为从意义上来讲，文学馆的可行性是没有问题的！一个小地方只要他们有在文学史上有所作为、有所贡献的一些文化名人，就都可以建文学馆；何况我们这样一个大省——在现代文学史上占了一定分量的大省。四川在现代在文学上出了一些领军人物、重量级的作家、诗人，而且还很不少。刚才徐老师、苏老师分别梳理了一些，应该说还有。我们省在现代文学史上的分量还是很重的，这一点不用讨论。即使少一点也还是可以搞的，因为这是地方文化建设的一个方面，它是根据自己的文学历史、状况和结论来做的，这个前提是毋庸置疑的。所以主要问题就成了如何搞和搞起来之后如何发挥功能和作用的问题。刚才徐老师说没有先例，实际上是有先例的！先例就是河北作协搞的河北文学馆。他们的文学馆还很是宏大，有古代、现代和当代，其中当代主要是前期。它的现代部分有个很有意思的地方，开篇第一位作家就是冯至，而关于冯至先生的介绍，开篇第一句话中出现了两位我们四川人：“冯至早年参加了由林如稷、陈炜谟发起的浅草社……”这个现象的确很有意思。我看过河北文学馆之后有这样一个感觉：他们把它作为一个“爱国教育基地”，也只是简单的展览室，请一些学生来参观，给他们解释一下重点，就这么一个作用。我觉得还是浅显了。另外，现有的一些比如说作家个人故居、研究馆、纪念碑等，都是单调的几个房子、几个展板、几张照片，用过的东西的陈列。刚刚提到的龙泉驿的“巴金文学馆”、百花公园的“慧园”……也就是去喝喝茶、打打麻将，或者有时去开开会的地方。这样搞到底有多大的意义？这样它们的生命力、影响力还是有点弱，是很容易枯竭的！我认为作家的纪念碑本质上讲就是他的作品。我们作为后人或者乡人，我们对整个历史的回顾，对自己乡土的这样一种关照，集结这样一支队伍也是非常好的，关键是这一支队伍集结起来以后它能不能发挥那么大的作用？这个问题要非常认真地思考，如果可以解决的话那就太好了！关于文学馆的内容，应该说还是比较丰富的。比如说这些著名作家们、领军人物们的作品，参与的文学活动、文学社团，还有他们在社会上引起的一些波澜或思潮等。刚才提到的左联时期，我们四川的作家在外面参加了一些非常重要的活动，应该还不是很大。但是抗战时期，我们是一个文学的大后方！省社科院专门做了一套《中国·四川抗战文化丛书》。我看了一下，里面的内容非常丰富。所以我觉得在介绍作家的内容方面应该是很丰富的。我就简单说这么多！

王定璋：我来说！对于参加今天这个座谈会，我由衷地感到高兴。首先作为这么大一个省，而且在我们省的GDP在全国都已领先的情况下，理所应当的应该在文化方面、在软实力方面有与之匹配的动作和相应的措施与建设。建这个文学馆肯定是有很多困难，甚至还会遇到一些麻烦，但是这件事情无疑是值得倡导的，也应该办得成。为什么呢？它有这样雄厚的基础，刚才徐志福老师说过的我就不重复了。在命名上，我觉得只指现代还是局限了，应该是“现当代文学馆”。文学并非无源之水、无本之木，它有割不断的历史渊源，于此，作为现当代文学馆的话，它必然有巴蜀文化的血统和基因，因此我还非常同意刚才苏宁女士的意见。就是可以把现当代作为它的重点，但同时也兼顾古代。我觉得历史是割不断的，它是文学的血脉和基因的繁衍。所在文学馆在强调现当代的同时也应该考虑到源头，考虑到灿烂的古代文学，作为溯源和寻根。这方面和主题不是那么一致，我就尽量简单点，是否恰当，请大家批评！

陈思广：搞不搞古代其实不是问题，问题的关键是要搞多大！有多大的面积就决定能够涵盖多大的范畴，当然这也和文学馆的功能定位有关系。这个提议还是非常好，虽不能说很及时但也不晚。但如果建，就要广纳资源，独立建馆，办出特色。要多方征集作家手稿，影像、书刊等具有文物性意义的史料，特别是能收集到有重大价值的文物性史料作为镇馆之宝，比如收集全作家名作的初版本等，才能产生更大的影响力，才能区别于国内其他地方的名人故居、馆所，成为地方文化建设的一个重要名片。没有镇馆之宝，很难有吸引力。文学馆要多功能化、丰富化，尽可能地利用当前科技力量，开展数据化建设，把文学馆建成一个与社会文化发展建设相交流、相互动的重要的文化传播平台。同时充分利用馆刊，建议《文史杂志》增设“四川现代文学与文化”栏目，将普及与提高相结合，与“四川文学馆”的建设与发展相呼应，栏目为常设栏目并持续下去逐步成为名栏，以进一步扩大影响力。希望该设想能得到四川省委，成都市委等相关部门及领导的大力支持并早日实现。

龚明德：前几天黎明春给我打电话说有这么一个座谈，我爽快地说这是我的专业，也因为我配合艾芜故居所在地的政府部门协助做了一些文案工作，应该来说说我的切身体会。这个馆，就叫四川现代文学馆。如果国家有统一行动，也可以命名为中国现代文学馆四川分馆。入馆的作家名单不能宽了，应该是1950年前已经成了名、在文学上留下了相当数量著名作品的人。再宽一点，可以退到“文化大革命”前已经名满全国的作家。再退后一些，就是胡耀邦时代，这是底线，不能再退了。入馆人员名单，要是像我们这个年龄的人不翻资料就知道他写了什么作品的人才可以。我自己写的东西能不能留下来，不是我说了算，等我死了五十年一百年，还有人读我写的书，那个时候我的名字才算个文化符号。文学馆中陈列的当然以纸质文献为主，那个时段的特点嘛。搜集纸质文献，现在已经是非常急迫了。因为我是深知其中的甘苦的。非常痛心的是，四川出版界当时库存的书稿档案非常丰富，后来通通当废纸卖掉，太可惜了。如果把当时四川文艺出版方面的书稿和版本档案资料全部拿过来，就是大半座现成的四川现代文学馆。现在再重新来搜集，无论是耗费的时间还是金钱都太昂贵了。钱钟书的一页毛笔书信基本上是二十万一封。巴金的信巴掌大的一片，都十万以上，而且还非常难找。现在艾芜的东西也是，我在搜集的时候也是相当困难。刚才陈思广老师说的，需要有镇馆之宝，那么就必须得把购买宝贝的资金找到。馆址的选择，建议不要考虑三环内，在市内出发一两个小时车程能到达的地方去找。这样可以选地大一些，建个文学村庄或文学集镇。比如艾芜故居建立起来了，这个要感谢当时的文化部门领导的支持。最近艾芜故居所在地的新都区清流镇党政领导班子正计划充实艾芜文化工程。我建议，省上可以考虑以艾芜故居和拟建的艾芜文学馆为中心，在清流镇辐射出与艾芜同时代的其他卓有贡献的四川作家的四川文学馆建筑馆群。众星拱月，反映出四川现当代文学曾有过的一个时段的文学史实现象。但是建好房子过后，积累那个时段的纸质文献，也是当务之急。这个工作，并不需要大集团大动作，只要有几个一门心思弄文学馆的人坚守着，五年十年就可以见到成效了。最后我希望，做四川文学馆这件事情，不要因为领导的换届而影响进程。冷和热都是病态，我们需要恒温。文化建设，不可以忽冷忽热的。

张剑锋：我简单说一些我的建议。第一，四川现代文学的成就与贡献足以支撑一个四川现代文学馆。在中国现代文学史上，四川与浙江、江苏鼎足而立，居于前三的地位，郭沫若、巴金、李劼人、沙汀、艾芜、阳翰笙、周文、罗淑、林如稷、邵子南、陈翔鹤、刘盛亚、陈炜谟、陈铨、王余杞、康白情、陈敬容、敬隐渔、罗念生、范长江等组成的“文学川军”，创造了现代文学的辉煌。第二，建馆技术及布展水平足以彰显四川现代文学的多方面成就。四川现代文学馆应具有“多功能”，除搜集、收藏、整理、研究、展示四川现代作家作品外，文学馆本身还是文化资源的物质载体，具有辐射功能，形成文化事业链、文化产业链，未来具有良好的社会效益和经济效益。当下的建馆技术、影像技术、数字技术、布展水平能全方位实现“多功能”。第三，四川现代文学馆布局龙泉驿区十陵风景区青龙湖片区比较合理。青龙湖片区东西位在三环与四环之间，南北位在成洛大道与成渝高速之间，地铁4号线、2号线通达，片区周围有明蜀王陵风景区、成都大学，将建设成都国际足球中心。以上就是我的几点建议。

白浩：我觉得大家建议的“四川文学馆”，这个创意还是很好，但是要重点考虑可操作性！把古代纳入，会显得范围太宽了，当一个事情无所不包的时候，可能就要搞黄了！所以我还是倾向于“四川现代文学馆”来命名，适当的涉及古代。如果说领导决心大，真正的打算搞成像龚老师说的“文学村”那样庞大的工程话，把古代纳入也是非常好的；但是如果只打算搞成中型项目的话，则还是“现代文学馆”为宜。再一个就是“必要性”，我觉得非常有必要，我想到了好几个例子，比如说上次朱寿桐老师来希望到附近的作家故居去看一下，我说：“李劼人故居，你看过吗?”他说：“早看过了!”除此之外，成都市区的作家故居就没有了，巴金、郭沫若，感觉都成了上海、北京的文化资产，我们四川反而没有什么话语权了！所以说我们要搞这样一个文学馆，它既是一个文化名片，可以把分散的资源集中起来，同时又还具有“资源抢救功能”。那么具体怎么搞呢？我觉得确实不能简单地像设计展览一样将几个展板摆起，只具有展览功能。应该是搞成有游览功能，同时它又是研究基地、资料中心。你说什么人会对这个事情感兴趣呢？普通人有没有兴趣，会不会专程跑几十里、几十公里专门到这里来喝喝茶呢？顶多是走马观花。真正对此感兴趣的还是文化人、专业人。这个事情要做好，关键在人，否则即便一时搞起来了也会后续乏力、逐步萎缩。什么人有热情将这个事业长期坚持下去、保持活力呢？也是要专业的人、有研究兴趣的人！所以非常重要的一点就是要强调它的研究功能，要弄成一个独立的实体。我建议借鉴中国现代文学馆，它就成了现代文学的一个研究基地，也是一个组织的机构。我们“四川现代文学馆”也应该成为一个四川现代文学的研究中心、研究基地，那样它的作用和影响肯定会非常大，意义也会很深远。

张在德：好，我来发言。四川现代文学馆，能够集中的呈现四川现代文学大家的形象，这是非常好的。但是我们的文学馆建立起来之后，应该怎样吸引人们来看呢？建得太远了，谁去看！所以，我建议第一点就要选址要在市中心。成都不是要恢复“摩诃池”吗？我们文学馆能不能就和它连在一起？第二点，我觉得如果省委省政府同意，就可以一边建，一边很快地成立班子，抢救性地拿出一部分资金来收购著名作家的一些东西，当然在这个过程中如果能够收到“镇馆之宝”那就更好了，是吧！建馆和收集资料一定要同时进行，不然馆建成之后空荡荡的什么也没有。至于功能，我认为应兼具研究和普及两种功能，而且以后应该和教育部门紧密联系。我在台湾的博物馆里发现，有些老师领着学生来参观，老师在那讲，学生听得很认真，而且之后老师还将自己讲的写成发言稿。从中我很受教育。好，我就简单说这些。

魏红珊：之前诸位老师就建馆的意义谈了很多。我认为我们四川在中国现代文学史上的贡献不仅局限于产生了一大批后来辉映于文艺界的大师和文学名著，还有非常重要的另外一面，我在这里简单介绍一下：在抗战时期，众多文化名人从全国各地迁至四川，他们客居巴山蜀水，有茅盾、老舍、曹禺、萧红、端木蕻良、洪深、夏衍、田汉、叶圣陶、苏雪林、袁昌英、凌淑华等。他们客居在四川的这段或长或短的时间里，也曾留下了许多脍炙人口的传世佳作，如《腐蚀》《四世同堂》《残雾》《蜕变》《法西斯细菌》《包得行》《黄白丹青》等。据统计这时聚集四川的文艺大家，超过了战前京、津、沪、宁等地的总和。1942、1943 年的部聘教授和 1948 年的中央研究院院士有 60%以上在四川居住过。四川以开放包容和勇于肩负历史重任的态度，在战时为全国的文学大师提供了一方净土。这是不应被忽略的现代四川的伟大贡献！也是构建四川现代文学馆的意义之所在。再来谈文学馆的内容，我认为应该包含作家的初始版本、手稿、书信、照片、相关研究成果等。在展示上应该根据各个时段具体情况来选择，要突出重点。20 世纪 20 年代是早期裂变时期，可以重点展示清末民初四川的旧学与新学、五老七贤等；30 年代是多元化发展时期，应展现四川文学的多元景观；1937—1949 年是全面繁荣时期，可细分为抗战初期和繁荣期两部分，重点展示川籍作家和流寓四川的外来作家作品、文学活动、文艺期刊等。关于文学馆的实施方法：我们可以利用文化地理学的方法（文化迁移、文化区、景观），采用时间、空间双重纬度，借现代化先进的视听手段，立体展示四川现代文学的灿烂辉煌和重要贡献。其效果会相当震撼！关于选址，可以就功能定位、规模大小而定，以交通方便为宜。

艾莲：大好事！很期待！第一，我们文学所在做《四川文学通史》，我们的想法是要给省委省政府提建议，要建一个四川文学馆！太好了，太漂亮了！第二，我觉得按照四川目前的这个发展水平和领导对文化建设的决心，简直是不用我们担心。我省为公共文化服务的投入，这么多年来也连续在全国领先，20 个亿投一个项目根本不成问题。我觉得领导不下这个决心，我们也要帮领导下这个决心！第三，省委宣传部的甘部长，他对我们四川的文化艺术资源，相当重视。然后我们院的向宝云书记现在刚好也调到省委宣传部去做副部长，刚好就分管我们这一块。所以我觉得领导的决心是不用担心的。第四，刚才我们苏老师也说得很好，我们四川的文学史太有代表性了，从来没有断过！我们的四大高峰：汉、唐、宋、抗战。这个是代表国家水平啊！这个拿出去很漂亮！所以我觉得建一个很丰厚、很值得看的馆是一点问题都没有的。还有，我们在建馆的时候就要想到把 VR、AR 技术用进去，甚至可以把除绘画之外的其他艺术都包含在内。这两个技术可以把所有大家的故居，用这种虚拟的方式展现给大家，然后构成一个网状的勾连。到时候参观者看了这个之后完全可以深入进去。关于功能，我觉得可以多方面：研究、交流、旅游开发，甚至可以作为我们四川文化艺术的一个特色。所以我非常激动，特别期待，坚决支持我们四川文学馆的建立。

谢应光：文学馆作为物质载体，它有着物化中国现代文学四川地区的突出成就的作用；成都作为国家中心城市，需要有像现代文学馆这样的文化名片。在时间划分上，我赞成以 1919 年至 1949 年官方认同的“现代”为宜。当代太近不宜建馆，纯粹“现代”主题突出鲜明。就馆的功能问题，必须体现“综合性”，主要功能应包括：第一，作家作品展览当然为重中之重；第二，关于作家文物与生平的展览，以及他们所引起的一些社会影响的介绍；第三，还需要展示后人对于入馆作家的批评的优秀文章；第四，文学馆应设立若干影视厅和计算机自主阅读厅，充分满足观览者的视听需要；第五，文学馆一定要定期开办讲座与学术报告，所以需要修建一些中小型报告厅；第六，要有沙龙与休闲区，用于休息和交流；第七，纪念品与文学作品销售。关于馆址选择问题，我以为应以近郊大学城为佳，最好在郫都区。这里离主城区近，大学多，文化氛围、自然环境良好，连通都江堰、青城山，又处在扬雄文化、望丛文化地域之中，居于巴金、艾芜、李劼人、郭沫若故居的中间地带，有着天然的优势。

谢桃坊：我简单说两句。我是研究古代文学的，我绝不赞成这个馆把古代包括进去。因为这个馆是专题的博物馆或者纪念馆，必须特点相当突出！因为四川虽然在古代出了一些很有影响的作家，但是它不如现代那么集中，不如现代那么影响大。而且现代四川作家纪念馆，它是直接推动四川当代文学发展、团结当代文学爱好者的一个中心。所以它的功能，我就想到以后以爱好新文学的这些人为基本群众，也总结四川现代作家成功的创作经验，起到提高四川的文学创作水平，如果能够达到这样的目的，我们的馆就搞活了。所以这个馆可以多请一些作家，或者高校的专家每周开一些讲座。入馆对象的范围只能是四川现代的作家，不包括流寓四川的作家，范围广了无法操作。关于断限我基本同意在 1950 年。不能再延长。看来四川很有影响的作家也就到这个时间为止了，后来也没有出现什么重要的作家。

何天谷：是从“五四”到 1950 年？

谢桃坊：对！到 1950 年为止。而且选的作家不必太宽泛，必须在中国现代文学史上有相当影响的、有相当独特的创作的东西的才能入选，最多不能超过十五个，十二三个足够了。多了就不行了。另外，选址呢，我觉得必须在三环以内。你弄到龙泉，哪个到那里去！最好就在一环以内！

何天谷：好，谢谢谢老师。最后我们请显奎书记作总结。

吴显奎：谢谢各位专家，大家都讲得非常好，站在不同的角度，很有深度和高度。总体来讲今天是一个务虚会，我心里也没有底，指向是什么。我当然也想要一个在市中心，像体育馆、科技馆一样的。确实是可以成为整个文学爱好者、研究者、专家的一个“圣殿”、沙龙。现在我们房子建的比较多，精神皈依的地方却比较少。因为大家认识都不太一致，要达到统一还有很多艰难的路要走。作为文史研究馆，现当代文学也是我们的一个研究范畴，所以很想听听大家的意见。我在想，四川现代文学有这么高的地位，应该有它安生的天堂。我们做到了“破题”，以后具体怎么做，既要做得符合我们社会发展允许的范畴，不要太小气，但是也不要搞成一个很大的建筑，造成资源的浪费。另外我们集中的一点，就是成为一个作家的殿堂，那么省作家协会应该居于什么样的位置？我觉得阿来就应该牵头干这个事。省文联应该做出什么样的支持？是吧！我们的确要有紧迫感，同时呢，随着我们社会的发展，跟着就有很多馆要建。因为社会发展的趋势，前些年我们是满足了物质，现在是精神找皈依的时候了。国务院最近发了一个通知，就是说建好博物馆。像美国、加拿大一个 20 万人的小城就有几十座博物馆。我们太少了！但我想陆续会有的，今天就是一个破题。当然怎么用好、管好也是靠水平的。光考虑建不考虑实用也是不行的，所以我想在这个事破题以后，我们就奔走呼号，争取把这件事搞成。我们要建，就是要把它传下去，要对当代人精神上有温润，“温润的目光，仍然萦绕在它的面前”。这才行！今天这些非常好的主意我们集中起来，我也会专门向甘部长汇报一下。就说到这，谢谢大家，大家辛苦了！

何天谷：显奎书记刚才发表了非常重要的意见，多余的我就不说了，再一次感谢我们馆员对我们社会事业的关注和担当，是你们提出了这个设想才推动了今天这个会议的召开；同时感谢各位到会的专家特意来文史馆参加这个会议。下一步，我根据显奎书记的要求和各位专家的建议，做这么两件事情：第一就是起草一个建议，这个思路今天基本上已经清晰了。因为我们是建言献策，建言不行政，献策不决策。关于这个事情，我们可以提出几种思路，分析利弊，决策者就是省委、省政府。第二就是成果转化，以各位专家和馆员的名义在书报、杂志上发表，这样影响力就更大。通过我们大家共同的努力来为四川文化建设做贡献。再次感谢各位老师！

（作者单位：四川省社科院文学所）

成都市中国现代文学作家遗存调查及其保护利用研究

谢应光　刘文君

内容提要：成都市中国现代文学作家遗存主要包括作家作品、文学刊物、实景实物、影视作品等，目前在其保护利用过程中存在保护现状堪忧、开发模式陈旧、资金投入匮乏、后续营销缺位等问题。面对这些问题，可以通过广泛收集整理作家遗存、促进产业融合、加大投入力度、加强营销宣传、培养专业人才等举措进行合理开发，从而加强文学遗产的保护和利用，推进成都市现代文学产业化发展。

关键词：成都；作家遗存；保护利用；文学产业

在现代中国，成都市不仅出现了许多享誉国际的文学大家，而且在抗战时期和国民党统治时期以自己独特的地理位置为掩护，以肥沃膏腴的土地为滋养，收容且保全了无家可归的流亡作家，可以毫不夸张地说，现代中国文学在抗战八年还能继续发展并取得辉煌的成就，在很大程度上就是因为有了这样的庇护和滋养。因此，在成都这片土地上，必然有着丰厚的作家遗存。近期成都市正式发布了《成都市文化产业发展“十三五”规划》，明确表示“十三五”时期成都市要全面提升城市文化影响力和文化产业竞争力，建设西部文创中心，构建现代文创产业体系。在这种背景下，成都作为文学资源丰富的大都市，调查摸清成都市现代文学遗存的基本情况，推进成都市文学产业发展，显得尤为重要。

一、成都市中国现代文学作家遗存基本情况

成都市中国现代文学作家遗存主要有以下几种。

一是作家作品，分为现代成都作家的作品和外来作家的文学创作。现代成都作家的作品主要是巴金、李劼人、艾芜等人的创作，外来作家的文学创作主要有：郭沫若的《反正前

后》、茅盾的《成都——“民族形式”的大都会》、老舍的《可爱的成都》和《在成都》、何其芳的《成都，让我把你摇醒》、叶圣陶的《成都杂诗》、朱自清的《成都诗》、黄裳的《成都散记》、周文的《成都的印象》、易君左的《锦城七日记》、张恨水的《蓉行杂感》、冯玉祥的《蓉灌记行》、刘大杰的《成都的春天》、宋之的的《重庆到成都》、吴芳吉的《竹枝词》、薛绍铭的《成都的印象》等。

二是文学刊物，根据《1833—1949 全国中文期刊联合目录》收录情况，笔者进行整理统计，1912 年到 1949 年期间成都共出版刊物 300 余种，其中文艺刊物不下 50 种。主要刊物如图：

刊物名称	编辑出版者	出版时间（年月）	出版卷期
《工作》（半月刊）	成都工作半月刊社	1938.3—1938.7	1—8 期
《大众文艺》（半月刊）	成都大众文艺社	1949.8—1949.10	1 卷 1—2 期
《大声》（周刊）	成都大声周刊社	1937.1—1937.4 1937.11—1938.8	1—13 期
《文艺创作》（月刊）	成都文艺创作社	1943.8	1 期
《文艺后防》（旬刊）	成都战时出版社	1938.7—1938.9	1—8 期
《文叶》（月刊）	成都文叶社	1945.10—1945.11	1 卷 1—2 期
《散文与诗》（月刊）	成都散文与诗社	1935.12—1936.1	1 卷 1—2 期
《时代文学》（月刊）	成都时代文学社	1945.6—1946.9	1 卷 1—8 期
《华西文艺》（月刊）	成都华西文艺社	1940.2—1940.10	1—5 期
《流星》（月刊）	成都青年文艺社	1927.7—1927.11	1—2 期

这些刊物上面刊载了很多当时在成都的作家的文学创作，部分刊物还是这些作家参与创办的。例如《工作》，它是由何其芳、卞之琳、孟实（朱光潜）、方敬等人组织其他一些从沦陷区来到成都的文教界人士共同创办的一种以宣传抗战为宗旨的小型刊物，该刊主要刊登诗歌、随笔、散文、杂感、报道、通讯、短小说。撰稿人主要有何其芳、沙汀、卞之琳、方敬、孟实、罗念生、王苑、周文、陈敬容、杨应雷、谢文炳等。这些刊物成为作家们参与社会活动的阵地，承载着传播文学和艺术的历史使命。

三是实景实物，如作家的故居（祖居）、求学地、工作地、活动地、雕塑雕刻，作家萍踪所至处留下的诗文、楹联、石刻等，如巴金故居、李劼人故居、艾芜故居、华西坝教会五大学、望江楼、骡马市街、春熙路等。

四是影视作品，主要是根据文学作品改编的影像作品以及当代的相关历史纪实，如根据李劼人《死水微澜》改编的电影《狂》、纪录片《百年巴金》等。

二、成都市中国现代文学作家遗存保护利用存在的问题

近年来，成都市在现代文学遗存保护利用上做了较多努力，或筹集资金对作家故居进行

维修整饬，或对作家著作进行整理出版，但仍存在着较多问题。

（一）保护现状堪忧

成都市现代文学作家遗存的保护和开发力度远远不够，有的作家故居年久失修，保护不得当；很多故居、纪念馆等现代文学作家遗迹参观人数寥寥，造成资源的极大浪费；多处现代文学作家遗迹仍然停留在旅游观光的低级层次，文学内涵的挖掘不足，没有凸显出文学传播效应。现代文学作家资料的征集、保管和研究相对滞后，许多宝贵的物质或非物质史料因未能妥善保存和整理而损毁、流失严重，如巴金故居“李家院子”已被拆除，一些珍贵的文学期刊现今已散佚等。

（二）开发模式陈旧

现有的成都市现代文学作家遗存的开发利用主要局限于旅游观光层面，开发模式陈旧，通常采用展陈模式，用“文物+图片”的形式加以呈现，有的仅有文字或图片，没有实物，没有深入挖掘其中丰富的文学内涵。这种模式，缺少互动性和吸引力，导致大多数现代文学遗迹参观者人数非常少。此外，现代文学作家遗存在开发过程中与其他产业融合不够。文学产业的发展并不是仅仅依靠个人和单个企业的行为，也不能仅仅局限于某个方面，而是需要各个相关产业的积极互动与地理聚集，形成集群环境，并从文学产品的创作、出版等方面形成一个完整的产业链。现代文学作家遗存在开发过程中也没有明确的定位，对自身的特色没有很好的把握，对于品牌的塑造还在摸索过程中，没有标志性成果。

（三）资金投入匮乏

现代文学作家遗存的开发必须要有资金的支持，其中政府的资金扶持是必不可少的。因为没有建立长效的财政投入机制，致使经费问题已经成为当前现代文学资源开发面临的最为棘手的难题。但是如果过分依赖政府资金投入，且投入不计回报，造成投资渠道单一、投资渠道不畅，则又会导致文学产业市场化不足的问题。文学产业属于创意类产业，投资周期长、投资风险大，发展必须得靠其自身不断融资，但是政府的资金扶持是必要的。

（四）后续营销缺位

现代文学作家遗存尤其是已经被定为各级文物保护单位的现代文学作家遗存，因为其“公有身份”而无须考虑发展问题，懒于出门吆喝，疲于市场推广，营销问题往往没有摆上议事日程，既没有基于自身特点定位重点参观群体，又没有建设完善的配套旅游基础设施，或开发与自身特点紧密相关的产品，而是静等参观者上门，导致众多现代文学遗迹“躲在深巷人未知”。可见，现代文学作家遗存资源利用率低，与其自身不重宣传，不重市场调研，不设法吸引特定参观群体不无关系。

三、成都市中国现代文学作家遗存保护利用策略

（一）广泛收集整理作家遗存

开展成都市现代文学作家遗存资源普查，建立成都市现代文学作家遗存名录，建立现代文学馆，建构成都现代文学资源库，成立现代文学资源研究中心，绘制《成都现代文学地图》，既可以为广大群众尤其是文学爱好者提供便利，又可以让尘封已久的现代文学作家遗

存重新焕发活力。实施“成都市现代文学记忆工程”，面向社会广泛征集有关文字、图片、影像等资料，并对其进行抢救性现状拍摄。还可以拍摄作家传记片或电视纪录片，以影像形式保存与作家有关的文字和图片资料。在系统收集整理的基础上，对成都市现代文学作家遗存进行全方位评估，深入考察其市场前景，分类做好市场定位，明确营销方向，重点开发文学产品附加值较大的现代文学资源。

（二）进行产业开发，促进产业融合

现代文学只有进入文学产业，通过产业手段进行开发，才能获得更大的影响力。当今全球化时代，文学产品的消费心理、消费动机和消费行为与传统工业社会相比发生了根本的变化，只有进入文学产业，将作品转化为影视剧、主题公园等“形象可视化”产品，才能更有效地吸引“读图时代”的受众，尤其吸引在当今文化活动中越来越活跃的青年新锐群体的关注，单纯靠传统模式发展，现代文学作品将难以避免逐渐成为特定群体自娱自乐的小众文化。

当前，文学产业与其他产业的融合发展主要表现在与旅游业和信息产业的互动融合，但是，文学产业是一个具有整体性的庞大系统，包含着多种不同形态的文学内容和文学形式，发展规律具有相对的独立性。因此，其产业创新融合也不应该仅仅局限于旅游业和信息产业。在旅游、互联网等产业不断融合发展的过程中，文学产业也可以尝试探讨与其他相关产业的互动融合，从而进一步维护和强化文学产业发展的独立性，拓展其创新发展路径，实现现代文学的多角度、多层次传播和文学产业链的完善和延伸。

（三）加大投入力度

“工欲善其事，必先利其器。”为更好地运用政府的行政手段和经济手段，促进成都市现代文学作家遗存的开发利用，加快推进成都市文学产业发展，政府必须加强组织领导，完善工作机制和工作格局，形成强大合力。提高对现代文学作家遗存资源开发的资金投入，保证公共财政对文学产业投入的增长幅度高于同级财政经常性投入增长幅度，提高文学产业相关支出占财政支出的比例，加大对重点项目实施和重大课题研究的支持力度。

（四）加强宣传营销

文学产品的营销必须突出文学特色，必须以作家的生活场景、作品的真实（或虚构）情节为依托，并与地方文化相关联。因此，要在调查文学产品消费市场的基础上，有重点地选择在校大中专学生、教师、文学研究人员等特定人群进行宣传，并依托作家的国际影响力积极开拓海外市场。可以在各大现代文学遗迹播放文学旅游专题片，介绍成都市的文学遗迹、神话传说、风土人情、自然风光等；可以联合作协、旅游等部门共同开展采风活动，借助作家、学者的影响力宣传现代文学作家遗存资源；可以利用已有的影视剧资源，也可以根据作家的经典名作新拍一些影视剧，通过影视剧加强宣传；可以在城市景观、旅游景点等融入成都市现代文学元素，在城市交通网中增设作家故居公交站点；还可以依托微博、微信等社交媒介加强网络营销，从而形成立体互动效应，构建成都市现代文学作家遗存源的大宣传格局，努力塑造成都品牌。

（五）加强人才培养

成都市现代文学作家遗存的开发，文学产业未来的发展，都急需文学产品的经营管理人才。从长远来看，制约文学产业未来发展的最重要因素已不是资本和制造力，而是将作品本身转化为一系列文学产品的相关专业人才。从文学人才的培养方面来看，虽然像巴金、李劼人一样的原创文学人才需要自身的天赋与资质、难以大批量培养，但文学产品的经营管理人才却可以规模化产出。因此，为促进今后文学产业又好又快发展，应统筹与文学产业有关的高校、科研院所、协会社团等，完善人才培养体系、明晰人才目标定位，一方面要引导原创文学人才的成长，另一方面更要重点突出对文学产品经营管理人才的培养。只有拥有充足的人才保障和智力支持，文学产业才能持续快速发展，推动文学事业大发展、大繁荣。

（作者单位：西华大学文学与新闻传播学院）

洛带古镇文化遗产与文化旅游产业发展摭零

郭一丹

内容提要：洛带是成都市龙泉驿区文化产业核心发展区，近年来坚持以“客家古镇”为文化名片，取得了十分突出的发展成就。本文重在溯源洛带客家文化遗产保护与开发、文化产业发展的主要脉络，对近期广为人知的文化产业升级路径、发展现状只稍作追踪概述，主要以身历其境的考察、访谈和参与观察为重点，为客家文化遗产与文化产业研究案例分析略尽薄力。

关键词：洛带古镇；文化遗产；文化旅游产业；发展

洛带镇，俗名甑子场，又称洛带镇，清代属于简阳县，1939 年划为简阳县第三区，1976 年划归成都龙泉区，撤乡建镇。这里是成都东山的腹心地带，总人口三万多人，客家人占总人口的 85%以上。洛带是成都市龙泉驿区文化产业核心发展区，近年来坚持以“客家古镇”为文化名片，围绕文化传承、文旅互动、文创产业的发展思路，秉持“文化为魂，服务为本，基建为要，特色为主”的发展理念，扎实推进，稳步提升，取得了十分突出的发展成就。古镇 2006 年成功创建国家级 4A 旅游景区，近年来入选首批“四川省级特色小镇”“全国重点镇”“中国历史文化名镇”“中国民间文化艺术之乡”“国家文化产业示范基地”“国家级生态乡镇”“中国乡村旅游创客示范基地”等，文化产业链吸引力不断扩容与提升。川、渝两地遍布客家人，延续保存的客家聚落并非鲜见，唯独“世界的洛带，永远的客家”别具只眼，脱颖而出，以客家文化破题，发展客家文化特色旅游。经过多年精心挖掘、整理、创新与传播，成为西部最为闪亮的客家文化名片，型塑成一个鲜活的“吃、住、行、游、购、娱”的客家文化符号，一举成名，深植人心。2006 年国家旅游局评审 4A 资质时，曾对洛带提出过“东有周庄，南有丽江，北有平遥，西有洛带”的祝愿与期望。古镇倚重丰富的历史文化资源，依托都市近郊的地缘优势，依靠自身不懈的锻造与创新，经受住了历次景区复核，广获好评，坚定发展信心，为创建国家级 5A 风景旅游景区的奋斗目标而努力。

处在成渝一线通商黄金线——东大路节点之上的洛带镇，早年是成都与简阳、重庆一线过往行人和客商歇脚、吃饭、住宿的集聚之地，人气旺盛，商机无限，是远近闻名的成都东山五场之一。随着现代交通方式的变迁，古镇繁华不再，开始滑向落寞式微的边缘场镇。20 世纪末，经由专家的学术研究与对策建议，洛带充分认识到“客家文化”于古镇重放光彩的价值与意义，听取专家建议，从“摸清家底”开始，重视客家文化调查、研究，施行“客家文化再现”工程。2005 年，“第二十届世界客属恳亲大会”在成都举办，洛带因客家文化遗产保存完好被选定为世客会唯一分会场。客家人、政府、专家、媒体齐心协力，共同推进，继续夯实“西部客家第一镇”基础，从此广为传播，显名一方。近年来，洛带文化产业不断扩容升级，但始终立足文化根本，以客家文化为灵魂，传承、弘扬客家文化，营造客家文化历史场景，打造高端文化旅游休闲区及优美宜居的环境，探索传统与现代、文化与产业、艺术与生活的交集与对接，引进各类特色文化街区，引进晋派、徽派、闽派、川西、海派特色建筑群落，兴建客家符号之一“土楼”及博物馆，进一步发展西部客家文化产业，吸引 500 多家文创企业、艺术商店、民宿客栈，各种文态、业态集聚，初步形成较为完整的文化创意产业集群，升级为著名的古镇旅游胜地。在现代都市游客的心目中，这座古镇是他们认知客家、缅怀历史、留住乡恋、寄寓乡愁的首选之地，洛带古镇旅游很快成为成都精品古镇旅游线路之一。

纵观古镇近二十年的发展历程，其发展与客家人对文化遗产的保护与传承和初期以“客家”为主要抓手、脚踏实地做好客家文化产业具有深刻关联，是“文化搭台，文化与经济共同唱戏”发展路径的一个范本。能于高歌猛进城市化的都市近郊有一个乡镇齐集如此丰富的文化遗产、族群交集、文化接触、文化持守、文化变迁，或消融趋同或渐行渐远的前尘往事，又能看到现代文化产业发展集群的多元凝聚，这本身就是文化遗产与文化产业寻求合作对接的馈赠与惊喜，也是一个文化保护、创新发展的西部样本。人们如何实践文化传承，如何表达文化认同与归属感，如何延续文化生命？置身其间，能有更深的感悟与思考。本文重在溯源洛带客家文化遗产保护与开发、文化产业发展的主要脉络，文化产业发展的接力棒由最初的政府主导逐渐过渡到以市场为主，市场发展态势稳定良好，其发展动态、文旅活动对外传播全面及时，渠道多元广阔，形式不断更新。本文对近期广为人知的文化产业升级路径、发展现状只稍作追踪概述，主要以身历其境的考察、访谈和参与观察为重点，为客家文化遗产与文化产业研究案例分析略尽薄力。

一、感知洛带古镇文化遗产

洛带镇及其村落都有很多保存至今的文化遗产，有物质文化遗产，也有非物质文化遗产。前者如原址保存或原貌迁建的会馆群，宗祠、古庙、古树（红豆树）、古村、字库、客家公园、传统民居，青石板街道，等等；后者如客家方言、族谱记忆、广东小儿歌、客家山歌、丰富的清代碑刻、纷繁多彩的客家民俗、心灵深处的文化认同、原籍记忆，与原乡间古代、当代的交流与互动，等等。洛带古镇承载着很多历史文化信息，储存着很大传统文化能量，留存着客家人流离、播迁、西进、生存、奋斗、协作、抗争的日常生活史诗，本文只能择其要者，按照客家祠堂、移民会馆、燃灯古寺、字库塔几个主要文化留存，从家族、同籍组织到社区公共空间“差序格局”，从“小我”到“大我”的逻辑链条，从血缘集团，到原乡同籍地缘集团，再到“五方杂处”新家乡社区多向度格局形成的主要脉络，略加概说。

（一）客家祠堂的前尘旧事

客家人西进入川时，主要以少数人口组成的“家”的形式佃耕或小置田地房产，经过数年发展壮大，渐又成“族”，人丁兴旺，财力渐丰，买田置业，聚族而居，醵金建祠。如宝胜村，它位于成都平原东缘，属于洛带一个散村。村内最著名的莫过于“刘家大院”（刘家老房子），位于宝胜六组。刘氏原籍江西赣州府安远县，于康熙四十九年入川，佃种数载，置地建祠。如今刘氏族人大都在祖堂周边各建房屋，但刘氏祖堂保留至今，不敢稍动，以妥先灵。尽管供桌等祭祖器物大多不存，清光绪二十年二月十六日实贴刘氏祖堂的《示喻碑》却完好镶嵌祠堂左墙。碑文详述缘由：“民等始祖立璋公由豫来川，在恩治镇子场桃花寺置买粮业、创造房屋，祖传至今一百余年。上沐君恩，下沾祖德，世系得以长延。届兹人众族繁，恐有不肖，玷辱先灵。民等集族会议，仍遵先祖遗训，兴设尝会，培植风水，保固蒸尝。原期惩不法而赏有功，公议立条规十九则抄粘，并将先年治不肖之案及合约抄粘，刑券可查。恳恩做主，赏示立案遵行。”十九条族规，历历在目，赫然可辨。这是一份家族“合约”，于清道光十六年十一月二十日初拟，至清光绪年前又修订而成，经由“集族会议”公议，拟定而成。其中蕴含家族的管理制度、管理章程、祭祖、舞龙、账目管理、处置不肖等家族生活方式或家族往事丰富的历史文化信息，是研究客家文化、家族管理、家族发展的实物资料。刘大益老人手抄《刘氏族谱》记载了丰富的家族信息，学界已有相关研究成果。对于前往古村参观游览的普通游客来说，这座客家祠堂能让人身历其境、直观地体味慎终追远、聚族而居、耕读传家、家族管理的血缘共同体的生活方式。除此之外，这里还保留着刘氏族人意识深处的祖先、家族记忆和悠悠往事。中央电视台系列节目《记住乡愁》之中有一集就讲述了刘氏家族生存发展的历史与现状，刘家祠堂的前尘旧事也经此平台得以广泛传播。

巫氏大夫第是洛带镇保存最为完好的客家宗祠，里面承载着巫氏家族入川、创业兴家的历史记忆，是诸多入蜀客家人兴家、建祠、收族的一个鲜活样本。入川始祖巫锡伟的父亲巫象嶷在原乡广东时就有四方之志，因科考屡试不中，乃从事商业贸易。他气度阔达，遨游山海，后因经商出现变故，家道中落。其子巫锡伟不失先父播迁之志，乃携家入川，于雍正乙卯年自广东惠州府长乐县迁徙至四川重庆府荣昌县大草坪，后又移居永川县王家坪，筚路蓝缕，开拓发展，遂“弃儒学耕焉”。六岁随父入川的二子巫作江，创业初期艰于衣食，“旋弃儒业”，十五岁起“货殖重庆”，后因缘际会，贸易为业，于洛带安家，并“以经商而昌盛”。尽管艰难起家，但巫氏与族人、乡邻友人相交“凡兴废举坠之事，无不乐输争先”①，对“有抱长才而善持筹者当束手时，必给以资本；贫居困乏而告急者，莫不有所周济。每至岁时伏、腊间，往往预为邻友酌量，倘不足用，则分多润寡，略无吝色。更常代人积贮，累至

① 刘义章、陈世松主编：《成都东山客家氏族志》，四川人民出版社，2001 年版，第 284 页。

可赢，毫不入私”。[①] 巫氏的拓展史以及与人为善的仁义德行，由此可见一斑。

洛带《胡氏族谱》记载了胡氏九世祖胡闻聪由揭阳迁至嘉应府长乐县定居，二十世胡五然，千里跋涉，徙居西蜀简州镇子场（洛带）创业，四子留广东长乐守祖业，二子由简州再迁新繁立业，五子迁华阳牛市口落户，每一房迁徙落户方位都留下了家族记忆。在胡氏族规中，明确规定“族中有富贵者，不可安富尊荣，轻藐宗族，恃强欺弱，凌侮贫贱。当以礼让为先。贤者好礼，愚者守分。务须读书，使知礼义道德。士、农、工、商必执一业，切不可卑污苟且，为盗匪、兵卒、泼赖、无耻等事，上玷宗祖，下辱族党，切宜痛戒”。[②] 对于家族内部矛盾，胡氏自有他们的应对逻辑：“族中是非，或自外来，或由内构，当局者迷，旁观者清。在叔侄兄弟之列，宜公言解劝。如有说是送非，嫁煽祸患者，当投鸣族众责罚。正所谓先除家贼是也。”[③] 宗祠及族谱多有记载客家人对内、对外的活动及留存在“创造华宇，以壮阙居”宗祠的无声述说之中，留存在族谱的文本记忆中，也留存在后裔的口耳相传中。总之，古镇及各村落保留很多客家族谱，人们每年在祠堂，合家宣讲，集众谛听，既有瓜瓞螽斯之庆，又从祖先创立家业的精神资源中汲取归属感与艰苦奋斗、同舟共济的力量。敬宗收族，教家即以教国，他们也往往将宗族精神与民族国家精神自然联结起来，以崇善尚美教化子孙。

（二）移民会馆的悠悠乡愁

清代移民“湖广填四川”大潮澎湃，各省移民纷至沓来，共“上四川”。他们或插占，或佃，或买，农、工、商、贾，各显神通。各省移民初来乍到时，各从其俗，自为风气，一时难以磨合，但同时又需要团结协作，守望相助，抱团取暖，于是各省同籍移民纷纷建立同乡组织，凝聚力量，捍卫利益。同乡组织的建立需要载体或平台，举办祭祀原乡神灵无疑是一种理想的黏合剂，同籍移民纷纷捐资兴建会馆，主要活动为祭祀家乡（初期移民的原乡还是他们心目中的“家乡”）神望，于会馆“迎神庥、聚嘉会、襄义举、笃乡谊”“坚团结而通情谊”。洛带各省移民也争相修建会馆，联谊同乡。现存清代会馆四座：广东会馆、江西会馆、湖广会馆、川北会馆（为近年成都市区拆迁而来）。会馆群建筑精巧、华丽、独特，历来是建筑学家或各类艺术家关注的宠儿，其中蕴含的丰富人文内涵更是社会科学研究者的关注焦点。广东会馆（南华宫）主要神祇为南华六组慧能，江西会馆（万寿宫）主要神祇为许真君，湖广会馆主要神祇为大禹。各省会馆设客长一人，首事若干，负责主持会馆事务，组织管理系统的建立、完善，以会馆为主体，开展社会活动，联络乡谊，维护共同利益，这在一定程度上反映了移民前期不同原籍移民在地缘、文化、方音、习俗等方面的文化认同或族群认同，蕴藏着移民以原乡地缘为纽带、缘于同省“乡党”情谊的生存策略。

会馆中匾额、楹联、碑刻甚多，尤其是湖广会馆与江西会馆，尚存很多碑刻，免费开放（江西会馆有时开放），对历史文化感兴趣的人都可前往参观、学习、研究。例如湖广会馆中现存碑刻有清乾隆二十四年《重塑飘海观音大士圣像记》、清乾隆二十五年《盂兰胜会》、清乾隆五十四《补修禹王大殿序》、清嘉庆九年《同结善缘》、清道光七年《功垂百世》、清道

① 刘义章、陈世松主编：《成都东山客家氏族志》，四川人民出版社，2001年版，第284页。
② 同上，第229页。
③ 同上，第230页。

光八年《培址兴会碑记》、清道光十七年《重兴盂兰会碑记》、清咸丰十年《天成地平》、清光绪三年《鲁祖会碑》、清光绪八年《盂兰会新添碑记》以及少量残碑。江西会馆这座"仙栖旧馆"中还保存有木质碑刻，如清同治十年《重建东文昌宫》碑、清光绪十七年《崇兴财神新会碑记》。两会馆中碑刻较多，除少量斑驳，残缺，大都清晰可辨。本文写作正临丁酉年中元时节，江西会馆这通《中元祀孤碑记》现立于会馆外游人如织的路口，碑文所蕴含的清代江西移民中长袖善舞的商贾们择善而从的价值观及公益精神甚为感人，洛带镇择此石碑立于路旁可谓用心良苦，也能感化更多良善，传播价值，特选录于下。

中元祀孤碑记

盖□地官圣诞，每逢七月之期，中元赦罪之辰，□于此而有以后……皆所以济祭祀之所不及者。□天地间之疲癃、残疾、□（孤）独、鳏寡，其生也，□连无告；其死也，游魂无依。……尤培怜悯。余等商贾于斯，来自豫章，闻野鬼之泣，隐然心恸。兴同体之仁，翕然志殷，□于壬申（乾隆十七年，1752）年间□□捐资……拔矣。今者积金，正恐日后废弛，美善不继，爰勒铭石，以志不朽。每遇孟秋望日，庆祝地官赦宥之□……洗涤尘氛，捐除□秽，化迷途□幽路，出愁魂于斋果，□餐受衣，不啻家口。今而后因中元□济元元之冥……孤魂有年于斯万载。维烈。

计开中元胜会各府县开列名次　万缘善念，百世其昌。

……龙飞大清乾隆十八年癸酉岁十二月吉旦立

（三）燃灯古寺的晨钟暮鼓

移民早期，各省移民一方面需要家族、同乡的守望相助，另一方面"五方杂处"的社区中，"日久他乡既故乡"，生存与发展的诉求也需要逐渐融入新家乡，和谐共处，民间社区的主要公共空间便在寺庙、道观之中。燃灯古寺、金龙寺是这里人们最为理想的社区公共空间。燃灯寺坐落于洛带东场口三峨山，始建于隋开皇年间，历史上曾名"信相寺"（俗称"米母院"）、"圣母堂""瑞应寺"等。千余年来，寺庙历经兴废，供养神祇不乏轮转更换，至今仍显名一方，香火兴旺。20 世纪 70 年代，当地政府据"修旧如旧"原则，将寺庙从三峨山迁至山下古镇，保留传统天王殿、大雄殿、燃灯殿纵三格局，另增加从他处迁来的火神庙、龙王庙部分殿宇。寺庙后进深略大于原寺。对当地社区即附近四里八乡的普通信众来说，这里是他们每年举办各种民间祭祀、慰藉心灵的理想场所，例如"抢童子会"便是一年中难得的欢聚盛宴与祈福狂欢。每年三月初三，燃灯寺兴会——"抢童子"，香客、游人、商贩、乞丐纷然而至，民间艺人云集于此。《龙泉志》称区内曾有四处举办童子会，以洛带为盛。根据寺内碑文推断，以前曾有"五圣娘娘"殿，初步推断早前人们"抢童子"在"五圣娘娘"殿前。"抢童子"主要做法是以桐（童）木雕刻的童子抛向来此乞求麟儿的人群，任由哄抢。抢得者将童子供奉于祖堂神龛，如有幸当年得子，便去寺庙还愿，将童子及谢礼送还会首；如未果，则将童子悄悄送返寺内。总之，这一盛会属于当地规模较大的一次神会。传统社会中，"不孝有三，无后为大"的思想观念浓厚，"抢童子"便为聚众求子的民俗活动。

除了禳灾祈福及民俗盛宴之外，燃灯寺内还有非常丰富的文化遗产——清代碑刻。当地政府及文物管理部门最让人称道的是，将燃灯寺同时辟为龙泉驿区博物馆。寺内除了宏伟的寺庙建筑本身，还藏有丰富的文物。碑林是免费开放的，这里今有保存完好的清代碑刻十一通：清嘉庆十一年《重镌圣母山瑞应禅院古迹记》、清嘉庆十七年《信相圣母碑记》、清道光七年《瑞应寺文昌会碑》、清道光十九年《三峨山重修钱炉疏库碑记》、《修建（瑞应寺）观音庙碑序》、清道光二十一年《瑞应寺川主会章程碑序》、清咸丰六年《修建字库碑记》、清同治三年《重兴凤梧书院碑记》、清光绪四年《培兴书院碑记》、清光绪八年《〈永遵示程〉告示——信相圣母会碑序》、清光绪二十五年《示谕碑》。碑文涉及社区生产、生活的方方面面，内涵丰富，是洛带丰富多元的非物质文化遗产。例如，《信相圣母碑》等碑，详细记述了隋唐开元间燃灯寺因慈善义举而兴的历程，《重镌圣母山瑞应禅院古迹记》与上文提及的江西会馆的《中元祀孤碑记》见证人们对慈善价值的理解与传续。从《修建字库碑记》则能看出当地“仁人读书种子”和乡民敬惜字纸的习俗，文字在人们心目中尚且是“秘洩苞符”，可以羽化登仙，那么在日常生活中，万物有灵，人立天地之间有所敬畏的生活方式与心灵世界便由此可见一斑了。

置身燃灯古寺这一公共空间的晨钟暮鼓之中，不由对滕尼斯的共同体与社会的区分，对涂尔干的机械团结与有机团结有了现场的感悟与思考：祖先们是否属于基于自然意志的传统共同体？我们又身处何种“现代共同体”，它是由个体基于分工和利益构成的“抽象的社会”吗？我们何以在现代高楼林立的水泥丛林中重塑情感、道德、价值的共同纽带？生存发展中理性与情感当怎样和解？

（四）字库塔里的文字崇拜

从燃灯寺里清咸丰年间的《修建字库碑记》，我们可以管窥当地人们敬惜字纸的习俗和心理习惯。洛带街道中央重塑光绪间字库，印证人们对文字崇拜的一脉传承。洛带字库 20 世纪 60 年代被拆除，现字库建于古镇最为显眼的上街中部通往客家公园的十字广场中央，为近年来恢复性景观。幸运的是清代字库碑刻保存较好，文物部门利用成都大慈寺拆迁的部分青砖重建字库，碑文仍从其旧。字库上镌刻有光绪六年《碑记》，“结绳之时，混混沌沌，文运□□，一尽开而书气有作，由蝌蚪而篆、隶，迄今楷，虽字体变迁，因时视为转移，而以载之，古今□嘉赖焉。我朝车、书一统，右文之治，丕焕于海内，而蜀人敬惜字纸，光善他省。今与诸君捐资，新设惜字□，□□□□□之阴获，集腋成裘之，益其珍惜，不敢亵渎。固食德□□之意，而秦火孔笔付□珍藏，以襄盛世文治之□□□□□。”碑文讲述修建字库的缘由、川省人民敬惜字纸的良风美俗、修建字库的积极意义、捐资者名字及募化（众筹）钱财具体数目、用度、结余，等等。世殊时异，仓颉造字及“天雨粟，鬼夜哭”的传说、民间敬惜字纸、焚化字纸，羽化登仙、恭送圣迹，“不敬惜字纸要瞎眼睛”的民俗和禁忌已褪成斑驳的文化记忆。文物部门通过挖掘、利用碑文，巧妙将文字崇拜、崇文重教的内涵浓缩，通过重塑这一文化符号向来往行人默默诉说，引发悠悠回忆。无独有偶，燃灯寺也有一通咸丰间字库碑，两碑体现此地敬字习俗的代际传承。旧时民间社会识文断字的劳动人民并不多，只有少数人有识字读书的机会，但人们同样敬重文字，敬惜字纸，哪怕地上片言只语的残纸也会拾捡收集，于字库焚化，恭送圣迹，目不识丁的人也深信“不敬惜字纸要瞎眼睛的”。

久远的民风让处于信息时代懒于书写的我们，不免去思考文字的力量，思考惜墨如金，思考手写的价值与意义，反思依赖输入甚至点击触摸中无形的遗忘与浅薄，“我们塑造工具，然后工具塑造我们”。面对传统民间信仰，不免有所诘问和反思，思考我们在贪取现代便利和“快餐”文化之时或将有所失却的深邃与价值。

二、触摸古镇文化产业脉动

（一）“江西上川龙”的舞动与凝聚

洛带文化旅游产业的启动与发展可以说跟一支龙队的翻腾舞动是密不可分的。从2000年“客家火龙节”的首次成功举办，到每年夏季的闪亮登场，无不凝聚着江西客家后裔“刘家龙”的浓浓乡愁，可以说这条江西龙带动了当地文化旅游产业，堪当原生态文化遗产保护与文化旅游产业发展密切关联、无缝对接的一个起搏器。“刘家龙”即上文提到的宝胜六组刘氏，家族每年都举办春分蒸尝会和秋分笼（龙）灯会。据洛带景区文明劝导员刘大益老人回忆，民国时期刘氏家族曾划出族产十五亩田办“龙灯会”，族人称之为“龙灯费”。刘家大院右侧前方田地中有一座一米见宽的土地庙，外有小屋、圆形拜台，内有石碑书“福主老爷神位”，外围一圈镌刻隐语民谣“金七里，银七里，金银还在七七里。谁要识得破，要一千石”。人们称这位土地爷为“社公老爷”（客家话音“萨官”）。庙前原有一大堰塘，作者听刘氏族人讲早期族人在此耕种劳作时，不得不将幼童独自放置“萨官老爷”拜台处，而这里从未发生幼童溺水事件，他们认为这正是社公老爷保佑的结果。土地庙后方有大坟包，是刘氏族人年年春分祭祖之时也定会拜祭的“七老人墓”。七老人与刘氏家族并无血缘关系，是与刘氏祖上一同“上四川”创业的老乡。据说这几位老乡终身劳作未娶，是没有后人、没有家族的“孤寡老人”，但他们与刘氏入川始祖刘立璋胼手胝足，共同创业，守望相助，因此由刘氏后人每年祭祀。碑额书“穴卜牛眠”，正书“清故赣南祠前辈老人刘希载、黄茂德、许元魁、刘秀成、李维兴、陈三才、朱成进七位之墓”，墓联“一堆净土埋白骨，七位真魂□黄□”，右下方题“首事等立”。可见，“刘家龙”是一条有故事的“龙”。长久以来，“刘家龙”享誉“金（堂）简（阳）华（阳）”，从20世纪40年代以来成了龙泉驿区仅有的一支龙灯队。

1989年以来，“刘家龙”多次参加当地各种层次的文化活动，龙泉桃花节开幕式上也常见刘家龙的精彩表演。2000年，洛带镇先后举办“火龙节”和“水龙节”，“刘家龙”便成为节庆活动的主角。刘氏上川始祖墓碑上镌刻“豢龙后代家声远；破楚苗裔世泽长”墓联，上联主要记述了刘氏久远的家族传说，夏朝时刘氏先祖刘累为孔甲养雌雄二龙，被赐为御龙氏，后死了一龙，刘累无奈做假龙舞动以应付孔甲的巡视检查；下联则是指刘邦打败项羽的故事。总之，祖墓承载着刘氏族人世代的文化建构、文化记忆与文化传承。上文提及的《示喻碑》中有一条族规里提到“至同治年间蒸尝会告成，众九大房均分防事田移交，其春秋蒸尝会、笼灯，大房、幺房各一个，共四会，应大会出款支用，其些小之事，应春分、笼灯二会支用”。这里的“笼灯”是指刘家的“龙灯会”，也说明早在清同治年间，刘氏就有专门族田收入支持大房、幺房每年春分祭祖会和龙灯会了。不仅如此，他们在舞龙后结算时还须

"各照公事，对祖录账"，然后"凭众算明"，这些族产与录账清算的方式从侧面反映出刘氏族人将每年舞龙几乎视为与祭祖同等重要的大事对待，面对祖灵进行"亲兄弟，明算账"的理财方式也反映了家族内部有合有分的生存方式。据龙泉区档案馆胡开全先生研究，洛带保正王松茂之子王耀卿1943年诗作《癸未元宵偕友观龙灯，喟然兴感，爰赋四章》载有"十二潜龙皆勿用，沿街只见一龙飞。一龙独亢应生悔，悔过无人天意违"。此诗小注有："三十年前，我场街乡龙灯共十三种，今仅存一。虽属游戏，藉觇世变。"由此可见，上个世纪初期镇上还曾经活跃过十三支龙舞队。到了二三十年代，仅剩四条龙：上码头广东会馆的白家龙、中街三清庙的九节老龙、下码头湖广会馆的黄家龙、宝胜村刘氏的"上川龙"。到21世纪初，"刘家龙"便成"一枝独秀"了。刘氏早在清初入川时，因人丁不旺，艰于衣食，舞龙自然无暇顾及，但暂停舞龙并未让家族发展有起色，反而人心不齐，更显步履维艰。入川始祖刘立璋决定重新恢复江西老家的龙舞传统，刘氏家族因此获得新的精神动力，重拾信心，东山再起。经过几代人坚持不懈的努力，刘氏终于发家致富，成为当地旺族。族人感念龙舞带来的精神动力与凝聚力量，更加看重此项活动，成立了专门的龙灯会，族长亲自兼任会长，农闲时组织训练。这条长在青石板上的"刘家龙"从清康熙时入川，扎根乡土，扎根血缘，扎根亲情，历经沧海桑田，保存至今。[①]

"上川龙"主要包括火龙、水龙、亮龙、彩龙，喜庆日子舞彩龙或亮龙，正月十五舞火龙，夏季伏旱舞水龙，有时还会佐以集资打醮求雨。到了新的时代，"刘家龙"也随之打上新的时代烙印，如今火龙与水龙因冬夏两季极具现场感和互动性、最具开发价值而分别被打造成为"火龙节"与"水龙节"，成为古镇最具吸引力的客家民俗。舞龙时，"龙头不摆，龙尾不甩"，由"宝珠"开始逗龙，由龙头率领，众人随而起舞，在音乐与泼水狂欢中时而欢快腾跃，时而健步如飞，龙骧虎步。龙和游人都全身湿透，但此时人们都是欢乐的，放松的。"刘家龙"每年准时与游客激情互动，情景共融，完成了从传统民俗过渡到文化生产的过程，也完成了社区新民俗的蜕变。

（二）舌尖上的客家

凉粉是"尚滋味，好辛辣"的四川人喜爱的再普通不过的一道小吃。大街小巷，到处可见它的身影。清傅崇矩《成都通览》就记载"凉粉，有漩子，有荞凉粉，有煮凉粉。有摆摊者，有肩挑者"。清末民初邢锦生《锦城竹枝词》也描述："豆花凉粉妙调和，日日担从市上过。生小女儿偏嗜辣，红油满碗不嫌多。"凉粉虽为一道小吃，却十分美味，招人喜爱。1998年，"客家伤心粉"创始人、内江客家人杨明到洛带广东会馆考察，洽谈承包经营会馆事宜，在这座宏伟大气、妙夺天工但又有些衰败残破的历史文化遗产面前，杨明心中的感动可想而知，他毅然承包了会馆经营权。从此，他们一家需要悉心保护维修这座"成都市一级重点保护文物单位"（现为国家级重点文物保护单位），而广东会馆是实行免费开放的。没有资金，如何生存，如何维护？会馆为文物保护单位，不能在里面开餐厅，于是一家人开始了"伤心"的起步：在会馆万年台下卖凉粉，勉力维持，惨淡经营。一家人吃睡在会馆，一面防火防盗，保护文物，一面维持生计。后来，这位客家后裔开始在自己凉粉摊子的提档升级

---

① 参见陈世松、郭一丹主编：《四川客家通讯》，胡开全、刘学伟《洛带刘家龙》，2013年水龙节专号。

上“苦练内功”，陆续花三年时间到全国各地凉粉出名的地方考察制作工艺，尝遍周边省市的凉粉，回来后悉心研究，反复试验，终于创制出独特食材与口味完美结合的凉粉。

作为客家人，杨明有着深刻的文化认同和认知，深知祖先上川打拼的艰辛与不易，联想到自己一家在广东会馆里创业起步的艰辛曲折，便给凉粉取名“客家伤心粉”，他说这样就会“让人联想到生活的艰辛，联想到背井离乡的客家人，思念家乡的伤心，在伤心中迁徙，在伤心中起步创业”。2002 年五一黄金周，“客家伤心粉”正式上市，后又相继开发“开心冰粉”“妈妈凉面”“阿婆凉糕”“阿公锅盔”等配套小吃。如今，“客家伤心粉”是到洛带旅游的人们争相品尝的一道名小吃，“不吃伤心凉粉，等于没到洛带”的口碑就此传开。“客家伤心粉”如今已发展为一道远近闻名的小吃，在市区、各旅游景区都有分店，全国各地也有旗舰店、加盟店，声名远播。凤凰卫视、中央电视台第七频道等媒体争相采访，广为传播。借由“客家”迁徙流离、艰辛打拼、思念故乡的意象，“客家”更为广泛地传播开来，凉粉也成为一个重要的小吃品牌，成为一个新的可以大快朵颐的文化符号。品牌是功能价值和情感价值的集合，“客家伤心粉”依靠文化力量，成功将功能性利益与情感性利益合二为一，最终融注为一碗“舌尖上的客家”。

此外，洛带还有其他客家美食，如客家“九大碗”蕴涵着客家人的热情好客，客家盐焗鸡深具故事与内涵，成都东山客家菜系列，如烟熏鹅、野山菌全席、水酥和面皮汤等特色菜，都是闻名远近的东山客家美食。游人身历其间，脚踏青石板路，耳听客家方音，品尝一道道“舌尖上的客家”，仿佛穿越悠远的时光隧道回到历史现场。

（三）文博事业与文博产业

博物馆是文化遗产极为重要的保护、收藏和展示平台。文博事业既是一种文化事业，同时也可以做成一种特殊的文化产业。洛带古镇在文化旅游产业发展过程中，与时俱进，不断探索，在文化展陈、文化传播与文化体验、文化消费之间探索新路径。古镇本身就是一座体量巨大的博物馆，蕴含着丰富多元的物质和非物质文化遗产，是成都市近郊保存至今的客家方言岛和客家文化活化石。与其他博物馆的“高、大、上”不同，它更多展现普通百姓日常生活，是属于老百姓自己的博物馆，因此鲜活生动又“接地气”，承载着“客家”的历史文化，具有鲜明的文化个性。时代发展至今，人们一方面享受着现代化发展的各种便利与成果，同时也承受着传统人文价值流失的代价，而“宁卖祖宗田，不丢祖宗言”的客家人将祖先流传下来的客家方音保存至今，古镇本身就是人们寻找历史真影、回望传统、思考文化认同的一座乡村博物馆。这样的“文化边界”何以存在呢？祖先留下了什么样的精神资源？物质条件极大丰富了，可我们何处慎终追远，何以安顿心灵？人们都喜欢冰冷的“原子化”生存吗？在这座偌大的博物馆中，人自然容易产生这些自省与思索，不仅仅为走马观花而蜻蜓点水，为到此一游而来去匆匆。这座充满乡愁与乡恋的博物馆吸引怀旧的人们纷至沓来，吃、住、行、游、购、娱产业链自动形成。因古镇位于成都市近郊，交通方便，这里仿佛是一日游的理想所在，但在笔者看来，进入这座客家博物馆，要进行深度参观、体验与旅游，一日游的定位显然是大材小用了。

如果说将洛带古镇本身看作是一座客家博物馆显得牵强附会的话，那么古镇的文化策划者、文博工作者、政府、商业集团则下了很大功夫，做足了功课。除前文所提到的燃灯古寺作为区级博物馆之外，在湖广会馆、新建博客小镇都有客家文博的展示，如古镇开发早期在湖广会馆建的客家博物馆，一直以来就是人们了解客家文化的理想窗口。博客小镇由民间斥资打造“客家博物馆”，由专家把关，将客家历史文化在展厅的“榕树下”由老阿公讲述家族故事的场景中次第展开，有文献，有实物，有场景，有说明，吸引很多游人驻足，参观游览。博客小镇土楼博物馆楼下及周边建立了文化遗产商店、非遗商品展示与体验以及各种业态，内容丰富，应有尽有。博物馆均为免费开放，而周边商家何以在市场竞争中存活下来，已经充分彰显了博物馆的带动功能与作用。总之，这些文化遗产能极大地吸引游人感知客家文化，体验客家文化，消费客家文化，洛带也走出了一条文博事业与文博产业交相辉映的发展之路。

（四）文创产业链的括容升级

近二十年来洛带古镇文化旅游产业发展态势良好，但任何产品都有一定的生命周期，面临激烈的市场竞争，固步自封绝非长久之计，需要做出适当创新来吸引更多回头客。作为文化遗产，应不遗余力保护洛带，或在开发中保护，或在保护中开发，或在传承中开发。作为产业，洛带古镇人头攒动，尤其每到周末，游客承载压力剧增，游览体验质量大打折扣，只有增加体量，提升品质，才能于市场中立于不败之地。近年来，洛带努力谋求景区扩容升级，如“金龙寺—金龙”长城、客家古村庙会、客家采摘节、玉带湖、三百神梯、博客小镇、湿地公园、花海、艺库等。总之，各类产品、各类创意、各种人才、各种业态，可谓海纳百川，应有尽有，活力无限。信息网络时代很多实体经济、实体店已难以为继，在古镇能有这一番熙熙攘攘、门庭若市的场景也算一种反证。具体发展成果或详细发展数据，或许已非最重要的了，因为在产业的经济效益背后还有以文化为支撑的生活场和生活世界，以及它所带来的社会效益和环境效益。它充分彰显了古镇、古村、古城承载着人们对“桃花生活方式”诗意栖居的向往与追求，带给我们关于平衡“工具理性”与“价值理性”的思考，带来关于如何以城市来解释乡村，以乡村来解释城市，建立趋向基于理性意志的“新的差序格局”的思考。

三、追寻古镇文化产业辙迹

（一）民间立场：文化主体性的另类体现

客家文化自魏晋发端以来，经历数次南迁，终于在闽粤赣交界山区扎根繁衍，独成一方天地。客家人在开拓进取之中持守传统，在筚路蓝缕中慎终追远，在迁徙流离中坚守“精神之月”，这就是费孝通先生晚年对“文化自觉”以及由“生态”到“心态”的相关思考。客家人有句老话“宁卖祖宗田，不忘祖宗言”，在祖祖辈辈的迁徙中，客家方言作为客家人的文化标识代代相传。无论身在何方，客家话就是一张最好的名片，乡音无改，传递浓浓乡情；坚守客家话更是一种文化自觉和族群心态。那么，在“五方杂处”而又相对更为强大的湖广文化的包围之中，客家话何以保留完好？这主要与客家人强烈的族群意识和聚族而居的生存方式有关。在“我群”边界之内，客家人建立了自己的文化社区，客家话、客家民俗自然得以传承。在与“他者”接触的“文化锋面”中，客家人有意识地保持与湖广文化的距离，尤其是在移民初期，甚至“不与湖广人通婚”。“住山不住坝”“在家不说客家话要被老人骂”“宁买祖宗田，不丢祖宗言”等文化心理和文化惯性使得这一区域形成今天的方言岛。我们对于这些历史的生活场景，“同情之了解”油然而生，也从侧面管窥客家人为生存、为竞争、为传统而迸发的文化主体性。“非物质文化往往作为一种被现代化过程过滤、边缘化或逐渐遮蔽的地方性知识而存在，但这种地方性知识不只是一系列历史事件、历史经验的累积，更是凝聚着文化价值和集体记忆的符号系统。传统农业国家在外力胁迫下转向现代性的工业化、城市化和民族国家的建构历程，与农业生产方式相适应的生活方式及其文化形态、语言系统都成为历史遗留物，保留在‘草根文化’、地方性知识中。”① 仅就客家方言的保存至今来看，它的意义就在于贡献了巴赫金眼中的“复调”，“它们的存在使得文化生态处于一个相互制衡的多声部状态”，“万马齐喑、文化和语言的单一化必将带来精神创造的贫瘠和文化价值的荒芜”。② 总之，“和实生物，同则不继”，客家文化保存至今，意义不言自明。

如果说我们对历史上客家人的文化主体性报之以“同情之了解”，那么对当代客家人的文化主体性也应予以赞扬。当地文人出版了各类档次、各种风格的客家文化书籍，如《中国西部客家第一镇：洛带》（成都地图出版社，2002 年），《东山客家：走进一个桃花源》（成都时代出版社，2005 年），《滚滚血脉》（中国作家出版社，2005 年），《天下客家》（四川辞书出版社，2005 年）；《镇子场》（百花洲文艺出版社，2015 年）。此外，建立“客家小学”、传承客家文化、创设各种规格以及各类层次的客家文化论坛、各种客家艺术团，文化讲座，学习龙舞、学唱山歌，等等。更为主要的是人们一如既往地坚持春分祭祖，婚丧嫁娶、庙会或重要民俗节庆自然而然地遵从传统习俗。游客在看他们表演，身处“另类”的生活方式及文化存续的现场，在具体文化场景中获得“他者”的“地方性知识”，也获得了自身的体验与思考，洛带何尝又不是现代语境下的传统文化种子呢？

（二）政府立场：初期主导要保驾护航

改革开放四十多年来，随着国家西部大开发战略、统筹城乡发展、推动文化产业成为国民经济支柱性产业的利好，洛带借助自身丰富独特的文化资源优势，大力发展客家文化旅游观光业，政府做好各种策划、规划及实施，支持助推发展。文化产业起步阶段由政府唱主角，举办各种民俗节庆文化活动，大力传播，冬、夏两季的“火龙节”“水龙节”成为最好的展示平台和传播渠道。创造“一节一会”模式，即“桃花节”与各种客家盛会联合推介，龙泉国际桃花节是成都市一项闪亮的、极具人气的节庆活动，广为人知，招商引资能力强大。“客家文化”实现与“桃花生活方式”联合，借助“桃花节”的知名度与旺盛人气带动发展。例如，在客家文化旅游产业发展起步之初，借助桃花节举办“第七届国际客家学研讨会”，研究成果广为发布。2005 年第二十届世界客属恳亲大会由客家人提出申请，得到省、市政府大力支持，得以成功举办，共有 20 多个国家及港澳台地区、国内 17 个省市 164 个代表团 3000 多名客属乡亲和海外华商参会交流。作为恳亲大会主会场，洛带获得前所未有的发展契机，按照“修旧如旧”的原则进行打造包装，古镇更加清新、整洁、亮丽而又极具古

① 张意：《非物质文化遗产与历史记忆的重述》，载《文化遗产研究》，巴蜀书社，2011 年版，第 130 页。
② 同上。

韵，极大扩大了古镇承载功能。政府充分重视文化旅游产业发展，采取各种措施为当地客家文化旅游产业发展保驾护航。例如：设置专门机构，设置景区管理委员会，全方位有效服务景区企业、商家、居民和游客；重视文化内涵持续跟进，充分重视“产、学、研”良性对接，成立客家文化研究院，成立专家工作室，举办多次客家文化论坛，不仅重视本地学者专家研究成果，也重视借鉴全国及港台地区客家文化研究成果，为古镇文化旅游产业提供智力支持和先进经验；重视商业服务的管理，研究制定系列政策措施，不断优化提升产业形态和旅游服务水平，制定各种针对商家的管理制度，引导商家诚信经营，优质服务；解决发展过程中的难题，针对近年发展所面临的仪式化、表演化、工具化、符号化等短板，坚持在传承中保护、在保护中弘扬。实行各种“文化+”政策，如“文化+教育”开办客家小学，传承客家话与客家文化；“文化+民俗”，每年定期开展客家女儿节、清明祭祖、水龙节、火龙节等民俗活动；“文化+文创”，研发文创产品，提升“洛带客家”品牌效应，使各种文创产品更加精细化。古镇文化产业发展到一定阶段，政府则有意识渐渐淡出，将文化产业的可持续发展动力交还给市场。

（三）学术立场：文化研究须先行开路

20世纪末，在改革开放大潮的推动下，洛带镇开始寻找发展经济的突破口，此时恰逢四川客家研究中心成立，并在洛带建立客家文化研究基地。学者坚持学术态度，坚持学以致用、利用厚生的现实关怀，为古镇发展出谋划策，提出大打客家牌的开发思路。1999年，洛带成立以四川客家研究中心为主的“洛带镇旅游发展总体规划课题组”，制订《成都市洛带镇旅游发展总体规划》，将“客家文化”作为文化旅游业的灵魂和发展方向，提出以“西部客家第一镇”为注册商标，以“世界的洛带、永远的客家”为促销主题。一直以来，洛带坚持这一发展思路，狠抓客家文化不动摇，通过“客家文化”与“成都国际桃花节”联合出海，持续开展客家火龙节、客家水龙节系列民俗文化活动，找到保护开发古镇文化遗产与发展文化产业的接榫之处，走出一条“文化兴镇、旅游富民”的新路。依客家文化研究成果，将东山客家文化与原乡客家文化进行准确拼接，通过四川客家海外联谊会倡导推动，获得2005年第二十届世界客属恳亲大会的主办权，为洛带镇走向世界提供了一次绝好机遇。如果没有学术研究的先行开路，这一切难有重点和着力点。2006年，洛带为进一步完善旅游功能设施，推动文化旅游发展更上层楼，再次实施四川客家研究中心编制的《客家文化再现工程实施方案》，初步形成以客家历史、会馆文化、饮食、民俗、方言、服饰和客家“水龙节”“火龙节”“四川客家祈福节”为主的客家文化展示系统。经济发展离不开文化资源的丰厚土壤与支撑，但如果没有先期对人文资源的充分挖掘与把脉，洛带或许不会利用“客家”这一独特的、难以复制的文化名片，或许仍是处于深闺的东山上的“土广东”。

（作者单位：四川省社会科学院）

基于 SWOT 视角下安庆市区域文化产业的发展研究①

汪志超

内容提要：区域文化作为当前文化研究领域热点，一直备受关注。安庆市作为国家级历史文化名城，拥有相当丰富的历史文化底蕴和文化资源：无论是第一批入选国家级非物质文化遗产的黄梅戏，还是“安庆文化”这一特色文化集群。面对如此丰富的资源，如何利用好当地的优势，充分发挥区域特色文化的独特魅力，把文化力转化为经济力，把文化产业打造成优势产业，是安庆市面临的一个重要问题，也是急需解决的一大难题。本文以 SWOT 理论视角，对安庆市区域文化发展存在的优势、机遇及不足进行分析，确定正确的发展方向和资源配置，为安庆市区域文化产业发展提出对策和建议。

关键词：区域文化产业；发展战略；安庆市

一、引言

对区域文化和文化产业发展的研究一直在进行：从国家文化研究到区域文化研究；从单一文化研究到多元文化研究；从主文化研究到亚文化和反文化研究；从文化因素引入经济学领域到文化产业逐渐发展成 21 世纪的“朝阳产业”和“无烟产业”，可以说，人们的生活发展离不开经济和文化的发展，经济发展为文化的繁荣奠定基础，文化发展又为经济注入活力。对文化产业和由此发展的区域文化的研究就显得尤为重要。

区域文化有时也称“地域文化”，指一个地区长期积淀形成的具有群体意识、价值观念、精神风貌、行为规范和管理方法等一系列非物质因素的总和。本文研究的区域文化是指特定

① 本文系安徽省教育厅重点项目“文化价值视域下的安徽农村文化产业研究”（项目编号：SK2018A0124）成果。

范围和区域的人文地理环境，心理和思维意识所表现的一种特质。① 可以看出，区域文化是一个地区具有标志性的文化符号，因而对当地的发展影响深远。

文化产业概念的最早提出可以追溯到20世纪40年代，法兰克福学派理论家最早注意到了艺术创作在资本主义生产条件下转变为大量复制的文化生产。阿多诺和霍克海默把由传播媒介的技术化和商品化推动的主要面向大众消费的文化产业称之为“文化工业”。② 与他们对文化产业持批判立场不同的同属法兰克福学派的本雅明则对文化产业和大众文化持乐观态度，认同文化事业的积极性价值和历史意义。③ 随着科学技术和经济的不断发展，人们对待文化产业的态度也不仅仅视其为“好”或“坏”，而是将它与政治、经济、社会等某些根本性变化联系在一起。④ 目前，国内外理论界对文化产业的概念尚无一致的意见。美国文化产业研究机构把文化产业分为文化古迹和艺术创作、艺术表演和展览活动、艺术家三个方面；日本文化产业创始人日下公人则认为：文化产业的定义应该是创造某种文化、销售这种文化和文化符号。联合国教科文组织曾把文化产业定义为：“按照工业标准生产、再生产、储存以及分配文化产品和服务的一系列活动。”⑤ 总之，各国对文化产业的内涵有不同的理解和认识，加上研究目的的不同，确定的文化产业内涵和深度不一，差别较大。我国对文化产业的范围基本明确：为社会公众提供文化、娱乐产品和服务的活动，以及与这些活动有关联的活动的集合。

二、安庆区域文化产业发展的SWOT分析

SWOT分析也叫态势分析法，是由旧金山大学管理学教授安德鲁斯于20世纪80年代提出的一种分析发展战略的方法。它将被分析对象的内部自身优势（Strength）、劣势（Weakness）、和外部环境的机遇（Opportunity）、威胁（Threat）等方面的内容和条件综合分析，从而确定正确的发展方向和资源配置。⑥ 总的来看，SWOT分析可分为两个部分：SW分析，主要分析内部的优劣势；OT分析，主要分析外部的机遇和威胁。⑦

---

① 顾江：《文化产业经济学》，南京大学出版社，2007年版。
② 韩骏伟、姜东旭：《区域文化产业》，中山大学出版社，2011年版。
③ 顾江：《文化产业经济学》，南京大学出版社，2007年版，第34页。
④ 韩骏伟、姜东旭：《区域文化产业》，中山大学出版社，2011年版，第122～124页。
⑤ 孙久文、叶裕民：《区域经济学教程》，中国人民大学出版社，2010年版。
⑥ 同上，第48页。
⑦ 赵子忠：《内容产业论》，中国传媒出版社，2005年版。

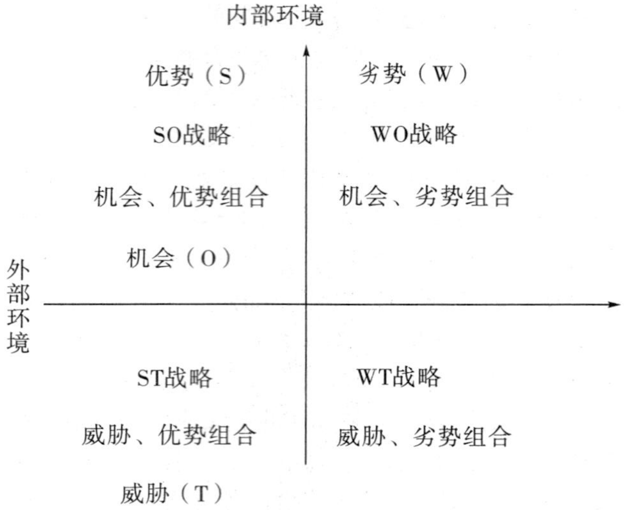

SWOT 矩阵分析

（一）安庆市区域文化发展的优势（Strength）**分析**

1. 地理位置优越

安庆位于安徽省西南部，长江下游北岸，皖河入江处，西接湖北，南邻江西，西北靠大别山主峰，东南倚黄山余脉，素有“万里长江此封喉，吴楚分疆第一州”的美称。

2. 文化基础设施雄厚

截至 2016 年年末，安庆全市共有艺术表演团体 116 个，文化馆 11 个，乡镇文化站 147 个，公共图书馆 12 个，博物馆 14 个。全市广播电台 8 座，中短波转播发射台 1 座，调频转播发射台 14 座。全市有线电视用户 84.52 万户，其中数字电视用户 48.51 万户，全市广播电视农村直播卫星用户 9.33 万户。年末广播综合人口覆盖率为 98.31%，电视综合人口覆盖率为 98.56%。全年出版报纸 4 种，总印数 2107.97 万份；期刊（杂志）4 种，总印数 3.52 万册；年末全市共有各级档案馆 11 个，馆藏档案资料 14.6 万册，库馆总建筑面积 31682 平方米。① 同时，第一批入选国家级非物质文化遗产名录的黄梅戏，更是在安庆市得到了极大的传承和发扬：不仅有着众多的黄梅戏艺术表演团，更有专门的黄梅戏文化研究馆。

3. 经济发展迅猛

全年地区生产总值（GDP）1531.2 亿元，按可比价格计算，比上年增长 8.0%。其中，第一产业增加值 192.0 亿元，增长 2.8%；第二产业增加值 727.2 亿元，增长 8.4%；第三产业增加值 612.0 亿元，增长 9.3%。第二、第三产业对地区生产总值增长的贡献率为 50.9%和 44.5%，分别比上年提高 2.5 个百分点和 6.0 个百分点。② 地区生产总值中三次产

---

① 安徽省统计局：《安庆市 2016 年国民经济和社会发展统计公报》，http：//www. ahtjj. gov. cn/tjjweb/web/xxgk _ view. jsp? strId=1496374927696338& _ index=2。

② 安庆市统计局、国家统计局安庆调查队编：《安庆统计年鉴 2017》，中国统计出版社，2017 年版。

业比例为12.5∶47.5∶40，人均生产总值33294元。[①] 随着生活水平的不断提高，人们必然有着更高的生活质量追求，因而对文化产品有了更高的需求，十九大报告也指出，社会的主要矛盾已经变成对美好生活的向往和当前不平衡、不充分的发展之间的矛盾，在经济快速发展的时候，更要抓紧文化产业的发展，无疑，当前形势也为文化产业的发展提供了广阔的市场和良好的前景。

（二）安庆市区域文化发展的劣势（Weakness）分析

1. 文化资源丰富而开发不足

丰富的文化资源是安庆发展文化产业的现实条件和比较优势。如何把这些资源利用好，如何把静态、有限的资源转化为鲜活、无限的文化产业动能，这些问题都将成为时代课题。针对安庆市文化产业特点，目前，存在的问题主要有：缺乏规划、盲目开发、粗放开发和无序开发。[②] 例如随着休闲文化和旅游文化在乡村的繁荣发展，各地村镇不顾实际情况，盲目跟风建设农家乐和休闲农庄，导致“一村一农庄，村村都一样”。游客在农家乐体验千篇一律的农家饭菜和没有特色的休闲方式，农家乐也逐渐演变成农家饭馆，失去了特色和新奇。[③] 在文化资源呈散落状分布基础上进行的单一文化产品开发，无法形成产业规模及规模效益。而作为现代生活的一部分，文化消费需求只能是对当前生活的满足和补充。

2. 文化产业技术力量薄弱

科技创新是文化发展的源生动力。文化产业的核心是文化内容的生产。而文化内容生产的关键则在于其原创性和创新性。如日本的动漫产业，因其出众的原创性广受世界各地爱好者们的喜爱。也正因为文化产业的创新性，保证了文化产品强大的活力和市场竞争力。[④] 当今社会日新月异的科技进步给文化产业和事业的发展注入了勃勃生机，在文化建设的大潮中，文化科技工作始终发挥着重要作用。与国外高科技技术融入文化产业从而形成独特魅力的诸如迪士尼、百老汇等相比，国内文化产业的制作、加工、欣赏等都还停留在传统技术的基础上，虽然存在皮影戏和舞台戏剧等特殊文化形式，但动漫制作、手办加工和剧院数量等方面，还显得十分薄弱。而这一特点也广泛体现在其他文化产品的开发中。

3. 文化产品市场的条块分割

文化产业及其产品要接受市场的检验，因而具有市场性。这意味着文化产业既然是一种产业，就必须按照市场规律运行，从长远看，国内市场不断发展，文化产业也有了更加广泛的需求；从发展方面看，单纯的文化产业已不能满足消费者，依托新型产业和创新产业的多平台协作逐渐成为主流；从标准看，文化产业具有鲜明的地区特色，在最大限度上保证当地产业文化特色，标准化、批量化、高端化发展则成了文化产业快速发展的瓶颈。同时，文化主管部门之间普遍存在着条块、部门、行业乃至区域分割，既难以形成合力，又使经营单位在工作中无所适从。文化、广播电视、新闻出版等部门各自为政，管理效率极低，政府调节文化市场发展的职能作用不能充分发挥。政府与市场往往不能得到有效区分，这也就造成了

---

① 安庆市统计局、国家统计局安庆调查队编：《安庆统计年鉴2017》，中国统计出版社，2017年版。
② 赵力平：《文化产业特征、功能》，《中共杭州市委党校学报》2002年第4期。
③ 同上。
④ 王乐忠：《经济文化循环圈》，经济管理出版社，2002年版。

资源配置的极不平衡和相对浪费，对文化市场建设发展影响很大。[①]

（三）安庆市区域文化发展的机遇（Opportunity）分析

1. 广阔的文化市场尚未得到充分开发

文化产业作为新兴产业、朝阳产业，与其他产业相比，具有更广阔的市场消费潜力。一方面，人们的生活水平和生活质量日益提高，在满足了基本的生活需要后，对精神方面的追求也就更加强烈，从马斯洛需求层次来说，当低等的需要得到满足后，高等的需要就变成个体当前需要满足的。另一方面，文化产业生产的文化产品作为商品具有使用价值和价值，其使用价值具有两种形态，一种为具体的书画、音响、影视等，一种为各种形式的艺术表演、娱乐活动等。文化产业生产的文化产品的使用价值，是用其文化内涵中的精神属性或精神要素满足消费者的需求，这种精神需求是其他物质生产活动所不能提供的。因此，文化消费较之于每个人而言，都有一定的需求性。小到看场电影，听场音乐会，大到文化产品的创作，都能感受到文化的气息。不仅仅是安庆市，在我国，文化市场同样如此，相应的，面对众多文化产业和产品，如何更好满足消费者和市场品好，值得深入研究和探讨。

2. 政府的政策扶持

安庆市一直力图打造文化强市，并成功申报为国家公共文化服务体系示范区建设城市和全国文明城市。在文化建设方面，安庆市也陆续发布了《安庆市 2017 年促进文化产业发展政策》《安庆市政府工作报告》《安徽省城镇体系规划（2012—2030 年）》。[②] 明确在 2020 年使公民素质和社会文明程度明显提高，文化影响力、竞争力和整体实力显著增强，现代公共文化体系基本建成、文化产业成为国民经济支柱产业，文化小康基本实现，创新型文化强市基本建成等具体目标。十九大报告着重强调，要坚持“四个自信”，打造文化强国。其中文化自信便是更广泛更基础的自信。文化具有意识形态属性，属于上层建筑范畴。文化与经济结合才能形成文化产业，其自身及其文化产品也就自然具有意识形态属性。文化产业通过其生产过程及文化产品表现它和某种意识形态的统一性。[③] 文化输出作为当前国际重要的交流方式更是体现得淋漓尽致。诸如美国、日本和欧美等国家和地区，都有着鲜明的文化特征。从好莱坞、英剧、动漫等文化输出可以看出西方发达国家对文化市场的重视。打造我国文化特色也就显得尤为迫切。我们一方面不仅要吸收发达国家文化产业发展战略，更要避免在这场文化战争中陷入意识形态旋涡中，有利于国家发展的文化我们要积极借鉴，影响当前主流价值观的文化要及时摒弃。基于此，《深化文化体制改革实施方案》《国家“十三五”时期文化发展改革规划纲要》《关于推动国有文化企业把社会效益放在首位、实现社会效益和经济效益相统一的指导意见》和《公共文化服务保障法》等一系列政策纲要和法律法规应运推出[④]，这些都反映出政府对文化产业的重视和发展前景的看好。

---

① 刘福兴：《发展文化产业　促进社会和谐》，《经纪人学报》2005 年第 2 期。

② 安徽省统计局《安庆市 2016 年国民经济和社会发展统计公报》，http：//aqxxgk. anqing. gov. cn/show. php?id=549201。

③ 刘福兴：《发展文化产业　促进社会和谐》，《经纪人学报》2005 年第 2 期。

④ 人民网.《人民日报：进一步深化文化体制改革》，http：//opinion. people. com. cn/n/2013/1203/c1003－23721676. html。

(四)安庆市区域文化发展的威胁(Threat)分析

1. 其他区域文化的冲击

安庆地区的黄梅戏文化作为典型代表，给安庆区域文化发展带来了机遇。但是，仅仅是安徽省，桐城文化、巢湖文化和皖江文化等文化带同样不容小觑，一方面，众多区域文化特色各异，很多交界区域文化你中有我、我中有你，文化交织现象明显；另一方面，作为当地政府主管部门，都竭尽全力希望当地自己的文化特色鲜明，形成旗帜性文化亮点。这也就造成了不同区域间文化相互竞争、资源配置难以充分发挥的负面影响。至于更大的国外文化市场冲击，更是以极其丰富的、无孔不入的和多层次的文化产品来吸引消费者，无论是以学术和艺术为代表的思想文化，还是以影视音像为代表的流行文化，或是以装饰餐饮为代表的时尚文化，都具有相当大的影响力。应当承认，我们在与其他区域文化的竞争中，尤其是国外流行文化，处于相当大的劣势地位。①

2. 低俗文化的冲击

前文已经明确，一个好的文化是应当符合社会主流期望和顺应时代发展的，而不是低俗、粗俗和烂俗的。就文化产业整体繁荣而言，它也反映了一个国家的文化价值取向、精神风貌和文化水平。当前的文化市场中，首先，浅薄的仿古剧泛滥，为了一些流量热度，罔顾事实和道德底线，随意篡改，就其原型给大众造成了虚假的认知印象。而其中对某些英雄式人物的篡改更是对文化繁荣的侮辱和亵渎。其次，文化缺乏创造性，无论是照搬国外文化产品和创意还是对主流文化的重复，都不能将文化产业建设得更加美好和符合人民大众需要。文化产业和创意产业必须包含人们所没有接触过或者感兴趣的内容，这也是文化产品内涵所要求的，即满足人们生活和精神需要。

三、安庆区域文化产业发展的策略研究

基于上一部分对安庆市区域文化的 SWOT 分析，我们可以知道，安庆市区域文化发展优势和劣势并存，机遇与挑战都有，但可以肯定的是，这些都是当前特定时期的产业分析，并不说明一直都会这样，结合马克思主义辩证法的观点，这些特点和矛盾在一定条件下都是可以相互转换的。因此，我们认为，发展安庆市区域文化可以从以下几个方面入手：利用优势，把握机遇(SO)，利用优势，规避威胁(ST)。

(一)SO 战略——利用优势，把握机遇

1. 利用文化资源，打造时代文化

文化产业是一项长期和复杂的系统工程，需要社会各方面的共同努力。安庆市大力发展文化产业，首先应当正视本地文化的内在根源，在发扬以黄梅戏文化为代表的安庆文化的同时，也应理解安庆文化在今天这个时代所能传递的文化信息。牢牢把握自身文化优势，大力建设安庆特色的文化产业体系。安庆市历来是文化资源丰厚之地，从数量众多的历史遗址到红色文化集中地和发祥地，从巍峨秀丽的自然山水到悠闲自得的农家风光，安庆无疑坐拥一

① 李康化：《文化市场营销学》，上海文艺出版社，2005 年版。

座文化宝库。面对众多文化资源，有效合理利用和规划好这些资源，对于打造文化安庆、旅游安庆和文明安庆有着重要的影响。如今经济迅速发展，人们对生活水平质量的追求已不同往昔，安庆市更应把握好自己开放与包容、文明与和谐的城市内涵，借助黄梅戏这一文化产业优势，大力发展与之相关的产业链与文化服务建设，使大众了解黄梅戏，喜爱黄梅戏并能传承黄梅戏。毫无疑问，振兴乡村战略和美好乡村建设给发扬安庆文化带来了一缕春风，开放与包容并存，文明与和谐并进，即安庆文化在吸收借鉴其他优秀文化的同时，也要注重外来文化的差异，摒弃旧的落后的传统文化，结合社会主义核心价值观，建设文明安庆，打造安庆文化，最终形成经济促进发展，发展推动文化产业再发展的全面和谐发展。一成不变的文化是没有生命力和发展力的，只有把握好本地文化的真正精髓，与时俱进，去粗取精，才能在逐渐壮大的文化市场中站稳脚跟，一路奋进。

2. 加强文化基础建设，促进区域文化产业发展

文化市场的潜在消费能力还在不断发展，在这个世纪蛋糕里分一杯羹甚至独占一块就显得很有必要。当前安庆市文化体制改革仍在不断摸索和试点中，市文化馆、美术馆新馆等重大设施投入使用，农民文化乐园等试点工作稳步推开，人民群众文化获得感日益增强，“反弹琵琶”的安庆模式示范作用凸显，国家公共文化服务体系示范区创建工作成效显著。以黄梅戏为龙头的文艺事业保持繁荣发展的良好势头，“国字号”的中国（安庆）黄梅戏艺术节和“特色号”的“十一”黄梅戏展演周加快把安庆打造成为全国戏剧演出集聚地，黄梅戏“一唱两走”和“黄金周·黄梅戏”“白天看景、晚上看戏”文化旅游品牌影响力越来越大。新创及复排大型黄梅戏 37 部、小戏 32 个，获得省级以上奖项 56 个。文化体制改革和文化产业发展互为促进，建成国家级文化产业示范基地 3 个，省民营文化百强企业个数全省领先，文化企业在资本市场挂牌实现零的突破。优秀传统文化传承体系初步建成，四级非物质文化遗产名录体系已经建立。① 针对文化产业及文化市场的发展前景，安庆市应一方面保证关于消费市场的法律法规的正常施行，另一方面，依托黄梅戏文化和旅游休闲文化，大力发展文化产业在实体经济的比重，增强文化体验感和文化认同感。在安庆，可谓“出门三五里，处处黄梅声”。无论男女老少，家家户户基本都有人会哼上一段经典戏段。同时，安庆旅游资源丰富，无论是自然景观还是红色文化馆，在吸引游客的同时，适当结合休闲、养生、沉浸式体验等新兴休闲旅游内容，游客游览景区风光后，在住所吃顿农家乐，有条件的可以体验诸如现场采茶、学唱黄梅戏、观看戏剧表演等文化娱乐活动。打造别具特色的安庆旅游，促进经济和文化事业繁荣发展。

（二）ST 战略——利用优势，规避威胁

1. 发扬本地文化，打造特色文化

文化不是千篇一律的，安庆市作为安徽省乃至国家文化发展潜力巨大的地区，更应当牢牢把握本地优秀的特色文化。在经济方面，可以考虑加大周边地区的经济交流，近到毗邻的池州、铜陵和芜湖，远至山东、河南等文化大省，一方面可以举办文化交流会以促进各地文化深入了解，另一方面，加大市与市，省与市的文化产业投入，建设一批能代表当地文化的

---

① 中安在线：《安庆：戏曲名城更“有戏”》，http：//www. huangmei. gov. cn/display. php? id=599。

诸如文化馆，文化产业示范园，特色休闲农业等，既很好地宣传了本地文化，也不失时机地打造了特色文化。针对安庆黄梅戏文化底蕴丰厚的优势，安庆市在建设黄梅戏艺术馆、传承和弘扬黄梅戏文化方面做出了重大努力。截至 2016 年年底，安庆市文化馆建成 11 座，戏剧演出场次达到 2330 场。① 越来越多的人知道了黄梅戏，爱上了黄梅戏甚至唱上了黄梅戏，可以说，凭借黄梅戏这张名片，安庆成功打造了“黄梅之乡”的美誉。历史表明，跨区域的交流合作并不会降低相邻区域的优势竞争力，相反，在相互学习各自的优势方面后，区域间优势会大大增强，如果死守本地区域文化，而不借鉴先进的文化经验，其结果就会是逐渐消散在历史长河里，这也是当今文化产业繁荣发展所不希望看到的。在政策方面，可以加大文化市场保护力度，针对文化建设的产业链，完善从创意到产品保护全覆盖，同时，对文化产业给予一定的扶持，在文化产业快速发展的同时也要保证发展的质量。

2. 转变文化发展观念，弘扬文化“正能量”

文化产业是一个新兴产业，西方发达国家已经逐渐把文化产业发展为与高新技术和创意产业结合的新型产业。作为发达大国，文化输出俨然已成为除经济输出的又一法宝，与经济输出不同的是，文化输出有着明显的滞后性和更广泛的影响力，它所影响的不仅仅是当前的受众，更为重要的，文化输出具有鲜明的意识特征，即文化输出国会把本国的文化内涵宣传给被输出国，即所谓的文化侵略。② 依据文化产业的精神属性，可以发现文化产业的政治导向性。③ 文化作为一种软实力，在其定义中就已经赋予了政治影响力，通过宣传该产业文化和与之联系的意识形态，政治导向也就显而易见。文化产业为满足大众日益增长的精神需求，其现实的产品内涵也应符合社会提倡的主题，这无疑具有鲜明的政治导向性。我们一方面要坚决防卫这种文化侵略，另一方面也应转变传统的文化发展观念，即文化发展不单单是文化本身，加强文化不应该是宣扬文化本身，文化消费不仅仅是精神消费，作为逐渐扩大外延的它来说，拉动实体经济增长的作用也应得到重视，从而形成一种“双赢”效应。最后，借文化产业的“东风”，努力把安庆区域文化作为一种文化自信和文化标杆向外界宣传出去。习近平总书记在“七一”讲话中也指出，文化自信是更基础、更广泛和更深厚的自信。安庆作为历史文化名城，更应把握历史赋予的文化底蕴和时代赋予的责任。文化产业的繁荣离不开经济的高速发展，更离不开每个从事文化事业的兢兢业业的个体。安庆在坚定其文化特色和文化自信的基础上，大力宣扬其开放包容、和谐文明的城市文化内涵与时代内涵，结合文化产业快速发展的国际形势，打造安庆文化产业园区乃至文化集群。

四、结语

当今，文化与经济的联系日益密切，由此形成的产业园区也应运而生，在评价和分析地

① 市文广新闻局：《安庆市文广新局 2017 年上半年工作总结和下半年工作安排》，http：//aqxxgk. anqing. gov. cn/show. php? id=552503。

② 《区域文化产业与城市协调发展的实证分析》，《第五届全国新闻学与传播学博士生学术研讨会论文集》，中国传媒大学出版社，2011 年版，第 320～331 页。

③ 同上。

区经济的时候，文化方面也被纳入了考量范围。同时，文化产业的发展又反作用于经济：为文化产业发展助力、为文化区域提供保护、为优化文化结构提供动力，形成一个良性发展的循环。

可以预见的是，文化产业对经济的推动作用将越来越大，但是对文化产业消费潜力的认识尚嫌不足，相应的法律法规的建设仍不完善，人才培养、科技投入等还不到位，作为新兴的产业，文化不仅有着自己的时代内涵和地区特色，其衍生的文化产品更是在我们日常生活中扮演着举足轻重的作用，可以说任何人都离不开文化和文化产品。① 本文在明确了区域文化产业的概念、基本状况和存在的问题基础上，结合前人研究的成果，通过 SWOT 分析安庆市区域文化产业特征、问题和发展前景，对安庆市区域文化产业的发展给出一些策略构想。

文化产业是经济发展的产物，是全球化消费社会背景下发展起来的一门新兴产业，是公认的 21 世纪全球经济一体化时代的“朝阳产业”和“无烟产业”。文化产业以提供知识、信息、文字、音像、艺术、智慧来满足人们日益增长的精神需求，可以说，人们的生活早已离不开文化和其衍生的产品及服务。结合当前形势，我们在大力发展经济的同时，也需发展文化，使文化产业成为国民经济的支柱产业，而这种软实力的快速发展，对于推动产业结构转型、转变经济发展方式都有着极大影响。安庆市区域文化产业已渐成规模，并呈现出多元化、大众化和科技化特点，我们应当把握当前区域文化产业良好发展势头，协调政府和市场的关系，形成产业集群和产业示范区，打造新型区域文化产业发展格局，结合政策扶持、项目开发、人才引进、路径创新等一系列措施，全面稳定推动安庆市区域文化产业与文化实力进一步提升，促进地区和谐发展。

（作者单位：安徽农业大学人文社会学院）

① 王家庭：《区域文化产业的影响因素及其作用机理研究》，《中共南京市委党校学报》2012 年第 1 期。

巴蜀文化研究走进中学校园的教学实践研究[①]

高守良

内容摘要：巴蜀文化研究已由高校学术研究向中学课堂教学延伸和拓展，这是巴蜀文化研究和传承的重大发展，对于巴蜀文化研究和中学校园文化建设和教育教学改革具有十分积极的意义。中小学校应当站在继承和发扬中华文化的高度来积极开展各项巴蜀文化教学和研究活动，促进学生核心素养的有效提高。

关键词：研究；教学；课堂；传承

巴蜀地区是中华文明的重要起源地之一。以成渝两大中心城市为核心的巴蜀文化圈在中华文化史上占据过重要地位，尤其在长江上游开发史和西部经济文化发展史中影响深刻而巨大，堪称长江上游和中国西部的经济文化中心，对全国亦具有广泛的影响力和吸引力，并且具有强烈的历史穿透力，一直影响到今天，长盛不衰。

巴蜀文化研究虽起步于高校，但是研究不能仅仅局限于理论研究，还应当向实际应用方向，即向继承发展和传承的方向发展。目前巴蜀文化研究逐渐向中小学校普及和渗透，这对巴蜀文化的传承和研究以及基础教育改革具有十分重要的意义。

一、巴蜀文化研究进中学校园的研究背景

习近平总书记在十九大报告中指出："文化自信是一个国家、一个民族发展中更基本、更深沉、更持久的力量。""推动中华优秀传统文化创造性转化、创新性发展，继承革命文

① 本文系四川省教育厅重点研究基地"西华大学地方文化资源保护与开发研究中心"一般项目"巴蜀地方文化在初中文科类学科教学与考试中的运用研究"（项目编号 17DFWH019）阶段性成果。

化，发展社会主义先进文化，不忘本来、吸收外来、面向未来，更好构筑中国精神、中国价值、中国力量，为人民提供精神指引。”① 这给我们的文化建设指明了努力和发展的方向。

早在 2001 年，教育部就在《基础教育课程改革纲要（试行）》第 16 条中明确要求：“为保障和促进课程适应不同地区、学校、学生的要求，实行国家、地方和学校三级课程管理。学校在执行国家课程和地方课程的同时，应视当地社会、经济发展的具体情况，结合本校的传统和优势、学生的兴趣和需要，开发或选用适合本校的课程”。明确提出了基础教育学校根据自身特点和优势，开发校本教材的要求。

为将十八大和十八届三中全会提出的关于立德树人的要求落到实处，2014 年教育部研制印发《关于全面深化课程改革落实立德树人根本任务的意见》，提出“教育部将组织研究提出各学段学生发展核心素养体系，明确学生应具备的适应终身发展和社会发展需要的必备品格和关键能力”。

核心素养在强调教育的科学性和时代性的同时，强化民族性。着重强调中华优秀传统文化的传承与发展，把核心素养研究植根于中华民族的文化历史土壤，系统落实社会主义核心价值观的基本要求，突出强调社会责任和国家认同，充分体现民族特点，确保立足中国国情、具有中国特色。

2016 年，教育部委托，以北师大领衔课题组，发布了《中国学生发展核心素养》。核心素养是党的教育方针的具体化，是连接宏观教育理念、培养目标与具体教育教学实践的中间环节。党的教育方针通过核心素养这一桥梁，可以转化为教育教学实践可用的、教育工作者易于理解的具体要求，明确学生应具备的必备品格和关键能力，从中观层面深入回答“立什么德、树什么人”的根本问题，引领课程改革和育人模式变革。

《中国学生发展核心素养》指出：“文化是人存在的根和魂。文化基础，重在强调能习得人文、科学等各领域的知识和技能，掌握和运用人类优秀智慧成果，涵养内在精神，追求真善美的统一，发展成为有宽厚文化基础、有更高精神追求的人。”强调文化在学生核心素养中的重要地位。

巴蜀文化是中华文化的有机组成部分，巴蜀地区的中学教育植根于巴蜀文化的沃土之上，吸收和传承着巴蜀文化的文化精髓，自当有义务来继承和弘扬巴蜀文化，丰富和发展中华文化。关注和研究巴蜀文化，尤其是关注和研究巴蜀文化对学生的影响以及探索如何充分发挥巴蜀文化的教育效能，有着深远的意义。

开发本土校本课程，就得依据学校所处区域的地方文化环境和文化传统，结合当地学校的文化特点和文化优势，对巴蜀文化做课程资源开发，弥补国家统编教材的不足，增加反映当地人文历史传统、经济政治面貌和自然环境、地理天文等内容的课程内容，适应新课改关于课程与教学回归社会生活和学生生活的要求。

① 习近平：《决胜全面建成小康社会，夺取新时代中国特色社会主义伟大胜利——在中国共产党十九次全国代表大会上的报告》，新华网，2017 年 10 月 18 日。

二、巴蜀文化研究现状与研究趋势

地方文化，是在特定地域内，长期受到多方（如历史、地理、文化等）因素影响，进而形成特有的当地文化。它集中体现了该地区的传统地理及人文风貌，是当地人民集体创造出来的宝贵的物质及精神财富。它既包括凝聚文化精神的载体，如地方特色建筑、非物质文化遗产（如方言、地方戏剧等），也涵盖了地方性的人文心态、思维方式、风俗习惯等。巴蜀文化就是具有典型西部经济文化特点的地方文化，在中华文化中具有特殊的地位。

1. 高校积极开展巴蜀文化的学术研究。因地制宜，开发本土优秀地方文化为学校教育的重要课程资源，合理利用地方优秀文化资源，挖掘、吸收、传承地方文化的精髓，是学校课程改革和对学生进行素质教育的重要内容。将其引入地方学校教育中，可以作为国家统编教材的补充材料，延伸和拓展教材内容。对学生进行更为生动鲜活的素质教育，使学生能对家乡传统文化有更深入的理解和认识。

巴蜀区域不少高校成立相关机构挖掘传承巴蜀文化。例如：1983 年四川师范大学成立了“巴蜀文化研究中心”，2001 年成为教育部高校人文社会科学重点研究基地；西华大学成立了“地方文化资源保护与开发研究中心”，出版《地方文化研究辑刊》，开展巴蜀地方文化的专项课题研究和文化宣传工作。足见社会科学界对巴蜀文化在中华文化历史中的重要地位的肯定和对充分挖掘其在现实生活中的指导意义的重视。

2. 巴蜀文化研究与学校教育接轨。不少专家也写作了关于巴蜀文化研究的专题论文，尝试在学校教育中开展巴蜀文化教学。如成都大学王世达、陶亚舒的《巴蜀文化的特征及其对当代四川文化发展的影响》，电子科技大学文艺的《巴蜀文化视角下的高校思想政治理论课教学探索》，四川水利职业技术学院王雪燕、张强的《简析巴蜀文化与大学生思想政治教育的融合》，重庆市第四十二中学王红的《浅议巴蜀文化在高中政治教学过程中的运用》，等等。这些文章分别从不同角度对大学、中学巴蜀文化教育实践做了分析，积极肯定巴蜀文化的丰富内涵和对学生思想政治教育的重要性。

3.《基础教育课程改革纲要（试行）》要求分小学、初中、高中、大学学段，有序推进中华优秀传统文化教育。地方的优秀传统文化作为中华优秀传统文化的组成单元，贴近学生生活环境，包含丰富的地方习俗、人文历史、地理环境等内容，可以扩大学生视野，加深学生对传统文化的认识和理解。

4. 巴蜀文化进入中学课堂教学。2017 年 5 月，在西华大学地方文化资料保护与开发中心的支持下，我校杨松林老师领衔的“巴蜀文化在初中文科类教学与考试中的运用研究”被省教育厅批准确立为 2017 年省部级科研课题，学校开展了一系列的巴蜀文化进课堂的教学实践活动，如古诗词阅读欣赏、川剧进音乐课堂等。高校和中学联合进行巴蜀文化研究与利用，将巴蜀文化研究成果向中学课堂教学延伸，为巴蜀文化的传承和运用实践开启新的领域。

三、巴蜀文化研究的概念界定

1. 文化是一个非常广泛和最具人文意味的概念，简单来说就是人类的生活要素形态的统称：即衣、冠、文、物、食、住、行等。虽然对它的解释一直众说不一，但是东西方的辞书或百科全书中却有一个较为共同的解释：文化是人类在社会历史发展过程中所创造的物质财富和精神财富的总和。

2. 民族文化。民族文化是某一民族在长期共同生产生活实践中产生和创造出来的能够体现本民族特点的物质和精神财富总和。民族文化反映该民族历史发展的水平。民族文化是各民族在其历史发展过程中创造和发展起来的具有本民族特征的文化，包括物质文化和精神文化，我们的民族文化就是汇聚各族人民勤劳智慧结晶的物质文化和精神文化，即中华文化。

总结历史的经验和教训，在学习西方文化和继承中华传统文化的过程中，人们越来越清醒地认识到，传统的民族文化及其所包含的民族精神，它的精华不仅凝结成了它的过去，也可以滋生出新的未来。尤其是其中所包含的中华民族特有的优秀精神品质，对于我们民族的发展，对于我们国家的进步，都是不可或缺的民族“魂”!

民族“魂”昭示我们：只有民族的才是世界的！只有坚守和维护自身民族的个性，才能存续于世界文化的民族之林。我们的民族文化就是中华文化，具有五千年悠久的历史和博大的内涵，巴蜀文化是它的一个有机组成部分。英勇顽强、不屈不挠的巴蜀“魂”，如同长江黄河一样汇聚于中华民族魂的洪流中，支撑和激励着一代代中华儿女战胜各种艰难险阻，作为国家和民族危难时刻存亡的最后屏障，拱卫在国家西南的莽莽群山之中。

3. 巴蜀文化。巴蜀文化就是具有巴蜀地方特色的中华文化。所谓巴蜀文化，即巴文化与蜀文化。然而巴蜀文化有广义与狭义之分，狭义的巴蜀文化是指古代巴、蜀两族先民创造的物质文化和精神文化，主要分布于四川地区，大致从商周时期延续到战国晚期。著名的金沙遗址文化、三星堆遗址文化、都江堰文化等，就是其典型代表。

广义的巴蜀文化是指以四川成都和重庆为中心及其周边在内的，以巴文化、蜀文化为主体，包括其他少数民族文化在内的从古至今的文化总汇，从金沙文化、三星堆文化、三国文化到（大足、安岳、乐山）摩崖石刻、（绵竹）年画、（成都）交子、川酒、川菜、川剧、（现代）散打评书等，涵盖的领域和内容极其广泛。我们在中学文科类课堂教学中运用的巴蜀文化概念应当是广义的巴蜀文化，既有古代巴蜀文化，也有当代巴蜀文化，既有巴蜀本土人创造的巴蜀人类文明成果，也有非本土人在巴蜀大地创造的人类文明成果。

就巴蜀文学领域而言，从古代巴蜀文化和后来的以司马相如、李白、杜甫、苏轼等为领军人物的汉唐宋时期文学成就，到以郭沫若、巴金、周克芹为领军人物的现代文学成就，不仅展现了当时巴蜀地方文学的最高成就，也反映各个时期中华文学成就的辉煌巅峰；就政治与历史而言，近代影响中国社会历史发展的辛亥保路运动、红军爬雪山过草地壮举、川军抗战、“三线建设”、“白猫黑猫论”下的农村家庭联产承包、百万民工东进南下打工等历史事件，深刻地影响四川巴蜀地区乃至全中国的社会进程，留下了许多的珍贵历史资料，可以帮助学生认识当代中国国情和发展道路。

巴蜀文明纵横巴蜀古今内外，没有狭隘的历史时间限制和地理空间的限制，涵盖政治、历史、地理、哲学和文学等诸多领域，对于学生学习文科类学科和建立正确的价值观具有积极的意义。

4. 巴蜀文化的特点。巴蜀文化作为中华地方文化，身上烙有鲜明的个性特征和地方色彩，有别于齐鲁文化、三秦文化、荆楚文化等中原文化。它如同四川方言和川菜一样干练泼辣、辣味十足，特色鲜明，世人皆知。它展现了川人勤劳勇敢、顽强不屈和艰苦朴素的生活态度，以及注重社会生活实践成效、务实灵活、不教条，不排斥外来事物（人和思想）的包容精神。民间广为流传的“不论白猫、黑猫，逮住老鼠就是好猫”的务实俗语就是“实践是检验真理唯一标准”的最初源头，这表现了巴蜀人民注重社会生活实践成效的朴实作风。

5. 巴蜀文化在中学文科类学科教育教学中的运用。巴蜀（古代、现代和当代）文化在中学语文、政治、历史、地理、音乐和美术等文科类学科教学中的运用，在教材所反映题材内容的时代上，各学科差异较大，如载入语文教材上的巴蜀文化，大多是唐诗宋词等古代题材的，反映当代题材的较少；而政治教材大多是反映诸如改革开放、“5·12”精神等当代题材；历史教材则从古蜀兴衰、秦李冰治水到当今农村改革的都有；地理教材很缺乏反映巴蜀区域内的地壳变化历史、地理地貌特征和人口与民族等内容，但这正是学生出行、旅游急需了解的地理与气象生活常识，亟待我们以本土校本教材方式引入课堂教学。

巴蜀文化内容在教材经常出现，占据了许多版面。以初中政治为例，巴蜀地方文化在初中思想品德教科书（教科版）中从七年级到九年级出现了五次，其中四川“5·12”地震的事例分享就出现了三次，八年级下册用了“三峡移民工程”，九年级全一册用了“邓小平的改革开放”的事例。

不仅如此，巴蜀文化内容在教学测验考试中也有运用，例如2018年语文中考试题中地方文化色彩浓厚，B卷语言实际运用中分值为12分的题，全部具有地方文化特色，如第11题，四川地震创造的“四个奇迹”：没有饥荒，没有流民，没有瘟疫，没有社会动荡。面对这样的奇迹，生活在成都的你，会感慨万千地说点什么？第12题是关于成都一些中小学掀起诵读国学经典热潮的探究，第13题要求为成都饮食名品或者饮食文化拟写宣传广告语。这些都深深地打上了成都地方文化的烙印。

在初中历史教材的中国古代史部分载有大禹治水、李冰筑堰、苏轼赤壁怀古等含有巴蜀文化元素的内容，在中国近代史部分也有辛亥革命、护国运动、土地革命和抗战题材的众多涉及巴蜀文化内容。教材由于各种限制无法全面呈现，需要老师补充。在今天的成都人民公园，矗立着的“辛亥保路死事纪念碑”和“川军抗战纪念雕像”，就是中国近现代史的见证，正可作为历史教学的补充材料。

初中地理教材虽然没有专门介绍四川盆地和成都乡土地理的章节，但是我们可以学以致用，要把生活实际需要同学生课本上学到的知识结合起来，让地理教学不再空浮于理论知识，而能够落地生根。例如学习中国的气候分布及特征时，就可以借助川西民居特色导入教学。四川盆地为亚热带季风气候，气候温暖湿润，为适应炎热潮湿的气候，川西民宅建筑多为木穿斗结构，斜坡顶、薄封檐，开敞通透。建筑的梁柱断面较小，外墙体的高勒脚、半桩台，室内加木地板架空。斜坡顶是为了雨水的迅速排泄，而高墙体及室内加木地板架空是为了防潮。事实证明，巴蜀人民在生活起居和建筑风格上的偏好，展示出了他们对盆地气候与人类居住环境的科学认识，显现了巴蜀人民的聪明才智。

此外，地理课还可以与四川的饮食文化关联起来。川菜是中国八大菜系之一，川菜起源于古代的巴国和蜀国，以麻、辣、鲜、香为特色。由于盆地内属中亚热带和北亚热带湿润气候，气候闷热潮湿，所以菜多以除湿的调料为辅料。川菜文化如今已经走向了世界，川菜被端上世界各地宾客的宴席，然而若要追寻独特的麻辣味起源，自然要追寻到四川盆地的地理气候了！

四、开展巴蜀文化走进中学文科类课堂教学研究的实践意义

1. 增强巴蜀学子的成长发展的自信心。总结和学习巴蜀先人的历史功绩与当代巴蜀人民现实生活中取得的辉煌成就，可以激发巴蜀儿女的地域自豪感和自信心，卸掉巴蜀与中原和沿海地区因地理交通和信息上的落差而产生的文化上、精神上自卑的心理包袱。先秦时代的都江堰水利工程，至今还在发挥着水利灌溉和防洪分流功能，这就是巴蜀儿女引以骄傲和自豪的人类智慧。现代中国革命巴蜀有朱德、陈毅、刘伯承、聂荣臻、张爱萍等军事将领。改革开放宏业中的邓小平，新希望的刘永好等风云人物，掀开了国家经济发展、人民致富的时代篇章，令全世界各国人民仰慕不已！……这，能不让我们的学生们豪情满怀吗？

2. 培养爱国心和爱乡心。通过系统地整理、回顾和学习巴蜀文化，可以增进学生对自己家乡这片土地及人民的了解和认知，感知巴蜀大地在国家战略发展中的重要历史地位，感念巴蜀前辈先人的卓越业绩，从而加深和强化对家乡父老乡亲的情感，丰富和充实对国家和民族的使命感，培养深厚的爱国主义情感。

3. 传承巴蜀地方文化的优良传统。巴蜀地区自古就有重视教育和培养人才的历史传统，从西汉的文翁兴学到近代私塾、官学和国民教育普及，形成了良好的学风、校风。以树德中学、大同中学为代表的众多学校积极追求对学生的做人品格和道德修养教育，传承着巴蜀教育注重学生品德教育的优良传统，为新时期落实和贯彻《基础教育课程改革纲要》关于培养“四有”育人目标的要求，提供了学生学习的真实范例和鲜活材料。

4. 学习和弘扬民族精神的摇篮。巴蜀文化就是具有巴蜀地区民族、语言、教育、民俗和宗教等地方特色的中华文化（或曰民族文化），巴蜀文化与民族文化之间有着密切的关联，四川人善良淳朴、智慧勤劳、勇敢顽强的性格特征与中华民族爱好和平、自强不息、英勇顽强的民族精神之间也有着天然的关联。引导学生学习和继承巴蜀前辈的优秀品质和优良作风，就是在学习和发扬中华文化，在继承和弘扬中华民族的民族精神。

5. 开发巴蜀文明的德育功能。探索巴蜀地方文化在中学思想政治教育中的实践模式，改善和提高学校思想政治教育的针对性和德育教育水平，及时发现和开掘巴蜀文化沃土里深藏着的以川军抗战为代表的爱国主义情怀、以红军长征为代表的革命英雄主义情怀、以百万民工出川打工为代表的祖国建设以及以川剧为代表的四川地方戏剧文化等学生熟悉的题材，进行省情教育、国情教育和党的基本路线教育，帮助学生树立积极向上的、科学健康的人生观和世界观。

6. 探索巴蜀地方文化在中学文科类教学中的实施模式。通过编写校本教材，开设专题

选修课、讲座、文艺汇演等方式，把巴蜀文化带进校园，引进课堂，植根学生内心，提高学生对学科教学中相应知识的理解和运用能力。

五、开展巴蜀文化研究走进中学文科类课堂教学研究的理论意义

丰富地方文化在中学教育实践的理论，延伸和拓展巴蜀文化的研究运用的广度和深度，从而丰富和完善学生学习的课程结构，拓宽学生的视野。

促进教师成长和学识的提高。对本地区课程资源的研究和挖掘，既体现了尊重学生生长的文化背景，又有利于完善教师的知识结构。教学的过程，就是教师对巴蜀文化再学习和再认识的过程，它在为学生创造更好学习成长环境的同时，也在鞭策教师不断提升自身素养。

有利于学生人文素养的提高和素质教育意识的形成。纠正教育领域内尤其是在基础教育领域内长期存在着割裂自然科学与社会科学的必然联系和重理轻文的思想和意识，促进学生的全面发展和教育事业的可持续发展。

有利于校园特色文化的形成和发展。在课题研究中，巴蜀地方文化校本教材的自编和组编，衍生出系列巴蜀地方文化的校本教材，将推动学校对于巴蜀地方文化的研究和教学，从而促进学校教育教学新特色的形成和发展。

有利于巴蜀文化研究向大众化、普及化方向发展，有利于培养巴蜀文化传人。

结　语

巴蜀文化包含有历史、政治、军事、艺术等人文科学内容，也包括有水利、建筑、冶金和医药等自然科学内容，相比之下，与文科类的初中教学和考试的联系比较紧密。因此，我们组建了课题组专门就巴蜀文化在初中文科类教学实践展开研究。

巴蜀文化在学科教学中既有学科教学专业特点上的差异，又有对学生思想品质教育上的共通之处（情感、道德、价值观）。因此，我们在研究工作上既有分工也有合作，协力将开发、挖掘和弘扬巴蜀文化的精髓，作为传承和弘扬中华文化的重要内容，促进学生核心素养的全面形成和发展。基于此，我们未来还将尝试将巴蜀文化研究扩展到中学的所有学科教学的课堂之中，包括理科类教学课堂。前不久，我校的李冬英老师就把川剧搬进了音乐课堂，向学生普及和传授川剧文化，受到市区教研员和来访的新疆教师们的高度肯定，可以说是一个很有意义的开端。相信在中学课堂教学中渗透和延伸巴蜀文化还有很大空间。

我校巴蜀文化研究课题组开展巴蜀文化进校园活动半年来，我们进行了初步的理论学习和探索实践，基本确立了在中学学段进行巴蜀文化教学和课题研究的方向和目标，目前正处于调查采样问卷中后期的分类整理和研究分析阶段。在西华大学的有力支持和同事们的共同努力下，预计我们将取得满意的收获，为巴蜀文化研究尤其是巴蜀文化研究向中学校园延伸做出有益的尝试。

（作者单位：成都市第二十中学）

非物质文化遗产研究

知识产权视角下的非物质文化遗产保护问题研究①

——以苏州为例

刁爱清

内容提要：非物质文化遗产的知识产权保护不仅具有必要性，而且具有可行性。近些年来，苏州高度重视非物质文化遗产的保护工作，并取得了明显的成效，但借助知识产权手段来保护非物质文化遗产仍然较为乏力。基于此，有必要在明确非物质文化遗产知识产权保护的目标和原则的前提下，探索非物质文化遗产知识产权保护的具体方式，并协同解决好非物质文化遗产知识产权保护的一些相关问题。

关键词：非物质文化遗产；知识产权；保护工作

"非物质文化遗产，是指各族人民世代相传并视为其文化遗产组成部分的各种传统文化表现形式，以及与传统文化表现形式相关的实物和场所。"② 我国五千年的悠久历史，孕育出了为数众多、绚丽多姿、丰富多彩的非物质文化遗产，作为劳动人民智慧的结晶，这些非物质文化遗产是中华文化宝库中的璀璨明珠，是华夏古老文明的载体，也是我国文化的根，它们蕴含着中华民族特有的精神价值、思维方式、情感因素和文化意识，体现着中华民族的生命力和创造力。保护和利用好非物质文化遗产，对于继承和发扬民族优秀文化传统、促进经济发展、增强民族团结都具有重要而深远的意义。

然而，"随着全球化趋势的加强和现代化进程的加快，我国的文化生态发生了巨大变化，非物质文化遗产受到越来越大的冲击。一些依靠口授和行为传承的文化遗产正在不断消失，许多传统技艺濒临消亡，大量有历史、文化价值的珍贵实物与资料遭到毁弃或流失境外，随

① 本文系 2016 年苏州市文化研究项目"知识产权视角下的非物质文化遗产保护问题研究"的阶段成果。项目批准号：SZ20160404。

② 《中华人民共和国非物质文化遗产法》第 2 条。

意滥用、过度开发非物质文化遗产的现象时有发生。加强我国非物质文化遗产的保护已经刻不容缓”。[①] 实践证明，非物质文化遗产不仅需要进行行政保护，也需要在知识产权的视角下，采用知识产权手段予以保护。在当前的形势下，探索并构建完善的非物质文化遗产的知识产权保护制度，不仅能够顺应文化生态保护的潮流，而且对于促进非物质文化遗产的传承与发展，充分挖掘其商业和艺术价值，增强我国的文化软实力，延续民族生命力，在激烈的国际竞争中争取民族尊严、维护民族利益均具有举足轻重的意义。

古城苏州历史悠久，人杰地灵，孕育出了丰厚的非物质文化遗产资源，并以传统技艺、民间文学、音乐舞蹈、戏剧曲艺、游艺杂技、民俗仪式等多种载体呈现。近年来，苏州市委、市政府及相关部门以高度的责任感，勇于担当，采取多种措施，为苏州非物质文化遗产的传承与保护做了大量扎实有效的工作，并取得了显著的成效。但与此同时，我们注意到，苏州的非物质文化遗产却面临着知识产权保护乏力的问题，以至于影响了这些非物质文化遗产资源商业和艺术价值的进一步开发，影响了苏州文化软实力的进一步提升，这种状况亟待改变。本报告将阐述非物质文化遗产知识产权保护的必要性与可行性，在此基础上，分析苏州非物质文化遗产知识产权保护的现实状况，进而探讨非物质文化遗产知识产权保护的原则、方式以及相关的其他问题，以期对非物质文化遗产知识产权保护的进一步发展与完善有所助益。

一、非物质文化遗产知识产权保护的必要性

全面探讨非物质文化遗产的知识产权保护问题，其基本的逻辑前提应是通过知识产权手段保护非物质文化遗产具有必要性，只有对此做出肯定的回答，其后关于非物质文化遗产知识产权保护的可行性以及保护的原则、具体方式等问题的分析才具有实在的价值和意义。我们认为，通过知识产权手段来保护非物质文化遗产，其必要性是毋庸置疑的，主要体现在以下几个方面：

（一）是弥补非物质文化遗产行政保护不足的需要

我国的非物质文化遗产保护作为一项具有重大意义的文化保护工程，起步于 2003 年，至今已经走过了十多个年头。回首这十多年的保护历程，我们采行的保护模式可谓“政府主导”的行政保护模式，即将政府作为非物质文化遗产保护的重要责任主体，由其在非物质文化遗产保护中发挥主导作用。这样的一种行政保护模式，在有关非物质文化遗产的法律、行政法规、地方性法规以及政府的规范性文件中均有具体的体现。例如，国务院办公厅 2005 年 3 月发布的《关于加强我国非物质文化遗产保护工作的意见》中明确：“要发挥政府的主导作用，建立协调有效的保护工作领导机制。由文化部牵头，建立中国非物质文化遗产保护工作部际联席会议制度，统一协调非物质文化遗产保护工作。文化行政部门与各相关部门要积极配合，形成合力。”“地方各级政府要加强领导，将保护工作列入重要工作议程，纳入国民经济和社会发展整体规划，纳入文化发展纲要。”文化部 2006 年 11 月发布的《国家级非

---

① 国务院办公厅：《关于加强我国非物质文化遗产保护工作的意见》。

物质文化遗产保护与管理暂行办法》第4条规定："国务院文化行政部门负责组织、协调和监督全国范围内国家级非物质文化遗产的保护工作。省级人民政府文化行政部门负责组织、协调和监督本行政区域内国家级非物质文化遗产的保护工作。国家级非物质文化遗产项目所在地人民政府文化行政部门，负责组织、监督该项目的具体保护工作。"2011年2月25日，十一届全国人大常委会第十九次会议审议通过了《中华人民共和国非物质文化遗产法》，并自2011年6月1日起施行。该法的颁布和实施，是非物质文化遗产保护的一个里程碑，标志着我国非物质文化遗产保护工作正式步入了法治化轨道。在保护主体方面，该法继续沿袭了"政府主导"的行政保护模式，其第7条规定："国务院文化主管部门负责全国非物质文化遗产的保护、保存工作；县级以上地方人民政府文化主管部门负责本行政区域内非物质文化遗产的保护、保存工作。县级以上人民政府其他有关部门在各自职责范围内，负责有关非物质文化遗产的保护、保存工作。"

采行"政府主导"的行政保护模式，有其较为复杂的原因：一是我国的非物质文化遗产面广量大，种类繁多，形态各异，地域分布又很广，保护工作涉及面很宽。采行"政府主导"的行政保护模式，就可以通过政府行政权力的行使，合理调配公共资源，能使保护工作卓有成效地开展与落实。二是非物质文化遗产的保护面临着比较严峻的态势，有些非物质文化遗产资源甚至濒临消亡的境地，保护工作在时间上具有一定的紧迫性。行政行为具有高效性，采行"政府主导"的行政保护模式，无疑有利于非物质文化遗产获得及时、高效的保护。三是非物质文化遗产的保护需要实实在在的资金支持，有些非物质文化遗产项目甚至需要投入大量的保护资金。在这方面，"政府主导"的行政保护模式也能发挥出其显著的优势，政府可以通过财政资金的划拨与调配，为非物质文化遗产的保护提供较为有力的财力支撑。四是对于损害文化多样性，过度开发和利用非物质文化遗产资源，破坏属于非物质文化遗产组成部分的实物和场所的个人和单位，要在查清事实的基础上，按照情节轻重的不同，依据法定的权限和程序，分别予以相应的制裁。政府部门可以通过国家所赋予的行政权力，对行为主体采取行政处罚措施，以达到教育和惩戒的目的。

毋庸置疑，多年来对非物质文化遗产所采行的"政府主导"的行政保护模式，已经取得了一定的成效：各级文化行政主管部门和其他有关部门对非物质文化遗产开展了广泛的调查，对非物质文化遗产进行了认定、记录、建档，初步建立起了非物质文化遗产的信息共享机制；建立了较为完善的国家级、省级、市级、县级非物质文化遗产名录体系，一大批能够体现中华民族优秀传统文化，具有重大历史、文学、艺术、科学价值的非物质文化遗产项目纳入了名录；各级文化主管部门对本级人民政府批准公布的非物质文化遗产代表性项目，按照确定的条件，认定了相应的代表性传承人，并采取有效措施，支持非物质文化遗产代表性项目的代表性传承人开展传承、传播活动。

但与此同时，我们也注意到，非物质文化遗产的行政保护也面临着不少难题。非物质文化遗产的保护工作是一项复杂的系统工程，需要投入大量的人力、物力和财力。从人力资源角度来看，各级政府文化行政主管部门所配备的非物质文化遗产管理人员普遍较少，而承担的工作量又很大，能把日常的管理工作应付自如已属不易，很难再在保护方面分出足够的时间与精力。从物力、财力角度看，我国存在着区域经济发展不平衡的问题，在经济发达地区，政府投入非物质文化遗产保护方面的资金较多，非物质文化遗产保护与资金短缺的矛盾不太突出，但在很多欠发达地区、偏远地区，经济相对落后，地方财力有限，很难为非物质文化遗产的保护提供充足的物力、财力支持，这就必然会对非物质文化遗产行政保护工作的质量与效率产生消极影响。此外，行政保护模式在本质上依靠政府外部力量的推动，难以调动起非物质文化遗产权利主体自身的主动性和积极性，“从非物质文化遗产的利用、弘扬和传播以及涉及相关利益的分享机制来看，都存在行政保护模式无法解决的问题”①。上述分析表明，对于非物质文化遗产，单纯依靠行政保护，显然是不足的，“现实的选择应当是行政保护和民事保护双管齐下，两者缺一不可。即未来的非物质文化遗产保护立法，行政保护与民事保护并驾齐驱将是一种比较理想的保护模式。其中，在对非物质文化遗产进行民事保护时，知识产权保护则是核心问题和重点”。② 这就是说，对非物质文化遗产，在行政保护之外，再通过知识产权手段予以保护，便多了一重保护机制，增加了一份保护力量，能够起到弥补行政保护不足的效果。

（二）是实现非物质文化遗产权利主体基本权利的需要

非物质文化遗产是某一民族或群体在长期的生产、生活过程中通过不断的创造和再创造而形成的智力成果，是通过世代传承和发展而形成的文化结晶，这些经验、知识、艺术、技能体现出众多群体成员的集体智慧和创造性、传承性劳动，既然如此，作为创造者、传承人，自然就应当享有相关的权利。就其权利类型来说，无非包括两个方面：一是精神权利。精神权利又可进一步细分为表明来源权和维护作品完整权。表明来源权亦称署名权，是指表明非物质文化遗产的来源主体身份的权利。表明来源权是非物质文化遗产中的基础性权利，它明确了非物质文化遗产归于哪一主体。这就要求非物质文化遗产的使用者，无论采用何种方式对非物质文化遗产进行使用，都必须清楚地标示该非物质文化遗产来源主体的身份。维护作品完整权是指非物质文化遗产的内涵、表现形式、表现场合、文化空间的完整不受侵害和贬损的权利。二是经济权利。经济权利又可进一步细分为获取报酬权与专有使用权两个方面。获取报酬权是指非物质文化遗产权利主体对其非物质文化遗产进行商业性使用而应当获得报酬的权利。非物质文化遗产具有历史价值、文化传承价值、社会精神价值，在市场经济条件下能够产生一定的经济利益，并能够体现其经济价值。专有使用权就是指权利主体有权管理或许可他人使用属于自己的非物质文化遗产，并享有排除他人未经许可进行商业使用的权利。在既往的保护实践中，非物质文化遗产权利主体的上述权利受到侵害的现象不同程度地存在，甚至影响到权利主体传承与创新的积极性。而“知识产权制度是科技、经济与法律相结合的产物，实质上解决的是知识作为资源的归属问题，是一种激励和调节的利益机制”③，因此，实现非物质文化遗产的知识产权保护，能够使权利主体的精神权利与经济权利得以充分实现，有利于增强其保护非物质文化遗产的动力，提高其保护非物质文化遗产的

① 才让塔：《少数民族非物质文化遗产法律保护研究——以青海热贡为例》，中国政法大学出版社，2015 年版，第 158 页。

② 冯晓青：《非物质文化遗产与知识产权保护》，《知识产权》2010 年第 3 期。

③ ［美］爱伦·斯密德：《财产、权力和公共选择——对法和经济学的进一步思考》，黄祖辉等译，上海人民出版社，2007 年版，第 6 页。

能力，并且在传承的基础上对非物质文化遗产进行进一步创新，实现动态传承。

（三）是借鉴非物质文化遗产保护国际经验的需要

从世界范围来看，对于非物质文化遗产，不少国家在实施行政保护的同时，还规定可以采用知识产权手段来加以保护。这些国家充分认识到知识产权制度在非物质文化遗产保护和开发利用中所具有的重要价值，他们在知识产权保护实践中已经积累了一定的经验，并取得了丰硕的成果。例如，泰国在 1997 年《宪法》第 6 条中规定，传统社区成员有权保存和恢复其习俗、本土知识及本社区或本民族的艺术和优良文化，并有权按照法律规定依平衡模式持续地参与管理、维持、保存和利用自然资源和环境。随后，泰国即根据《宪法》的这一规定制定了《传统泰医药知识产权保护法》，将传统医学处方分为国家处方、私人处方和普通处方三类进行管理，为传统泰医学建立了全面而专门的知识产权法律保护制度，该法的实施为泰国传统医学增添了新的活力。在印度，由于拥有丰富的动植物资源，印度政府非常重视传统医药的知识产权保护。从 1999 年开始，印度政府就着手建立传统医药的知识产权库。2002 年，印度政府公布专利法修正案，明确规定“专利说明书所记载的发明如果被发现是印度或其他任何地方的当地或本土居民团体所使用的知识（无论是口头还是其他形式），则该专利应被撤销”。在非洲，突尼斯制定了文学艺术版权法，是第一个用国内知识产权法保护民间文化的国家。该法规定：“民间艺术属于国家遗产，任何以营利为目的的使用民间文学艺术的行为都应经过国家文化部的允许；这些民间文学艺术活动的内容，要经过突尼斯保护作家权益机构根据本法进行审核。同样，从民间艺术中吸取灵感创造的作品，要经过国家文化部的许可；对于民间作品的全部或部分著作权在其中发生转移，需要国家文化部的特殊许可。”同时规定，民间文学作品著作权享受无限期保护。[①] 除此之外，有关资料显示，“澳大利亚的土著人和托雷斯海峡岛上居民在艺术品上取得了证明商标；加拿大的土著居民更是注册了从艺术品到食品、服装、旅游服务等类别上的商标，所使用的商标标识为其传统的标记或名称；在越南，其传统的止痛植物药使用 Truong Son 商标”[②]。毋庸置疑，通过知识产权手段来保护非物质文化遗产具有普适性、共通性、可复制性，不会因国家规模大小、社会制度不同而有所差异。“他山之石，可以攻玉”，上述这些国家的成功经验值得我们吸取和借鉴。这些国家能够借助知识产权来对非物质文化遗产加以保护，中国作为非物质文化遗产资源极为丰富的国家，在非物质文化遗产保护方面面临着更多的难题，更有必要通过知识产权手段来加以保护。

二、非物质文化遗产知识产权保护的可行性

对于非物质文化遗产的知识产权保护，仅有必要性仍然是不够的，我们还必须考察其可行性，这两个方面的关系殊为密切，同等重要。很显然，如果只具有必要性，而根本不具备可行性，那么期待通过知识产权手段来保护非物质文化遗产，便可能成为无法实现的空想。

---

① 王鹤云、高绍安：《中国非物质文化遗产保护法律机制研究》，知识产权出版社，2009 年版，第 156 页。
② 腾飞：《传统知识的知识产权保护战略思考》，《国际技术经济研究》2005 年第 2 期。

只有必要性和可行性兼备，实现非物质文化遗产的知识产权保护才会成为顺理成章之事。我们认为，非物质文化遗产的知识产权保护在有必要性的前提下，也是具有可行性的。通过以下几个方面的分析，我们可以得出这一结论。

（一）知识产权与非物质文化遗产在客体方面具有一致性

所谓知识产权，是指权利人对其所创作的智力劳动成果所享有的专有权利。知识产权又被称为“智力成果权”或“无形财产权”，之所以如此，其根本原因就在于知识产权的客体是个人或团体所创造的智力成果。非物质文化遗产也具有创造性智力成果的属性。“作为人类文明的结晶，非物质文化遗产是人们主观情感的表达和改造客观世界的表现，是人们在长期的生产与生活中不断发挥自身的主观能动性，进行精神实践、经验总结、技巧改进、艺术展现所积累而来的精神财富。”[①] 它是人类文明发展过程中经过上百年甚至上千年积累传承下来的智力成果，体现着人类的创造力和想象力。在表现形式上，非物质文化遗产包括三大类别，即传统技艺和知识、传统文学艺术和传统习俗节令。传统技艺和知识包括传统技艺、医药和历法等；传统文学艺术包括传统口头文学、传统美术、书法、音乐、舞蹈、戏剧和杂技等；传统习俗节令包括传统礼仪、节庆和体育、游艺等。由此可见，无论是非物质文化遗产的客体，还是现代知识产权的客体，都是人类的智力成果，在这一点上，两者本质是相同的，“非物质文化遗产智力成果在本质上与现代知识产权智力成果相契合，都是人类智力成果，都是知识存在”[②]。这种客体上的一致性决定了非物质文化遗产是可以并且能够通过现代知识产权法律制度来予以保护的。[③]

（二）非物质文化遗产的知识产权保护已经取得较为丰富的理论研究成果

随着国家对非物质文化遗产保护问题的日益重视，有关非物质文化遗产的理论研究也蔚然成风，特别是近年来呈现出百花齐放、百家争鸣的大好局面。在这些研究中，有针对非物质文化遗产保护工程中的政府责任的，有关乎非物质文化遗产代表性传承人的，有涉及非物质文化遗产文化产业开发的。尤其值得一提的是，非物质文化遗产的知识产权保护也是研究中的一个热点，不少专家、学者对此表现出极大的关注和浓厚的兴趣，对此问题研究的热情空前高涨，以致非物质文化遗产的知识产权保护成为近年来的又一个热门的话题。研究的内容不断深入，从最初的简单介绍和分析、评述，发展到关于非物质文化遗产知识产权保护的理论基础、内在机理、具体措施、发展趋势等，力图将知识产权法的相关理论和非物质文化遗产的保护有机地结合起来，做到兼容并蓄；研究的方法不断出新，既有历史的方法、比较的方法，又有分析的方法、实证的方法；研究的队伍不断扩大，不仅有从事教学和研究的专家、学者成为主干力量，还吸引了非物质文化遗产保护领域的一批学有所长、业务精湛、善于思考、勤于钻研的有识之士，踊跃跻身于研究的行列。通过多年的深入交流和探讨，学界和实践部门在此领域拓展了视野，启迪了思维，促进了思考，加深了了解，形成了不少共

---

① 赵海怡、钱锦宇：《非物质文化遗产保护的制度选择——对知识产权保护模式的反思》，《西北大学学报》（哲学社会科学版）2013 年第 2 期。

② 李秀娜：《非物质文化遗产的知识产权保护》，法律出版社，2010 年版，第 48 页。

③ 董新中：《非物质文化遗产私权保护理论与实务研究》，知识产权出版社，2016 年版，第 48 页。

识，并且取得了丰富的理论研究成果，一大批价值颇高、分量颇重的学术论文和论著已经问世。[①] 这无疑为非物质文化遗产的知识产权保护提供了强有力的理论支撑。

（三）借助知识产权来保护非物质文化遗产已经有了成功的案例

近些年，在我国的司法实践中，通过知识产权来保护非物质文化遗产，已经有了一些比较成功的案例。例如，陕北剪纸能手白秀娥与国家邮政局、国家邮政局邮票印制局（中国邮政集团公司邮票印制局）因辛巳蛇年生肖邮票引发的著作权纠纷案。该案中，白秀娥以上述邮票侵犯了其剪纸作品著作权为由，起诉至法院，要求予以赔偿。北京市高级人民法院最终判决国家邮政局、国家邮政局邮票印制局赔偿白秀娥经济损失 7 万元，并当面向白秀娥道歉。判决发生法律效力后，白秀娥向法院申请强制执行，两被告支付了白秀娥经济损失及延期履行金等共计 8 万余元。再如，2003 年黑龙江省饶河县四排赫哲族乡政府以《乌苏里船歌》主部及中部主题曲调与赫哲族民间曲调《狩猎的哥哥回来了》及《想情郎》的曲调基本相同为依据，认为其应是赫哲族民歌，属于民间文学艺术作品，是赫哲族非物质文化遗产的一部分，赫哲族应依法享有著作权，将郭颂、中央电视台和北京北辰购物中心以侵犯著作权和伤害民族情感和自尊心为由，诉至法院。在该案中，作为民间文艺表现形式的《想情郎》和《狩猎的哥哥回来了》属于非物质文化遗产，黑龙江四排赫哲族人民是非物质文化遗产的权利人，他们享有非物质文化遗产权利人应有的权利，如署名权、禁止歪曲篡改等精神权利和以此取得物质利益的财产权利。本案中赫哲族乡政府起诉的最重要理由就是认为中央电视台和郭颂没有尊重他们的署名权，而是直接将融合了赫哲族民歌元素的《乌苏里船歌》的著作权人认定是郭颂。法院的判决非常清楚，认定《乌苏里船歌》是改编自赫哲族民歌的作品，因此判定郭颂和中央电视台败诉。上述案例使通过知识产权手段保护非物质文化遗产不再停留于理论探讨的层面，而成为客观现实，这无疑为以后的保护工作积累了经验，提供了参照。

三、苏州非物质文化遗产知识产权保护的基本状况

苏州历史悠久，人文荟萃，文化底蕴深厚，早在 1982 年就被国务院批准为首批国家历史文化名城，拥有非常丰富的非物质文化遗产资源。其中，昆曲、古琴艺术、端午习俗、香山帮传统建筑营造技艺、缂丝织造技艺、宋锦织造技艺等 6 个非遗项目入选联合国教科文组织“人类非物质文化遗产代表作”名录，在全国各类城市中居于首位；苏绣、苏州评弹、苏州玉雕、江南丝竹、制扇技艺、桃花坞木版年画等 32 个非遗项目列入国家级非遗名录，处于全国各类城市前列；苏州泥塑、苏州碑刻技艺、江南船拳、邓尉探梅等 124 个非遗项目列

---

① 代表性论著如张邦铺：《文化遗产的法律保护研究——以四川为例》，中国政法大学出版社，2005 年版；白慧颖：《知识经济与视觉文化视野下的非物质文化遗产保护与开发》，北京理工大学出版社，2012 年版；苑利、顾军：《非物质文化遗产保护干部读本》，社会科学文献出版社，2013 年版；罗宗奎：《非物质文化遗产的知识产权保护——以内蒙古自治区为例》，中国政法大学出版社，2015 年版；蒋万来：《传承与秩序——我国非物质文化遗产保护的法律机制》，知识产权出版社，2016 年版；刘锡诚：《非物质文化遗产保护的中国道路》，文化艺术出版社，2016 年版；董新中：《非物质文化遗产私权保护理论与实务研究》，知识产权出版社，2016 年版。上述著作中不同程度地包含非物质文化遗产知识产权保护方面的论述。

入省级非遗名录；此外，苏州还拥有舞龙灯、虞山绿茶制作技艺、穹窿山上真观庙会、姑苏吆喝等159个市级非物质文化遗产项目以及442个县级非物质文化遗产项目。总体来看，苏州的非物质文化遗产不仅数量巨大，而且门类众多、形式多样，不仅包括传统音乐、传统舞蹈、传统美术、传统技艺、传统医药，而且还有民间文学、民俗、曲艺等形式，在全国乃至全世界都具有举足轻重的地位，已经成为文化创新活动的基础和依据，成为城市发展的重要竞争力和软实力。

苏州历来高度重视非物质文化遗产的保护，主要表现在以下几个方面：一是重视通过制定地方性法规、地方政府规章和规范性文件来为非物质文化遗产的保护提供法律和政策依据。早在2004年，苏州就在全国率先制定了政府规章《苏州市民族民间传统文化保护办法》；2006年制定了地方性法规《苏州市昆曲保护条例》；2012年10月，苏州制定并印发了《非物质文化遗产保护专项资金使用管理办法（修订版）》；2013年8月，苏州还专门颁布了《苏州市非物质文化遗产保护条例》，在全国率先通过综合性地方法规对非物质文化遗产进行保护。① 该《条例》针对苏州非物质文化遗产项目的特点，提出了采取抢救性保护、记忆性保护、生产性保护和区域性整体保护等既适应苏州经济社会文化发展实际，又符合苏州非物质文化遗产存续状况和保护工作实践的相关措施；2016年12月，苏州市政府制定并印发了《苏州市濒危非物质文化遗产代表性项目保护办法》，明确将从多个方面对濒临消失的非物质文化遗产代表性项目开展抢救保护工作。二是不断加大对非物质文化遗产保护的政府投入。伴随着苏州经济的持续、协调、稳定、健康发展，政府的财力不断增加，与此同时，苏州将非物质文化遗产保护纳入当地经济和社会发展总体规划，设立非物质文化遗产保护专项资金，并且不断加大对非物质文化遗产保护的财政投入。三是采取了切实有效的保护措施。近些年，苏州通过普遍调查、摸清家底、申报名录、明确传承人，制订保护传承方案等一系列措施，积极开展扎实稳妥的保护工作，并取得了明显的成效。

在非物质文化遗产的知识产权保护领域，近些年苏州的有识之士也曾进行过一些有益的尝试与探索。例如，在“苏绣”艺术方面，刺绣艺人陆彩凤以自己的姓名作为产品的注册商标，向国家工商管理总局商标局提出申请，国家工商管理总局商标局经审查，于2012年7月向其颁发了“陆彩凤”商标注册证书，授权该商标用于刺绣美术品（手绣、机绣图画）、丝织美术品等产品；在“缂丝织造技艺”方面，苏州工业园区仁和织绣工艺品有限公司作为一家以生产、销售传统手工织绣工艺品为主的企业，分别在2014年4月、2016年4月获得了由国家工商总局商标局颁发的“曹美姐”“一克丝”商标注册证书；在“宋锦织造技艺”方面，吴江市鼎盛丝绸有限公司经过十多年的经营，成功地在现代先进织机上恢复苏州宋锦的生产并加以产业化，创造性地将其应用在箱包、服装、家纺、工艺品等领域，该公司研发的宋锦箱包、宋锦家纺等产品多次获得全国丝绸创新产品金奖，并拥有“上久楷”“罗马世家”等注册商标，还申请了8项相关专利（其中发明专利2项、实用新型6项）。

尤其值得一提的是，在非物质文化遗产的知识产权保护中，苏州还有过注册集体商标和声音商标的实践。例如，镇湖刺绣已有2000多年的历史，具有“精、细、雅、洁”的特点，

---

① 方仁、霜雪、周敏：《法治建设为苏州文化插上腾飞翅膀》，《苏州日报》2016年12月8日，第A10版。

以精美的绣工、多变的针法和丰富的形象著称，并已成为传承和弘扬苏绣艺术的重要代表，早在2006年就经国务院批准被列入第一批国家非物质文化遗产保护名录。[①] 2009年1月，镇湖刺绣协会向国家工商总局商标局提交了“镇湖苏绣”的地理标志注册申请，2010年5月，获得由国家工商总局核发的“镇湖苏绣”地理标志集体商标注册证，成为苏州首个人文类地理标志集体商标。为有效利用镇湖刺绣地理标志保护产品，规范镇湖刺绣生产经营秩序，保证镇湖刺绣的质量，苏州市制定了《镇湖刺绣地理标志产品保护管理办法》，此办法自2015年7月1日起实施。[②] 再如，2013年，苏州市老字号协会常务副秘书长、苏州非物质文化遗产专家库专家刘骥将“姑苏吆喝（叫卖）”申请为非物质文化遗产，同年6月8日即被列入苏州市第六批非物质文化遗产代表性项目名录。随后，刘骥深知苏州老万年文化发展有限公司的能力与担当，便与该公司总经理戚春兰商议如何将“姑苏吆喝”这一苏州非物质文化遗产进行保护传承。戚春兰对于吴侬软语特有的“栀子花白兰花”的叫卖声有着特殊的情结，遂萌生了以苏州非物质文化遗产“姑苏吆喝（叫卖）”为基础，将“栀子花白兰花”的吆喝声注册成声音商标的想法。她认为，文字不能体现吆喝声的魅力，只有用声音传递才能使其发扬光大。经过一番探讨与研究，戚春兰于2016年7月递交了关于“栀子花白兰花”声音商标的申请材料（递交的材料包括吆喝声以及五线谱、简谱、歌谱等，声音根据传统叫卖声改编整理而成，并由国家一级演员、苏州评弹团成员许云仙演绎）。2016年8月，国家商标总局正式受理了此次商标的申报。[③]

总体来说，在基本肯定苏州非物质文化遗产保护工作的同时，我们也应该注意到，苏州的非物质文化遗产保护工作并非完美无缺，通过知识产权手段来保护非物质文化遗产就是一块比较明显的“短板”，虽然有过相关的实践，但苏州与国内其他许多城市一样，在此领域仍然显得较为乏力。由于知识产权的观念、意识还比较淡薄，知识产权方面的法律知识还比较匮乏，因此造成了在以往的保护实践中，知识产权手段的运用还较为少见，经验不足。通过知识产权来保护非物质文化遗产并没有成为常态，而是呈现为零星、偶发的样态。基于此，充分认识知识产权在非物质文化遗产保护中的价值，增强知识产权观念与意识，以点带面从而形成整体的辐射效应，不断加大知识产权手段在非物质文化遗产保护工作中的分量，就成为当下摆在我们面前亟须深思的问题。

四、非物质文化遗产知识产权保护的目标和原则

（一）非物质文化遗产知识产权保护的目标

毋庸置疑，在对非物质文化遗产的知识产权保护工作进行全面谋划时，目标的设定至关

① 参见《国务院关于公布第一批国家级非物质文化遗产名录的通知》，第七项民间美术，序号317，编号VII－18，项目名称“苏绣”，项目申报地区：江苏省苏州市。

② 《苏州市镇湖刺绣地理标志产品保护管理办法》第六条规定：非镇湖刺绣地理标志产品保护范围内的中华刺绣绣品，不得称为镇湖刺绣。地理标志产品保护范围内未经核准不得使用地理标志产品专用标志，禁止伪造冒用镇湖刺绣地理标志保护产品专用标志，禁止以假充真、以次充好。第十七条规定：生产者、经营者使用“镇湖刺绣”名称进行销售时，必须使用地理标志保护产品专用标志。镇湖刺绣的地理标志保护产品专用标志采用国家统一规定的专用标志，并在此基础上设置防伪功能。

③ 参见姚永强：《“栀子花白兰花”申请声音商标》，《苏州日报》2016年12月3日，A08版。

重要。只有确定清晰而明确的目标，才能有的放矢地围绕这一目标采取切实有效的措施开展保护工作，否则便有可能盲动与无序，甚至产生事与愿违的结果。我们认为，非物质文化遗产知识产权保护的基本目标是：综合运用知识产权的各种手段，通过法律权利、义务的设定和实施，倡导和营造尊重非物质文化遗产知识产权的良好社会氛围，制止侵犯非物质文化遗产知识产权的行为，保障相关利益主体正当权益的实现，以促进保护工作的顺利进行，传承民族传统文化，保护文化多样性。非物质文化遗产的知识产权保护，必须紧紧把握这一基本目标，不可偏离。

（二）非物质文化遗产知识产权保护的原则

通过知识产权手段对非物质文化遗产予以保护，要想稳步、扎实推进并取得积极的成效，还必须遵循以下几项原则：

1. 依法保护原则

依法保护原则是指通过知识产权对非物质文化遗产进行保护时，应当严格遵循知识产权法律规范，以现行法律明确、具体的规定作为非物质文化遗产保护的依据。在我国，经过多年的发展，知识产权法现已成为一门比较成熟的部门法，具体包括著作权法、商标法、专利法三个方面，每一方面又各有其丰富内容。例如，著作权法包括著作权的主体及权利归属、著作权的客体、著作权的内容、著作权与邻接权的限制、著作权的取得与保护等；商标法包括商标权的主体与客体、商标注册的申请及审查、商标权的保护、商标国际公约等；专利法包括专利权的主体及权利归属、专利权的客体、专利权的取得、专利的无效及终止、专利权的内容与限制、专利权的保护等。毋庸置疑，通过知识产权对非物质文化遗产进行保护，除了需要对非物质文化遗产的类型、特点注意把握外，还必须对知识产权法的上述内容全面、深入、细致、透彻地领会，对其具体规定了然于心，对其立法精神准确理解，如此，方能使“依法保护原则”真正落实，而不至成为空洞的口号。

2. 平等保护原则

“平等保护原则，自1868年美国宪法第十四条修正案之后，逐渐被各国写入宪法；自1948年《世界人权宣言》、1966年《公民权利和政治权利国际公约》通过后，逐渐成为国际社会公认的一项人权保障原则。”[①] 我国《宪法》规定有“法律面前人人平等”原则，平等保护可谓这一原则在非物质文化遗产知识产权保护领域的具体体现。根据这一原则，通过知识产权对非物质文化遗产进行保护时，只要是非物质文化遗产的权利所有人，不管是创造者还是传承人，也不论他们的地位高低、身份贵贱、资历深浅、年龄大小、条件好坏，都应该平等对待，只要是他们的合法权利，都应当予以同样的尊重，并一视同仁地予以平等保护，而不能厚此薄彼、轻重有别。

3. 利益平衡原则

利益平衡原则是指“通过法律的权威协调各方面的冲突因素，使相关各方的利益在共存和相容的基础上达到合理的优化状态”。利益平衡是有效化解利益冲突、充分协调各方利益的保障，而法律则是利益的平衡器，“法律的主要作用之一就是调整及调和种种相互冲突的

① 闫永黎：《论平等保护原则在刑事诉讼中的适用》，《湖北行政学院学报》2013年第5期。

利益"[①]，知识产权法亦是如此。在非物质文化遗产的知识产权保护中，必然会涉及不同主体的各自利益，如非物质文化遗产权利所有人的利益与社会利益、非物质文化遗产权利所有人之间的利益、非物质文化遗产权利所有人与使用人之间的利益。协调和平衡好非物质文化遗产中的利益格局，公平合理地处理好上述主体的利益纷争，无疑能够促进非物质文化遗产更好地传承和发展。当然，"解决这些利益冲突需要的不是否定某一方的利益诉求，而是如何进行利益协调、利益平衡，因此在采用知识产权法保护非物质文化遗产过程中必须时刻注意和采用利益平衡原则，这是非物质文化遗产保护的基本要求"[②]。

五、非物质文化遗产知识产权保护的具体方式

知识产权是人们对智力创造活动中形成的智力劳动成果和在生产经营活动中形成的标识类成果依法享有的权利，其主要包括著作权、商标权、专利权三个方面。随着时代的不断发展，集成电路布图设计权、植物新品种权也已成为知识产权的新的权项，但它们与非物质文化遗产的保护没有多少关联，因此我们这里探讨非物质文化遗产知识产权保护的具体方式，只涉及知识产权的前面三个权项。

（一）通过著作权予以保护

著作权亦称版权，是指文学、艺术和科学作品的创作者依照法律规定对其创作的作品所享有的一种民事权利，其包括著作人身权和著作财产权两方面。著作人身权是指与作者本身密不可分的权利，又称"精神权利"，包括发表权、署名权、修改权、保护作品完整权。著作财产权，是指作者对于自己所创作的作品所享有的使用和获得报酬的权利，也称"经济权利"，具体而言，是指以复制、表演、广播、出租、展览、发行、放映、摄制、信息网络传播或者改编、翻译、注释、编辑等方式使用作品，以及许可他人以上述方式使用作品，并由此获得报酬的权利。根据《中华人民共和国著作权法》的规定，著作权所保护的作品形式包括文字作品；口述作品；音乐、戏剧、曲艺、舞蹈、杂技艺术作品；美术、建筑作品；摄影作品；电影作品和以类似摄制电影的方法创作的作品；工程设计图、产品设计图、地图、示意图等图形作品和模型作品；计算机软件等。显而易见，非物质文化遗产中所包含的民间文学、传统音乐、传统戏剧、民间舞蹈、民间美术等文学艺术类型，与著作权的客体存在内在的契合，其中的很多通过一定的载体固定下来，并在传承过程中得到了创新，这就使得非物质文化遗产的上述表现形式符合著作权法中作品的特征，因而能够通过著作权法来加以保护，以避免非物质文化遗产权利所有人的人身权利和财产权利遭受不应有的损害。

苏州的数百项非物质文化遗产中，属于民间文学、传统音乐、传统戏剧、民间舞蹈、民间美术等文学艺术类型的，数量最为庞大。例如，寒山拾得传说、吴地宝卷、唐伯虎故事、伍子胥传说、珍珠塔传说、长篇叙事山歌《孟姜女》等就属于民间文学类的非物质文化遗

---

① ［美］E. 博登海默：《法理学、法律哲学与法律方法》，邓正来译，中国政法大学出版社，2004年版，第413页。

② 罗宗奎：《非物质文化遗产的知识产权保护——以内蒙古自治区为例》，中国政法大学出版社，2015年版，第113页。

产；古琴艺术、玄妙观道教音乐、江南丝竹、苏州小调等就属于传统音乐类的非物质文化遗产；昆曲、苏州滑稽戏、苏剧等就属于传统戏剧类的非物质文化遗产；滚灯、连厢、溆浦花鼓、陆家断龙舞、千灯跳板茶等就属于民间舞蹈类的非物质文化遗产；桃花坞木版年画、苏州泥塑、光福核雕、苏州灯彩、虞山派篆刻艺术等就属于民间美术类的非物质文化遗产。我们认为，通过著作权来保护这些非物质文化遗产，可从下列几个方面着手：一是增强这些非物质文化遗产权利所有人的著作权保护意识。不少非物质文化遗产权利所有人对著作权的知识知之甚少，著作权保护意识淡薄，因此需要通过开展非物质文化遗产著作权保护的讲座、展示等活动，增强权利所有人的著作权保护意识。二是鼓励和支持非物质文化遗产的权利所有人按照国家版权局所颁布的《作品自愿登记试行办法》，积极做好著作权登记工作，帮助他们申报、登记作品的著作权，这有助于解决因著作权归属造成的著作权纠纷，并为解决著作权纠纷提供初步证据，从而在根本上有助于维护权利所有人的正当权益。三是在非物质文化遗产权利所有人的著作权遭受侵害时，为他们提供法律帮助，引导并支持他们在诉讼时效期内及时提起民事诉讼，通过人民法院的审判活动，维护和保障他们的合法权益。

（二）通过商标权予以保护

所谓商标权，是指自然人、法人等民事主体对其注册商标的专有权，其基本内容包括商标专用权、续展权、转让权、许可使用权等。商标作为商标生产者、经营者生产、制造、加工、拣选或者经销的商品或服务区别于其他商品或服务的标志，不仅包括文字、图形、字母、数字，还包括三维标志、声音、颜色组合或前述要素的组合。以商标权保护非物质文化遗产具有不受时间与新颖性条件限制的优点。

在非物质文化遗产的诸多类型中，能够借助商标权加以保护的主要是传统技艺类的非物质文化遗产，在现代条件下，传统技艺与各种材料的精巧结合，能够产生丰富多彩、类型多样的商品，这就使得通过商标权来保护非物质文化遗产不仅成为可能，而且很有必要。而苏州的此类非物质文化遗产为数不少，在国家级、省级、市级非物质文化遗产名录中均是如此，如苏州制扇技艺、宋锦织造技艺、民族乐器制作技艺、苏州洞庭碧螺春制作技艺、常熟花边制作技艺、黄天源苏式糕团制作技艺、昆山奥灶面制作技艺等。我们认为，通过商标权来对这些非物质文化遗产加以保护，可以根据情况，区别对待，灵活采用以下几种不同的方式：一是注册普通商品的专用商标。非物质文化遗产虽然是无形的，但它却可以承载于特定的商品，通过有形的商品形式表现出来。只要符合《商标法》的规定，这样的商品就能获得商标注册许可，借此，非物质文化遗产的权利所有人对其注册的商标就依法享有独占使用的权利，也可以许可他人使用自己的商标，从而获得应有的经济利益。前述“陆彩凤”“曹美姐”“一克丝”“上久楷”“罗马世家”等就属于此类注册商标，对相关的非物质文化遗产起到了积极的保护效果。但苏州类似的普通商标的注册数量还不够多，因此有必要对相关权利所有人开展上门走访工作，引导和动员他们以姓名、字号为内容进行商标注册。二是注册集体商标。依照我国《商标法》的规定，“集体商标是指以团体、协会或者其他的组织名义注册，供该组织成员在商事活动中使用，以表明使用者在该组织中的成员资格的标志”①。非

① 张平：《知识产权法》，北京大学出版社，2015 年版，第 208 页。

物质文化遗产的权利所有人可以成立民间团体、协会或者其他民间组织，通过将与非物质文化遗产相关的商品注册为集体商标，来对商标进行管理，以防止他人的不当使用。前述“镇湖苏绣”就是以高新区镇湖刺绣协会的名义提出集体商标注册申请并获得批准的。苏州传统技艺类的非物质文化遗产，不少都具有比较强的地域性特点，非常适合采用集体商标的方式予以保护，但目前已经注册集体商标的为数极少，还具有比较大的发展空间，对此应当加以重视，使之成为今后的一个工作方向。

（三）通过专利权予以保护

专利权是国家专利主管部门依据专利法授予发明创造人或合法申请人对某项发明创造在法定期间内所享有的一种独占权或排他权。未经专利权人许可，他人不得利用该专利技术。在我国，专利包括发明专利、实用新型专利和外观设计专利三种类型。根据专利法的规定，授予专利权的发明和实用新型，应当具备新颖性、创造性和实用性，而授予专利权的外观设计，则要求具备新颖性。

现行专利制度对非物质文化遗产中的传统技艺、传统医药的保护有着一定的适用空间。在苏州的各类非物质文化遗产项目中，属于传统技艺类的比较多，除了可以采用前述的商标权予以保护外，如果符合专利的申请条件，具有可专利性，就可以引导和鼓励这些技艺的“所有者”积极进行专利申请，获得专利权保护。传统医药类的非物质文化遗产在苏州虽然不多，但在数量上也超过了 10 项，如塘桥陆氏中医儿科、吴氏疔疗、闵氏伤科、贝氏痔科疗法等。虽然根据我国《专利法》第 25 条的规定，“疾病的诊断和治疗方法”不能被授予专利权，但我们认为，如果非物质文化遗产的权利所有人基于这些传统的非物质文化遗产，而研制、开发出相应的医疗仪器或设备，或者研制、开发出新药、特药或试剂、医药配方，还是可以申请发明专利的，这与《专利法》的规定并不相悖。

值得一提的是，对于非物质文化遗产的保护来说，上述知识产权的几个权项之间并不是排斥的，而是并行的。也就是说，如果某一非物质文化遗产，既符合通过知识产权的此一权项加以保护的条件，又符合通过知识产权的彼一权项予以保护的要求，那么，权利所有人可以根据自身实际，斟酌、选择并最终确定最适合、最有效的保护方式，也可以齐头并进、多管齐下，综合采用两种以上的保护方式，如注册商标与申请专利并用，以最大限度地利用知识产权法律制度来保障自身的权益。

六、非物质文化遗产知识产权保护的相关问题

非物质文化遗产的知识产权保护工作，除了从上述几个方面着手开展之外，还有赖于其他一些方面予以协同。我们认为，与此相关的方面主要是：

（一）制定非物质文化遗产知识产权保护的地方性法规

目前，在非物质文化遗产知识产权保护领域，法律依据尚显不足。就国家层面而言，2011 年 6 月施行的《中华人民共和国非物质文化遗产法》中虽然提及了非物质文化遗产的

知识产权保护，但是并没有进一步做出明确、具体的规定。[①] 就地方立法来看，全国还没有任何一个省、市就非物质文化遗产的知识产权保护问题进行过专门的地方性立法。苏州亦是如此，虽然以往已经出台过多个非物质文化遗产保护方面的地方性法规，但在知识产权保护领域仍然付之阙如。基于此，苏州作为全国为数不多的享有地方立法权的中等城市，有必要勇于创新，发扬敢于“吃螃蟹”的精神，在全国先行一步，就非物质文化遗产知识产权保护尝试进行专门的立法，即制定《苏州市非物质文化遗产知识产权保护条例》。在该《条例》中，除了应当规定非物质文化遗产知识产权保护的指导思想、主要目标、基本原则、总体要求等宏观方面的问题外，还应当把非物质文化遗产知识产权保护的主体、对象、具体方式、运行机制予以明确。此外，非物质文化遗产的知识产权保护还涉及法律责任及其他相关的问题，亦应全面地规范清楚。

（二）开展非物质文化遗产知识产权保护的宣传

由于非物质文化遗产的知识产权保护涉及较强的知识产权专业知识，而这样的专业知识与日常生活的联系不太紧密，所以一般的社会公众对其关注度明显不够，较为普遍地缺乏对知识产权的足够认知，知识产权法律意识通常也较为薄弱。基于这样的现实状况，有必要通过开展形式多样的宣传活动，普及知识产权的基本知识，提高相关人员的知识产权法律意识。我们认为，宣传的对象主要是两类人员：一是非物质文化遗产的权利主体。对这类人员开展宣传，其目的在于让他们初步知晓知识产权的具体内容、知识产权保护的具体方式，了解常见的知识产权侵权类型，提高他们的知识产权保护意识和能力，以便他们在遭遇侵害后，懂得拿起知识产权法律武器来维护自身的合法权益。二是一般的社会公众。对这类人员开展宣传，其目的在于养成尊重非物质文化遗产权利所有人知识产权的自觉性，避免出现侵害他人知识产权的行为，并自觉抵制相关侵权现象的发生。在宣传的方式上，可以通过新闻出版、广播电视、互联网等媒体，也可以通过举办讲座、展示等活动进行，还可以选取非物质文化遗产知识产权保护方面的典型案例，通过以案说法，以生动、直观的形式，追求更好的宣传效果。

（三）强化非物质文化遗产的知识产权专业律师服务

近年来，苏州的律师队伍不断发展壮大，在服务转型升级的同时，规模再创新高。截至2016年年底，苏州有律师事务所268家，执业律师达到3435人，在律师总数、业务量和业务创收上，继续位列全省前列，保持了持续发展的良好势头。[②] 但与此形成较大反差的是，与非物质文化遗产保护相关的知识产权专业律师服务目前还处于发展滞后的状态，律师在非物质文化遗产保护特别是知识产权保护中的作用还没有得到明显的体现，难以适应和满足非物质文化遗产知识产权保护的需要。我们认为，在非物质文化遗产的知识产权保护中，律师发挥作用的空间还是比较大的，如在相关社区或群体中开展与非物质文化遗产保护相关的法律特别是知识产权法律知识的宣传，为非物质文化遗产权利所有人提供知识产权法律知识的

① 《中华人民共和国非物质文化遗产法》第44条规定：“使用非物质文化遗产涉及知识产权的，适用有关法律、行政法规的规定。”

② 张帅：《聚力创新，法律服务更趋专业化——苏州律师业发展亮点综述》，《苏州日报》2017年2月14日，第A07版。

义务咨询、培训，为精神权利或物质权利受到侵害的非物质文化遗产权利所有人代理诉讼，对所发生的与非物质文化遗产相关的知识产权纠纷进行调解，担任非物质文化遗产权利所有人的常年法律顾问等。当务之急是要与司法行政机关、律师协会齐心协力、协调一致，采取切实有效的措施，积极引导广大律师从保护民族传统文化、传承华夏文明的高度，充分介入和参与，发挥作用，以彰显律师行业在非物质文化遗产知识产权保护中的价值。

（四）加强与知识产权行政主管部门的沟通与协调

非物质文化遗产的知识产权保护，处于文化行政主管部门与知识产权行政主管部门的“共管地带”，因此，要把此项工作做好，仅仅依靠文化行政主管部门“单打独斗”是不够的，有必要与知识产权行政主管部门加强沟通与协调，以形成合力，实现齐抓共管。两部门可通过建立信息通报机制、协调联动机制、协同治理机制，把握非物质文化遗产知识产权侵权的特点与规律，从源头上防范非物质文化遗产领域知识产权侵权现象的发生，有效查处非物质文化遗产知识产权侵权案件，对侵权行为实施精准打击，以切实、充分地维护非物质文化遗产权利所有人的合法权益。

总而言之，非物质文化遗产的知识产权保护是一个有待继续深入挖掘的领域，既有的经验较为缺乏，需要我们凝神聚力，把握时机，抓住机遇，以勇于创新的精神和务实求真的态度，锐意进取，不断探索。相信在政府主管部门和社会各界的共同努力下，非物质文化遗产的知识产权保护工作一定能够不断超越，谱写更为华彩的篇章，结出更为丰硕的成果。

（作者单位：苏州大学）

荐先济幽　祈福禳灾
——刘门法言坛研究①

杜阳光　刘雅萍

内容提要：法言坛是清末以来成都地区最有名的民间道坛，由著名学者刘沅和其弟子所创立。刘沅早年坎坷的人生经历使他与道教结有深缘，他与弟子搜集道教科仪文献汇编校成《法言会纂》一书，成为法言坛科仪活动的教材。法言坛在法事科仪方面，一方面进行斋醮荐亡，祭祀追悼祖先；另一方面推己及人，超度孤魂野鬼，从而形成了法言坛“荐先济幽”的特色。

关键字：法言坛；刘沅；科仪；荐先济幽

清代以来，正一道逐渐走向衰弱，在民间形成火居道士，主要进行斋醮度亡活动。清代至民国时期，巴蜀地区的火居道士逐渐形成了广成坛、法言坛、先天灵宝坛、芦山庆坛等民间道坛。在这些道坛中，以刘沅及其门人创建的法言坛最具有代表性。刘沅思想以儒家为主，但他同时也认为道教斋醮科仪辅助教化，因此法言坛有综合儒道的色彩。法言坛通过斋醮度亡和祭祀祈福，构建了一套完整的天地人神鬼祭祀程序，是研究清代四川民间道教信仰的重要蓝本。

一、刘沅及其法言坛的创建

刘沅是一个极富传奇色彩的人物，他少年颖慧却科场失意，此后更是接二连三的运交华盖，磨难重重。后因缘际会，在道士的指点修习炼养下，刘沅的身心才逐渐调整了恢复过来。此后，一方面刘沅以儒者自居，著书立说，教授门徒，成为一代儒学大师。另一方面刘

① 本文为国家社科基金青年项目“巴蜀道教历史研究”（批准号：12CZJ013）阶段性成果。

沅与门徒编纂修订道教科仪文献，积极举办道教法事，进行荐先济幽活动。

（一）刘沅的生平考述

刘沅（1768—1855），字止唐，一字讷如，号清阳居士，又号碧霞居士，双流云栖里人（今属彭镇羊坪村）。刘沅祖籍湖北麻城孝感乡，其远祖刘朝弼为避难于明季举家迁蜀，初居眉山，继徙温江董村，后又迁居双流之云栖里。刘门耕读传家，素有学行，刘沅的五世祖刘坤精于《易》。刘沅的父亲刘汝钦不仅对易学深有造诣，而且曾注解《太上删正玉皇尊经》三卷和《太上删定玉皇宝忏》一卷，这对刘沅创建法言坛有重要的影响。刘沅从小天资过人，沉潜嗜学，曾于板桥文昌宫受业于徐十樵先生。乾隆十五年（1750），刘沅进入双流县庠序读书，一个偶然的机会，他发现并收藏了讲内丹修炼的《性命微言》一书。乾隆己酉年（1789），刘沅拔贡，壬子年（1792）考中举人。嘉庆元年（1796），刘沅与其兄刘芳皋一同进京赴考，兄中进士，刘沅落第。在落第西归途经汉中留坝县紫柏山张良庙时，刘沅遇到了静一道人，二人相谈修养之道，止唐惊讶其讲道法与儒家相通。临别时静一道人送给他一本署名为吕洞宾注解的《道德经注》，刘沅读后感觉“如启琅嬛而遗身世也”。

嘉庆二年（1797），科场失意归来后，刘沅运交华盖，进入了人生的低谷。先是其兄刘芳皋之子殇亡，接着邻人侵占他家祖茔，其母痛惜爱孙之下忧愤病倒。刘沅自己也感到身心疲惫，药石无效，自觉如七八十岁的老者，常忧虑自己不能为母亲养老送终。就在此时，刘沅在彭家场的街上遇到了野云老人李圆果，刘沅惊其形容殊异，遂叩问求示延年养生之方。刘沅拜师后，野云老人授其存神养气的炼养之法，随后师徒一起相处长达八年之久。随着讲学的声誉日隆，嘉庆十二年（1807），四十岁的刘沅奉母命举家迁居成都南关纯化街，开始逐步兴学建馆。道光六年（1826），五十九岁的刘沅因在地方表现卓著被“列贤书之荐”，进京后被选授湖北天门县知县，后因“念捧檄愿违，改授京职而归”。此后刘沅把全部精力放在著书教学上，一直到八十多岁仍笔耕不辍。刘沅先后居住的双流云栖里庭前和成都纯化街屋前俱有老槐树，遂自号“槐轩”。

刘沅的著述体大精思，包罗万象，后人汇集为《槐轩全书》。另据赵均强博士统计，《槐轩全书》未收录的刘沅著作主要有：《槐轩杂著外编》四卷、《法言会纂》五十卷、《经忏集成》五册、《南北斗经忏三元经合刊》、《刘止唐先生手稿》、《老子考辩》一卷、《刘氏族谱》一卷、《感性篇注》四卷。[①] 刘沅在成都聚众讲学，门生无数，著名书法家颜楷、名医郑钦安等社会名流俱纷纷依附其门下。据《国史馆刘沅本传》记载：刘沅“平日裁成后进，循循善诱。著弟子籍者，前后以千数。成进士登贤书者，百余人。明经贡士，三百余人。薰沐善良，得为孝子悌弟，贤名播乡闾者，指不胜屈。咸丰中，侯官林鸿年为云南布政使，至蜀，得沅书，读之惊喜，求问，时沅已死，因受业于沅弟子内阁中书刘芬，尽购其书去。及罢官归，遂以其学转相传习，闽人称沅为川西夫子云”。[②] 南怀瑾先生在《禅海蠡测》评价刘沅云：“成都双流刘沅（止唐）为乾嘉时之大儒，讲道系于西蜀，世称为刘门，著作丰富，立

---

① 赵均强：《性与天道　以中贯之——刘沅与清代新理学的发展》，河南人民出版社，2011 年版，第 72～74 页。

② 双流传统文化研习会编撰：《槐轩概述　川西夫子刘沅与槐轩学说》，上海科学技术文献出版社，2015 年版，第 11 页。按，1929 年出版的《清史稿·儒林列传》中有刘沅传。但现行《清史稿》中并无此传。

论平允，于三教均多阐发。"[①] 由此可见时人对刘沅评价之高。

川西夫子刘沅画像

刘沅虽然思想上宗儒，但他一生命运却与道教密不可分。如上文所述刘沅之父曾校注道经，而他自己也正是在静一道人和野云老人李圆果的帮助下，才实现了命运的转折。刘沅勤修道教内丹功和静功，身体渐壮，从六十岁到八十岁之间，连生八子，被后人传为神话。刘沅一生校注道教经典多种，并与弟子编撰成《法言会纂》等书。自民国以来，世人皆将《法言会纂》的著作署名为刘沅，不过刘沅的《槐轩全书》并未将其收入在内，未收的原因大致有二：其一，《法言会纂》虽经刘沅亲自删订修改，但并不是刘沅本人撰写的。其二，刘沅一生以儒者自居，《法言会纂》这种宗教科仪文献，显然与其儒家气质不符。不过毫无疑问，刘沅是法言坛的最主要创建者，正是在他的带头努力下，法言坛才成为近代巴蜀地区著名的民间道坛。

（二）法言坛的创建及其含义

刘沅及其门人创建法言坛的动机，除了上述刘沅本人在成长过程中受益于道教神功方术

① 南怀瑾：《禅海蠡测》，复旦大学出版社，1997年版，第219页。

外，还有更为深刻的原因。刘沅在《〈法言会纂〉序》中说："圣圣相承大中至正之道，导民以同遵。而巫卜祝史之流，亦兼收而弗弃，并生并育之量宏矣。乡人有事于祈禳，愚偶至焉。览其科仪，半多鄙诞，心憾之。适及友人携善本相质，文义较为严明，喜盛世人文蔚起，即方外之言亦有能起而正之者，是羽流之典则即古谊之流传，不可以其不急而捐之也。爰书数言以弁之，俾业是术者咸知敬畏天命之实，别有本原，陈信鬼神之词尤严亵越，其于世教无万一之补云。"① 显然，刘沅认为道教的祈禳科仪能够使人敬畏天命，于社会教化有益，这与刘氏主张的以儒为主，以道为辅的经世致用思想一致。

法言坛由刘沅及其门人创立，不过关于法言坛名字的含义，刘沅本人并没有解说。民国己巳年（1929），刘沅的孙子刘咸炘撰写了《法言坛道士俚语》，用通俗易懂的语言解释了法言坛三字的深刻内涵。第一，论"法"。他说："这法字是大有来历的，又平常，又奇怪，又要紧，离不得。俗人不知，总说天地间那有这不近情理的事。他不晓得天地间只有一个道，道是天地人神所共由，人和神只是一气，全世界不过是感应二字。人的职分是在遵循这个道来全性事天。只情欲放恣，名利迷惑，许多人不走这正路上来，而且不信天，不信神了，非拿点效验给他看这教化便不能行。因此，圣贤仙佛，绕传出这些法录来，救济群生，彰明感应，引人归道。"② 刘咸炘认为法即是道，是天地之理，法的作用是引导人们全性事天。第二，论"言"。刘咸炘说："化教离了言语如何行。言语已经详细，又怕不远不久，才著成书。所以，我道门贵重经师籍师。三宝中第二便是经宝。既植书，又把行法的仪文编成科书，都是教人向道。句句是从心坎中流出来真真实实殷殷勤勤随语。但是流传久远，不免杂乱，所以我祖师才做出这一部《法言会纂》……这部科书，就是依着人情天理订正的礼谱，与那周公制的礼形迹虽然不同，那一番精意却是无二。《礼记》上说：祝以孝告，嘏以慈告。如今只有行科，才当得这两句。"③ 刘咸炘这里是说语言是道教的三宝之一，是重要的教化的方式载体，依据言才能正确地进行斋醮科仪。第三，论"坛"。刘咸炘说："这坛字，就是天坛、社稷坛、先农坛的坛。古来敬神，贵重严肃干净，所以特地筑起一个坛来行礼。后来道门出来讲究事神的事，也就名叫立坛。因此，把这道教叫作坛门。这种专门代人通神行法劝化的坛门，是从后汉时候张天师起的。如今有几种宗派，天师后人行的是正一盟威上品的法，便叫正一坛。"④ 刘咸炘在这里考证了坛的起源以及与道教的关系，并认为道教的坛是专门代人通神行法劝化的。

二、《法言会纂》的内容与法言坛的斋醮科仪

《法言会纂》既非刘沅亲自所撰，那么这部书究竟怎么来的呢？樊道恒在《〈法言会纂〉序》中说："恒少事讷如先生，习举子业，缘善病废学，从陶道夫先生游。先生固名士而隐

---

① 《法言会纂》，虚受斋版，笔者向三台县黄元春先生购买的复印本。按黄元春家世代为法言坛道士，藏槐轩丛书及资料颇丰。

② 刘咸炘：《推十书增补全本·庚辛合辑》，上海科学技术文献出版社，2009年版，第135页。

③ 同上，第135～136页。

④ 同上，第136页。

于方外者，尝游青城岭，得炼师陈云峰之传。凡修真养性及利济生民之道，靡弗研览而尤慨演教。羽流为人旱潦疾病，率意而行，多违正法。乃裒辑祈禳科书，得五十卷，名曰《法言会纂》。因贫未经锓行，而先生遂返道山。”① 从这段话可知，樊道恒原本是刘沅的门人，因身体有恙遂从陶道夫先生学习道法，而陶氏曾师从云峰羽客陈复慧学习。我们知道陈复慧为《广成制仪》的作者，是著名的科仪大师，那么陶道夫的这些科仪文献很有可能来自于陈复慧。刘沅及其门人创建法言坛后，深感民间流传的道教科仪文献粗鄙怪诞，遂与门人陶道夫、樊道恒、刘芬等弟子在搜集修订民间道教科仪文献的基础上编纂了《法言会纂》，用于指导道士进行斋醮科仪。

（一）《法言会纂》的版本与内容

《法言会纂》一书，流传甚广，版本颇多，主要有以下四种：①虚受斋版，五册五十卷。孙殿起《贩书偶记续编》云：“《法言会纂》五卷，清讷如居士撰，道光甲辰虚受斋刊。”② 那么虚受斋版至迟印刻于道光甲辰年（1844）。另外《藏外道书》版也是依据虚受斋版翻印的，故应同属于虚受斋版。虚受斋版，刘氏后人有家藏本，徐州市图书馆、温江县图书馆等地俱有藏。②扶经堂版，十册五十卷，大约刻于民国初年。扶经堂是民国时期刘沅之孙刘咸峻在成都创办的，专门刻印刘沅的著作。此版本刘氏后人有家藏，南京大学图书馆亦有藏。③凝善堂版，十册五十卷。凝善堂在自贡市三多寨，为刘氏门人所创立设。北京大学图书馆藏有光绪二十四年（1898）凝善堂版，厦门大学图书馆等地亦有藏。④延庆寺版，五册五十卷。按延庆寺为民国时期刘门在成都活动的主要场所，故延庆寺版应该印刻于民国。三台县黄元春先生谓此版存于德阳市境内。

《法言会纂》五十卷的科仪包含以下内容：①开坛；②请水；③净坛；④行香请水；⑤祀灶；⑥城隍；⑦扬幡；⑧十王；⑨酆都；⑩东岳（内附祈嗣安床供烛）⑪斗口；⑫雷祖；⑬救苦；⑭启师；⑮三元；⑯谢火；⑰文昌；⑱斗府；⑲步罡；⑳礼斗（内附解除目疾）；㉑生人移度；㉒移炼除魔；㉓靖怪（内附和冤）；㉔九皇；㉕玉皇；㉖太上；㉗供斋；㉘诏赦；㉙土皇；㉚谢土；㉛谢阴宅；㉜开矿；㉝祈雨；㉞祈晴；㉟瘟醮；㊱除蝗；㊲除蝗预申；㊳驱虫；㊴开路；㊵召亡；㊶十王转案；㊷劝亡；㊸断绳；㊹饯亡赏夫；㊺漂灯；㊻施戒；㊼送圣；㊽神像开光；㊾启文；㊿申疏式。这些内容可谓庞杂博奥，几乎包含农业社会的各个方面，可以说系统编订整理了明清以来巴蜀地区所有的道教斋醮科仪。

① 胡道静等主编：《藏外道书》第三十册，巴蜀书社，1992 年版，第 459 页。
② 孙殿起：《贩书偶记续编》，上海古籍出版社，1980 年版，第 201 页。

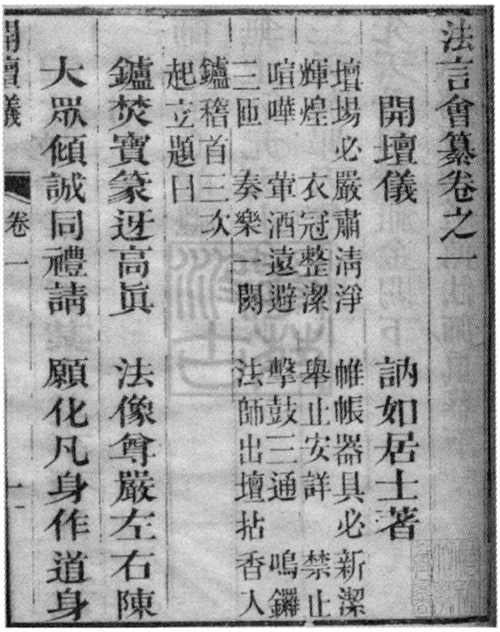
法言會纂卷之一

開壇儀　訥如居士著

壇場必嚴肅清淨幃帳器具必新潔輝煌衣冠整潔舉止安詳禁止喧嘩葷酒遠避擊鼓三通鳴鑼三匝奏樂一闋法師出壇拈香入鑪稽首三次起立題曰

鑪焚寶篆迓高真　法像尊嚴左右陳

大衆傾誠同禮請　願化凡身作道身

開壇儀　卷一　一

北京大学图书馆藏受虚斋版《法言会纂》书影

（二）法言坛的斋醮科仪

《法言会纂》是槐轩学派专门用来指导斋醮做法的科仪汇编，因此法言坛的斋醮活动都必须按照《法言会纂》进行。法言坛的斋醮科仪活动主要是为丧家超荐亡灵，遇到天灾打醮做法，以及每逢上元节、中元节、九皇会等节日举办法会。法言坛做道场一般包含以下成员：①掌坛师，又称主坛法师，是整个法言坛道士的核心。②一般法师，为道教的高功，进行唱念敲打乐器等。③辅案，又称羽士，即一般的道士。④首席道士，就是辅案的鼓手，因为鼓手是指挥。⑤香灯师，主要负责坛场的辅助以及杂务事项。⑥普通执事，指那些为坛场帮忙的人。① 在做道场或打醮做会期间，槐轩门人和法言坛的道士都必须吃素，以保证身心的洁净和对神灵的敬畏。

（1）丧事道场科仪

一般家里有人亡故后，要请法言坛道士来做法事超度。首先是开引路，也叫开咽喉，主要是通过请道士做法事使死者能够顺利到阴曹地府报道。开引路主要三个步骤：第一步，用红纸写上死者的灵位，例如“新登仙逝故显考××公讳××大人之灵位”。然后接着做引魂幡，幡的正面写上亡者的信息，背面写“太乙寻声救苦天尊狮座下”，幡左右两边分别写上“引魂童子”和“伴魄郎君”。第二步，先写“七单”，即列出死者头七至七七的天数以及死者回煞与起灵下葬的时间。然后按照死者的生卒年月时辰推算死者由六道的哪一道来，到哪一道去，最后将这些推算的结果写出来贴在墙上。第三步是填写路引，即将死者姓名、性别、地址填写在一张纸上，然后由道士敲法器诵经文将路引等文书焚烧，以助死者顺利通过

① 关于法言坛做道场的成员组成，承蒙法言坛道士黄元春先生告知，在此致谢。

各种关津渡口到冥府报道。

其次是做道场，做道场是整个丧事科仪的核心部分，主要是通过做道场来超度亡者早日升天。道场的规模按丧家的经济情况可大可小，富豪人家一般做七七四十九天，称为大道场。一般平民百姓，通常做“头七”和“五七”。每“七”的道场一般做三天左右。下面我们以三天为例，简述法言坛的道场科仪。

第一天上午，首先在堂内悬挂三清教主像，燃香点烛，供奉花果等物品。在堂外面悬挂王灵官像或供奉其牌位。这个仪式表示镇坛驱邪。接下来是正式科仪，一天完整的科仪主要包含以下步骤：①开坛封禁，主要请神安神，求神保佑避免一切意外事故的发生，以保证道场顺利进行。②中宫，即做法事烧文书给位居中宫的土地神，使其知道在做道场以便转奏。③请水，由掌坛道士率领道众在河边或井里取回法水后，用法尺将水洒在坛内外，表示净坛去秽。④安灶，即做法事焚烧撰写的文书给灶王，以便其向上天奏报。⑤城隍，即申文告知城隍爷，祈求其批示放亡者回家。⑥十王，即申文向十殿阎罗，祈求他放亡者回家。⑦东岳，县城隍及十殿阎罗批准后，还需要东岳大帝的批准，才能到酆都大帝那里提取亡者，故也要申文给东岳大帝。⑧斗口，斗口即王灵官，道士做法申文请王灵官保护亡者平安回家。⑨酆都，即道士做法申文，表示到酆都冥王那里提取亡者。⑩踩灯，摆放后三十六盏油灯，由道士仗剑做法，孝子捧着亡者的灵牌踩着灯间空地行走，以表示将亡者从酆都提取出来了。⑪开方，又名破狱，将五条凳子分别置于东南西北及中间，以此代表五方地狱。道士做法引导亡者依次从北西南中东五方地狱穿过。⑫招亡，即给一个椅子穿戴好亡者生前的衣帽，孝子捧着亡者的灵牌和引魂幡，法师做法后，给装扮的死者梳洗更衣，表示已将亡者从地府召回来了。

法言坛的道士在念经作法

第二天的法事分为三场，主要是超度亡人，代替丧家为亡人做好事，以减轻亡者的罪过。第一场叫作启师，又称请圣，启师分为两个环节。首先是祈请历代师尊，即请刘沅及刘门的著名弟子等人。然后是由道士念三元、救苦、观音、玉枢、东岳、玉皇等经来减轻亡者的罪责。第二场法事叫救苦，一般在中午举行。主要是做法事申文给太乙救苦天尊，祈求其解救亡者的罪苦。第三场一般在晚上，主要有两个部分组成。首先是朝斗，即将一个用红纸剪的桃形符放在写有十二时辰的大斗碗里，用红布盖住。等法事做完后揭开红布看桃符尖指向哪一个时辰，然后翻书破解其意义内涵。其次是转案，又称过十殿，是指在坛内两边悬挂好十殿阎罗的画像，然后由法事带领孝子逐个朝拜，祈求阎罗王赦免亡人的罪孽。

第三天的法事程序较为复杂。早上为三元，又称供天，即燃上蜡烛，由法师作法向三元三品三官大帝申文，请求他们对亡人赦罪、解厄、赐福。中午为土皇法事，该法事结束后要举行拜忏。孝子们手持香，跟着道士念“东皇宥罪大天尊，至心朝礼”。祈求神灵赦免亡者在世时的种种罪过。下午的法事科仪是“放赦”和“敛亡”，即由道士做法将亡者的三魂七魄收敛在一起进行超度，以使其能早日升天。做这个法事时，要用朱砂在空地上画出八个圆圈，然后写上休、生、伤、杜、景、死、惊、开等八个字，表示八门。然后道士仗剑做法，由生门进开门出，表示将亡者的魂魄敛在一起。晚上的法事主要分为放河灯和送亡。放河灯即道士带领丧家孝子乘上船，边做法事边在河里放灯。放灯的意义是丧家代替亡者行善，拯救超度在水中死去的孤魂野鬼，使他们能够脱离苦海早登天界。

（2）打醮科仪

法言坛的道士除了做丧事道场外，还举行打醮科仪。打醮又称做醮会，明清以来斋醮在民间颇为流行，《红楼梦》里就有“清虚观打醮”一回。最大的打醮活动被称为罗天大醮，不过一般民间举办的都是一般的中小型打醮活动。打醮的目的主要是消愆解罪，祈福荐祖，保命延生等。巴蜀地区的打醮按照祈祷的性质不同可分为七种。第一是清醮，又称太平醮。打醮的目的主要是为祈福保佑地方平安。第二是红醮，又称喜事醮，主要是用来祈福增寿，保命延生。第三是丧事醮，主要是用来荐祖悼亡的。第四是瘟醮，如果地方发生了严重的瘟疫，就要做瘟醮以除灾。第五是秧苗醮，即农民为了使秧稻不受病虫害的侵袭，能够丰收而做的醮。第六是祈晴祈雨醮，如果发生涝灾或旱灾时，就要请道士打醮，以保证人们安乐生活。第七谢火醮、谢土醮，在发生火灾或因随意动土而引发莫名灾难时，就要请道士打醮做法。

法言坛打醮一般请道士七人左右，打醮的时间三到七天不等。打醮时坛内供奉三清神像，坛外则供奉三观大帝及玉皇大帝等。打醮活动主要分为五个步骤：①开坛迎神，即请神到来，保佑法会顺利进行。②供天，燃香点烛，道士做法申文向三官大帝、玉皇大帝等祈求增寿延命，或祈福地方太平。③朝南北斗，朝斗又称拜斗，即祈求南北斗星君为下界黎民消灾免难。④放戒，就是超度孤魂野鬼，使其能够往生。⑤结幡，法师仗剑登坛做法，祭风将所挂的幡结好。这是一项颇为复杂神秘的活动，结幡的成功与失败是考验法会成果的重要参考。

（三）做会

做会是指在重大或特殊节日里举办法会，进行祈福禳灾活动。民国时期，法言坛有所谓的五大会和四小会。五大会分别是：正月十三至十六的上元节会，四月初五到初八的佛祖会；七月十三至十六的中元节会；九月初六至九月初九的九皇会；十月十三至十六的下元节会。四小会分别是：二月初一至初三的仲春济幽会，五月初一至初三的仲夏济幽会；八月初一至初三的仲秋济幽会；十一月初一至初三的仲冬济幽会。除此之外，每逢文昌、药王、雷祖、吕洞宾等诸神诞辰时，法言坛也会举办法会。

做会时一般都要念《三元》《救苦》《玉皇》等经，但做不同的会，祈请的神灵及做会程序目的有所不同。例如上元节时要搭棚供奉“上元一品赐福天官紫微大帝神位”，棚内外点灯，点灯时法言坛道士会做法申文祈求天官赐福于民。灯一般要点半个月左右，期满后法言坛道士还要举办落灯法会。中元节时则在棚内供奉“中元二品赦罪地官清虚大帝神位”，法言坛道士做法申文祈求地官给赦罪度亡。下元节时，棚内要供奉“三元三品解厄水官洞阴大帝神位”，法言坛道士要做法申文祈求水官解厄除灾，保一方安宁。佛祖会一般是要念经放生。九皇会则主要是礼斗祈祷。①

三、法言坛的传承及特征

一个道坛组织，除了必要的科仪文献作为传承的文字载体外，具体的实践中的师徒传承是保证其不断发展的重要前提。在能够较稳定传承的基础上，一个道坛别具一格的特征魅力是其能够繁荣壮大的关键。那么梳理总结法言坛的法脉传承与特征就显得尤为重要。

（一）法言坛的法脉传承

刘门法言坛自清代中晚期创建以来不断发展壮大，一直有序传承，组建严谨，在成都周边地区组建了大大小小的分坛。不过因为属于民间道坛，加之社会动乱，法言坛的传承情况已经不太清楚。德国学者欧理源（Volker Olles）《川西夫子论碧洞真人：刘止唐笔下的陈清觉——兼论四川道观与民间团体的关系和互动》一文通过走访槐轩后人和田野调查，大致勾勒出了法言坛的传承情况。② 欧理源总结的法言坛法脉传承如下图：

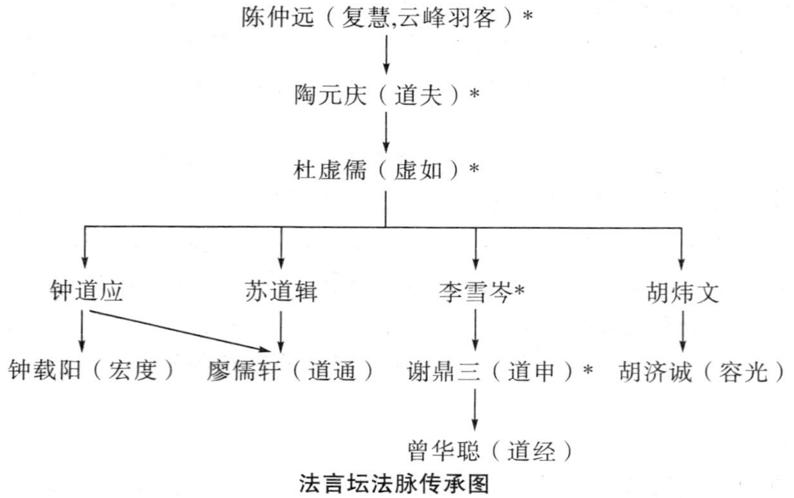

法言坛法脉传承图

上图中，带星号的人名字也出现在《祖师诰文》，也就是说在法言坛举办法师的“请圣”科仪中，需要祈请念他们的名字。关于这些人物的信息，我们能了解的非常有限。据民国版《温江县志》记载，陈复慧，号仲远，新津人，清代乾隆年间曾主持温江县蟠龙寺，编纂了

① 以上法言坛的斋醮科仪部分，参考了傅云杰等《民国时期新津道教法言坛道场科仪》一文，参见《新津文史资料选辑》第 6 辑，1997 年，第 128～137 页。

② 盖建民主编：《回顾与展望：青城山道教学术研究前沿问题国际论坛文集》，巴蜀书社，2016 年版，第 708～727 页。

《广成制仪》，并在此基础上创建了广成坛，对清代以来巴蜀地区的民间道坛影响深远。陶元庆，据刘沅撰写的《陶元庆墓志铭》可知他是双流县人，曾熟读儒家经史，后托迹于黄冠，并得陈仲远传授道教科仪。事实上，陶元庆是法言坛的创始者之一，也是《法言会纂》初稿的整理者。李雪岑，为刘门弟子，民国初年军阀混战时期曾参加红十字会成都分会，积极组织救援活动。钟载阳、廖儒轩、谢鼎三、胡济诚四人在民国时期被誉为法言坛成都地区的四大法师。曾道经，双流县人，是谢鼎三的弟子，20 世纪 20 年代，他 90 多高龄时还带领法言坛道士在新津老君山作法。

（二）法言坛的特征

法言坛之所以能够迅速在民间众多的道坛中发展壮大，与其独特的思想理念是分不开的。首先，法言坛的道士具有慈悲广大的胸怀心量。据家里世代为法言坛道士的黄元春先生说，法言坛的道士必须有大慈悲心、大清净心、大柔和心、大方便心，以及大广大心。其次，是法言坛道士有恭谨虔诚的态度。《法言会纂·凡例》中说："凡为人祈禳等事，往往用印板预刻文书，临时随事，填写姓名，及为某事。岂知事神全凭恭敬，必敬谨缮写，不可一毫错落，其祈禳人等各事，亦不相同，必文理通顺，叙事周到。若草草了事，不惟无益，主家羽士人等，已干天罚，慎之戒之。"① 显然，法言坛祖师是在谆谆告诫法言坛道士做法事必须恭谨周到。最后，是法言坛融荐先与济幽于一体的儒道合一精神。荐先即追悼祭祀祖先，这是践行儒家生事之以礼，死葬之以礼，祭之以礼的孝道传统。并在此基础上推己及人，由祭祀自己的祖先到超度孤魂野鬼，这就是所谓的济幽。法言坛这种荐先济幽的特征，无疑是法言坛的创建祖师刘沅"以儒统道，会通三教"思想的延伸与具体实践。

（作者单位：西北大学中国思想史文化研究所；商洛职业技术学院图书馆）

① 胡道静等主编：《藏外道书》第三十册，巴蜀书社，1992 年版，第 461 页。

访谈与述忆

胡传淮：清史研究视野里的张问陶文化世家

钟永新

胡传淮先生

【人物简介】胡传淮，生于1964年8月，四川蓬溪县人。毕业于四川教育学院（今成都师范学院）中文系。曾任四川省蓬溪县政协常委、文史委主任、蓬溪县家谱收藏研究中心主任，现为中国近现代史史料学学会理事、中华诗词学会会员、四川省楹联学会理事、张船山研究会学术顾问。主要致力于清诗、巴蜀文化、方志族谱和乡邦文献的整理研究。出版著作《张问陶年谱》《张问陶资料汇编》《遂宁张文端公全集》《遂宁历史名人研究》等70余部，发表论文、诗词、文史随笔300

余篇。

【阅读提示】：

◆要研究清诗，先选择一个地域、一个小群体、一个家族或者只是一个人，仔细读去，不要被《清诗纪事》中那些评价迷惑，这样庶几可得清诗之真。

◆张问陶在清诗史上成就卓著、地位崇高。其诗天才横溢，与袁枚、赵翼合称清代“性灵派三大家”，被誉为李白杜甫转世，书法直追米芾的清代书画大师。

◆《朝议公行述》《遂宁张氏族谱》及《遂宁张氏家乘》的发现，对张问陶家世生平的研究有重大意义，而《张问陶年谱》之所以能够得以完成正是得益于这些重要史料的发现，我相信这些史料必将对张问陶的思想、诗文艺术的研究有所贡献和推动。

◆在巴蜀大地各个历史时期都曾有一批数代传承、各具特色的文化世家，这些文化世家在中华文化殿堂上熠熠生辉。

◆一个人要在短暂的人生道路上有所造就，就一定要集中自己的精力，努力去做自己愿意做而又有能力做好的工作。

研究应该人无我有　具有本土文化特色

钟永新：胡先生，您好，您是巴蜀文化研究的知名学者，成果很多，首先请谈谈您是如何走上文史研究之路的？同时您曾受龙晦教授教益较大，蜀中前辈学者给您的治学启示有哪些？

胡传淮：1964 年 8 月 27 日我出生于四川省蓬溪县文井镇百恒村。因河南历史文化名城淮阳是胡氏得姓始祖西周时陈国第一任国君胡公满的封地，也是胡姓发祥之地和血脉之源，故取名“传淮”，以示不忘胡姓传统根脉在淮阳。

小时候，我就喜欢刨根问底。因为常听老农忆苦思甜，就向他们讨教村史社情的文字记载，老农告诉我：“哪有什么文字记载哟，全部是凭脑子记、口头传下来的。”那时我就想，将来我有文化了，要把农民们讲的东西记下来。

读中学时，见《历史》教科书后附有“乡土教材，各地自编”。我就问老师：“我们有自编的乡土教材吗？”老师说：“我们这里还没有。”于是我暗下决心：将来一定要编本乡土教材。

后来在读大学的岁月里，我对古典文学情有独钟，认真研读历代诗词小说，准备毕业后从事中国古代文学研究。

由于人生有了目标，精神便有了寄托。然而怎样才能确定自己的研究方向呢？我的老师、四川教育学院（今成都师范学院）中文系教授、著名国学研究家龙晦先生曾对我说：“四川的学者应该把研究的目光瞄准在本土历史文化上，就如同土特产，人无我有，具有特色。”又说：“要研究清诗，先选择一个地域、一个小群体、一个家族或者只是一个人，仔细读去，不要被《清诗纪事》中那些评价迷惑，这样庶几可得清诗之真。”

这些话使我豁然开朗，受益匪浅。我想，许多外地学者都重视巴蜀文化，而生于斯、长于斯的我，岂能视而不见？心中的盲点蓦地消失，心情自然舒畅起来。故而我把研究目标瞄准在巴蜀文化，定位在明清文学上，并集中到遂宁籍宋代学者王灼、明代女散曲家黄峨、清代著名诗人张问陶三人。

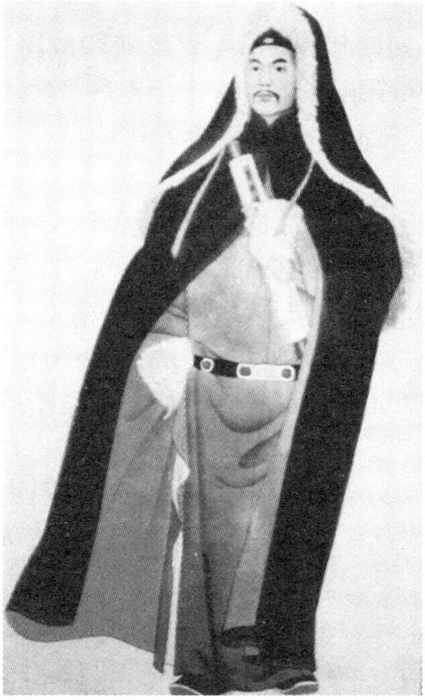

张问陶画像

具有里程碑意义的张问陶研究

钟永新：您对被誉称为“清代蜀中诗冠”的张问陶研究最为着力，能否简述一下您在张问陶研究领域的主要经历和取得的主要成果？以及您是如何看待张问陶在中国清诗史上的地位和成就的？

胡传淮：大学毕业后，我教了几年高中语文。至1993年7月，我调到四川省蓬溪县政协文史委员会，专门从事巴蜀文化、地方文献和文史资料的征集研究工作。

我用力最多的研究对象是清代乾嘉年间的大诗人、书画家张问陶及其家族。张问陶(1764—1814)，字仲冶，号船山，乾隆进士，官至山东莱州知府，祖籍四川省遂宁县黑柏沟(今遂宁市蓬溪县金桥镇黑柏沟两河口翰林村)，后世刊行有《船山诗草》。由于过去政治因素的干扰，一些文学史对张问陶语焉不详，或略而不谈。

1988年，在成都读大学期间，我就开始搜集有关张问陶的资料。节假日，我从四川教育学院乘车到四川省图书馆抄阅资料。一坐就是一整天，当离开图书馆时，常常是夜幕降临。短短几个月，我便抄录了26卷《船山诗草》约50万字。

十余年来，我相继出版了《张问陶年谱》《张船山全国学术研讨会论文集》《张问陶研究文集》《船山诗草全注》《张问陶家族诗歌选析》《张问陶资料汇编》等研究张问陶及其家族的著作十余部，发表有关研究张问陶的论文30余篇。这些著作发行至欧美、日本、韩国和台港澳等地，在学术界产生较大影响，具有开创性的成果为：

1. 编著《张问陶年谱》

1998年4月，为编著《张问陶年谱》，我到张问陶故里蓬溪县金桥镇两河口，搜遗考古。寻拓古碑，查阅族谱；扶桑牵桐，翻山越岭，考察了两河口唐家湾月亮坪张问陶墓址及张氏家族墓群，并与张氏后裔张隆俄、张清廉等人座谈，记录了几大本有关张氏家族的珍贵史料。

为研究张问陶，我还把古代文学史、目录学、绘画史、书法史、佛教史、道教史等，都仔细梳理了一遍，同时反复研读张问陶原著。2000年1月，《张问陶年谱》编著完成，在巴蜀书社出版发行，深受好评，如：浙江大学教授、《全清诗》编委会主任、博士生导师、著名清诗研究专家朱则杰教授说："《张问陶年谱》是迄今为止第一部正式出版的张问陶年谱，这个意义是十分重大的，它不仅对张问陶研究，就是对整个清代诗歌的研究，无疑都是一件大好事。"

著名学者、中国社科院古代文学研究室主任蒋寅研究员说："船山于清诗地位甚为重要，研究者渺见。足下钩沉发覆，成此一编，沾溉学界匪浅。清诗浩繁，必得如足下者，集思广益，或望有陶冶功成之日也。"

著名学者、南开大学博士生导师来新夏教授说："船山先生为清代一大诗家，我少年时即读船山诗集，堪称大家。今阁下为之撰谱，可称功臣。"

国家清史编纂委员会收藏了《张问陶年谱》，并致函说："《张问陶年谱》对新修《清史》中《张问陶传》的撰写，有重要作用。"

《中国古代文学研究年鉴2005》（陕西师范大学出版社，2008年版）在《清代文学研究综述》中云："四川出版集团巴蜀书社出版了胡传淮撰著的《张问陶年谱》。张问陶是清代性灵派的重要代表人物，撰著者历数年遍查资料，编成此书。该著概述了张问陶的世系及其家族诗人，记录其生平和创作成就，具有重要的参考价值。"

2. 合编《张问陶资料汇编》

2016年，我与黑龙江大学许隽超教授合编了《张问陶资料汇编》，由中华书局出版发行。全书分上下册，共48万字，此系中华书局"古典文学研究资料汇编"中首部清代诗人资料汇编，为张问陶研究中具有里程碑意义的最新成果。本书也是四川大学国家社科基金重大委托项目"巴蜀全书"系列成果，宜宾学院四川思想家研究中心重点资助项目，四川省哲学社会科学重点研究基地儒学研究中心委托项目。

3. 张问陶诗歌的历史地位评价

张船山是清代乾嘉时期大诗人兼诗论家，在清代诗歌史和诗歌理论史上占有重要地位。他是清代性灵派重要诗人，与袁枚、赵翼合称"性灵派三大家"，主张诗歌应专注性灵，抒写真性情。他说："天籁自鸣天趣足，好诗不过近人情。""文章体制本天性，只让通才有性情。模宋规唐徒自苦，古人已死不须争。"

其诗题材广泛，主题鲜明。直抒胸臆，虚实结合。语言平易自然，精当犀利。风格雄奇奔放，空灵清新，沉郁苍秀，冲淡平和。内容可分为政治诗、山水诗、爱情诗等类，其中山水诗是张船山诗歌中数量最多的诗篇，成就也最高。张船山数次过三峡，写下了数百首三峡诗。如《巫峡》云："云点巫山洞壑重，参天乱插碧芙蓉。可怜十二奇峰外，更有零星百万峰。"将巫峡刻画得山明水媚，气象万千，堪与李白"朝辞白帝彩云间"相媲美。

朱文治是清代最早以诗歌来论述张问陶的人，他在《书船山纪年诗后》云："满纸飞腾墨彩新，谁知作者性情真？寻常字亦饶生气，忠孝诗难索解人。一代风骚多寄托，十分沉实见精神。"评价张问陶诗具有气势、富于创新、性情真实、语有生气，内容多忧国忧民，寄意遥深。

清代道嵘《船山诗草·序》和顾翰《船山诗草补遗·序》，则是清代两篇全面评价张问陶诗歌的文章。道嵘《序》介绍了张问陶的为人和张问陶诗崇尚自然、独创，追求诗中有我，"是众作之有滋味者也"，乃诗中豪杰。顾翰在《船山诗草补遗·序》中云："余读之飘飘有仙气，心窃爱慕之。又数年，有以先生《宝鸡道中题壁》诗抄示者，余始骇然以惊。见其跋涉关河，崎岖戎马，欲歌欲泣，情见乎辞，以为太白、少陵复出也。"表明张问陶诗，有的近乎诗仙李白，有的与杜甫相似，是惊世骇俗的大作。评价全面准确。

此外乾嘉诗坛盟主袁枚称誉张船山的诗"沉郁空灵，为清代蜀中诗人之冠"，可谓中肯之评。

清代四川著名学者孙桐生在《国朝全蜀诗钞》谓张问陶："为诗专主性灵，独出新意，如神龙变化，不可端倪。近体超妙清新，雅近义山；古体奔放奇横，颇近太白。卓然为本期一大名家，不止冠冕西蜀也。"他认为船山主性灵而重独创，源于李白，风格超妙沉雄，越义山而近子美，乃有识之见。

及至当代，朱则杰《清诗史》、严迪昌《清诗史》、霍有明《清代诗歌发展史》、刘世南《清诗流派史》、杨世明《巴蜀文学史》、王英志《性灵派研究》等专著，都列专章或专节评论张问陶，给予张问陶充分的肯定。尤其钱锺书、钱仲联等主张以张问陶代替蒋士铨，重组一个三大家集团，即以袁枚、赵翼、张问陶为"乾嘉诗坛三大家"。著名学者刘扬忠则提出"张船山不单是西蜀诗人之冠，而且是清代中期全国诗人之冠"。

我认为，总体来说，张问陶在中国清诗史上成就卓著、地位崇高。他是清代乾嘉诗坛射雕手，中国杰出的天才诗人、诗论家，著名书画家。其诗天才横溢，价重鸡林，被誉为"青莲再世""少陵复出"，清代"蜀中诗人之冠"，书法直追米芾的清代书画大师，亦是东坡之后，一人而已。

胡传淮先生合著及专著书影（部分）

新见史料推动学术研究辨析

钟永新：在备受好评的《张问陶年谱》里，您提出并且撰写发表《洗百年奇冤　还高鹗清白——高鹗非“汉军高氏”铁证之发现》，认为“汉军高氏”非高鹗，而是曾在四川任官的高扬曾，请简要介绍一下您是如何考证辨清此问题的？

胡传淮：从清末至今，红学界许多人认定高鹗是张问陶的妹夫，主要原因是：清乾隆五十五年（1790）十二月，张问陶出京师齐化门，祭扫四妹张筠（又名张问筠）墓，归作《冬日将谋乞假出齐化门哭四妹筠墓》四首。在这四首诗诗题下，张问陶加了一个小注：“妹适汉军高氏，丁未卒于京师。”不少人想当然地认为“汉军高氏”即是高鹗，但是忽略了“汉军”中姓高的人很多，为什么一定是高鹗呢？

受上面因素影响，震钧、恩华、胡适、俞平伯、王利器、周汝昌等许多红学家都误以为高鹗是张问陶的妹夫，只有少数学者表示怀疑，但又不能坐实张问陶的妹夫到底是谁。

最早说高鹗是张问陶妹夫的人是清人震钧（1857—1920），说这话时距张筠死已 120 年，他在《天咫偶闻》书中称：“张船山有妹嫁汉军高兰野鹗，以抑郁而卒，见船山诗集。……兰野能诗，而船山集中绝少唱和，可知其妹饮恨而终也。”（“野”，应作“墅”）这番话似乎言之凿凿，其实乃道听途说。

1921年胡适《〈红楼梦〉考证》、1922年俞平伯《红楼梦》的考证文章，也持此说。自此以后，高鹗就被误认为张问陶的“妹夫”了。

十余年来，我在搜集张问陶家世资料、编写《张问陶年谱》过程中，先后发现了张问安、张问陶、张问莱兄弟三人于清嘉庆二年（1797）合写的《朝议公行述》、光绪九年（1883）刻本《遂宁张氏家乘》及民国十三年（1924）刻本《遂宁张氏族谱》等重要史料。经过仔细研究发现，张问陶之四妹张筠所嫁“汉军高氏”原来是汉军高扬曾，并非高鹗。

证据之一：张问陶之父张顾鉴，于嘉庆元年（1796）卒。因曾任云南开化府知府，故按清代官及封赠制规定：知府官阶从四品，封赠“朝议大夫”。张氏兄弟所撰《行述》中有“朝议”之称。《朝议公行述》中说：“有女二人：长适湖州太学生潘本侃，次适汉军高扬曾，四川石柱厅同知讳瑛子。”“次”者即张筠，“瑛”者即高扬曾之父高瑛，字东冈，汉军镶黄旗贡生，乾隆四十年（1775）任四川蓬溪县县丞，其后曾任四川昭化县知县、四川雅州知府、四川石柱厅同知。

证据之二：张崇阶《遂宁张氏族谱》卷一历述世系时，张顾鉴为十二世，张问陶三兄弟即为十三世。张顾鉴有两个妻子，即李氏、周氏。张问陶、张筠乃周氏所生。在子女题名上又有“女二人：长适浙江归安监生潘本侃，次适镶黄旗汉军袭骑都尉高扬曾”。显然，张问安兄弟三人合撰的行述时间最早，收入《遂宁张氏族谱》内，再加上《族谱》第一卷世系所载，这是最原始的第一手材料，足资征信。所以，张筠的丈夫是汉军高扬曾，而非高鹗。

《朝议公行述》《遂宁张氏族谱》及《遂宁张氏家乘》的发现，对张问陶家世生平的研究有重大意义，而《张问陶年谱》之所以能够得以完成正是得益于这些重要史料的发现。而且我相信这些史料必将对张问陶的思想、诗文艺术的研究有所贡献和推动。其次，由于张问陶家世史料的发现，澄清了红学研究史上的一大疑案。张筠所嫁的“汉军高氏”是高扬曾而非高鹗，已由上述史料所证明。

因此，我将《遂宁张氏族谱》中的记载不断公之于众，用以澄清红学研究中的一大疑案，先后发表系列文章。如：《〈遂宁张氏族谱〉解开红学研究中的一大悬案》《张问陶的妹夫不是高鹗》《洗百年奇冤，还高鹗清白——高鹗非“汉军高氏”铁证之发现》等。

这些文章发表后，在红学界引起强烈反响。著名红学家胡文彬先生撰文《玉宇澄清万里埃——读〈张问陶年谱〉随想》说：“辛巳（2001）春，四川蓬溪县胡传淮先生寄赠一本他所著的《张问陶年谱》，令我不胜喜悦和感谢。因为在这本《年谱》中，作者以确凿的文献根据向读者，特别是那些研究高鹗并发表过评论的权威学者们揭穿了一桩延续了近百年之久的大谎言，证明了所谓‘汉军高氏’非高鹗，而是曾在四川任官的高扬曾，从而使沉冤百年的高鹗得到了昭雪。”

著名红学家胡邦炜教授说：“近百年来，在红学研究领域中，大多数人都相信高鹗与张问陶的姻亲关系，并写入论文中。这一资料的发现，使这一说法彻底崩溃，无可再议了。至此，红学研究中的这一悬案可以说彻底解决，可以画上句号了。这一问题的解决，其功劳自然应当归于胡传淮先生。”

中国社会科学院文学所研究员、博士生导师刘扬忠先生说：“胡传淮先生的《张问陶年谱》和他考证高鹗并非张船山妹夫的文章，已经在清诗研究界和红学界产生了很大反响。胡传淮先生的学术成果，当然主要是他的学识和才力的产物。”

复旦大学陈维昭教授在其所著《红学通史》中，引用了笔者论文并赞同笔者考证结论。

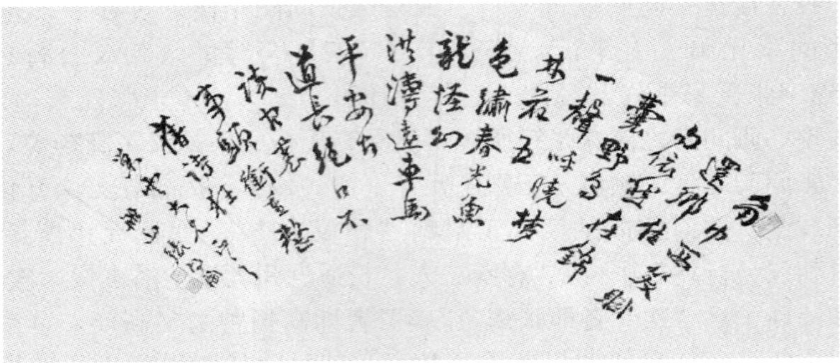

张问陶书法作品

张问陶绘画作品

文化涵养深广　植根中华民间

钟永新：同时您对遂宁家张氏家族开展了较为系统的整理研究，先后出版《清代蜀中第一家：蓬溪黑柏沟张氏家族》《张鹏翮研究》《张鹏翮诗选》《张问安研究》《张问安诗选》《张问陶家族诗歌选析》《烬余录注》《遂宁张文端公全集》等，请问如何理解认识巴蜀文化世家的影响和意义？

胡传淮：在中国的文化版图上，巴蜀文化是极具特色、极有分量的一个重要组成部分。这种特色和分量是多种因素促成的，其中一个重要因素是“涵养深广，植根民间”。在巴蜀大地各个历史时期都曾有一批数代传承、各具特色的文化世家，这些文化世家在中华文化殿堂上熠熠生辉。其家族中，文化人才辈出，文化成果不断涌现。因此，探索蜀中文化世家对于研究中华文明史、巴蜀文化史，都是非常重要的。

蜀中遂宁，据涪水之上游，乃东川之都会；水陆交冲，佳气盘结；风教重地，文献名邦；人才辈出，风俗淳美，为巴蜀第一奥区，传统文化根基殷实丰厚，文化世家延绵不绝。

明清遂宁诞生“席、黄、吕、李、张”五大家族，经济文章，代有闻人。产生宰相三人（席书、吕大器、张鹏翮），尚书四人，侍郎三人，通政使一人，总督二人，巡抚三人，布政使二人，榜眼一人（李仙根），进士十五人；入《明史》《清史稿》人物传八人，入国家贤良祠一人（张鹏翮），入《辞海》三人（黄峨、张鹏翮、张问陶），入《中国通史》一人，入《中国文学史》二人，入《四川历史文化名人辞典》十六人；入《中国文化世家》三家。真乃人文踵起，可云极盛，为繁荣发展中华民族文化做出了卓越贡献，值得我们宣传、研究和弘扬光大。

清代蜀中遂宁黑柏沟张氏家族是一支兴盛时间长达两百年，在政治上和文学上都有重要影响的大家望族。遂宁张氏家族既是清代政治望族，又是文化望族、精神望族，他们“以功德显，以文章著，以孝友称”。据民国十三年（1924）刻本《遂宁张氏族谱》载：张氏原籍湖广省麻城县孝感乡白獭河绿柳村（今湖北省麻城市龙池桥办事处白塔河社区），明洪武二年（1369），迁入四川省遂宁县黑柏沟（今属蓬溪县任隆镇黑柏沟村）居住，入川始祖为张万，至今已繁衍22代，广泛分布于蜀中遂宁、蓬溪、安居、大英、潼南等地。黑柏沟张氏从明初入川至清代四百余年，家族人员考中进士者6人、举人18人、贡生18人；为官者80余人，有诗文著述流传至今者50余人，可谓“一家男女尽能诗”。张问安、张问陶、张问莱三兄弟及其妻陈慧殊、林韵徵、杨古雪三妯娌分别被世人称为“三弟兄诗人”和“三妯娌诗人”，为古今中外诗坛所罕见。有文学家13代80余人。这一代代众多的作家个体对文学的情有独钟，不断地续写出这个家族在文学上的辉煌，为其在当时文坛上赢得很高声誉，论者赞云：“风雅之盛，萃于一家，海内所罕见也。”人称“清代蜀中第一家”。

遂宁黑柏沟张问陶墓（2015年3月16日　钟永新摄）

学术聚焦深研致志方有收获

钟永新：作为蓬溪县文史委主任，您对乡邦文献和先贤也进行了大量挖掘，先后整理出版《王灼集校辑》《诗书画大家吕潜》《南明宰相吕大器》《榜眼李仙根》《明代蜀中望族：蓬溪席家》《遂宁历史名人研究》等具有重要文史价值的文化典籍和名人资料，能否谈谈您在地方文献研究方面的体会与经验？

胡传淮：中华文化是由多个地域文化相互接触、影响和交融而成的，地域文化是中华文化不可分离的有机组成部分。要了解中华文化，就必须了解地域文化。若连地域文化都不了解，又怎见得了解中华文化？因此，探索地域文化对于研究中华文明史非常重要。

二十余年来，我一直从事遂宁文献整理和研究，出版专著 70 余部、发表论文数十篇。我的体会与经验有以下几点：

第一，选择确定研究方向，广泛阅读第一手原始资料。

读大学时，我就把研究目标瞄准在巴蜀文化。清代《四川通志》《潼川府志》《遂宁县志》《蓬溪县志》，张崇阶《遂宁张氏族谱》等数十部川中地方志、家谱，我都或购买或抄录过；巴蜀历代诗文总集、别集，尤其是遂宁历代乡贤之诗文集，如唐代陈子昂《陈伯玉集》、宋代王灼《碧鸡漫志》、明代黄峨《杨夫人乐府词余》、吕潜《怀归草堂诗集》；清代李实《蜀语》、张鹏翮《张文端公全集》、张问陶《船山诗草》《船山诗草补遗》等数十部乡邦文献，我都仔细研读过。其他有关乡邦的正史、方志、野史、档案、报刊、日记、回忆录、文史资料、县志资料、党史资料、遂宁文物、碑记等也有广泛涉猎。

第二，排除干扰，专心致志。

做学问的人最重要的事就是排除干扰，专心致志，排除包括人事、权利、物质、娱乐方面的干扰。做学问的人只有抵制住方方面面的诱惑，才能有所成就，正所谓“草色人心相与闲，是非名利有无间”。文章乃千古事，著书立说不是一朝一夕的事，不能草草了事，要让后人相信它。

第三，集中精力，咬定青山不放松。

一般说来，太阳光线在散射的状态下发出的热量并不是很强烈的。然而，如果我们用一面聚光镜把散射的太阳光线集中在焦点上，那就能达到较高的温度，甚至能使纸片燃烧起来。人的精力也和太阳光线类似，如果处在“散射”状态下，很难达到一定的热量。只有把精力高度集中起来，深入钻研一方面的学问，才有可能取得原创性的成果。几十年来，我的研究范围和关注热点始终没有离开张问陶和遂宁乡邦文献。遗憾的是，在现实生活中，许多人做学问缺乏这种“咬定青山不放松”的韧性，相反，盲目地跟着自己的兴趣转：今年忙着学外语，准备出国；明年又去学绘画，希望自己在艺术上有所造就；后年又去开公司，做生意，等等。结果是爱一行，干一行，丢一行。轻则事倍功半，浪费精力，重则蹉跎一生，一事无成。从这个意义上可以说，一个人要在短暂的人生道路上有所造就，就一定要集中自己的精力，努力去做自己愿意做而又有能力做好的工作。

张问陶遂宁黑柏沟风光（2015年3月16日　钟永新摄）

【访谈手记】

吾蜀有清以来，文脉接踵传袭，在诗界可举遂宁张问陶为性灵派大家，被誉为一代诗冠。今有慕其才学之士胡传淮先生，情怀深厚，潜心多年，精心整理，成果丰硕，足可见巴山蜀水之灵秀，文化人物之特异，故约请访谈其研究经历，冀以感召后之才俊。（钟永新）

【参考阅读】

1.《清代著名诗人张问陶研究综述》，《厦门城市职业学院学报》2011年第1期。
2.《胡传淮先生文史研究述评》，《中外企业家》2013年第13期。
3.《勤奋耕耘，硕果满枝——记文史专家胡传淮》，《文化遂宁》2014年第2期。

（作者单位：《北京立身国学教育》编辑部）

我家与抗战

——兼怀我崇敬的两位下江人

张邦炜

内容提要：在四川人的词汇中，“下江人”起初专指从长江中下游逃难入川的外省人。因口音难以分辨，“下江人”后来成为对所有外省人的通称。本文回忆了作者幼年时期所经历的战乱往事，以真挚的笔触追叙了作者一家与作家曹禺及飞虎队队员井守训的深厚友谊。

关键词：抗战；下江人；曹禺

一、我家与抗战

今天是七七卢沟桥事变78周年纪念日，9月3日又将庆祝抗战胜利70周年，不禁忆及我家与抗战那些点滴往事。适逢12岁的孙子圃铨放暑假在家，便同他絮絮叨叨地谈起。抗日战争时期，我还是个孩子，本不该记事，只因某些事情太惊人，长辈又反复述说，我才有一些依稀的记忆。[①]

我出生在20世纪40年代的第一个春天。韩昌黎《早春》诗云：“最是一年春好处。”然而这年春天并非“小雨润如酥”的美好季节，而是战云密布，国难当头。儿时，母亲告诉我：你不是生在家里，更不生在医院，而是生在江安后坝[②]乡下，生在一间矮小、潮湿的茅屋里。我问：为什么？母亲的回答是：躲警报！这个词汇今人大多不解其意，但那时三尺童子皆知那是指躲避日本侵略军的空袭，警报一响，人们四处躲避。当时日军狂轰滥炸，不仅炸重庆、炸成都，还炸我的家乡川南地区。我出生前几个月，日军既炸泸州钟鼓楼，又炸宜

---

① 本文所述大多来自长辈言说，并参照一些史籍，如中共宜宾市委党史研究室：《中国共产党宜宾历史》第一卷，中共党史出版社，2005年版。文中两张旧照均来自此书。

② 后坝在江安县城郊。

宾菜坝机场，人们惊恐万状。母亲别无选择，只得将我生在乡下。我儿时同窗好友冯良桓①与我同年同月生，只比我大七天。他的母亲王德勋与我母亲是亲密无间的好友，她闻讯搬到后坝，与母亲一起坐月子。我们两对母子在这间茅屋里共同渡过了那些提心吊胆的日子。

每当母亲说我命苦，接着就会说我二哥命更苦。我的父母亲是1930年到北平念大学的，父亲张安国（号定民，化名祯祥，1913—2001）上北平大学，母亲曹继昭（名永禄，1911—1975）读北平师大。② 第二年夏天，母亲在协和医院生下我二哥。出院不久，九一八事变爆发，父母带着二哥仓皇返回家乡四川江安。当年回川，路漫漫，极艰辛，二哥夭折于返乡途中。他还没取名，只有个小名叫平生。母亲一说到此事必流泪。二哥比我大9岁，如果他健在，已是84岁的老人。

我的祖父张乃赓（名宗高）曾是川军将领③，与孙震同在21师任旅长。七七事变爆发时，他已退役乡居数年，被推选为县参议长。如果他仍在军中，理当奔赴抗日前线，极有可能在台儿庄战役中血战滕县。祖父虽无缘战斗在前线，但他战斗在后方，出任本县抗敌后援会负责人，他的妻子、我的后奶奶杜嗣芝任妇女抗敌工作团团长。祖父依靠一批热血青年（多为中共地下党员），将江安县的抗日后援活动开展得有声有色。

我父亲当时在家乡的公开身份是县高级小学校长、抗敌后援会演出队队长，其秘密身份则是中共江安县委代理书记。他与党内同志一道，参与创办联谊书屋（其前身为合众书店），推销《新华日报》《群众》《解放》《大声周刊》《国难三日刊》等抗日爱国报刊，并成立戏剧协会。吴雪、陈戈率旅外抗敌演出队来江安演出《放下你的鞭子》《塞上风云》，戏协积极配合，上演话剧《卢沟桥之战》《中华民族的子孙》，清唱京剧《八路军开展游击战》《大战倭奴平型关》。戏协的主要演员是席明真、冯振华、雷南（又名雷光禄）、王德勋等，都是父母的党内同志。父亲无任何艺术细胞，外号人称“硬人”，但也登台充当配角，闹了不少笑话，被长辈们传为谈资。父亲作为抗敌后援会演出队队长，还带领演出队前往全县各主要乡镇进行抗日宣传演出。母亲作为妇女抗敌工作团成员，教群众唱抗日歌曲，作抗日宣传讲演，号召妇女们有钱出钱，有力出力，开展义卖活动。武汉保卫战期间，不少妇女捐出金银首饰，并将义卖所得钱物，全部支援武汉前线。

祖父率先垂范，我家人人抗日。父母战斗在后方，二叔张安汶则浴血奋战在前线。他原本是四川大学英语系学生，1935年愤然退学，为抗日而前往日本，改学飞行。“文载道，诗言志。”当时他赋诗一首：“不是屠刀惊梦幻，安能投笔慕从戎。为求虎子虎穴闯，壮志凌云试御风。”后来他成为一名光荣的飞虎队队员，长年驰骋驼峰，一度远征印度拉合尔（今属巴基斯坦）。当年家人都说，二叔是我们全家的骄傲。1944年冬，贵州独山失守，抗战形势危急。国民政府以“一寸山河一寸血，十万青年十万军”相号召，广泛动员学生参加青年军。当时四叔张安庆只是一名中学生，年仅16岁。祖父送子参军，让他奔赴前线，英勇杀

① 冯良桓，四川大学材料科学学院二级教授，光伏专业专家。

② 当时并无明确的法定结婚年龄，更无学生不许结婚的规定，民间早婚之风盛行。

③ 父亲的老战友、当年川南地下党负责人陈野苹后来曾任中组部部长，他对我祖父见诸文字的评介是：“张乃赓，川军旅长，开明士绅，我们的统战对象。”我祖父两度在旧军队中任朱德元帅部属，1950年被周恩来总理任命为川南行署民政厅副厅长，不久病故。

敌。行前，全家举行了简朴的送别仪式。四叔戴着大红花上街游行。因抗战不久即胜利，四叔才回到家乡，又上中学。

我一生中清楚记得的第一件事是1945年9月3日抗战胜利，普天同庆。母亲欣喜异常，她同她的党内女性同志们组织各界妇女开展庆祝活动，并亲自参加耍龙灯。妇女耍龙灯在江安县尚属首次，热闹非凡。那年，我5岁。在父母的组织和安排下，我同冯良桓等小伙伴们一道，在震耳欲聋的鞭炮声中，兴高采烈地耍起儿童龙灯。联谊书屋①发点心，祖父家中领红绫，对窝井樊家②吃粑粑……耍到哪里，吃到哪里，高兴到哪里，快乐到哪里，其情其景至今仍历历在目。

我生于茅屋、二哥死于战乱，是家人常讲的故事。1985年（抗战胜利40周年），在杭州国际宋史研讨会期间，我曾向国内同行述说。上海师大许沛藻半开玩笑地对我说：你现在正与日本学者握手言欢。确实，我与不少日本宋史专家如柳田节子、佐竹靖彦、近藤一成等都较为熟悉，但与他们交往较少，主要是我日语不行，而他们又中文欠佳（佐竹除外），并非因为他们是日本人。要将日本人民与日本军国主义分子区别开来，上学时政治课老师总是这样教育我们。正视历史，不忘国耻是为了面向未来，珍视和平。当然，与日本学者相处也偶有心情凝重的时候。1990年，在北京国际宋史研讨会期间，中方学者与日方学者一道考察周口店之后，又一同参观卢沟桥。行走在桥上，面对石狮子，双方学者面面相觑，无言以对。

二、文坛巨匠·驼峰英烈——我所崇敬的两位下江人

在四川人的词汇中，“下江人”起初专指从长江中下游逃难入川的外省人。因口音难以分辨，“下江人”后来成为对所有外省人的通称。抗日战争时期，我的家乡江安县和四川各地一样，陆续涌入一大批下江人。在这些下江人中，以国立戏剧专科学校（中央戏剧学院的前身）师生居多。其中大家名流不少，诸如余上沅、洪深、焦菊隐、张骏祥、陈白尘、黄佐临、金韵之（丹尼）、章泯、马彦祥、吴祖光，等等。最有名者，当推时任国立剧专教务主任的曹禺。他还只是个三十上下的年轻人，已享有“中国的莎士比亚”的美誉。

我的祖父张乃赓虽从军中退役还乡多年，但被推选为县参议长，在家乡颇具影响力。当时川南地下党负责人陈野苹，后来曾任中组部部长。他对我祖父评介是：“张乃赓，川军旅长，开明士绅，我们的统战对象。”③ 祖父性格开放，热情好客，乐善好施，重义气，善交友。在抗日战争的艰难岁月里，我家可谓蓬荜生辉。祖父结交了两位下江人，一文一武，文为文坛巨匠，武为驼峰英烈。他们长期居住在我家，与我家结下了深厚的情谊。后来虽然先后离去，因家人时常提到、谈到他们，所以我还有一些依稀的记忆。

文坛巨匠指的是曹禺，当时人们更多地叫他的真名实姓——万家宝。曹禺住我家是我的祖父和父亲请来的。祖父一向礼贤敬士，请曹禺住我家，是为了表达对文化名人的倾慕和关

① 联谊书屋，当年江安在党组织领导下，地下党员创立的销售进步书刊的书店。
② 对窝井樊家，从前江安县一大户人家。
③ 《陈野苹同志谈1939至1941年间的中共泸县中心县委》，《泸县文史资料选编》第3辑，1991年，第48～49页。

照。我父亲张安国当时的公开身份是县高级小学校长、县抗敌后援会演出队队长，秘密身份则是中共江安县委代理书记。他要贯彻周恩来和中共中央南方局的指示，精心安置曹禺。这个指示是由川东特委书记廖志高在泸州视察工作时亲口传达的。将曹禺安排在我家，以便在生活上加以关心，在安全上给予保护。祖父为曹禺提供住房，介绍佣人。当时曹禺经济相当拮据。祖父逢年过节必宴请曹禺，平时家里有什么好吃的都送到曹禺家中。我父亲在北平上过大学，又曾留学日本，还在东京办过《留东新闻》。曹禺与父亲谈得来，说得拢，往还颇多，交谈甚欢。特务曾跟踪监视曹禺，据说是因为巴金专程来访，曹禺家中慕名前来拜会者络绎不绝。1941 年皖南事变后，宪兵队竟然抄曹禺的家。经祖父查询，原因是鲁迅艺术学院发来贺电，祝贺《日出》在延安公演成功，电报被特务机关劫获。但宪兵搜查，一无所获。祖父施展其影响力，向有关当局提出严正交涉，迫使有关当局向曹禺和我家赔礼道歉。

为便于曹禺创作，祖父不仅提供住房，还特地为他安排了一间既清静又明亮的书屋。曹禺写作于此，会客于此。巴金来访期间，两位好友在这间书屋内彻夜畅谈。曹禺说："巴金这次来江安，我们谈得太投机了，每天都谈得很晚很晚。"① 为了将巴金的小说《家》改编为话剧，曹禺急需了解旧时结婚的礼仪。祖父陪他去拜访前清秀才黄荃斋。黄荃斋一一为其讲述，曹禺茅塞顿开。曹禺的《蜕变》《北京人》《正在想》等作品都是在那间书屋里写成的。这些作品中的人物往往有我家家人的影子。曹禺自称江安时期是他创作最旺盛的时期。

曹禺居住我家不久，我即呱呱坠地。我的名字邦炜是他取的。曹禺年纪比我父亲稍长，我叫他万伯伯，他叫我炜炜。何谓炜炜，兴盛的样子也，而邦炜即是国家强盛的意思。这是国难深重的年代，举国上下的热切企盼。万伯伯很喜欢我，我依稀记得，万伯伯多次抱着我观看国立剧专的演出。一次看《雷雨》，突然雷声大作，吓得我心惊胆抖，幸好我在万伯伯的怀抱之中。万伯伯的大女儿与我年纪相若，我们常在一起玩耍。大概是由于艰难时期，生活单调，大人们以捉弄小孩为乐，居然叫我们拜堂，一拜天地，二拜高堂，三对拜。

万伯伯在我家居住数年之后，将到重庆复旦大学任教。田本相《曹禺传》记述道：他"舍不得离开那间安静的书室，也舍不得迺庐②的主人。"我祖父设宴为他饯行，万伯伯在惜别宴会上，感激之余，还开了个大玩笑。他竟然说："让炜炜和我女儿定亲吧！"送我两件礼物：一件是洋瓷碗，另一件是制作十分精美的鼓儿灯（当年的儿童玩具）。并称："这些就是送给炜炜的聘礼。"③ 我母亲当时已生六个男孩，很想要个女孩。万伯伯祝愿母亲早得贵女，并为我的大妹预先取了个名字叫邦宠。万伯伯对我母亲说，你一定最宠爱她。

惜别十余年之后，我父亲与万伯伯重逢于 1955 年在北京召开的全国第一次文化工作会议上。当时，父亲担任西康省文化处党组书记、处长。这时，万伯伯才惊喜地得知我父母亲都是共产党员。他赞叹道："你们夫妇出生在这样的家庭，居然投身革命，纯粹是为了追求理想，可敬可佩！"此后，我父亲、叔父、堂姐邦珍、大妹邦宠都去拜望过他。万伯伯总是热情接待，合影留念，并不断地重复着他赞扬我父母亲的那番话。

---

① 田本相：《曹禺传》第 21 章《同巴金的友谊》，北京十月文艺出版社，1988 年版。

② 我家住宅名迺庐，房名由祖父好友、邻县长宁名士梁叔子亲笔题写。

③ 《曹禺传》第 18 章《江安岁月》。并参看田本相等编著《苦闷的灵魂·曹禺亲朋访谈录·访张安国》，江苏教育出版社，2001 年版。

至于驼峰英烈，是指飞虎队队员井守训。建成于20世纪90年代，矗立于南京紫金山北麓的航空烈士纪念碑镌刻着他的英名："井守训，上尉，山东观城人。"据有关资料记载，他生于民国五年（1916），系中央航空学校第六期学员，曾任教于航校。抗战时期，但凡抗日将士，均为最可敬的人。我们全家老老少少，包括祖父在内，都尊称他为井教官。他的夫人姓林，我们兄妹叫她林孃孃。祖父请井教官一家到我家长期居住，除了出于对抗日将士的敬重之外，还因为井教官是他两个儿子的好友。我的叔父张安汶与井教官同为飞虎队队员，可谓金兰之交。父亲与他相识并短期共事，自有其缘故。抗战初期，父亲在家乡积极组织开展抗日救亡活动，名声很大。陈野苹一言以蔽之："搞红了。"① 组织上担心他处于半暴露状态，不安全。1939年，党组织先将他调到泸县中心县委任宣传部长，以中学教员身份作掩护。后又让他打入当时迁到云南的中央航空学校长期潜伏，相机行事。父亲已到航校任日语教员，但党的组织关系总是转不到云南，始终接不上头。父亲苦苦等待半年之后，只能悻悻返回四川。

父亲与井教官在航校共事时间虽短，但关系很不错。1943年9月，父亲30岁生日，井教官特意邀请我父母亲到宜宾菜坝空军机场过生。父母亲叫我同行，去看飞机。井教官开着吉普车，带我逛机场，还让我上飞机观赏。我坐在飞机的翅膀上，得意扬扬。殊不知井教官下月即因飞机失事，牺牲于驼峰航线，年仅27岁。《中央航空学校第六期学员名册》的记载极简略："1943年10月，井守训与林大纲同驾C－47，由印度经驼峰返国，人机失踪。"C－47是美国的新型运输机。网上有篇题为《解开戴笠空难身亡之谜》的文章讲到此事："1943年10月28日，林大纲、井守训驾C－47前往印度汀江，准备接运航校十三、十四期，在美国完成战备训练，准备返国的第二批新血液。为避开日机拦截，夜航驼峰时失踪。十三期的彭成干、林天彰、杨鼎珍，十四期的罗谨愉、高士恒等5位热血青年，出师未捷身先殒，此为空军建军以来最惨痛的损失！"井教官失踪的噩耗传到江安，我们全家极为震惊，悲恸异常。祖父将井教官的夫人林孃孃收为义女。抗战胜利后，听说林孃孃远走美国了。因我家长辈早已先后仙逝，关于井教官夫妇更多的情况，已无从询问。

我还要感谢另一位下江人——毕医生。我不知其真名实讳，他对我有救命之恩。江安县从前只有中医，没有西医，更无医院。毕医生是江安县的第一位西医。我出生不久，背部长毒疮，中医称为背瘩。这个病在当时很难治，弄不好，会死人。母亲请毕医生替我治病，他医术精到，妙手回春。当年避难入川的下江人总说要感谢四川人。如万伯伯就说："我们喝过江安的水，吃过江安的粮，忘不了江安人民对我们的恩情。"其实，下江人对四川的贡献极大。正是四川人与下江人的互助互爱，我们才共同渡过了抗战难关，终于熬到了抗日战争的最后胜利。

2015年7月于成都龙泉

（作者单位：四川师范大学历史文化与旅游学院）

① 《陈野苹同志谈1939至1941年间的中共泸县中心县委》，《泸县文史资料选编》第3辑，1991年，第48～49页。

口述历史

从中学校长到立法委员①
——四川老一辈教育家口述历史

何　宁　整理　丁秀君　口述

丁秀君（1904—2005），老一辈教育家。曾任四川省教育厅编审、教育科学院研究员。1981 年受聘为四川省文史研究馆馆员。自 1932 年回川，先后在万县女中、江津女中及重庆北碚兼善中学作教务；在重庆市立二小学、合川瑞山小学、威远女师、资中女中、省立成都女师、省立重庆女师、省立成都女中做校长。

访问人：何宁、王斌

访问对象：丁秀君

地点：成都市文史馆

时间：1981 年 7 月

整理人：何宁

我是民国 10 年即 1922 年在南川县立女校毕业。当时按照我的家庭经济状况是不能升学的，我父亲死得早，母亲做汤圆生意养育我们几姊妹。我小学读书成绩一直好，总是得第一。遇到个好校长叫陈白实，是个寡妇，她爱人姓白，大概是同盟会的，她在南川算是先进妇女。我小学毕业时陈校长去我家，对我母亲说，在经济上可以帮助我，并说我出去后可以和她女儿一起读书（时校长的小女儿在重庆女师读书），因是师范，费用他们可以照顾。我外公是教私塾的先生，我母亲也认些字，虽穷，却很有志气，她认为自己的孩子不能受别人资助，就对校长说："我很感谢你，但我考虑一下。"考虑后她对陈校长说："你的意思我很感谢，但我不接受你的帮助，她若去读书，我一年多喂两槽肥猪。"由此我考进了女师，重庆女师当时叫第二女师。

① 为保持口述文献原貌，本文保留记录的口语化色彩与四川方言。

进校三个月，遇才成校长进校。当时正值五四运动后，我校开办平民学校。我们参加办平民学校，反对日货，出去做宣传。到萧楚女（中国共产党党员）入校上课后，我们思想各方面更有进步。第一次萧先生上课时，学生对公民（现叫政治，其实与政治不同）一般都当豆芽科学，不重视。萧先生却从社会发展简史来讲，激励大家做主人翁，对自己国家的事，要天下兴亡，匹夫有责。这样我们对之也不像从前的态度。以后我们看新的书，出墙报，写心得，样样都变了。

读了两年后，重庆发生一事，女师地位也变了。当时日本有一轮船，叫德洋丸轮，它装运的是当时民国用的那种辅币一分、二分、半元的，目的是来扰乱重庆金融。查军去检查，要他们把镍币交出来，日本船主不讲理，叫其船上的人把检查的查军丢下水。查军向其排长报告了此事，排长很生气，认为这是检查，是他们在执行任务，这些人怎能这样？就带了一排人去把日本船主及大副拉到警备司令部。当时警备司令部的司令是唐式遵，本来下面的人做得对，应奖励才是，但唐却将其训斥一顿，并把厨师叫来办西餐、大菜，把日本囚犯当上宾招待后，用军车送回去。排长因此闷闷不乐，就找萧楚女先生谈了此前的经过。排长与萧楚女有来往，萧当时在教书，并在重庆的进步报纸《新蜀报》任编辑。次日萧先生来我校上课，他平常上课口若悬河，激发我们爱国读书。那天先不讲课，在讲台上走来走去叹气。大家很奇怪，问萧先生是否不好，说："你先不上课，我们叫校长让你去看病。"他才说了这事经过，并说日本打到朝天门来了，还读书？大家听了，都很气愤，说："那就不上课了，我们马上去摇铃。"因为蒙校长历来也是鼓励我们，叫我们再不要当女儿家，女儿家已坐18层地狱，你们再不闹就要坐36层地狱等。我们就去找蒙校长，告诉了他，他说可以。我们马上就摇铃集合，把事情一说，全体同学都很气愤，马上就推出六七十个代表。重庆有38个中级学校，我们就去各学校联系，决定第二天在夫子池开会。开会时，我们汇报了情况，各校代表皆气愤，就筹备（游行示威），一面派人与省政府交涉。时省长为邓锡侯，但当我们到省公署时，邓根本不见，叫处长出来谈，劝导说："这事关外交，你们这些娃娃晓得啥子。"最后我们决定游行示威。示威前一天，省公署召集各校校长开会，目的是压制学生，不让学生出来游行示威。下午两点开始开会，五点了校长还不回来。各校学生代表来找我们，问这事是怎么的？听说政府不让游行。因为游行是我们发起的，就说："无论怎样我们都要出去，尽管校长未回来，究竟咋办，校长回来再说。"校长回来后，我们到校门口见他。因大家着急，一到校门就吵他，说："你平时一贯号召我们爱国，我们要爱国你又去开会了，到底要不要我们出去游行？"校长说："你们不要急，马上到礼堂集合，我详详细细地给你们说。"我们遂到礼堂集合，校长说："今天邓省长的意思，是照会各校长负责回来压制你们，不让你们出去游行。我说，学生的行动是爱国行动，我把你这个意思回去转达给学生，学生听就算了，如不听，明天还是要游行的话，我就出去维护秩序，其他校长也表了态，不去压制。"那晚12点后，我们印传单，做旗帜。其他代表如广益小学学生划船过来，问我们到底明天去不去，我们说要去，哪怕校长反对也要去。我说："明天摆刀也要去！"

第二天开会时，队伍到的比平常更整齐。那些男同学回去都说，女生都要去，你们不去羞不羞？所以那些平时不去的都来了，除了病倒在床上的没来。但他们校旗都没有，因校长不给，用纸糊了旗。时为民国13年（1924）10月。第二天开会游行，校长给我们维持秩序来了。游行完后，我们就去省公署找邓锡侯。他还是不见，大家很气愤，砸了省公署大门，之后又到卫戍司令部去。唐式遵走了，不见，直到天黑了才见。因为广益中学在河对面，要过河，结果是蒙校长买些馒头给大家吃，劝大家，关照了大家，说今天都饿了，以后再说。我们又办交涉，做宣传等。其他学校校长与我们校长态度不一致，闹的情况也不如我们积极热烈。事后邓、唐还是怕了，觉得他们老不让步，而我们也不让步，僵持下去，万一学生真的罢课，怎么办？这事前后有三个月时间。因我们当时提出几个条件，要德洋丸轮从此不能在川江行驶，要加紧抵制日货等，要撤换唐。最后唐说当时对外交事未看清，并非不爱国，表示了歉意，此事就算结束。放假后，省公署给各校一个公示，凡学生代表都要开除，如学校不开除，撤换校长。我们校长很好，把我们叫去说："你们能不能升学？如能，我先给你们办转学书，你们走；不能升的，我想法支援你们，看他们撤不撤我。如果真要撤换我，我先办转学手续让你们走。"结果由于蒙校长资格老（他参加过四川保路运动），故没将他撤换，我们也就在女师继续读书。

1924 年，冯玉祥与吴佩孚倒戈后，与段祺瑞联合，邀孙中山先生北上，共商国是，去北京召集国民促成会。那时四川有几个代表，各方代表都有，共产党方面是童庸生、裴之居，女师是川东学生会选出来的，有我、雷兴正、霍布青等，我就到北京去了。我走那天早上，正逢孙中山先生去世，段祺瑞等原军阀又跳出来了。会是开了，将近开了一个月零几天，没有什么结果。当时代表中年龄最小的是昆明一个姓张的，与我一样，不满 20 岁。会后，我与邓颖超等住在东安公寓。当时我想，孙先生已走了，会议又无结果，我与雷兴正商量是否写信回去报告这个事情，愿留京的留京。当时就写了封信给萧先生和校长，请示这事。校长与萧先生赞成，因知我经济困难，就说：你就在北京进补习学校，考不起（大学）再回来。如考得起大学，你就在那读大学。我就留在北京了。

在北京读书期间，由于年轻，热血沸腾，参加了一些学生运动。那年五七国耻纪念日，政府不让大家出来游行，大家就聚集起来去打曹公馆，在天安门开了会，就到他家去了。我们才走，军警来堵截，抓了些人走。我站在章士钊家门口的石凳上，跟军警说这不关他们的事。那些人看我满口四川话，又梳个大辫（当时北京中学生都梳两个辫），就对我说："小姑娘，不关你事。"霍布青他们从后门翻进去，从墙洞出来了。没见我，到处找我，结果我回到补习学校，没事。后来就考起女师大，读了两年。因好高骛远，觉得女师大读书空气不太浓，我想多学点本事，将来真能对人民做点事，后读本科时我就转到男师大，并在这边毕业。

那时我正对未来迷茫，因为中学时我能上进，有思想，是受了蒙校长的影响，认为教育可以救国，我在北师大就读的教育系（我是 1931 年从教育系毕业的），毕业后在北师大做助教。到 1932 年时，北大有个女生鄢税（是我中学同学），她毕业就回四川，到万县女中做校长，找不到教务主任，她打个电报给我，要我去。那时是同学找你怎么不去？我就回四川，在万县给她做教务主任。一年后，她生小孩，辞去校长职务。当时无熟人，工作就不好做。这样，我就离开了万县女中。

我到了重庆，遇到卢作孚先生。当时我未毕业，经济上有困难。那时是学分制，学分满了，再做论文，论文做了就毕业，不在校都可以。当时北碚在办兼善中学，卢先生找了个姓郑的人当校长。那人是学政治的，卢先生不放心，就对我说："你学教育的，是否可以给我当教务主任？以后你要毕业回去也可以。"这样，我就在兼善中学搞了段时间。后来要到北京去毕业，去找卢先生。他说："合川民生公司办了个秀山小学，花了很多钱，但学生一直考不起学校，你去给我办这个学校好不好？不过你有点下乔木而入幽谷，大学生当助教，现又当小学教师。"我说这不要紧，只要值得办，小学也可以。但如果我去办学校，要全权交我。以前办不好，听说就是校长有几个亲戚在内，校长不好做。这样我就到秀山去了。由于师生关系，我另在兼善中学也做了点事情，卢先生也相信我，一切事情完全尊重我的意见，教师也尊重我的意见。我们设计教学，办农场，只要一说，就拨教育经费，中学校长才拿60多元，我一个小学校长却要拿100多大洋。我去后，事务主任我不找，由民生公司经理兼事务主任，一切开支由他们，我有支配权。当时（学校）很注意宣传工作，像实验教学法、教育法等，都写了小册子，到处印刷，在那里搞了二三年，都晓得我的名字了，好像我是内行。

不久，我就离开秀山，重新回到北京。我对小学教育更有兴趣，准备好好考察小教，进一步研究。那时我筹了点经费，想出去走一趟。我到北京准备了半年，日文也准备得差不多了，想先到日本，认为花不了好多经费。不料又有个朋友要当校长（江津女中袁玉良，她后来去了美国），她父亲打个电报给我。因我此次出去，两千个大洋是她父亲支援的，她父亲叫我回来与他女儿一起办学，我不好意思，又回来了，一年后就到重庆。这个学校在重庆教育史上都查不出。那年带江津女中女生来渝会考，当时的市长李宏坤是刘湘的参谋长，三台人，虽是军人，却很书生气，字也写得好。他有个理想，说军队之所以不好，就是因为他们的老婆不好，没有文化，没有思想，只要穿好吃好，一天只知道打牌。如把这些老婆弄来训练教育一下，不给军队找麻烦，并帮助军队，则军队也会变好。为此，他找很多人谈到了此事，大家皆说做不到，不可能。我带学生来渝会考时，他有个秘书长叫赵志英，时在江津当县长，比我们早一期到重庆的。我去江津帮袁玉良当教务主任时，大家只晓得丁主任，不晓得袁校长。赵志英对我有个观感，觉得我是办教育的。他对李宏坤介绍说："市长，你的理想可找丁先生谈谈，她可使之实现。"李宏坤特别请我吃饭，谈此问题。我说可以。他问怎么做？我说可办一个短期学校，把所有的太太找来训练。但这个学校不能单办成人，也要办小学、托儿所，让她把家庭带来，没有家庭的忧虑，这样才会安心来校。学校功课，有语文、珠算、功名等，让她们对国家民族有个认识，将来回家也会持家，故我们还有烹饪课。成都人民公园当时有个馆子，是黄季陵开的，我们找他来，专教烹任，他坐飞机专程从成都来。校长找的是唐式遵爱人罗子桓，我当校务（非教务）主任，学校一切事务我都管。办了一个学期，情况很好，大家的谈吐作风都变了，不像从前只谈头发、衣服等，而谈如何帮助丈夫，怎么教小孩，回去也读点什么。第一期毕业后，有个关特派员，也把他爱人送来。毕业时他训话，觉得这个学校值得永久办，并说："从前我一回家我太太就把酒摆好，问我今天找了多少钱？现在不了，现在一回家，就和我谈谈国家大事，劝我少吃酒，不预备酒，还要问问财政怎样，关心这些了。学校等于是给她们补习教育。"但我只办了一期就不办了，因为唐太太太难侍候了。她从来是太太做派，许久才来一回学校，就要你天天到她公馆去报告。我年轻，无耐心。

我走后，另找了个李冬青当教务主任。办了不到两年，学校又调我去，觉得我花那么多力气办，对不起我。又做了一年，遇蒋志成当教育厅长。当时在教育厅当股长的陈伯梁，是我北师大的同学，他们把我报上去，同意我去任校长。我在市一小学任校长，做事顺畅。市一小学不注意学生卫生健康，我做了，经费上没有要学校一分钱。

当时收智育费，无论何人一律收钱，如学生分五等，第一等收 1.20 元，二等收 1.40 元，最高的才收 2.00 元，我们收是的 2.00 元。教科书成批买就有折扣，还有体育费、杂费等，还买了很多卫生设备。结果那期学费还剩了一千多元钱，应退家长，通知家长来校结账，结果一个也不来。请来后报告了情形，家长说："我的学生在这个学校读了十年，每期习字练习本一般用五六本，这期用了 20 本，还以为要补钱呢?"一千多元钱退了，家长对我们更了解。七七事变后，市一小修防空洞，家长就来出料出工，修得很好，我们没花一个钱。我很不愿离开那个学校，但教育厅把我调回四川省教育厅任编审。

当编审是 1938 年暑天，在穆季光先生领导下编《新教育训刊》，一期出了几千份，编辑发行皆是我们几个。搞了一段时间，教育厅长换成杨连。我一面编训刊，一面到他的秘书处去帮忙，看公事文稿。当时省主席叫王子义，他有个侄女叫王一伟。王子义让她做小学校长，她去后把几个合格教师换了，这几个人就告到教育部去了。教育部把公文转到教育厅来，刚好遇到我在，我看后深表同情，认为几个女教师是合格的。我特别把公文提起来交杨连看，他说："你觉得这事该咋办，你就去调查处理。"我找几个教师一了解，确实合格，据家长讲，也教得好。几个教师不该换。教育厅意思叫王一伟仍旧把他们聘回来。我说这不对，已成矛盾了，又弄回来，校长与他们相安吗？大家处不好，不如从其他学校调几个教师到他学校，把这几个教师调别校，大家都相安，他们工作也有保证。杨让我去找教育局商量。我就去找市长杨全宇（北大毕业，我也认识），好不容易把几个教师安下去了。

我在教育厅做了半年，就遇到涪陵女中闹学潮。涪女中有个吴维校长，教数学教得好，就是处事不细心，她把爱人带去。当时涪中分男生部和女生部，你家属就住男生部宿舍多好，她却把家属安在女生部，引起地方上一些人不满，七拱八翘，找点麻烦，如不拨经费等。结果大闹学潮，学生打校长，校长跑到女生部茅房（与县政府相通），把它打通，跑到县政府去，才走脱。时任县长是李登辉，觉得学生太不像话了，太猖狂，当时就查办学校，全体解散。冯玉祥路过涪陵，家长鼓励学生整队找冯玉祥请愿。冯玉祥我见过，最实事求是，踏踏实实，注意调查研究。他一问，觉得校长处理得不好，县长处理得更不好。学生不对可以教育，教育不听再说嘛，哪能先就把学堂封闭了呢？冯打个电报给省政府，说校长一定要撤换，且要换女的，男的不接受。杨连对此事也难办，哪个愿来，来了怕大学潮后出事。教育厅开会，厅长点我去。杨连说："怕不行，上次让她到绵阳女中（省立的），她都不去（我想了解四川整个情况，想回教育厅，他说要按命令行事，我就说辞职），县立校还去呀？我不去说，其他人去说吧！她有个脾气，不为钱，只要说得顺气。"结果秘书长、二科科长等都来找我说，我就去了。

我去之前，遇上重庆国民党教育部要把四川中等以上学校校长调去听伪中央的报告，我以前未加入国民党。听了报告后，有个大组讨论会。大家对各类学校应该怎么去办，各说各。办职业教育的认为职业教育重要，办中学的认为中学重要，似乎办女子教育就不重要。

大组座谈会上，我起来发言说，“男女各一半，天下兴亡，匹夫有责。我们受教育，为啥要读书？就是为了国家。为啥有孟子？是因有贤母。委员长之有今天，他六十感言也说一生得力于贤妻良母。真正重要还是女子教育重要，它办好了，国家就没得事。我有个建议，小学校长一律要女的，对于小孩能了解、体贴、爱护，教育学生就有了基础。初中也该由女的当校长。这样的话，师生间容易接近、了解，在学生中容易做此工作。”我放了这几炮，结果蒋介石要召见中学校校长中的 15 人，把我也召了去，说现在国民党力量不够，一切事都做不好，诸君在教育上皆人才，就该帮助他们，协助他们把事整理好。虽然是这样说，我们还是没人想去参加国民党。我到涪女中当校长时，邓锡侯来查视，他就问我是否以前中学时读重庆女师的。我想大家都认识我，不参加有麻烦，我就这样参加了国民党。

到涪陵女中后，当地有个肖秋树是国会议员，正好在家，其儿子与我北师大同班，故他支持我。我从不喜欢穿着打扮，皆短发布衣。我到涪陵半年，较满意。后资中女中又出问题，我到四川未去过一个好学校。资中女中是王子义的亲侄女王君素（现在成都）在那里，她是进步的，是地下党，用的教师也差不多是地下党。资中县长及专员陈子学对这个学校不太满意。抗日时，地方工作又做得不好，出了些小事，家长也不满，觉得女生不读书。下午又到河坝去游泳，说要撤换王君素，这就不好办。教育厅长是郭子杰，资中人，他把我调去，我不去，郭亲下委任状，我只得去。去后发现学生思想进步，但行动散漫。我一想，就觉得学校应有个规范。学生住的床不够，住二层床。我去接手三个多月才开学，我天天从城里到文家渡来回走二十里，把校舍整理好。我住在开明书店，学生来书店买书，不认识我，议论说：“开学还早，我们回去打八圈。”散漫到这程度！开学后，发生了些小事。第一件是，那年似有水灾（或其他什么），要各地筹募捐款，找学生演新剧。资中女中学生要与男中联合演出，家长不满意。我去找我学生廖先庄，她负责文联。我问她答应没有，她说答应了是与男中合演。我说是否要商量一下，各演各，如合演，在哪种情况下演，要商量好。她不耐烦，把手一甩（等于把我的手打了一下）就走了。当时正是休息时，教师们大为不满，认为校长都敢打，他们怎么办？其实教师是原来的，我没带教师去。我宁肯多受点气，也想把事情办好。教师们认为不行，下午就罢课。那天又逢赶场，李县长、陈专员、廖先庄的家长都来了，都主张开除廖先庄。我说不能开除，原因是我才来，学生还不信服，她们也没了解我，我来一个多月的行为还值得检查。如果她们他们了解我，就信服我。我还没做对，她们才不信服。这事由我自己处理，让他们别着急。下午四点过，我还在看报，廖先庄来了。因有同学给她说：“解铃还须系铃人，不要闹了。校长不开除你，你不去咋得了。”她来办公室，抱着我哭，要我拿刀来把她的手砍了，她才过意得去。大家都哭，不好过。我对她说：“没关系，年轻人嘛，你只注意感情方面去了，没在别的方面考虑。我也应检查我，或许我当时说话的态度才激起你这个态度。”于是才了结了此事情。之后，学生对我比较有感情，认为我不是来了想大刀阔斧地将他们一阵开除了事。

接着又发生件事。晚上一学生下两层床，把鼻子摔破了。学生来找我，我就叫工友扎起滑竿抬进城。我打起马灯跟着滑竿走，走了二十里路抬进城抢救。这两件事后，学生认为我不是来整他们的，特别是在大学潮以后，后来就确实与我合作了。一有事给她们讲，她们就好好做，以后学校简直就没有啥了。做了一年，遇上省参议员几个人给省参议会提意见说，听说女校应是女的做校长，现在省女中和省女师皆男校长，省女中的校长吴兆华、省女师周志高应换成女的。郭子杰就把我从资中调到成都女师，待了四年半，又迁回成都。那时东奔西跑，我实在想做点研究工作，就希望调我回教育科学馆。结果去做了一学期（1944 年春）。时科学馆疏散在茶店子，遇到省图书馆黄文馆长。他是我中学时的教师黄校长的侄儿。当时他想找个总务主任，我又极想找机会看书研究。他找到我，我就离开了教育科学馆，到省图书馆做了近两年，直到 1946 年。

重庆女师在抗战时疏散到白沙，女师校舍借给几个军事机关住，到胜利时还不退还。前届校长叫陈杰，人很老实，不像我泼辣。他收了一年（1945—1946），才收回两间房子，几个学校老搬不回来。时教育厅长是刘明扬，刘把我调回重庆女师了。那时我有多方关系，李根国（卫戍司令）之爱人黄霜蓉是我中学同学，郭勋祺爱人龙显光（现省政协委员）也是我同学。通过这么几个关系，我把校舍收回来了。正式开学不到一星期，孙元良又来与我争房子。原因是抗战时，军事机关在里面修了两栋很好的房子，他认为这是国家拿钱修的，不是学校的，他们应该来住。遇到我们学生刚吃完晚饭在休息，一个学生张碧英（开江人，很能干）问他们来做什么，几个把她一推。我们马上吹集合号，也没把军队阻住。我去交涉，被打走。我想，不把事情搞严重些，孙元良赶不出去，他是卫戍司令。我给被打学生照了相，找了律师，并到参议会各处打了招呼，次日到行辕汇报此事怎么办。行辕刘寿鹏秘书长是个好好先生，解决不了问题，我就要会省参谋长（肖义速），他倒是干脆。我去会时，别人说他脾气不好。周开庆当时在重庆行辕办公厅做主任秘书，他在师大与我同班同学，不过后来成了烈士。他劝我不要去见肖义速，说他和我脾气都不好，怕起冲突。我说我今天来求他，有何脾气不好。他就让我等一下。开会后肖义速来了，很傲慢，叼根纸烟说："丁校长啊，找我有事呀？"我说了情况，并把当天照相情形、医生检验的报告拿给他看。他说，"明天七点半来，我给你解决。"说后就走了。我出来问周，周说："他说了要解决就要解决。"第二天我就去了。我原来学校的几个军事机关还未交完，各自留有一二间在里面，划了界线。他们去夫子池里面，把孙元良和那些人都请来了，准时八点到会议室，十分钟不到，把问题解决了。他问："哪个是警备部的，人站起来。今天马上搬，古今中外都无军队与女学生住在一起的。哪个家都有姐姐妹妹，这成何话？今天回去就给我搬，不搬我就枪毙人。"再把这几个喊起来："你们皆是留守处的吗？"回说是。又说："三天以内，都搬完，一律不许在那里，否则要枪毙人，听清没有？"回说听清了，回去照办。说完他就走了。他一走，孙也起身就走。留守处、警备部等几个机关，以前我求他们，还请他们吃饭，现在他们来给我说好话："丁校长，我们在一月内搬完，你一定不要到行辕来催了。"我就回来了。还未回家，孙元良的大军就来搬东西了，搬得倒快。但孙元良心里不服，心想他在上海洋行把日本人都打赢了，在重庆却被娘子军打败了。所以以后就找我麻烦，随便有点啥事，他都说我们里面有"红帽子"。1947 年 1 月，北京出了沈崇案，闹到重庆，我校联系重大，先发起签名运动，游行示威。当时校长中只有巴蜀中学校长与我两人去参加了的。当时我不是站在革命立场的，而是站在女人立场的。孙元良找我麻烦，说我们学堂的教务主任周容（是民盟的，并非共产党，学生有事爱去问他，他教书又教得好）是共产党。为此，沈崇案游行示威后，又到行辕游行请愿，寒假学生又做宣传。开学时，孙元良在几个地方都布置了流氓打学生。走大同路宣传的学生跑到女师来，被打了。我的学生只好到江北去宣传去了。后来好容易把这个问题转中央政府。起初我说："这几件事关系外交，但事关外交谈不谈爱国呢？我是中国国民，又是女人，我就爱国游行。"放寒假时，叫各校开除游行学生，我没开除一个学生。

1948 年女师出了件事，教师被捕了。1947 年冬，重庆选四川的民意代表。我当时竞选立法委员，我不是想当官，是怕孙元良找我麻烦。我想我也要到中央去，与他平起平坐，他见的大官，我也见得到。结果我竞选时，学生说："我们一人给你做几张票（时女立法委员满天飞），还写信让家长给你做，你不必麻烦。"我回南川，也支持我，民生公司也支持我，到北碚也支持我，我想没问题了。不想谷正鼎的爱人也想竞选立法委员。她回南川，南川方面说我们答应了丁秀君，到民生公司，卢也说答应了丁秀君。这样，谷氏兄弟给任觉五（教育厅长）说："你管教育，最好叫她让，也不能让她白让，把她安到国大里。"我才不想当选那个。立法委员选不上我也不气，我之所以竞选主要是为了孙元良，我也不想投靠国民党。国民党当时有许多作风，我也看不惯，动辄一个运动来了，过了就叫退学生，我最不赞成。这样就把我圈出来了，圈到重庆教育界，在南京开会。3 月 20 号开预备会，我没去。到 4 月 8 号，打电报来，教师们都劝，说这样不好，他们已给我们找麻烦了，再有麻烦来，就是你在给我们转弯啊！当时教务主任是李光普（现在重庆），他在北京读书时就是地下党，我敢用他，因我觉得我是用人才。他在学校也没做与我捣乱之事，学生是要有人带头嘛，我们从前正是萧楚女先生教的呢！李来后，他们还是找麻烦，所以大家劝我还是去出席。4 月 10 号我才到南京，4 月 25 号李来个电报，说邓富章被捕了（据说现去遂宁师范教书），我马上就回去。我回来后到处找这个人，我在重庆熟人多，到处打听，都不知这个人关在那里，我就找周开庆。他说："你不管，就是找他了解些事情，了解清楚就放出来的。你莫急，你要带东西就拿来。"拿衣服、钱、药等东西是带到的，就是不告诉我地方，很长时间了，还是找不到。直到放暑假了，北碚办个教师讲习班，穆知英约我上去找。邓两次给我做过教师，第一次是 1943 年，在成都女师。因他到过延安，国民党怀疑他，其实他是个民盟成员，并非共产党，在彭山被抓，我们找张澜帮忙，大约百天后才把他营救出来。

这里就要讲到我的私事了，龙文治是搞党工的，我是搞教育的，我为啥会和他结婚？大家奇怪，情况如此：我营救邓无法，到北碚与穆知英搞教师补习时，龙文治回重庆来了，他来开立法会议。在北京时我们就认识，我到重庆时（1948）龙的爱人死了，大家就提起此事，我坚决拒绝，说我不谈此事，说大家性格不同。他追求我，一直未放松。那次为邓被捕，龙主动找朱绍良（行辕主任），邓其实被关在渣滓洞，他出来时我们才知道。我从北碚回来后，看到邓回校了，很高兴，问他怎么回来的，说到处找不到他。他说，是龙先生把他保出来的。再提这事时，我觉得龙还有点正义感，于是大家慢慢就接近。1949 年 1 月，我们结婚。

1949 年风雨飘摇时，龙文治于 5 月 7 号开立法会议时死于广州，我去广州耽搁了段时间。当时伪中央很多机关要疏散到重庆，第一个就是立法院，看上我们女师（校舍）了，要把女师用来做立法院，叫我们另想法搬个地方，或挤一下，办成半日制，把这个地方腾给他们，我没答应。记得那天在民生公司四楼，立法院一个姓倪的秘书长请客时特别提出这个问题，说现在国家到了最危急的时候，大家都不爱护国家。有些学校校长，我们借他地方住，还出租金，他都不肯答应。这分明是指我。我起来答辩，说明我为什么不。我说我还是站在他们的立场，免得将来学生家长对他们有误会。因为第一段抗战时，我们学校租给国防部几个单位住，胜利后他们不交还给我们，弄得中间起了很多周折，家长对此事都有意见。所以我想你们既有钱，也可占地修，也可别处找，何必一定要在我们这里挤呢？因为过去的情况，所以我没答应。孙元良本就对我不舒服，现在所有人都对我有意见了，尤其是杨森，特别打电话给任觉五说："你把这个校长调走好不好？"就把我调到成都女中了。1949 年暑假后，这个地方就租给立法院，我就调省女中，所以新中国成立时我是在成都。11 月 10 号，伪教育界召集开会，叫我们准备放假。那时时局已紧张，各方面秩序尤其交通很不好，喊我们马上放假。学生已经有家归不得了，路上不通了。省女中有 80 多名学生回不去，我们该负责。当时物价飞涨，一开学，他们缴些费，就先把吃的给他们买好，随你咋变，我们不怕。有部分能够回去的学生，我们就把食物卖了退给他们，不回家的就把她留下。当时党务方面常有广播，说各单位负责人如能把财产一切保管好，对他们工作前途各方面都有保障。当时川西做地下工作的郭川知（新中国成立后任水利厅厅长，其爱人与我同学）对我说："你尽管大起胆子干你的，只要不出岔子，对于你的一切我们都可以保证。"中间学校驻两次兵，女生 80 几个住在学校，焦不焦心呢？但兵团来任你吵架，无办法。一个宪兵团到我那里来，我把校门都封了的，但抗战时他驻过女中，他们翻墙进来看到是个门，就把它拆了。我给他们拍桌子骂，无论怎样吵，都无办法，他们涌进来，抵不住。我脑里有个计划，女中后边是红墙巷，我们有个实习室与红墙巷一位老百姓家只隔一壁头，且那墙壁不是砖墙，不是很新的夹壁。我就去给那边说，我们预备天擦黑时把你们这墙开一下，等学生走后马上给你们修好。他们同意。我又找男师校长周志强（与我北师大同学），就说在他那边腾个教室，紧挨他们教员宿舍那一带，让我们学生过去住，以后再回来，他答应支援。天要黑时，我们把学生头发剪得像我一样短，然后分批带到男师去。宪兵走后，又是驻兵，又是交通兵，直到成都解放前才走。解放军进城后，我们才把学生从男师接回来，不几天，12 月 27 日，成都解放。

这就是我新中国成立前从事教育的经历。新中国成立后，由于各种运动，我也受到冲击，生活很困难，但我对党和中华人民共和国始终是热爱的。我始终认为，他们有一天会了解我，所以我坚强，我要活，很好地活。

我一直觉得办教育是好的。记得有回为沈崇案件，提出要正式开除几个共产党员学生，我给刘寿鹏这样说："我是学教育的，我也办教育，我就相信教育可以转化青年，走向好的路。今天说他有错，我们就把他丢了不要，那我还办啥教育呢？"所以我对这事的态度历来是这样。这些年，我自己能相信党、相信群众、相信自己，这是一个因素。很多学生还是好，总觉得过去与他们相处这一段，我没整过他们、害过他们，有时他们还是来看我，这在精神上是种支持。我常常喊他们不要来看，我说这个运动来了，你们走不脱，我的问题还未解决，提到你们，我于心不安。他们说："不说别人也晓得我们是你的学生嘛，我们不怕。"这些对我是个鼓舞，所以我现在还劝人家去学师范、考师范。我说人与人之间最难得的东西就是感情上的共鸣，这个东西只有办教育看得到，你全副精力对学生，与他痛痒相关，那他确实与你感情上是相通的。我常这样勉励人家，尽管生活上多少有些苦难，但精神上有很大的安慰，就是因为我干了这个工作。

我写了两个人，题目是《革命的播种者萧楚女先生》和《为祖国建设奋斗一生的卢作孚先生》。这二人跟我各方面关系都深，对我工作上鼓励也很大。虽然我没有正式参加革命队伍，但我对革命师生可说几乎是提起脑壳保护他们。这与萧先生的教育分不开，我始终相信共产党是实事求是的，会把我的问题搞清楚，我坚决要好好活下去……我的身体能这样，还是感谢朋友、学生，当然还有党的关怀……

一九八一年十月十二日采访

（作者单位：西华大学马克思主义学院）

补充说明

《地方文化研究辑刊（第十三辑）》第52页王克明等《叠溪地震次生洪灾史料解读》一文的“内容提要”和“引言”中，有两处“1933年8月25日，四川省茂县叠溪发生7级强烈地震”的文字，因排版格式转换问题，其中的“7级”均应改为“7.5级”，特此说明。

《地方文化研究辑刊》编辑部

2018年8月24日